D1936145

Hilde Haider-Pregler · Peter Roessler (Hg.)
Zeit der Befreiung

Hilde Haider-Pregler
Peter Roessler (Hg.)

Zeit der Befreiung

Wiener Theater nach 1945

Picus Verlag Wien

Gedruckt mit freundlicher Unterstützung
des Bundesministeriums für Wissenschaft und Verkehr in Wien
und der Magistratsabteilung 18 der Stadt Wien

Die Deutsche Bibliothek – CIP-Einheitsaufnahme
Zeit der Befreiung: Wiener Theater nach 1945/
Hilde Haider-Pregler; Peter Roessler (Hg.).
– Wien: Picus Verl., 1997
ISBN 3-85452-413-7

Copyright © 1998 Picus Verlag Ges.m.b.H., Wien
Alle Rechte vorbehalten
Graphische Gestaltung Dorothea Löcker, Wien
Umschlagabbildung: »Das Floß der Medusa« von Georg Kaiser
(Österreichische Erstaufführung am Theater der Courage 1949,
Nachlaß Stella Kadmon)
Druck und Verarbeitung: Remaprint, Wien
Printed in Austria
ISBN 3-85452-413-7

Inhalt

Vorwort

In der Wiener Theatermythologie ist der 30. April 1945 ein magisches Datum. So wie einst der Liebe Augustin unversehrt der Pestgrube entstieg, erhoben sich auch die Götter der Theaterstadt Wien nach Jahren deutscher Knechtschaft in altem Glanz aus Schutt und Asche, um im Ausweichquartier des ausgebrannten Olymp ihr Spiel wieder aufzunehmen. Noch bevor Hitlerdeutschland endgültig kapitulierte, feierte das Burgtheater im von der Roten Armee befreiten Wien auf der Bühne des ehemaligen Theater-Variétés Ronacher mit Grillparzers *Sappho* seine Auferstehung. Bald darauf eröffneten auch das Volkstheater und die Josefstadt.

Dieses Buch hingegen erzählt mit vielen Stimmen eine Geschichte, die nicht erst im April 1945 begann. Der nationalsozialistische Terror, der auch die Verfolgung, Ermordung und Vertreibung zahlloser Theaterleute einschloß, blieb in seinen Auswirkungen nach Kriegsende präsent, so sehr prominente Akteure des Theaters ihn auch im Einverständnis mit einer breiten Öffentlichkeit wegzuspielen schienen. Mit der raschen Wiederaufnahme des seit Ausrufung des »totalen Kriegs« eingestellten Theaterbetriebs wollten die Sowjets der Wiener Bevölkerung gewiß die Rückkehr zu einem Alltagsleben in Frieden und Freiheit signalisieren; sie trafen damit allerdings auf eine Bereitschaft, das Theater als einen von der Realität abgehobenen Ort des Vergessens zu verwenden und überdies in der Unzerstörbarkeit einer scheinbar heilen Bühnenwelt das österreichische Wesen wiederzuentdecken. Das Theater bot sich als Wegmarke gegen eine Orientierungslosigkeit an, die schon deshalb in den Köpfen Platz gegriffen hatte, weil weite Teile der Bevölkerung zwar das Ende des Krieges begrüßt, die Niederschlagung des NS-Regimes jedoch nicht als Befreiung, sondern als Zusammenbruch verstanden. In einer Situation der schrittweisen Rekonstruktion von Öffentlichkeit erhielt das

Theater der Nachkriegszeit zunächst einen überaus hohen Stellenwert, ja es geriet zum Symbol einer neu errungenen österreichischen Öffentlichkeit überhaupt. Daß dabei bereits sehr früh auf Versatzstücke einer Österreich-Ideologie zurückgegriffen wurde, die zuletzt im austrofaschistischen »Ständestaat« den Rang einer offiziösen Weltanschauung eingenommen hatte, sollte uns allerdings nicht dazu verführen, die Geschichte des Wiener Theaters als Rutschbahn in die Restauration zu begreifen.

Tatsächlich spiegelt das Wiener Theaterleben nach 1945 in aller Deutlichkeit die widersprüchlichen Anläufe zu einem neuen Österreich-Bewußtsein: auf der einen Seite also die Rückkehr zum Fundus der Österreich-Ideologie, auf der anderen Seite der Versuch, den österreichischen Theatertraditionen einen sozialen Sinn abzugewinnen. Besonders für die Periode bis 1947/48, aber auch darüber hinaus, lassen sich Möglichkeiten erkennen, die jene Theaterleute wahrnehmen konnten, deren Tätigkeit nicht darauf hinauslief, die nationalsozialistischen Verbrechen vergessen zu machen, sondern die diese in den Blick nahmen, um eine Neuorientierung der Wiener Theater auf antifaschistischer Basis zu leisten.

Wo es Aufbrüche substantiellerer Natur gab, die über die unreflektierte Rede vom »Nachholbedarf« hinausgingen, wurden sie denn auch meist von den wenigen aus dem Exil zurückgekehrten Theaterleuten initiiert. Rückhalt und tatkräftige Förderung fanden sie bei Viktor Matejka, der sieben Jahre im KZ Dachau inhaftiert gewesen war, sich den Kommunisten angeschlossen hatte und gleich nach der Befreiung in seiner Funktion als Kulturstadtrat die Exilanten zur Rückkehr aufforderte. Vor allem die am Zürcher Schauspielhaus tätigen Schauspieler und Regisseure hatten bereits im Exil Konzepte zur Erneuerung des Theaters in einem wiederhergestellten demokratischen Österreich entwickelt. Was sie jedoch auf den Wiener Bühnen sahen, stand zum überwiegenden Teil in schroffem Gegensatz zu ihren Ideen, die sie nun allen Widerständen zum Trotz weiterzuentwickeln und umzusetzen versuchten. Nach den ersten Jahren der relativen Offenheit, die an Aufbrüchen im Theater in der Josefstadt, im Volkstheater und in der »Insel« kenntlich wird, nahmen diese Widerstände mit Einsetzen des Kalten Krieges ein ungeheures Ausmaß an. Trotzdem eröffnete 1948 das von den mittlerweile unwillkommenen Zürcher Heimkehrern geleitete »Neue Theater in der Scala«, machte die aus Palästina zurückgekommene Stella Kadmon aus ihrem nicht mehr wiederzubelebenden Kabarett-Unternehmen »Der liebe Augustin« das »Theater der Courage«, und Josef Gielen holte Berthold Viertel aus dem Exil als Hausregisseur ans Burgtheater. Von Viertel stammt die wohl prägnanteste Kritik an zahlreichen Nachkriegsinszenierungen: er diagnostizierte einen prolongierten »Reichskanzleistil«.

Auf das Konkrete, auf die Kenntnisnahme der Widersprüche, kommt es also bei der Geschichte des Wiener Theaters nach 1945 an. Das Schreiben über das Wiener Nachkriegstheater macht weder Sinn als anekdotisch angereichertes Epos vom heroischen Wiederaufbau der Schauspieltempel, noch als deterministisches Konstrukt eines geschlossenen reaktionären Theatermilieus, in dem keinerlei demokratisches Handeln möglich scheint. Mit dem vorliegenden Band wurde erstmals versucht, gestützt auf ausgedehnte Forschungen, das Spektrum des Wiener Theaters nach 1945 in diesem Umfang kritisch darzustellen. Wir meinen oder hoffen, daß die intensiven Recherchen ein ebenso aufschlußreiches wie in vielem überraschendes Bild ergeben, viel Unbekanntes zu Tage gefördert haben und im Bekannten neue Seiten erkennen lassen, auch wenn wir – nicht zuletzt aus Platzgründen – manch wichtiges Thema, zum Beispiel das Kabarett oder die Entwicklung der Kellerbühnen, ausklammern mußten.

Das Buch, von Autorinnen und Autoren verschiedener Wissenschaftsbereiche geschrieben, ist ein Beitrag zur inneren Geschichte des Landes. Die Welt des Theaters wird dabei nicht dem schönen Schein überlassen, sondern in einer Weise dargestellt, die mit historischem Bewußtsein zur Gegenwart spricht.

Hilde Haider-Pregler,
Peter Roessler
Wien, im September 1997

FELIX KREISSLER

Österreichische Nation und Kultur im Theater des Exils

Ein fragmentarischer Essay

Vorbemerkungen persönlicher Art

1989 haben Peter Roessler und Konstantin Kaiser ihr Buch *Dramaturgie der Demokratie* vorgelegt, mit dem Untertitel *Theaterkonzeptionen des Exils*. Die von ihnen zusammengetragenen Texte und Bemerkungen zum Exiltheater haben mir solide Unterlagen geliefert, die es mir erlaubten, andere seither verfaßte »Vorarbeiten«[1] zur Ergänzung heranzuziehen und daraus einen vielleicht unorthodoxen, jedoch persönlichen Essay zu konstruieren. Ein Gedanke von Konstantin Kaiser wurde mir dabei zur Leitlinie:

> *Das künstlerisch Wertvolle und Zukunftsweisende, das im Exil entstanden ist, wurde in Österreich nie ernsthaft gesichtet und geprüft, auch in keiner Sammlung oder Dokumentation zusammengetragen. Auch heute noch gilt es, die Exilierten aus dem Status des Opfers zu befreien, sich weniger für ihre Quantität – die einer historischen Schuld zurechenbar erscheint – als auf ihre Qualitäten, die die Möglichkeiten eines neuen Dialogs mit ihnen eröffnen, zu besinnen.*

So will ich auch meine in der Folge vorgebrachten Gedanken über den »Mehrfachcharakter« des Exils verstanden wissen: Das Exil war sowohl Erleiden als auch Abenteuer und Kampf für die Zukunft. Jetzt, nach einem halben Jahrhundert der Erstarrung und Verdrängung, ist offensichtlich der Moment gekommen, die vom Exil gesäten Keime aufgehen zu sehen und sie einer entsprechenden Mediatisierung zuzuführen; diese ist notwendig, um aus dem Exil ein raum- und zeitübergreifendes Ereignis zu machen.

Gegen das Vergessen gibt es nur ein Mittel: die Erinnerung, bevor der Sturz ins Vergessen sich durchsetzt. Ich erinnere mich an meine Einstellung zu Österreich, zur nationalen Existenz Österreichs, zum Österreichischen schlechthin. Da mir nicht die geringste Affinität mit der Österreich-Ideologie des »Ständestaats« vorgeworfen werden kann, den ich ja seit meiner frühen Jugend bekämpft habe, wofür er mich eingesperrt und (vom Studium) ausgeschlossen hat, da ich also keinerlei Schwäche gegenüber dieser Österreich-Ideologie verdächtigt werden kann, muß man mir wohl glauben, wenn ich ganz kurz darlege, wie es mit meiner Einstellung zu Österreich, dessen Schwachpunkte mir gut bekannt waren, tatsächlich stand. Es war eine einfache Hinneigung zu diesem Land, in dem ich geboren und aufgewachsen bin. Wien war die Stadt, in der ich, gemeinsam mit so manchen Freunden, eine kämpferische, demokratisch-antifaschistische Jugend, eine österreichische Jugend verbracht habe. Ohne jede »theoretische Untermauerung« fühlte ich mich als durchaus wienerisch, ja meidlingerisch, und als ich, bereits emigriert, im Radio die Annexion Österreichs miterlebte, tat ich bald nach dem 13. März den ersten Schritt, um, wie viele andere Emigranten in Paris, mein Österreichertum »amtlich« beglaubigen zu lassen: Ich ging auf die Präfektur, um mich zum Ex-Österreicher zu erklären. Ein Staatsangehöriger des Dritten Reiches wollte ich auf keinen Fall sein.

Von einer nachträglichen »Rekonstruktion« der österreichischen Nation zu sprechen, ist nur denen möglich, die diesen dramatischen Moment, den Quantensprung zum Österreichischen nicht erlebt haben – dank der Ungnade ihrer späten Geburt. Ihnen ist dadurch viel Leid erspart geblieben – Gott sei Dank für sie –, sie sind aber dadurch auch um das Schlüsselerlebnis des nahezu gesamten österreichischen Exils gekommen, um die Erkenntnis, daß Österreich nach seiner Annexion durch Hitlerdeutschland weiterbestand, sei es in den Katakomben des sich entwickelnden Widerstands, sei es aber vor allem auch in der geistigen und kulturellen Leistung des Exils. Dort bedurfte es keinerlei »Rekonstruktion«, um zu begreifen, daß die österreichische Nation Ergebnis eines zumindest zwei Jahrhunderte langen Aufbaus, also eine »Konstruktion« war, in deren Verlauf sich Stein auf Stein die Elemente des Österreichischen zusammenfügten. Davon zeugen die Aktivitäten österreichischer Theaterleute im Exil, ihre dramatischen Realisationen, ihre der Zukunft Österreichs und dessen Theater gewidmeten Aktionen und Reflexionen, die in ihrer Gesamtheit ein Ausschnitt aus dem allgemeinen Österreichbewußtsein des Exils waren.

Dimensionen und Funktionen des Exils

Ich habe bereits des öfteren von den *menschlichen, historischen, politischen und kulturellen Dimensionen und Funktionen* des österreichischen Exils im allgemeinen gesprochen und geschrieben: Was die *menschliche* Dimension betrifft, so meine ich die Folgen der brutalen Vertreibung von 150.000 (manche meinen 180.000) Österreichern aus ihrer Heimat: materielle und seelische Not, Zwang, sich trotz allen Widrigkeiten eine materielle Basis zum Überleben zu erringen, Angst vor Behörden und Ausländerfeindlichkeit. Die »Krankheit des Exils«, eine nie mehr sich schließende Wunde, wurde schon oft geschildert.

Mit der *politischen* Dimension meine ich die Haltung und Einstellung der in die Emigration geflüchteten politischen Führer und Funktionäre der österreichischen Parteien: Sozialisten, »Vaterländische«, Kommunisten und Legitimisten. Auch deren Aktivitäten sind schon oft geschildert und analysiert worden. Es gab eine große Trennungslinie: entweder für die Wiedereroberung der Unabhängigkeit Österreichs oder Hoffnung auf eine »gesamtdeutsche«, später »europäische« Revolution gegen die Hitler-Herrschaft. Seither hat die Geschichte entschieden und es ist müßig, ausführlicher über diese wahrhaft »obsolete« Disputation zu berichten.

Als *historische* Dimension bezeichne ich den konkreten Beitrag des Exils im Kampf gegen Hitler und das Dritte Reich, womit auch einer Forderung der Moskauer Erklärung Genüge getan wurde, daß das österreichische Volk seinen Teil zum Sieg der Alliierten leisten müsse, damit Österreich als befreites Land betrachtet werden könne. In den wichtigsten Ländern, z.B. in Großbritannien und den USA, nahmen die Exilanten in zweierlei Form am Kampf teil: erstens durch ihre Mitwirkung an der Kriegsproduktion und zweitens in der letzten Phase des Krieges durch individuellen Eintritt in die alliierten Armeen. Auch reihten sich in den von der Hitlerwehrmacht besetzten Ländern zahlreiche Exilierte einzeln oder in organisierten Gruppen in die sich entwickelnden Widerstandsbewegungen ein. So begab sich in Frankreich eine ansehnliche Zahl von Österreichern in die Maquis oder in Einheiten der Partisanen und inneren Streitkräfte, die Forces Françaises de l'Intérieur (FFI). Einen besonders gefährlichen Kampf führten jene Österreicher und Österreicherinnen, die in der sogenannten TA (Travail Allemand) tätig waren, hauptsächlich Kommunisten. Eine wichtige Rolle haben die fünf österreichischen, im November 1944 gebildeten Freiheitsbataillone gespielt, die im Verband der jugoslawischen Volksarmee als eigene Einheiten aufgestellt wurden.

Es wäre darüber sehr viel zu sagen, doch ist im Rahmen dieses Essays die *kulturelle* Dimension des Exils von besonderer Wichtigkeit. In meiner Arbeit über den *Österreicher und seine Nation* habe ich einen Überblick über den furchtbaren kulturellen Aderlaß gegeben, den Österreich im März 1938 erlitten hat. Diese Darstellung kann hier nicht wiederholt werden. Es ist einfach zu unterstreichen, daß von diesem Aderlaß sämtliche Gebiete des kulturellen Schaffens schwer getroffen worden sind. Alle jüdischen oder sonstwie »entarteten« Wissenschaftler und Künstler mußten Österreich verlassen, angefangen von Freud bis zu sämtlichen österreichischen Nobelpreisträgern, außer jenen, die Österreich schon vorher verlassen hatten.

Angesichts des Elends und der Zerrissenheit des Exils, ist es umso bemerkenswerter, daß es dem geistigen Österreich gelungen ist, sich schon in seiner ersten Fluchtetappe Strukturen zu schaffen, die es ermöglichten, die Weltöffentlichkeit über den wahren Charakter der Annexion Österreichs zu informieren und sie aufzurütteln. Bald nach der Annexion erschienen in Frankreich zwei Zeitschriften, die ein schlagendes Zeugnis für die Lebendigkeit des österreichischen Geistes ablegten: Es waren dies *Die österreichische Post*, von legitimistischen Kreisen um Martin Fuchs inspiriert und herausgegeben, die ihre Spalten den größten österreichischen Schriftstellern wie Joseph Roth, Franz

Werfel, Franz Theodor Csokor, Alfred Polgar öffnete und die *Nouvelles d'Autriche* (Österreichische Nachrichten), die von KP-nahen Kreisen herausgegeben wurden, aber auch so konservativ gewordenen Schriftstellern wie Franz Werfel offenstanden, der in der ersten Nummer sein Bekenntnis zu Österreich ablegte.

In der kurzen Zeit von 1938 bis zum Kriegsausbruch wurde die Tätigkeit der österreichischen Kulturschaffenden in Frankreich von zwei Organisationen unterstützt: von der Ligue de l'Autriche vivante (Liga für das geistige Österreich) und dem Cercle culturel autrichien, die mit ihren oft gemeinsamen Veranstaltungen den österreichischen Widerstand und die Selbstbehauptung der österreichischen Kultur einem breiten Publikum von Franzosen und Österreichern bekanntmachten.

Als in Frankreich dem legalen Ausdruck österreichischen Geistes brutal der Boden entzogen wurde, fand dieser Geist in Zeitschriften in Großbritannien und den USA, im *Zeitspiegel* und der *Austro American Tribune*, sowie in Mexiko in *Austria Libre* neue Heimstätten. Besonders aktiv waren die österreichischen Kulturschaffenden in Großbritannien. Im Austrian Centre wurden regelmäßig Konzerte gegeben, kulturelle Zusammenkünfte organisiert. Eine besondere Leistung des österreichischen Exils war die Gründung zweier Theater. Das »Laterndl«, von dem später noch die Rede sein wird, brachte politisches Kabarett, aber auch klassische und moderne Stücke. Das zweite österreichische Theater war die Kleinkunstbühne »Blue Danube Club«, die von 1939 bis 1954 bestand, sich vor allem dem Kabarett verpflichtet fühlte und so auf ihre Weise dem Publikum die ganze Grausamkeit, die Brutalität und den Terror des Nazi-Regimes vor Augen führte.

Einer der wesentlichsten Beiträge zu den Grundlagen der Zweiten Republik war die Herausgabe der *Österreichischen Kulturblätter* und der *Kulturellen Schriftenreihe des Free Austrian Movement*. In diesen Blättern wurde ständig die österreichische Literatur und die österreichische Kultur durch die Jahrhunderte verteidigt und durch Beispiele illustriert. Höhepunkt dieser Aktivitäten war die I. Österreichische Kulturkonferenz, die am 29. und 30. August 1942 unter dem Vorsitz Robert Neumanns in London stattfand. Es war dies eine der wenigen Kundgebungen des österreichischen Exils, an der sich Vertreter aller Richtungen beteiligten und vor 250 Teilnehmern interessante Beiträge lieferten. Zu den Berichterstattern gehörten David Josef Bach, Albert Fuchs, Marie Jahoda, Friedrich Scheu. Alle Teilnehmer waren sich darin einig, das österreichische Kulturerbe als wichtigste Waffe im Kampf gegen den Nationalsozialismus und seine Herrschaft über Österreich zu betrachten, eine Waffe, die heute, mehr als 50 Jahre nach der Befreiung, wieder höchste Aktualität besitzt, jedoch leider nicht entsprechend angewandt wird.

Ein Forum für die exilierten Schriftsteller in den USA war die *Austro American Tribune*. Ich möchte hier nur einen zitieren, dessen Rede, die er zur Gedenkfeier des 13. März 1938 im Jahre 1944 in New York gehalten hat, von der *Tribune* veröffentlicht wurde, nämlich Ferdinand Bruckner:

> *Aus den Kämpfen der Partisanen, der Saboteure, der Deserteure wird jetzt das freie Österreich geboren. Das österreichische Volk kommt auf die Welt. Zum ersten Mal, seit es den Namen Österreich gibt, kämpft dieses Volk für keinen Herrscher, für keinen Anschluß, keinen Block, sondern für sich selbst. Und zum erstenmal wird Österreich eine geschichtliche Wirklichkeit [...].*

Die Bedeutung der Schriftsteller im Exil bestand gerade darin, daß sie durch ihre Aktion und durch ihr Schaffen die politischen Scheidungen überbrückten. In ihren Aussagen verwirklichten sie, was den Politikern nicht gelungen war: die patriotischen Geister zusammenzuschweißen, die politischen Divergenzen zu transzendieren. Von ihrem Exil aus trugen sie zum werdenden nationalen Konsens, zur Bildung der nationalen Gemeinschaft bei.

Die österreichische »Exzeption« des Exils

Das 20. Jahrhundert war ein Jahrhundert des Exils, nicht nur des österreichischen. Aus allen vom Faschismus eingenommenen Ländern mußten Kulturschaffende flüchten: aus Bulgarien genauso wie aus Polen, aus Rumänien wie aus Jugoslawien und aus den baltischen Ländern, vor allem natürlich aus

Deutschland nach dem 30. Jänner 1933, wenn nicht die Vorausahnenden schon vorher ihr Heil in der Flucht gesucht hatten. Doch das österreichische Exil hatte eine Ausnahmestellung: Während die Exilierten aus den meisten anderen Ländern nur darauf hofften, wieder in ihr vom Faschismus befreites Land zurückkehren zu können und dort weiterzuwirken, wo sie durch den Einbruch des Faschismus unterbrochen worden waren, hatte das österreichische Exil eine eigene spezifische Aufgabe: es mußte das zukünftige Österreich, *ein* zukünftiges Österreich vorausdenken, es befreit von den Schlacken der monarchistischen, ständestaatlichen, nationalsozialistischen Vergangenheit neu erfinden. Rückblickend muß man heute erkennen, daß damit das österreichische Exil eine geradezu herkulische Aufgabe auf sich genommen hatte. Damit verbunden ist die Erkenntnis, daß die Weigerung jener Kräfte, die durch die Umstände 1945 ans Ruder gekommen waren, die Exilanten zurückzurufen, nicht nur dem latenten Antisemitismus oder anderen niedrigen materiellen Beweggründen zuzuschreiben ist, sondern – und vielleicht in erster Linie – der Angst, daß eine massive Rückkehr der Exilanten einen derartigen Umsturz der geistigen Atmosphäre, des politischen Denkens, der kulturellen Kreativität bedeuten könnte, daß von den rückwärtsgewandten Ideologien und »Werten« kein Stein mehr auf dem anderen bliebe.

Die große Absicht eines Viktor Matejka, die Exilanten zurückzurufen, hätte deshalb bei ihrer Verwirklichung einen Umsturz, Umbruch, Ausbruch herbeigeführt und die Frage scheint mir berechtigt: Was wäre aus den braven und guten, von den Faschismen im engen Horizont der »vaterländischen Traditionen« eingeschlossenen Österreichern geworden? Vielleicht gar ein Volk von Aufrührern, Subversiven und Anarchisten ärgster Art? Das durfte nicht sein. Daher die Verweigerung des Rückrufs der Verjagten, die in der Fremde neue Konzepte für Österreich erarbeitet hatten, daher der Haß auf die ewigen Ruhestörer, die weiterhin ausgeschlossen bleiben mußten. Als Gegengewicht wußte man nichts Besseres, als so bald wie möglich den rund 600.000 »Belasteten« der Zeit des Dritten Reiches wieder ihre staatsbürgerlichen Rechte und damit ein Gewicht zu verleihen, mit dessen Hilfe alles »Subversive« überrollt werden konnte und es erlauben sollte, Österreich zu einem Vorreiter des Kalten Krieges zu machen, zu einem Vorzugsschüler des Westens in Sachen Demokratie besonderer Art.

Was das österreichische Exil betrifft, so besteht seine Besonderheit, seine »Exzeption« darin, daß es sich nicht darauf beschränkte, den »Blick zurück« auf die Leistungen der Vergangenheit zu richten, auf jenes Wien um 1900, mit dem die Kulturpolitiksmanager von heute in der ganzen Welt renommieren. Gewiß, die Leistungen jener für damals revolutionären Epoche bleiben ein unverlierbarer, unentbehrlicher Bestandteil österreichischer Identität, doch um im Exil die Kraft zum Überleben zu finden, mußten die Exilanten einen heroischen Willen zum Weiterleben entwickeln, das heißt, ihren Blick nach vorwärts richten, in eine Zukunft, die es zu erobern und zu gestalten galt. Jene, die nicht dazu imstande waren, sich von der »Welt von Gestern« radikal zu trennen, den Bruch mit der nostalgisch verklärten Vergangenheit ihrer Jugend zu vollziehen, verzichteten auf diesen notwendigen Blick in die Zukunft und mußten daher so enden wie Stefan Zweig.

Gerade weil die Mehrzahl der kulturschöpferischen Exilanten imstande war, den kritischen Bruch mit ihrer eigenen Geschichte und mit ihrer Heimat zu vollziehen, waren sie auch imstande, den Blick in die Zukunft zu richten und inmitten der Leiden des Exils neue Perspektiven zu erarbeiten, mit denen sie sich in den Dienst des kommenden Österreichs stellen wollten. In diesem Sinne kann man behaupten, daß das österreichische Exil, daß jene, die den Geist des Österreichischen in die Welt mitgenommen und dort verteidigt haben, auch zur Erkenntnis gelangt sind, daß das Wien 1900 zu einem Mythos zu verkommen drohte und daß sie notgedrungenerweise eine Antithese zu diesem Mythos herausarbeiten mußten: die These einer weltoffenen und dennoch oder gerade deshalb österreichischen Geistigkeit, die eine Auferstehung des alten Wiener Miefs von »Ständestaat« und Nazizeit unmöglich machen sollte.

Der Bogen vom Prä-Exil zum Exil und Post-Exil
Ein zweifacher Strang: individuell und kollektiv

Die letzten Jahrzehnte Kakaniens waren ja keineswegs harmonisch verlaufen: Trotz des wissenschaftlichen und kulturellen Aufbruchs war das Land ununterbrochen von Nationalitätenkonflikten geschüttelt worden. Besonders nach der Annexion Bosnien-Herzegowinas, 1908, wurden die Deutschnationalen und Pangermanisten von einer geradezu panischen Angst vor der »Slawischen Flut« gepackt – wer hatte denn die Monarchie ersucht, dieses Gebiet zu annektieren? –, und so kam es zu den Schüssen von Sarajevo, die direkt in den Weltkrieg mündeten. Und der Weltkrieg mündete in den Zerfall, in die Niederlage, aber auch in die Republik, die von den Konservativen aller Schattierungen als Wechselbalg der Geschichte empfunden und daher wütend bekämpft wurde. Da jedoch die »Antimoderne« wirtschaftlich, politisch und ideologisch das Feld behauptete, während sich die Sozialdemokratie im subversiven Kampf gegen sie verzehren mußte, war für jedweden »fortschrittlich« Gesinnten das Leben in der Ersten Republik trotz Rotem Wien und Hanusch-Gesetzen kein angenehmes. Nur wer Beschimpfungen, Verdächtigungen, Bedrohungen, ja auch Gewalttaten aushalten konnte, vermochte kulturelle Aktivitäten trotz aller Widrigkeiten fortzusetzen. Dies war der Fall für Sigmund Freud genauso wie für Arthur Schnitzler, Alfred Adler, Otto Neurath, Stella Kadmon, Jura Soyfer und viele andere, deren Laufbahn in einer Atmosphäre von »gesellschaftlicher« Ächtung vor sich ging, die ich – schon vor dem Heraufkommen der Faschismen – als echtes *Prä-Exil* bezeichnen will.

So ging also der Weg vom *Prä-Exil* über das *Exil* zum *Post-Exil*, ob im Ausland oder auch in der wiedergefundenen Heimat, denn auch nach 1945 setzte sich dieses offizielle Ignorieren »unangenehmer Zeitgenossen« fort. Obwohl die kollektiven und individuellen Abenteuer der österreichischen Prä-Exilanten, Exilanten und Post-Exilanten eigentlich parallel verlaufen und auch optisch gegenübergestellt werden müßten, nehme ich zunächst den individuellen Strang vor, beschränke mich aber, um dem Thema gerecht zu werden, auf Theaterleute.

Was für mein Thema interessant scheint, ist die Tatsache, daß gerade dieser Dichter ein Beispiel für das Erleiden des Prä-Exils war. Die Schärfe seines Blicks machte aus ihm einen »auteur maudit«, einen Dichter der »Jahrhundertwende«, der als echter Seelenarzt die Übel der Gesellschaft und des Individuums dichterisch so verarbeitete, daß ihn eben diese Gesellschaft verdammt: zum Prä-Exil, zum Exil, ja sogar zum Post-Exil, während er doch schon vor dem totalen Einbruch der Barbarei gestorben war.

Seine Hauptsünden waren die Aufdeckung der sogenannten bürgerlichen Doppelmoral, die in deren heuchlerischen Beziehungen zum Sex und zum Geld verkörpert war, wie auch in der Festnagelung ihrer hauptsächlichen Verkommenheit, dem Antisemitismus. Noch 1929 gab Schnitzler dem französischen Kulturkritiker Roland Jaccard gegenüber seine Trauer kund, über das, was er in Wien erleben mußte:

> *In Wien, sagte er, hat man mir meine Kühnheiten nie verziehen. Bedenken Sie, daß jenes Stück, das meinen Ruhm begründet hat, »Der Reigen«, den ich 1896/97 geschrieben habe, als so obszön verschrieen wurde, daß er erst ein Vierteljahrhundert später in Wien aufgeführt werden konnte und auch da noch in welcher Atmosphäre: Fauteuils und Stühle wirbelten nur so durch die Luft als Protest und die katholische Presse entfesselte sich.*

Schnitzler blieb ein ins Prä-Exil Getriebener, das über seinen Tod 1931 hinaus dauern sollte: Schrieb nicht 1933 die nazifizierte deutsche Presse, daß die Dramen und Novellen dieses jüdischen Autors zersetzend wirkten und den Verantwortungssinn zerstörten? Logischerweise wurden auch die Werke Schnitzlers dem Feuer übergeben. Das Prä-Exil war beendet, das Exil begann.

Sowohl im englischen Exil wie auch in den anderen freien Ländern kam Schnitzler zu verdienten Exil-Ehren. Das Exil verschaffte ihm also ein Leben nach dem Leben. Er wurde vom »Laterndl« in London aufgeführt, im Juni 1942 mit vier Stücken aus den *Wiener Miniaturen* und 1944 mit *Professor*

Bernhardi, seiner Entlarvungskomödie des Antisemitismus, sowie drei Einaktern. Auch in Amerika erinnerte man sich seiner, und sogar im schwedischen Exil wurde der nicht nur im »Dritten Reich unerwünschte Autor« mit den Einaktern *Literatur*, *Die Frage an das Schicksal* und *Die letzten Masken* von der »Freien Bühne« aufgeführt.

Im Nachkriegsösterreich sollte dann Schnitzler, trotz seiner Theatererfolge im Prä-Exil, viele Jahre des Post-Exils mitmachen, bevor er aus dem Ghetto der Verharmlosten und weitgehend Vergessenen wieder ans Licht geholt wurde.

Warum habe ich Arthur Schnitzler, der 1931 gestorben ist, als ersten in dieses Paradigma der Exilierten aufgenommen? Aus mehreren Gründen: Zunächst weil er Dramatiker war. Zweitens jedoch vor allem deshalb, weil Schnitzler ein hundertprozentiger Österreicher war, sowohl seiner Herkunft nach – Wiener und Jude – als auch nach seiner Geisteshaltung, derjenigen eines feinsinnigen Analytikers aller menschlichen und gesellschaftlichen Schwächen. Drittens aber auch deshalb, weil er subversiv war und ohne Scheu die Tabus der Gesellschaft enthüllt und angeprangert hat. Dadurch erlitt er – trotz seiner Erfolge – ein österreichisches Schicksal: Er war zum Prä-Exil, zum Exil und zum Post-Exil verurteilt, denn im Gegensatz zur Ankündigung Leopold Figls, das »Neue Österreich werde ein revolutionäres Österreich« sein, war das 1945 aus der Taufe der Hitlerniederlage gehobene Österreich ein zutiefst restauratives Land, weshalb Schnitzler auch viele Jahre lang das Post-Exil »erleben« mußte.

Franz Theodor Csokors Humanismus

Franz Theodor Csokor gehört auch zu jenen Exilanten, die zu unserem Paradigma passen. Er wurde zurecht als »Frondeur« (Eckart Früh) bezeichnet, der sich streitbar mit der Gesellschaft auseinandersetzte. Der Erste Weltkrieg machte ihn zum Kriegsgegner, der in expressionistischen Versen die »Mitschuld« anprangerte und die Forderung nach Menschenrecht und Menschenwürde erhob. Wie es seiner Weltsicht entsprach, protestierte er mit einigen seiner Kollegen auf dem P.E.N.-Kongreß von Dubrovnik gegen die Bücherverbrennungen im Dritten Reich und lehnte sich gegen die Unterdrückung des Geistigen auf.

Natürlich wurden seine Werke in Deutschland verboten, und auch Österreich war ihm nicht geheuer. Im November 1933 schreibt er an Ödön von Horváth: »Leben wir neben unseren gepackten Koffern«, und am 10. Februar 1934, zwei Tage vor dem Ausbruch des Bürgerkriegs, an Ferdinand Bruckner: »Du als Flüchtling schlage um Österreich besser einen weiten Bogen!« Doch noch blieb er im Lande und gerade zu dieser Zeit schrieb er sein Symbolstück, den *3. November 1918*, womit er seinen Eintritt ins Prä-Exil unterzeichnete. War nun das Stück ein »Abgesang« auf den österreichischen Vielvölkerstaat oder einfach die Festschreibung der Virtualität einer im Werden begriffenen österreichischen Nation, zu der er sich bekannte, wie eben auch seine Figur des jüdischen Regimentsarztes Dr. Grün, der dem toten Kommandanten nicht einfach Erde aus irgendeiner Region ins Grab nachwirft, sondern »Erde aus Österreich«.

Als Csokors Stück 1937 im Burgtheater uraufgeführt wurde, war gerade die denkwürdigste Äußerung, »Erde aus Österreich«, gestrichen worden. Sie wurde bereits als subversiv, wenn nicht gar als ständestaatsfeindlich betrachtet. Zwar wurde ihm noch der Burgtheaterring überreicht, doch es war schon in Vorschau auf das kommende Exil. Das von ihm bei der Preisüberreichung ausgesprochene Gelöbnis, er werde seinen Weg so unbeugsam wie zugeständnislos weiterverfolgen, konnte er nur mehr im Exil wahrmachen. Dieses begann folgerichtig im März 1938, auf eine für ihn charakteristische Weise: zu Fuß und mit ganz leichtem Gepäck. Merkwürdig auch seine Wanderung entlang der Fronten des ausgebrochenen Weltkriegs, eine Wanderung, die ihn von Polen nach Jugoslawien und von dort nach Italien führte.

Seine Exilerlebnisse hat Csokor in den Büchern *Als Zivilist im polnischen Krieg* und *Als Zivilist im Balkankrieg* geschildert. Seine Rückkehr nach Österreich schien zunächst das Ende seines Exillebens anzuzeigen. Er wurde Präsident des P.E.N.-Clubs, aber auch der Friedensgesellschaft, was ihn sofort ins

Post-Exil führte. Tatsächlich war es in den Jahren der österreichischen Restauration und des Kalten Krieges nicht ratsam, das Wort Frieden in den Mund zu nehmen und noch weniger ratsam, für diesen Frieden aktiv einzutreten; wenn einer das in aller Reinheit des Herzens tat, dann mußte er bald nicht nur zur Erkenntnis seiner persönlichen Ohnmacht kommen, sondern erntete auch Verleumdung und Verdächtigung. Dies passierte Franz Theodor Csokor, der als Kryptokommunist denunziert, sogar des Agententums für die Komintern angeklagt wurde. Doch er war nur seinem eigenen sittlichen Gebot, dem Humanismus und der Humanität verpflichtet, sodaß er 1969 in einem echten Post-Exil starb.

Der Sonderfall Jura Soyfer

So manche werden sich fragen, wieso ich Jura Soyfer, diesen schon 1939 im Konzentrationslager Buchenwald umgekommenen Dichter in mein dreifaltiges Paradigma aufzunehmen wage. Ich wage es, denn wenn Jura auch ein Sonderfall ist, so ist er dennoch typisch für das Schicksal progressiver, subversiver und urwüchsig österreichischer Dramatiker. Dabei muß gleich ein erstes Paradox aufgelöst werden: Die Soyfers, kann man sagen, waren doch eine russisch-ukrainisch-jüdische Bourgeois-Familie gewesen, wie kann da Jura als urwüchsig-österreichischer Dichter betrachtet werden? Ich möchte diesen Zweiflern antworten: Haben Sie noch nie etwas von einem Genie gehört? Ein Genie bringt es eben zustande, den Weg der Assimilation, gefolgt von der Integration ins Wienerisch-Österreichische, den zahlreiche aus dem Osten Kakaniens nach Wien zugezogene jüdische Familien (etwa die Hofmannsthals oder Brochs) in mehreren Generationen und vielen Jahrzehnten durchschritten, in rund einem Jahrzehnt nachzuvollziehen. Um 1920 nach Wien gekommen, war Jura 1930 bereits ein genialischer jugendlicher Dichter, der sich bei Nestroy so zuhause fühlte wie ein echter Urwiener. Und er bewies es mit seinen »Zwischenrufen links« in der *Arbeiter-Zeitung* oder seinen Beiträgen für die »Roten Spieler« und andere Kabarettgruppen. Als 1934 die österreichische Demokratie und vor allem die Arbeiterbewegung in den Untergrund verbannt wurde, ging auch Jura Soyfer in den Untergrund – bei ihm war es jedoch nur etagenmäßig zu verstehen, er ging mit seinen dichterischen Schöpfungen in den Keller, in die literarischen Kabaretts, die man fälschlich als Kleinkunst bezeichnete, wobei jedoch gerade diese Bezeichnung ihnen ein zwar zensuriertes, aber geduldetes legales Leben ermöglichte. Es war noch nicht das Exil, sondern eben das Prä-Exil, in dessen schützenden Faltenwurf sich das dramatische Genie Jura Soyfers unheimlich-heimelig vier kurze Jahre entfalten durfte. Doch die Zeit war zu kurz. In den Märztagen 1938 zerbrach jede Möglichkeit weiterer Aufklärung und mit der Einlieferung Soyfers in das KZ – zuerst Dachau, dann Buchenwald – begann das Exil, begann der erzwungene Eintritt in die Unterwelt. Auch dort hat Jura seinen subversiven Geist beibehalten und mit dem berühmten Dachaulied den Ruf nach Freiheit und Menschlichkeit fortgesetzt.

Doch auch nach seinem Tod im Februar 1939 war sein Exilleben nicht beendet. Seine Stücke inspirierten Spielgruppen, aber auch professionelle Theaterleute über alle Kontinente hinweg. Im Katalog zur Ausstellung *Jura Soyfer und Theater* gibt es eine Chronologie der Soyfer-Aufführungen, aus denen hervorgeht, daß es ab 1939 Aufführungen in New York, in London, dort durchgehend bis 1946, gegeben hat. 1946 gab es einen Jura Soyfer-Abend in New York. Aus Südamerika berichtet Alfredo Bauer, einer jener Exilanten, die erst jetzt dabei sind, aus dem Keller des Post-Exils ans Tageslicht zu kommen, daß in Buenos Aires die österreichische Jugendgruppe mitten im Krieg *Vineta* als Leseaufführung zustandegebracht hatte. Auch in Mexiko widmeten sich junge Laien oder auch Schauspieler der Aufgabe, Jura Soyfer bekannt zu machen.

Nach dem Kriegsende beginnt sofort das Soyfersche Post-Exil, womit ich anzeigen will, daß man damals in Wien und Österreich von dem Dichter Jura Soyfer keine Notiz nahm – zumindest so wenig Notiz wie möglich.

Gerade Ferdinand Bruckner liefert eine nahezu unwiderlegbare Illustration meiner These der drei Stationen vom Prä-Exil über das Exil zum Post-Exil. Vor allem deshalb, weil er in seiner Dramatik und seinen Aufsätzen ein Modell bietet, wie sich Theater, Exil und Österreichertum zu einem regelrechten »Ausbund« österreichischer Kultur zusammenschweißen können. Es versteht sich von selbst, daß es im folgenden nicht darum gehen kann, eine Gesamtwürdigung des Dichters Ferdinand Bruckner zu unternehmen. Es soll bloß der Zusammenhang zwischen den einzelnen Fixpunkten hergestellt werden, wo sich Antifaschismus, österreichischer Patriotismus und Vorschau auf das kommende Österreich zu einer Einheit verbinden.

Mit den *Rassen* begibt sich der Dichter auf das Gebiet der direkten Auseinandersetzung mit dem Faschismus, vor allem, aber nicht nur, auf dem Feld der »Rassentheorie«. Es ist natürlich und entspricht der allgemeinen Haltung Bruckners, die sich im Laufe der Jahre entwickeln und verfeinern wird, daß er sich nicht nur mit der Gewalt- und Herrenmenschenphilosophie des Nationalsozialismus auseinandersetzt, sondern bereits deutliche Hinweise auf die Möglichkeit und Notwendigkeit eines Widerstehens gegen die Barbarei in das Stück einbringt, das im November 1933 mit großem Erfolg am Zürcher Schauspielhaus zur Aufführung gelangte. Das Schicksal der *Rassen* hat den Schritt vom Prä-Exil zum Exil mitgemacht, wie aus dem Brief Otto Premingers an Bruckner im Juli 1934 eindeutig hervorgeht: Die wichtigste Passage lautet:

> *»Die Rassen«, mein Schmerzenskind, kann man eigentlich in Wien noch nicht spielen. Denn das Theater würde in die Luft fliegen. Meine Versuche von seiten der Regierung eine Sanktionierung der Aufführung [zu erlangen], scheiterten, obwohl der Kurs heute absolut offen gegen Deutschland ist, indem alle in Betracht kommenden Funktionäre im Unterrichtsministerium selbst die Lektüre ablehnten, um sich auch der entferntesten Verantwortung zu entziehen und sich für eine eventuell doch mögliche nationalsozialistische Zukunft nicht zu belasten. Der Minister Schuschnigg selbst, mit dem ich anläß-*

lich eines Empfangs über das Stück zu sprechen versuchte, wich – ohne übrigens mein Anbot, ihm ein Exemplar zur Lektüre zu senden, anzunehmen – mit der Bemerkung aus, daß gerade in Österreich die Theaterdirektoren von jeher immer so gegen jede »Zensur« gewesen seien. So eine Angelegenheit sei also mehr vom Standpunkt des Polizeipräsidenten zu beurteilen, der über Ruhe und öffentliche Sicherheit zu wachen habe, als vom Standpunkt des Unterrichtsministers.

Die Rassen mußten bis 1951 (Theater der Courage) bzw. 1988 (Theater in der Josefstadt) warten, um den Österreichern vorgeführt werden zu können.

Den Schritt von der Anprangerung des Faschismus zum Aufruf zum Widerstand vollzieht Bruckner in seinen Exildramen, die vielfach als historische Dramen konzipiert, sich zwischen der Demystifizierung der Macht und der Verherrlichung des bewaffneten Widerstands gegen die Unterdrückung positionieren. Von seiner *Heroischen Komödie* bis zu *Simon Bolivar* ruft Bruckner zur Freiheit des Menschen auf, einen Kampf, den zu führen auch die Intellektuellen berufen sind. Wörtlich meint er: »Die Intellektuellen haben nur eine einzige wirkliche Aufgabe, sich in den Dienst des Volkes und seiner Freiheit zu stellen.«

In seinem Stück *Die Kinder des Musa Dagh* (1940, nach dem Roman von Franz Werfel) ähnelten der Rassismus der Jungtürken und der an den Armeniern begangene Genozid dem Antisemitismus und der Vernichtung der Juden durch den Nationalsozialismus. Enver Pascha wirkt wie eine Karikatur Hitlers. Das charakteristischste Exilstück ist eindeutig *Denn seine Zeit ist kurz* (1942), ein Stück, in dem die Entwicklung eines norwegischen Pastors vom »Attentisten« zum Widerstandskämpfer dargestellt wird. Parallel dazu zeigt Bruckner in der Gestalt eines zwanzigjährigen SS-Führers den Schritt von der Ethik des barbarischen Lebens – wie sie ein Freder in *Krankheit der Jugend* vertrat – zur bewußten Apologetik des Faschismus und seiner Verbrechen. Hier werden also Antifaschismus und Widerstand zusammengeführt, während Bruckner in den *Befreiten* (1944) weiter geht, indem er Antifaschismus, Widerstand und Patriotismus zu einer schon in die Zukunft weisenden Dreieinigkeit verschmilzt.

Noch weiter ging Bruckner in seinen Aufsätzen, in denen er die allgemeinen in seinen Stücken dargestellten Konzepte mit konkreten Aufgaben und Aussichten der Exilierten verbindet und sich als Vordenker des patriotisch bewußten neuen Österreich ausweist. Aktuell sind Bruckners Reflexionen über die Beziehungen von »Patriotismus und Kultur«, in deren Verlauf er scharf zwischen Nationalismus und Patriotismus unterscheidet:

> *In diesem Krieg [...] ist der Begriff des Patriotismus zu einer Klärung gekommen. Er hat sich völlig vom Nationalismus abgesondert, mit dem er oft bisher identifiziert worden war. Nationalisten erwiesen sich als jene, die ihre Nation verherrlichten, indem sie sie jeder anderen für überlegen erklärten, woraus sie das Recht folgerten, die andere unter ihre Herrschaft zu bringen. [...] Den Patrioten dagegen, wie dieser Krieg gezeigt hat, war es um ihr Volk zu tun. Nicht seine Machtfülle lag ihnen am Herzen, sondern die Vorbedingung seines Wohlergehens: die Unabhängigkeit. Für sie waren sie bereit, jeden Verlust zu tragen.*

Daß es für Ferdinand Bruckner auch ein Post-Exil gegeben hat, steht außer Zweifel. Er kam zwar ab 1948 wieder oft nach Europa, sich jedoch in Österreich niederzulassen, kam ihm nicht in den Sinn. Da schon eher in West-Berlin, wo er ab 1953 bis zu seinem Tod 1958 tätig war. Offensichtlich hat ihn Österreich nicht so geliebt, wie er es von seinem amerikanischen Exil aus geliebt hatte. Obwohl Karl Röder ihn 1946 im *Österreichischen Tagebuch* als *den* österreichischen Dramatiker der Zeit herausgestellt hatte:

> *Der österreichische Dichter Ferdinand Bruckner hat [...] einen wesentlichen Beitrag zur österreichischen Kultur geleistet. Er hat sich als ein Meister der Sprache, des Gedankens und des Theaters »erwiesen«. Nun hängt es von den Trägern der österreichischen Kultur selbst ab, ob sie den Vorwurf auf sich nehmen wollen, in unserer an echten Dichtern armen Zeit diese gewaltige Stimme nicht gehört zu haben.*

Nach den seither verflossenen 50 Jahren muß man leider sagen, daß diese »Kulturträger« nicht nur diesen, sondern auch viele andere Vorwürfe dieser Art »auf sich genommen« haben.

Fritz Hochwälder – Post-Exilant par excellence

Warum habe ich Fritz Hochwälder in diese doch so unvollständige Liste von Vertretern des Theaterexils aufgenommen und vernachlässige Elias Canetti, dessen subversives Genie ich so bewundere? Übrigens vernachlässige ich notgedrungen so manche andere großformatige Theaterexilanten, wie zum Beispiel Max Reinhardt oder Ödön von Horváth. Doch Hochwälder vereinigt in seiner Person und teilweise auch in seiner Dramatik jene Begriffe, die im Titel dieses Aufsatzes zusammengefaßt sind: österreichische Nation und Kultur im Theater des Exils.

Wenn auch Hochwälder nicht so aufmüpfig oder gar revolutionär war wie Schnitzler, Bruckner oder Soyfer, so kann man ihn doch als einen »gemütlichen Aufrührer« betrachten, der seine Wahrheiten der Gesellschaft in aller Ruhe vor Augen führte. Hochwälders urwüchsiges Österreichertum hat ihn sein ganzes Leben lang begleitet, er war ein echter Wiener Gassenbub und verweist darauf, daß sein eindrücklichstes Erlebnis ebenfalls mit der Gasse verbunden war: »Der 15. Juli 1927, als hundert Menschenleben einem grausigen, beiderseits verschuldeten Pallawatsch zum Opfer fielen.« Was mich an dieser Äußerung stört, ist das »beiderseits«; diese Sucht, jeweils ein »beiderseits« zu finden, hat Hochwälder gehindert, ein echter »Subversiver« zu werden – er hat es auch des öfteren zugegeben.

Sein Bekenntnis zu Österreich hat Hochwälder wiederholte Male abgelegt:

> *Wenn es nach mir gegangen wäre, hätte ich Wien nie verlassen. Aber bekanntlich ging es nicht nach mir und so kam ich im August 1938 als Flüchtling wie ein Dieb in der Nacht in die Schweiz, nach Zürich, wo ich bis Kriegsende als Emigrant lebte und seither als österreichischer Staatsangehöriger ansässig bin.*

Er unterscheidet also ganz genau zwischen Exil und Post-Exil und betont überdies, daß er auch im Post-Exil seine österreichische Staatsangehörigkeit behalten hat.

Meines Erachtens ist Hochwälders wichtigstes Exilstück *Das heilige Experiment* (UA 1943 Biel-Solothurn; ÖE 1947 Burgtheater) zugleich sein subversivstes Stück, wenn auch der Form nach geradezu klassisch. Hochwälder schildert in seinem den Jesuitenstaat in Paraguay behandelnden Drama Widerstand und Kapitulation in aufwühlenden Szenen, die gleichzeitig entlarven, worum es geht: Die Bodenreichtümer, die allen gehören sollten, gehen wieder in die Hände einiger Privilegierter zurück, die Utopie eines brüderlichen Christentums bleibt Utopie. Es war wie eine Vorwegnahme des Nachkriegs von 1945, der in den Kalten Krieg mündete, ein Exilstück mit subversiven Ansprüchen, die nicht verwirklicht werden konnten. Das Stück hatte auch in den fünfziger Jahren etwas Anrüchiges an sich: Es war die Zeit der aufmüpfigen Arbeiterpriester, von denen sich viele weigerten, ihre Fabrik zu verlassen, bis schließlich doch die Mehrheit von ihnen vor der päpstlichen Autorität kapitulierte.

Zwei echte Post-Exilstücke sind *Der Himbeerpflücker* und *Der Befehl*. Vom *Himbeerpflücker* (1964), der in durchsichtiger Anspielung im Dorf Brauning spielt, sagt der Autor selbst:

> *Der »Himbeerpflücker«, der sich als Komödie bezeichnet, naturgemäß jedoch als Schwank, ja als Posse daherkommt, behandelt ein auf den ersten Blick erstaunliches Faktum österreichischer Gegenwart: die unbekümmert fröhliche Urständ feiernde Nazigesinnung in der Zweiten Republik […].*

Man kann über die dramatische Qualität dieses sehr ernsthaften »Schwanks« geteilter Meinung sein, immerhin aber kommt Hochwälder zu einem Brechtschen Schluß: »Der Schoß ist fruchtbar noch, aus dem das kroch!«

Im Stück *Der Befehl* (1966/67) bringt Hochwälder ein anderes Verbrechen auf die Bühne. Der Polizist, der Anne Frank ins KZ gebracht hat, wird, da er eine österreichische Aussprache gehabt haben soll, in Wien gesucht. Der Polizeipräsident beauftragt seinen besten »Kiberer« mit der Suche nach dem Schuldigen. Der Polizist jedoch, dem letzten Befehl der Nazibehörden gehorchend, »alles zu vergessen«, hat auch vergessen, daß er selbst der Gesuchte ist. Obwohl im Stück selbst nicht die Rede von Anne Frank ist, versteht der Zuschauer sofort die Anspielung; der »Oberinspektor«, der seiner Aufgabe »pflichtgemäß«

nachkommt, kommt bald darauf, daß er selbst der Gesuchte ist, die Komödie wird zur Tragödie oder, wie Hochwälder selbst sagt, »analog der alten Fabel von Dr. Jekyll und Mr. Hyde, eine veritable Ich-Spaltung: mein Held fällt im Duell mit sich selbst.« In einem beschränkten Rahmen wird hier das echt österreichische Schizophrenie-Syndrom ins Spiel gebracht. So hat sich also Fritz Hochwälder in seinem schweizerischen Post-Exil mit den Problemen seiner ursprünglichen Heimat auseinandergesetzt.

Franz Werfels bizarres Prä-Exil

Wenn ich mich an die Vorgabe dieses Teils des vorliegenden Aufsatzes halten will, so kann die Zeit zwischen 1918 und 1938 sehr wohl als Werfels Prä-Exil bezeichnet werden, das man als von zwei Wendepunkten eingeklammert ins Auge fassen muß. Dazwischen liegt eine Entwicklungslinie, die man ohne weiteres als bizarr, auch als ambivalent bezeichnen kann. Zu den merkwürdigsten Etappen des Prä-Exils gehört wohl jene der Revolution von 1918. Werfels revolutionäre Begeisterung hat nicht lange angehalten; auch bewirkte sein schriftstellerischer Ehrgeiz, der ihm auch entsprechende Erfolge eintrug, eine Abkühlung seiner revolutionären Gefühle, und in den frühen dreißiger Jahren war Werfel schon fest im literarischen – und gesellschaftlichen Establishment zu Hause.

Ehemals revolutionärer Barrikadenredner (wenn auch nur auf einer Bank stehend), hatte Werfel sich derart zum katholisierenden Mystiker entwickelt (ohne sich jedoch taufen zu lassen), daß er ganz natürlich in die »erste Gesellschaft« des »Ständestaats« hineinwuchs, ja sogar zum Freundeskreis Schuschniggs, dieses anderen der Mystik verfallenen Romantikers, gezählt wurde. Ja, Werfel hatte sich an den »Zeitgeist« derart angepaßt, daß er sich der Illusion hingab, er könne – als Jude! – in die Reichsschrifttumskammer des Dritten Reiches aufgenommen werden. Die Märztage 1938 zerstörten solche Illusionen und machten aus Franz Werfel einen Vertriebenen, einen Exilanten, dessen Sinnen und Trachten ab da nur mehr ein

Ziel hatte: die Wiedereroberung der geraubten Heimat. Und hier setzte die positive Verwandlung Werfels ein: Im Exil wurde er zum Sprecher der unterdrückten und geknebelten Kultur Österreichs. Natürlich blieb er auch im Exil seiner erworbenen Mystik verhaftet, doch wichtiger war, daß er zu einem echten Sprachrohr der patriotischen Hoffnungen des österreichischen Exils insgesamt wurde.

Und wie steht es mit dem Stück *Jacobowsky und der Oberst*? Ich möchte es, obwohl es noch mitten im Krieg geschrieben und auf eine New Yorker Bühne gebracht wurde, als Werfels Beitrag zum Post-Exil bezeichnen. Und dies aus folgendem Grund: Werfel hat sich in diesem Stück bereits über die »condition d'exilé« erhoben, übersah bereits das Gesamtproblem: Barbarei, Flucht, Exil und Widerstand und schließlich Rettung und Geborgenheit. Es war sozusagen das Post-Exil auf dem Weg zu sich selbst. Ludwig Ullmann schreibt in der *Austro American Tribune* über das Stück:

> *Das historische Faktum, ein mehr als literarisches, ist: Franz Werfel hat die erste große Komödie der Emigration geschrieben und natürlich eine Tragikomödie. Eine bittere und elegische Komödie. Durchleuchtet von der herzensreinen Ironie eines Dichters. […] Es ist die Apotheose des überall Unwillkommenen und durch Verstand, Einfall, Schlauheit und Herzensgüte dennoch Unentbehrlichen […].*

Mit diesen kurzen Schilderungen der Prä-Exil- und Post-Exilschicksale so verschiedenartiger Theaterleute, verbunden durch das gleiche schicksalmäßige Erlebnis, wollte ich zeigen, daß diese vor allem als österreichische Theaterleute gelebt und gewirkt haben, daß sie im Exil und darüber hinaus sich zur österreichischen Nation bekannt, für sie eingetreten sind und uns Nachkommenden kostbare Hinweise hinterlassen haben, welche Inhalte und Formen theatralischer Kreation in einer dem Heute angemessenen Art, von einer »Dramaturgie der Demokratie« verwirklicht werden können.

Ich komme nun zu den kollektiven Abenteuern des Theaters vom Prä- zum Post-Exil.

Während des Austrofaschismus wurde auch unter den Bedingungen von Zensur und politischer Überwachung antifaschistische Theaterarbeit versucht. Daß die Aktivitäten der Kellertheater über eine einfache Oppositionsrolle hinausgingen, meint Walter Rösler:

> *Es ist ein paradox erscheinendes Phänomen, daß sich ausgerechnet vor dem Hintergrund des Austrofaschismus die bisher bedeutendste Wiener Kleinkunstbewegung entwickelte [...]. Begünstigt wurde die Entwicklung durch verschiedene Umstände. Die wirtschaftliche Rezession machte vor Theatern und anderen kulturellen Einrichtungen nicht halt. Personalreduzierungen und Theaterschließungen gehörten zum Alltag. 1931 gab es etwa 1.500 arbeitslose Schauspieler, außerdem Regisseure, Bühnenbildner, Musiker, Autoren ohne Arbeitsmöglichkeiten. Aus diesem großen Reservoir von Begabungen kamen die Mitwirkenden der Wiener Kleinkunstbühnen. Viele der Bühnenkünstler und Autoren standen links, was bedeutete, daß sie sich in Opposition zur Regierung und zum Faschismus befanden. Die antifaschistische Tendenz vieler Programme lebte von der Konkurrenzsituation zwischen dem Austrofaschismus und dem Faschismus nationalsozialistischer Prägung. Kritik an Hitlerdeutschland wurde von den Austrofaschisten lange Zeit toleriert. So konnten die Kabarettisten gegen die Zustände in Nazideutschland Front machen und unterschwellig gleichzeitig gegen jegliche faschistische Diktatur opponieren.*

Die »Literatur am Naschmarkt«, die »Stachelbeere« und das »ABC« mit seinem Hausautor Jura Soyfer, von dem bereits die Rede war, wurden zu einem festen Bestandteil des kollektiven Abenteuers »Kleinkunst im Keller«, in jenem Keller, in den sich Autoren und Schauspieler zurückziehen mußten, um von dort aus ab 1933/34 ihre subversiven Hiebe gegen »Ständestaat« und Hitlerei auszuteilen. Eines der herausragendsten Theater wurde bereits 1931 gegründet, Stella Kadmons »Der liebe Augustin«. Welche Schule des Theaters der »Liebe Augustin« und die anderen Kleinkunstbühnen der Zeit von 1934 bis 1938 waren, zeigt eine unvollständige Liste der Namen, die sich zu jener Zeit auf den Programmzetteln fanden: Leo Askenasy (Leon Askin), Herbert Berghof, Fritz Eckhardt, Tom Kraa, Martin Magner, Ernst Rohner, Peter Preses, Manfred Inger, Trude Reinisch, Hans Sklenka, Fritz Schrecker, Gusti Wolf, Walter von Varndal, Wilhelm Hufnagl und Fritz Muliar. Als Tänzerinnen sind zu erwähnen Traute Witt und Cilly Wang. Die letzte Vorstellung des »Lieben Augustin« fand am 10. März 1938 statt. Es begann das Exil und es zeigte sich, daß von der Pionierarbeit Kadmons und der anderen vieles hinübergerettet werden konnte, sowohl ins Exil als auch ins Post-Exil.

Das Zürcher Schauspielhaus und sein Ensemble

Waren die fortschrittlichen Wiener Theatermacher in den Jahren von 1933 bis 1938 noch im Prä-Exil, so waren ihre deutschen Kollegen schon ab 1933 ins Exil gejagt worden. Ein Teil von ihnen hatte den Weg ins Zürcher Schauspielhaus gefunden, wo sie von Direktor Ferdinand Rieser, einem Schwager Werfels, aufgenommen worden waren. Es war ihnen gelungen, in Zürich ein Theaterensemble und ein Theaterprogramm zu schaffen, das ein wahrhaft kollektives Abenteuer darstellte. Außer Bruckners *Rassen* wurden zwischen 1933 und 1938 zahlreiche Stücke von Exilautoren aufgeführt, darunter Friedrich Wolfs *Professor Mannheim (= Mamlock,* 1934), Hermann Brochs *Denn sie wissen nicht, was sie tun* (1934), Ödön von Horváths *Hin und Her* (1934) und Else Lasker-Schülers *Arthur Aronymus und seine Väter* (1936).

1938 wurde zu einem Einschnitt im Leben des Ensembles. In dessen erster Phase war es – wie Werner Mittenzwei festgehalten hat – zur Herausbildung einer »operativen Ästhetik des Widerstandes« gekommen, die sich durch Aufführungen von Zeitstücken auszeichnete. Ab 1938 war der Schweizer Oskar Wälterlin Direktor, er gab dem Spielplan ein klassischeres Profil, doch die Aufführungen von Stücken wie *Götz von Berlichingen*, *Wilhelm Tell*, *Nathan der Weise*, *Don Carlos*, *Dantons Tod* wurden durch die Kunst des Ensembles zu Plädoyers für Freiheit und Frieden – nicht minder wie Georg Kaisers *Der Soldat Tanaka*, Bertolt Brechts *Mutter Courage und ihre Kinder* und *Galileo Galilei*.

Bereits im Winter 1943/44 initiierte Karl Paryla eine Arbeitsgemeinschaft österreichischer Künstler, die sich mit dem demokratischen Wiederaufbau des Kunstwesens in Österreich nach dem Zusammenbruch des Faschismus beschäftigte. Zu einem »Vorbereitenden Künstlerkomitee« wurden 21 Delegierte gewählt, zu denen unter anderen gehörten: Christl Giampietro, Fritz Hochwälder, Hans Weigel, Fritz Wotruba, Paul Kalbeck, Ernst Bednarik, Willi Frank, Teo Otto, Karl Paryla, Emil Stöhr, Wolfgang Heinz und Mathilde Danegger. In einem Brief, der sich an die österreichischen Exilanten in der ganzen Welt richtete, sprach sich das Komitee über die Aufgaben der Kunstschaffenden aus und meinte: »Die Mission der Kunst ist Bildung und Veredelung [...]. Die Kunst muß wieder die lauteste Stimme im Kampf um Menschlichkeit werden.«

Ein gar nicht so kleines Licht – das »Laterndl« in London

Sehr ausführlich hat sich Erna Wipplinger in ihrer Dissertation *Exiltheater in Großbritannien* mit dem »Laterndl« auseinandergesetzt; meine Absicht ist es nicht, die sehr lebendige Geschichte dieses Exiltheaters nachzuzeichnen, sondern einige der damals sich stellenden Probleme im Sinne meines Themas auf den Punkt zu bringen. Zum Charakter des »Laterndls« meinte Franz Bönsch, eine der Seelen des gewagten Unternehmens:

> *Das »Laterndl« wurde als Kollektiv gegründet und auch tatsächlich so geführt. Die innere Organisationsstruktur war daher anders als in bürgerlichen Theaterorganisationen, in denen wichtige Funktionen und Entscheidungen an eine einzige Person gebunden sind. Im »Laterndl« galt das Prinzip der gemeinsamen Beratung und Entscheidung.*

Die Aufführungen waren in erster Linie antinazistisch und in gar nicht so zweiter Linie pro-österreichisch – also patriotisch, ohne chauvinistisch zu sein. Interessant für die Nachwelt ist dabei die Diskussion über die Rolle des Theaters im Exil, die im *Zeitspiegel*, dem Organ des Free Austrian Movement, geführt wurde.

Die Diskussion, ob Exiltheater sich ausschließlich in politischer Richtung zu artikulieren habe, also im Hinblick auf eine zu errichtende demokratische österreichische Republik, oder auch für die Unterhaltung und Zerstreuung der Emigranten sorgen sollte, verwandelte sich in eine prinzipielle Auseinandersetzung über die Funktion des Theaters im Exil. In der Praxis wurden die »Laterndl«-Leute beiden Anforderungen gerecht. Zunächst mit sogenannten Kleinkunstprogrammen, die in erster Linie unterhaltend waren, doch das Zeitgeschehen ebenso geistreich kommentierten, später mit der Aufführung von eher »klassischen« Stücken wie *Volpone* in Stefan Zweigs Bearbeitung oder eben *Professor Bernhardi* von Arthur Schnitzler. Es wurde immer wieder Jura Soyfer aufgeführt oder dem jungen Talent Erich Frieds Rechnung getragen, dessen 1941 gespielte *Ring-Rund*-Szene den Widerstandsgeist der Wiener Bevölkerung heraufbeschwören sollte.

Erna Wipplinger stellt logischerweise eine Verbindung zwischen dem Spielplan des »Laterndls« und den österreichischen Kulturkonferenzen her, erblickte doch Albert Fuchs im August 1942 die Hauptaufgabe der Konferenz und des Exils darin, das Bewußtsein zu stärken, daß Österreich eine selbständige Nation ist. Die Unterstreichung der Eigenart und Notwendigkeit österreichischer Kultur übte zweifellos auf die Aufführungspraxis des »Laterndls« eine Wirkung aus.

Die »Laterndl«-Leute hatten nicht mit den bald nach der Befreiung einsetzenden restaurativen Tendenzen gerechnet, wie sie ja heute durch die zahlreichen Arbeiten über das Nichtheimholen der Exilierten nur allzubekannt sind. Das »Nachleben« der »Laterndl«-Aktivisten spielte sich daher im Post-Exil vieler Länder ab, wie dies der herrschenden Einstellung des Vergessens und Verdrängens entsprach.

Ein Post-Exil-Kollektiv: das Neue Theater in der Scala

Es gibt über die »Affäre Scala« bereits eine ziemlich vielseitige Literatur, und ich kann zur Geschichte bzw. zum Ablauf dieser für die Theaterstadt Wien bei Gott nicht glorreichen Angelegenheit keine sensationellen Neuigkeiten beisteuern. Mich interessierte, auf welche Weise sich das kollektive Exil-Abenteuer des Zürcher Schauspielhauses im Wiener Post-Exil fortgesetzt hat. Post-Exil deshalb, weil das Neue Theater in der Scala 1948, mitten im Kalten Krieg entstanden, von der etablierten Wiener Gesellschaft, aber auch den kulturellen Machern jener Zeit, stets als unwillkommener Fremdkörper betrachtet worden ist.

Die Idee zu einem Theater neuer Art hatten die Exilanten aus Zürich mitgebracht und verfolgten sie nun mit Zähigkeit. Bereits im Februar 1946 brachte Karl Paryla gemeinsam mit Friedrich Neubauer den entsprechenden Antrag bei Stadtrat Viktor Matejka ein:

> *Beabsichtigt ist die Gründung eines Theaters im Sinne einer künstlerischen Gemeinschaft unter Leitung eines Direktionskollegiums, beruhend auf den Prinzipien einer demokratischen Struktur. Der Weg zur Gründung eines solchen neuen Theaters ist zugleich der Versuch, das Gedankengut der Demokratie in der Substanz und in der Struktur eines Ensembles zu verlebendigen.*

Immerhin dauerte es mehr als zwei Jahre und bedurfte der Überwindung nicht nur bürokratischer, sondern auch politischer Schwierigkeiten, auf welche die Initiatoren auch auf linker Seite stießen, um die Idee in die Wirklichkeit umzusetzen. Dann erst konnten die Sozietäre, Günther Haenel, Wolfgang Heinz, Friedrich Neubauer, Karl Paryla und Emil Stöhr an die Arbeit gehen.

Auffallend am Spielplan der »Scala« war der große Österreich-Bezug. Es war kein Zufall, daß für die Eröffnungspremiere Nestroys *Höllenangst* gewählt wurde, ein politisches Stück, in dem die Erbitterung des Dichters über die verlorene bürgerliche Revolution von 1848 zum Ausdruck kommt. Viele andere

Nestroy-Stücke folgten. Mit dem *Bockerer* (von Ulrich Becher und Peter Preses) brachte die »Scala« 1948 eines der ersten österreichischen Stücke, das sich mit der NS-Vergangenheit auseinandersetzte. Der Vorwurf, in der »Scala« wären hauptsächlich kommunistische Propagandastücke gespielt worden, läßt sich angesichts des Spielplans nicht aufrechterhalten. Die an der »Scala« hervorgehobene kritische Sichtweise auf Stücke war neu im Nachkriegstheater. Damals dominierten noch romantisch-verschwommene Ansichten von angeblich »ewigen« Werten, die die Kunst zu bewahren habe; ein Kunstverständnis, welches den Nazis ermöglicht hatte, die Kunst für ihre Zwecke zu mißbrauchen. Kritisch-aufklärerische Inhalte im Theater wurden abgelehnt und als »Kulturzertrümmerung« denunziert, insbesondere wenn Parallelen zur Gegenwart gezogen wurden; das war subversiv und staatsgefährlich. Kein Wunder, daß ein Theater mit einem solchen sozialen, künstlerischen, österreich-patriotischen Anspruch den Widerspruch aller Etablierten und Wohldenkenden erweckte. Sofort nach dem Staatsvertrag setzten sie zum Genickschuß an, zu dessen Ausführendem sich wohl oder übel der damalige Kulturstadtrat Hans Mandl machte. Die letzte Premiere fand am 9. Juni 1956 statt; es war Brechts *Leben des Galilei.*

Erst nach vielen Jahren der Verdrängung wird die Arbeit dieses Künstlerkollektivs, das ins Post-Exil verbannt worden war, auch von offizieller Seite gewürdigt. Ich erinnere an die Worte Helmut Zilks, als er Paryla den Professorentitel verlieh:

> *Ich stehe nicht an zu sagen, daß ich es als eine Schande für die Stadt empfunden habe, unter welchen schmählichen Umständen man aus vordergründigen politischen Gründen das Neue Theater in der Scala eingehen ließ [...].*

*

Über die jahrzehntelange Post-Exilzeit der subversiven Theateraktivitäten könnte und müßte noch viel gesagt werden. Es ist nicht übertrieben, wenn ich feststelle, daß die heutigen Theatermacher in Österreich noch viel aus dem Erbe des Exiltheaters in seiner dreifachen Gestalt schöpfen können und ja auch tun, sei es auch nur, wenn sie die Dramatiker jener Zeit aus der Verdrängung und aus dem Vergessen hervorholen und deren Botschaft weitergeben.

ANMERKUNG

1 Hiermit sage ich meinen vielen »Vorarbeitern« den Dank, den sie sich redlich verdient haben, und zwar in alphabetischer Reihenfolge, wobei ich sicherlich so manche vergessen habe, die ich um Vergebung bitte. Hier also die Namen, denen ich verpflichtet bin: Herbert Arlt, Alfredo Bauer, Ulf Birbaumer, Siglinde Bolbecher, Evelyn Deutsch-Schreiner, Jürgen Doll, Jean-Claude François, Eckart Früh, Karl-Markus Gauß, Hilde Haider-Pregler, Johannes Holzner, Horst Jarka, Konstantin Kaiser, Primus-Heinz Kucher, Didi Macher, Werner Mittenzwei, Karl Müller, Karl Paryla, Oliver Rathkolb, Peter Roessler, Walter Rösler, Gerhard Scheit, Friedrich Stadler, Gerald Stieg, Richard Thieberger, Otto Tausig, Jean-Marie Valentin, Jean-Marie Winkler.

OLIVER RATHKOLB

Planspiele im Kalten Krieg

Sondierungen zur Kultur- und Theaterpolitik der Alliierten

Die Gründe für die trotz zeitintensiver Recherchen zugegebenermaßen lückenhafte Analyse der alliierten Kulturpolitik in Österreich sind auf zwei Ebenen zu finden: Erstens hat die österreichische Kulturgeschichtsschreibung – mit Ausnahme der »Coca-Colonisation«[1] – nur punktuell die Auswirkungen der alliierten Administration auf diesen spezifischen gesellschaftlichen Sektor untersucht, dies meist auch aus der Perzeption der jeweiligen Alliierten und mit Hilfe von US-amerikanischen[2], französischen[3] und britischen Aktenmaterialien[4]. Das heißt, daß bis heute die sowjetische interne Komponente fehlt[5] – trotz entsprechender neuer Primärquellen für die politischen Rahmenbedingungen sowjetischer Österreichpolitik 1945 bis 1955.

Zweitens thematisiert die moderne Kulturgeschichtsschreibung seit den siebziger/achtziger Jahren zwar die »äußeren Einflüsse« auf die österreichischen kulturellen Trends bzw. Kulturinstitutionen – auch hier wieder mit einem Schwergewicht auf der US-amerikanischen Kulturindustrie –, doch eine historische Rückschreibung bleibt aus. Nur höchst lückenhaft wird auf die alliierte Präsenz Bezug genommen und diese häufig auf die Tatsache der Befreiung vom Faschismus 1945, den Staatsvertrag von 1955 und das Neutralitätsgesetz beschränkt.[6] Selbst die kritische Literatur wird vom »Topos der Kontinuitäten« aus der Zwischenkriegszeit sowohl im Bereich der Eliten als auch im Bereich der ästhetischen Fortsetzung von Traditionen, die entweder aus der NS-Zeit oder der Zwischenkriegszeit stammen, dominiert.[7] Radikaler formuliert, stellt sich aus dieser Sicht die Kulturlandschaft Österreichs in den ersten Jahren nach 1945 als »Kulturpolitik […] von einer selbsternannten bildungsbürgerlichen Elite« dar, »wenig durchlässig und transparent« und sich in der Förderung von »einigen wenigen ›Staatskünstlern‹ erschöpfend« bzw. im »Kampf gegen ›Schmutz und Schund‹« aufgehend.[8] Gerhard Rühm brachte diese Position bei einem Symposion in Wien auf den Punkt, als er meinte, daß die Zeit von 1945 bis 1955 ausschließlich eine »reaktionäre, dumpfe Zeit« gewesen sei und die »Vier im Jeep« keine Relevanz gehabt hätten – außer daß man sich zum Beispiel Platten von John Cage im Amerika-Haus ausborgen konnte, wobei selbst diese Ansätze von Modernität durch den McCarthyismus rasch verdrängt worden wären.[9]

Im folgenden soll analysiert werden, welche – scheinbar – verwischten Spuren die Präsenz und vor allem die Kulturpolitik der Alliierten in Österreich hinterlassen haben und in welcher Form sie die spezifische Entwicklung der Nachkriegskultur beeinflußt haben. Um der Gefahr zu entgehen, eine isolierte französische, britische, US-amerikanische und sowjetische »Besatzungsgeschichte« zu präsentieren, sollen wesentliche Elemente österreichischer Kulturpolitik nach 1945 auf die jeweiligen direkten oder indirekten Einflüsse der Alliierten hin untersucht werden.

Die zentralistische Komponente der staatlichen Kulturförderung

Nach der Befreiung Österreichs vom Nationalsozialismus bestand die Option, die vor 1938 bzw. vor 1933/34 bestehenden politischen Rahmenbedingungen und Institutionen zu reformieren oder völlig zu ändern. Gerade im Theaterbereich gab es durchaus Ansätze für neue Strukturen, wobei sich die Frage stellt, inwieweit die Alliierten diese »Grass Roots«-Bewegungen von österreichischen Aktivisten auch tatsächlich unterstützten oder gar eigene Initiativen in diese Richtung setzten.

Bereits bei den ersten Gesprächen zur Bildung einer provisorischen Staatsregierung unter dem Sozialdemokraten Karl Renner beanspruchte die KPÖ, unterstützt von sowjetischen Politoffizieren, das Unterrichtsressort, das in weiterer Folge mit dem aus dem Moskauer Exil zurückgekehrten Literaten und Kulturpolitiker Ernst Fischer besetzt wurde.[10] Fischer lag durchaus auf der sowjetischen kulturpolitischen Linie, rasch wieder mit dem Theaterbetrieb zu beginnen und die Frage der Rolle von Künstlern im Nationalsozialismus nicht zum zentralen Anliegen der Politik der ersten Wochen werden zu lassen – so beispielsweise im Zusammenhang mit den Wiener Philharmonikern, die als Klangkörper erhalten werden sollten.[11] Nur jene Künstler, die direkt der Kollaboration mit der Gestapo beschuldigt wurden, waren vorerst außer Dienst gestellt worden. Dies erklärt, warum beispielsweise Lothar Müthel, aktives NSDAP-Mitglied im Berlin der dreißiger Jahre und ab 1939 Burgtheaterdirektor, noch nach der Befreiung an der Burg Regie führte.[12] Müthels Parteimitgliedschaft wurde vorerst nicht thematisiert, wohingegen Hunderttausende angeblich »einfache« Parteigenossen (»Pgs«) gemaßregelt wurden (Registrierung, temporärer Verlust des aktiven und passiven Wahlrechts, teilweise temporäres Arbeitsverbot bzw. Sühnezahlungen).

Im Spielplanbereich war Ernst Fischer keineswegs an vermehrter Durchsetzung der Moderne oder antifaschistischer Gegenwartsdramatik interessiert, sondern forcierte die Klassiker-Traditionen. Auch mit der Bestellung Raoul Aslans zum Direktor übernahm er die sowjetische Grundsatzentscheidung, einen prominenten »alten« Burgtheatermann, der politisch nicht kompromittiert war, auszuwählen. Hier soll jedoch angemerkt werden, daß auch die Rahmenbedingungen mangels geeigneter Stücke und Textbücher in den ersten Wochen und Monaten kaum andere Lösungen zuließen, als verfügbare Werke, vor allem »Klassiker«, aufzuführen. Überdies war Ernst Fischer davon überzeugt, daß durch intensive Pflege von Grillparzer und Nestroy der »österreichische Volkscharakter« wieder entstehen und als eine Art kulturelle Überideologie endgültig den Deutschnationalismus, das »Preußentum«, besiegen könne.[13] Hier scheint er an manche kulturpolitische Vorstellung des Katholizismus und des Austrofaschismus anzuknüpfen.

Bundestheaterverwaltung

Besonders stark ist die Kontinuität in der Struktur der Verwaltung des hochkulturellen Bereichs (Staatsoper, Burgtheater, Bundesmuseen) und teilweise auch im Beamtenapparat; hier hat beispielsweise der Leiter der Bundestheaterverwaltung von 1937, Alfred Eckmann, die unterschiedlichen nationalsozialistischen Kompetenzverschiebungen zwischen 1938 und 1944 überlebt bzw. selbst auf operativer Ebene durchgesetzt.[14]

Weder Ernst Fischer noch die sowjetischen Kulturoffiziere haben etwas an dieser kameralistischen Verwaltung der Bundestheater geändert: Eckmann blieb als Sektionschef und Leiter der Abteilung Staatstheaterverwaltung 1945 im Amt, verlor aber den klingenden deutschen Titel eines »Ministerialdirigenten«; zum Leiter der Sektion II, zu der diese Abteilung nun 1945 gehörte, wurde der ehemalige Unterrichtsminister der Schuschnigg-Diktatur, Hans Pernter, bestellt. Erst 1946 kam mit Egon Hilbert ein neuer »starker« Mann, ein Vertrauter Leopold Figls noch aus dem Konzentrationslager Dachau, als Nachfolger Eckmanns.

Alle vier alliierten Mächte waren mit unterschiedlichen Mitteln bestrebt, die Nachwirkungen der Unterordnung des Kulturbetriebs unter das Reichsministerium für Volksaufklärung und Propaganda aufzuheben. Die US-Planungsstäbe hatten ursprünglich eine totale Sperre aller kulturellen Aktivitäten vorgesehen, um diese erst nach Durchführung eines Elitenaustauschs – das heißt »belastete« NS-Eliten gegen »unbelastete« Eliten – langsam wieder über ausgewählte Lizenz-Träger zu beginnen. Auch das gesamte Potential an Künstlern und Künstlerinnen sollte auf die Mitgliedschaft bei der NSDAP oder anderen NS-Organisationen überprüft und allenfalls für eine bestimmte Zeitspanne an einer öffentlichen Berufsausübung gehindert werden. Noch Anfang 1947 waren von 258 zwischen den Alliierten strittigen Fragen hinsichtlich der Berufszulassung im Musik- und Sprechtheater erst 78 positiv durch Auftrittsgenehmigung entschieden worden.[15] Politische Inhalte aus der NS-Zeit wurden aus den Theatern und Kinos verbannt, bisher verbotene Stücke sollten bewußt forciert und auf die Bühnen gebracht werden. Gleichzeitig galt es auch, Drama, Film und Musik der USA[16] verstärkt auf den österreichischen Markt zu bringen – weniger aus kommerziellen Gründen, sondern vor allem wegen der positiven Propaganda, zur Aufhebung der Feindbilder aus der NS-Zeit, ab 1946 aber als bewußter Bestandteil des Kalten Krieges.

Wäre dieses Vorgehen – wie geplant – auch von sowjetischer Seite übernommen worden, hätte die österreichische Kulturlandschaft doch wesentlich deutlichere Spuren im Sinne kulturpolitischer »Reorientierung« aufzuweisen gehabt, und manche Elitenkontinuität wäre wohl verzögert, wenn nicht manchmal völlig verhindert worden – vorausgesetzt, der Kalte Krieg hätte nicht auch das Pflänzchen der »Reeducation and Reorienta tion« zum Verdorren gebracht.

Die Sowjets – Niederösterreich, das Burgenland und Wien waren von der Roten Armee befreit worden – verfolgten jedoch ein völlig anderes kulturpolitisches Konzept. Kulturoffizier Miron Lewitas betreute Staatsoper und Burgtheater und fungierte zugleich als Pressesprecher von Marschall Tolbuchin. Bereits in seiner Rede vor »Vertretern des Theaters, des Films, der Literatur und der Presse« im kleinen Festsaal des Wiener Rathauses, in Anwesenheit von Stadtrat Viktor Matejka (KPÖ), der das Referat für Kulturwesen übernommen hatte, betonte Lewitas:

> *Das Wiener Kulturleben soll wieder beginnen und so werden, wie es bis 1938 war. Der Bürgermeister [Theodor Körner] und Stadtrat Matejka wollen ja alles tun, damit das Kulturleben wieder beginnt. Setzen Sie alles daran, daß dies so werde und das Kulturleben von einst wieder einsetzt.*[17]

Kein Wort von »Elitensäuberung«, kein Wort von kultureller Neuorientierung, überhaupt keinerlei Hinweise auf die »Einführung« »fortschrittlicher Kultur« und Gegenwartsdramatik zur Umsetzung »zeitgenössisch-kämpferischer Ideologie«, wie sie dann 1947 – vergeblich – eingemahnt werden sollte.[18] Lewitas war zufrieden, wenn russische Klassiker gespielt wurden, wie Tschaikowskys *V. Symphonie in e-moll* im ersten Konzert der Wiener Philharmoniker unter Clemens Krauß. Selbst bürgerliche Anti-Nationalsozialisten waren entsetzt, daß das erste Konzert der Philharmoniker nach der Befreiung vom Faschismus auf Wunsch der sowjetischen Kulturadministration ausgerechnet von einem von nationalsozialistischen Kulturgranden wie Hitler und Göring besonders geförderten Stardirigenten dirigiert wurde – eine Einschätzung, die auch durch Unmutsbezeugungen vor Beginn des Konzerts im Musikverein zum Ausdruck kam.[19]

Ganz offensichtlich versprach sich die sowjetische Führung durch eine rückwärtsgewandte Kulturpolitik – die nicht einmal im Ansatz die Frage der teilweise repressiven Kultur- und Kunstpolitik des Dollfuß-Schuschnigg-Regimes thematisierte – eine rasche Beruhigung der Lage in Österreich und somit eine indirekte Kontrolle der politischen Situation. Die Sowjets waren in erster Linie an den Institutionen Burgtheater und Staatsoper interessiert, ohne jedoch je direkte Kontrolle in der Verwaltung ausüben zu wollen.

Sowjetische Zone: Teile Wiens, Niederösterreich, Burgenland und das Mühlviertel

Die Sowjets verfolgten also ein anderes Kulturkonzept als die Amerikaner. Einerseits sollte der Hochkulturbetrieb rasch in Gang gesetzt werden, andererseits hoffte man mit Hilfe der russischen Musik und Literatur eine positive Grundstimmung gegenüber der Sowjetunion zu erzeugen. Dies zeigt sich besonders am Beispiel des österreichischen Rundfunks, der RAVAG[20]. Prinzipiell stand die in der sowjetischen Zone gelegene RAVAG unter österreichischer Kontrolle. Sowjetischen Einfluß gab es im Nachrichtenbereich durch einen Zensuroffizier sowie in der von Österreichern geführten »Russischen Stunde«.[21] Das Programm mußte vom »Kulturreferat der Roten Armee« sowie dem Amt für Kultur und Volksbildung der Stadt

Wien im voraus genehmigt werden.[22] Die Nachrichten der »Telegraphenagentur der Sowjetunion« (TASS) beschränkten sich Ende 1946 auf 3 Prozent der Meldungen der RAVAG.

Im kulturellen Bereich dominierte in der RAVAG nicht die »sowjetische« Linie, sondern die konservative des Programmdirektors Rudolf Henz, der vor 1938 ein exponierter Kulturpolitiker des austrofaschistischen »Ständestaates« gewesen und während des NS-Regimes in die Innere Emigration gegangen war.[23] Erst mit der Hörspielbearbeitung des antiamerikanischen Theaterstücks *Die Russische Frage* von Konstantin Simonow im Juni 1947 begann der Kalte Krieg auch die Literaturproduktionen der »Russischen Stunde« zu überlagern.[24] Bis dahin war sie primär auf Klassikerpflege russsischer Autoren und Komponisten spezialisiert gewesen. Erst 1947 erhielt sie mit Franz Bönsch einen geschulten kommunistischen Leiter mit Erfahrung in der Kulturproduktion, der aus dem Exil aus London zurückgekehrt war.[25]

Die erwähnte Hörspielbearbeitung von Konstantin Simonows *Russischer Frage* kann auch als »Turning point« in der Theaterentwicklung gesehen werden.[26] Eine im Volkstheater vorgesehene Aufführung wurde nämlich aufgrund interner Auseinandersetzungen zwischen Dramaturgie und Direktion, aber auch aufgrund von Interventionen des US-Kulturoffiziers Ernst Lothar abgesagt,[27] sodaß es vorerst bei der zitierten »Hörspielfassung« blieb.

Zur Aufführung gelangte die *Russische Frage* in der Regie von Günther Haenel mit Karl Paryla und Emil Stöhr doch noch am 6. März 1948 in dem damals zum Kino umgewidmeten »Scala«-Theater.[28] Der aus dem Schweizer Exil zurückgekehrte Schauspieler Karl Paryla hatte seit 1946 vergeblich versucht, »demokratisches Theater« für »das werktätige Volk« an einem festen Haus zu machen.[29] Bereits am 1. Dezember 1946 hatte Paryla an den für Kultur- und Informationspolitik zuständigen Oberstleutnant Dubrowitzky erfolglos die Bitte um ein Theater im 20. Wiener Gemeindebezirk gerichtet.[30] Nach der erfolgreichen Aufführung der *Russischen Frage* wurde das alte genossenschaftliche Theaterprojekt neu aufgelegt: Ein Ansuchen von Wolfgang Heinz vom 19. März 1948 wurde schon am 1. April vom sowjetischen Hochkommissar Wladimir Kurassow positiv beantwortet, der das »Scala«-Gebäude zur Schaffung eines »allgemein zugänglichen, hochkünstlerischen Volkstheaters [...] für die Wiener Bevölkerung leihweise zur Verfügung« stellte.[31]

Das Neue Theater in der Scala wurde von den amerikanischen Kulturoffizieren, aber auch von nicht-kommunistischen Kritikern argwöhnisch beobachtet. Die politische Stigmatisierung der Ensemblemitglieder hatte noch lange nach der Schließung des Theaters (1956) kein Ende.[32]

Die antikommunistische Ausgrenzung bekamen auch jene Schaupieler und Schauspielerinnen zu spüren, die in der »Russischen Stunde« der RAVAG und in den diversen Filmproduktionen der Wien-Film am Rosenhügel mitwirkten. Im Kalten Krieg galten nur mehr die jeweiligen Images, für Differenzierungen gab es keinen Platz.

Dabei aber versuchten Theaterleute, die vorhandenen Propagandainstrumente, für die auch bei der sowjetischen Besatzungsadministration Geld locker gemacht wurde, durch »Kulturproduktionen« zu erweitern oder, wenn man so will, zu »gebrauchen«. Ein gutes Beispiel dafür ist das »Sowjetische Informationszentrum« im Porrhaus, das offensichtlich als Reaktion auf die zahlreichen proamerikanischen Vorträge im Kosmos-Theater[33] gegründet wurde und wo man »auf fünf Stockwerken Sozialismus«[34] prosowjetischer Prägung mit stalinistischen Konnotationen präsentierte. Für die vielfältigen Aktivitäten standen ein Kino- und Vortragssaal, ein Seminarraum sowie ein Ausstellungssaal zur Verfügung; die Theaterleute sollten das Wiener Publikum mit »fortschrittlichen Stücken« konfrontieren. Geleitet wurde das Zentrum von einem sowjetischen Offizier. Der Leiter des Sowjetischen Informationsdienstes, Oberstleutnant Kuranow, legte bei der Eröffnung am 16. September 1950 die programmatische Linie fest: »Das Informationszentrum kann und muß zu einem Ort des Studiums und der Verbreitung der genialen Schöpfungen von Marx-Engels-Lenin-Stalin werden« – als Reaktion auf »eine niederträchtige Verleumdungskampagne gegen die fortschrittlichste Weltanschauung der Gegenwart – den Marxismus-Leninismus«.[35]

Während das Zentrum im ersten Jahr 413.626 Besucher zählte, war die Wirkung der erst im Februar 1952 gegründeten Theater- und Kabarettgruppe, die auch außerhalb des Zentrums in meist sowjetisch verwalteten Betrieben auftrat, mit 20.000 Besuchern in 77 Betrieben bis Oktober 1952 eher gering. Bis heute fehlt eine genaue Analyse des Spielplanes im Sowjetischen Informationszentrum – in der Presse der Sowjets ging man vorwiegend auf Politstücke wie *Die Russische Frage*, *Geheimarchiv – strategischer Dienst*, *Begegnung an der Elbe* ein und verwies auf deren Zielsetzung, »die Intrigen der amerikanischen Imperialisten« zu zeigen.[36] Politisches Kabarett unter dem Titel *Scherz ist Trumpf* (mit Walter Langer und Erna Hickerl) ließ sich durchaus als »Waffe« im Kalten Krieg einsetzen – so zumindest die Rezension in der *Österreichischen Zeitung* über »österreichische Kulturverweser und ihre transozeanischen Drahtzieher«[37] Otto Müller, Kurt Sobotka und Erich Sauber scheinen fallweise mit einer *Texanisch Vienna-Monsteroperette im American-Style* sehr erfolgreich gewesen zu sein.[38] Im Sowjetischen Informationszentrum gab es bald einen österreichischen Leiter (Camillo Heger) – die sowjetische Administration trat zunehmend in den Hintergrund.[39]

Britische Zone: Teile Wiens, Steiermark und Kärnten

In der Steiermark, deren Hauptstadt elf Wochen lang von sowjetischen Einheiten besetzt gewesen war, ehe die Briten ab 24. Juli 1945 diese Zone übernahmen, lassen sich sehr anschaulich die unterschiedlichen kulturpolitischen Strategien dokumentieren. Während die Sowjets beispielsweise im Medienbereich die Widerstandszeitungen wie die *Grazer (Antifaschistische) Volkszeitung* bestehen ließen und sich auf Zensurmaßnahmen und die Einsetzung eines österreichischen kommunistischen Vertrauensmannes als verantwortlichen Redakteur beschränkten, übernahm die »Psychological Warfare Branch« (PWB) die direkte Herausgeberschaft und Kontrolle unter Verwendung von Teilen des vorhandenen österreichischen Stabes.

Manche Lokalzeitungen in Leoben, Knittelfeld und Bruck wurden überhaupt eingestellt.[40] Auch für den freien Theaterbetrieb hatten die britischen Besatzer anfangs wenig übrig und requirierten das von der sowjetischen Besatzungsmacht rasch wiedereröffnete Grazer Schauspielhaus als britisches Garnisonstheater.[41]

Zentrale Planungsweisung hinter dieser rigiden, auf totale Kontrolle aller Kultureinrichtungen zielenden Politik war die Weisung der SHAEF (Supreme Headquarters Allied Expeditionary Forces) vom 3. Juni 1945, die auch in der US-Zone umgesetzt wurde, wonach alle öffentlichen Kulturveranstaltungen ebenso wie Presse, Film und Rundfunk vorerst untersagt werden sollten. Erst nach Genehmigung der britischen Besatzungsbehörden durfte der Kulturbetrieb wiederaufgenommen werden. Ziel dieser Maßnahme war es, alle in leitenden Positionen tätigen Kulturschaffenden auf ihre politische Vergangenheit hin zu überprüfen und nur politisch verläßlichen »Demokraten« die Lizenz zur Herausgabe einer Zeitung oder zur Führung einer Bühne zu erteilen. Die Lizenznehmer sollten auch für ihre Mitarbeiter persönlich haften – ebenso für die Inhalte, die alle der Nachzensur unterlagen, während die Sowjets nach Möglichkeit eher die Präventivzensur bevorzugt hatten.

Nach ersten Anpassungsschwierigkeiten begann jedoch ab August 1945 auch von seiten der Briten eine offenere Kulturpolitik, die in der Unterstützung österreichischer Aktivitäten mündete.

Französische Zone: Teile Wiens, Tirol und Vorarlberg

Frankreich, jene Besatzungsmacht, die sowohl hinsichtlich des politischen Einflusses als auch aufgrund der materiellen Möglichkeiten als »schwächster Einflußfaktor« in Österreich nach 1945 zu klassifizieren ist,[42] betrieb eine höchst engagierte Kulturpolitik. Deren Zielrichtung in Österreich[43] und Deutschland[44] war es, geostrategisch-militärische Schwächen durch betont aktive Kulturmission zu ersetzen. Während nach den ersten Terrain-Sondierungen im September 1945 in Wien noch die direkte Auseinandersetzung mit dem Nationalsozialismus im Vordergrund stand (Désannexion, Désintoxication, Démocratisation)[45], verschoben sich die ideologischen Rahmenbedingungen bereits 1946. Die französische Kulturpolitik sollte eine Art intellektuelle Zwischenmachtstellung zwischen den neuen »materialistischen Systemen« des merkantilen »Anglo-Saxon«-Blocks und des sowjetischen »Utilitarismus« einnehmen, um auf diese Weise einen Ausgleich zu schaffen sowie französische Präsenz zu verankern.[46]

Die französischen Experten registrierten sehr wohl ideologische Nachwirkungen des NS-Regimes auf die Tiroler Jugend und orteten noch 1947 »virulenten Antisemitismus und Antislawismus«[47]. Als kulturelles Gegenmittel sahen sie im Überbaubereich vor allem den Rückgriff auf die katholischen, barocken Werte des Habsburger Reiches vor 1918 – unter bewußter Ausklammerung kultureller Errungenschaften der Ersten Republik. In dieser rückwärtsgewandten Stabilisierung gab es Überschneidungen mit dem ÖVP-Kulturprogramm, das auf diese Weise sowohl in Westösterreich als auch in den französisch besetzten Sektoren Wiens die Trends zur Stärkung bzw. Schaffung eines barocken, katholisch-konservativen Österreichertums mit klarer antipreußischer Zielrichtung verstärkte.[48] Die Franzosen waren sich vielleicht deutlicher als die US-Offiziere bewußt, daß die administrativ-strafrechtlichen Entnazifizierungsmaßnahmen[49] keineswegs ausreichten, um eine nachhaltige Reorientierung zu bewirken. Umso intensiver forcierten die französischen Kulturoffiziere diese »Renaissance« des katholisch-habsburgischen Österreichertums als Antithese zum »Pangermanismus deutscher Prägung«.

Bemerkenswert ist, daß in jenem von der französischen Kulturpolitik bevorzugten Bereich, nämlich der bildenden Kunst, vor allem die französische Moderne im Zentrum stand.[50] In der breiten Öffentlichkeit aber, wie sich am Beispiel Innsbruck zeigen läßt, wurde die französische Gegenwartskunst und deren österreichische Pendants oftmals heftig angefeindet. Die Diskrepanz zwischen der positiven Rezeption durch eine schmale Elite und der lautstarken öffentlichen (oder besser: veröffentlichten) Meinung vermag teilweise die marginale Berücksichtigung der französischen kulturellen Einflüsse nach 1945 in der Kulturhistoriographie zu erklären. Dabei wird aber letztlich die Langzeitwirkung französischer Vorbilder oder von Studienaufenthalten in Frankreich für einige wichtige Schlüsselpersönlichkeiten im Kunstbetrieb übersehen.

Vor allem die französischen Kulturinstitute in Innsbruck (eröffnet am 8. Juli 1946) und Wien (wiedereröffnet am 10. November 1947) wirkten als kulturelle Multiplikatoren für ein Elitenpublikum; durch das Kursprogramm sollten in erster Linie Romanistikstudenten und Französischlehrer angesprochen werden.[51] Daneben gab es fallweise Konzerte, Theatervorstellungen und Filmvorführungen, vor allem aber ein Ausstellungs- und Vortragsprogramm, wobei in Innsbruck die moderne Malerei dominierte. Progressiver als in Wien agierte das Innsbrucker Kulturinstitut auch im Rahmen der zwischen 1947 und 1958 durchgeführten Hochschulwochen in St. Christoph, bei denen außeruniversitäre Themen von Studenten und Vortragenden aus Europa, den USA und Israel diskutiert wurden.[52]

US-Zone: Teile Wiens, Oberösterreich, Salzburg

Jene alliierte Macht, die mit den umfangreichsten und scheinbar revolutionärsten Konzepten in den österreichischen Kulturbetrieb eingriff, waren sicherlich die USA. Ähnlich wie im britischen Einflußbereich waren die ersten kulturpolitischen Direktiven, vor allem der Decree No. 10, auf absolute Einstellung aller kulturellen Veranstaltungsformen ausgelegt, um erst in weiterer Folge über antinazistische »Lizenzträger« allmählich einen Kulturbetrieb aufzubauen. Hinter dieser »Pyramiden-Politik« – dem Versuch, einen Austausch an der Spitze der Kulturbetriebe vorzunehmen, der dann alle Künstler und Künstlerinnen erfassen sollte – stand ein konkretes antifaschistisches Konzept, das auf den Faschismustheoremen der exilierten Frankfurter Schule und US-amerikanischer Wissenschaftler basierte, die den Faschismus und den Nationalsozialismus als »Krankheit« klassifizierten, der nur durch einen konsequenten

Elitenaustausch nach der Niederschlagung des NS-Regimes bekämpft werden könnte.[53]

Es zeigte sich aber in der Praxis, daß die konkrete Umsetzung einer politischen Evaluierung des gesamten künstlerischen und nicht-künstlerischen Personals einem raschen kulturellen Wiederbeginn – wie er in Ostösterreich forciert wurde und wie ihn österreichische politische Funktionäre auch im Westen forderten – entgegenstand. Erst nach mehreren Wochen kamen jene »schwarzen, grauen und weißen Listen« der SHAEF zum Tragen, die seit Ende 1944 ausgearbeitet und laufend ergänzt wurden. Vorerst sollten alle Mitglieder der NSDAP, aber auch prononcierte Kollaborateure ohne Parteibuch, an öffentlichen Auftritten gehindert werden, bis ein administratives Verfahren Klärung über die künftige Berufszulassung schaffen würde.

An der Spitze des mit der Durchführung betrauten Teils der Information Services Branch (ISB) stand ein ehemaliger Sänger, der aus den USA nach Österreich kam, wobei er nach vorliegenden Unterlagen ein »klassischer Auswanderer« gewesen war und nicht ein aus politischen oder rassistischen Gründen verfolgter Exilant: Otto de Pasetti.[54] Aus einer prominenten altösterreichischen Familie stammend, wirkte er seit 1944 im Rahmen der Psychological Warfare Branch mit, war aber auf der Gehaltsliste des Office of Strategic Services (OSS), des US-Auslandsgeheimdienstes. Pasetti agierte de facto in den ersten Wochen als Ein-Mann-Betrieb, der mit einer kleinen Administration versuchte, sowohl die politische Überprüfung von Künstlern voranzutreiben, als auch den Theaterbetrieb wieder in Schwung zu bringen. Erst nach dem 29. Mai durfte er seine Arbeit aufnehmen, und bereits am 8. Juli 1945 wurde das im September 1944 wie alle Sprechtheater von Goebbels gesperrte Salzburger Landestheater wiedereröffnet. Die Initiative ging hier jedoch eher von den Österreichern aus, die Theatre & Music Section der ISB leistete aber wichtige logistische und bürokratische Unterstützung. Bemerkenswert ist nur, daß der »provisorische Direktor des Landestheaters«, der spätere Leiter der Bundestheaterverwaltung Egon Hilbert, »verdeckt« für Pasetti gearbeitet haben dürfte, um Informationen über die nationalsozialistische Vergangenheit von

Künstlern zu beschaffen.[55] Hilbert war aber – trotz KZ-Haft – keineswegs an umfassender Entnazifizierung, sondern als Theaterliebhaber eher daran interessiert, mit zahlreichen nach dem »Westen« geflüchteten Stars wie Theo Lingen, Albin Skoda, Siegfried Breuer, Johannes Heesters, Hans Moser und anderen möglichst bald wieder Theater zu machen.

Auf die Wiener Theaterszene konnte die US-Besatzungsadministration aber erst ab September 1945 Einfluß nehmen, als die entsprechenden Zonen »bezogen« worden waren. Der kulturpolitischen Wertigkeit der Wiener Szene wurde durch die Etablierung eines ausschließlich für Theaterfragen zuständigen Kulturoffiziers, Henry Alter, entsprochen. Alter war ein Wiener Exilant, der 1938 nach Hollywood emigriert und via London und Berlin erstmals im August 1945 in seine Heimatstadt zurückgekehrt war.[56] Von Jugend an theaterbegeistert, engagierte er sich sogar gegen die US-Militärbürokratie, um deren Eigeninteressen gegenzusteuern. So war das Neue Stadttheater in der Skodagasse von den für Truppenbetreuung zuständigen Special Services requiriert worden, was den von den Nationalsozialisten verfolgten Direktor Rudolf Österreicher und sein Ensemble in existentielle Schwierigkeiten gebracht hatte.[57] Während sich die sowjetische Administration im Kulturbereich – zum Unterschied von vielen anderen Bereichen – einen höchst fachkundigen Ruf erworben und diesen mehrfach unter Beweis gestellt hatte, waren die US-Forces hier keineswegs derart theaterfreundlich. Nur mit großer Mühe konnte beispielsweise die Requirierung des Volkstheaters verhindert werden.

Ausgehend von der US-Medienpolitik, Lizenzierungsverfahren durchzuführen – entsprechend dem Decree No. 10 und der Information Control Regulation No. 1 –, mußten sich alle Theaterdirektoren, deren Bühnen sich in der US-Zone befanden, bei der ISB melden, wurden auf ihre nationalsozialistische Vergangenheit überprüft und erhielten nach positiver politischer Beurteilung ein »Permit« zur Führung ihres Unternehmens.[58] Hier überschnitt sich aber das amerikanische Verfahren mit jenem der Wiener Magistratsabteilung für Kultur und Volksbildung, wo man bereits Theaterkonzessionen vergeben hatte. Tatsächlich kam es in zwei Fällen zu Kontroversen, und zwar bezüglich des Direktors des Wiener Künstler-Theaters, Harald Bratt, und bezüglich des Volkstheaterdirektors Günther Haenel. Obwohl sich Bratts Theater in der amerikanischen Zone befand, intervenierte Alter beim Wiener Kulturstadtrat Viktor Matejka unter Hinweis auf Bratts Co-Autorenschaft beim Drehbuch für den antibritischen Propagandafilm *Ohm Krüger*. Bratt hatte überdies das Drehbuch zu *Leinen aus Irland* geschrieben – mit deutlichen antisemitischen Sequenzen – und war auch im privaten Bereich ein rabiater Antisemit gewesen.[59] Tatsächlich wurde Bratt, der angeblich vom sozialdemokratischen Bürgermeister Theodor Körner »gehalten« wurde, auf britische Intervention die Leitung des Wiener Künstler-Theaters entzogen.

Heftig gestaltete sich die Auseinandersetzung zwischen Magistrat, das heißt Matejka, und der Ein-Mann-Theaterabteilung der ISB, Henry Alter, um die Frage der Lizenz für die Direktion des Volkstheaters. Matejka hatte den Direktor Rolf Jahn – der 1938 sein Treuebekenntnis zu Hitler und die Parole von der »Entjudung« des Volkstheaters abgegeben hatte, dann jedoch von den Nationalsozialisten entlassen worden war – zwar ursprünglich 1945 wieder an diese Position gesetzt, ihn jedoch nach zwei Monaten weggeschickt.[60] Während sich Alter nach wie vor für Jahn und in der Eigentümerfrage des Theaters für den Eigentümer vor 1938, den »Deutschen Volkstheater-Verein«, einsetzte, forcierten Matejka und Staatssekretär Ernst Fischer einen Direktionswechsel. Auch in der Eigentümerfrage wurde der Österreichische Gewerkschaftsbund als »Rechtsnachfolger« der Deutschen Arbeitsfront (DAF), die das Theater nach 1938 requiriert hatte, in seinen Rechtsansprüchen unterstützt. Gegen den neuen Direktor Günther Haenel, einem seit 1941 am Theater tätigen »reichsdeutschen« Regisseur, sprach aus der Sicht Alters die Vermutung, daß Haenel Kommunist, also zumindest ein »Linker« war.[61] Zwar war Haenel kein KP-Mitglied, aber für Alter blieb er auch als Regisseur viel zu progressiv, und seine Inszenierung der Tragikomödie *Der befreite Don Quichote* von Anatoli Wassiljewitsch Lunatscharski, dem ersten sowjetischen Volkskommissar für Kunst- und Bildungswesen, empfand Alter als »Wahlpropaganda-Versuch« für die KPÖ – obwohl die Premiere letztlich nach den ersten Nationalratswahlen am 27. November 1945 stattfand.[62] Obwohl Haenel am Volkstheater bleiben konnte und Jahn durch seinen aggressiven Lobbyismus Alters Sympathien einbüßte, galt der Fall Haenel für die US-Theaterabteilung noch bis Ende Juni 1946 als ungelöst.[63] »Versöhnung« mit der US-Theaterabteilung feierte das Volkstheater erst mit Pasettis Nachfolger Ernst Lothar – ebenfalls ein Emigrant und überdies ein prominenter Autor –, als Haenel für die Saison 1946/1947 zwei Stücke von US-Autoren zur Aufführung annahm.[64]

Bemerkenswert ist, daß bei den Amerikanern im Kulturbereich – zum Unterschied von vielen anderen Abteilungen – bis 1947 fast ausschließlich Exilanten zum Einsatz kamen. Prinzipiell hatten US-Zentralstellen Vorbehalte gegen die Verwendung von Emigranten in wichtigen Positionen, da man zu starkes emotionales Engagement voraussetzte, das einer konsequenten militärischen Kontrolle zuwiderlaufen konnte. Pasetti, Alter, insbesonders aber Ernst Lothar und Ernst Haeusserman verfochten eine konservative, betont bürgerliche Kulturvorstellung. An grundsätzlichen Strukturänderungen waren sie nicht interessiert, zudem waren ihre künstlerischen Ansprüche und Vorstellungen bis Februar 1947 der primären Aufgabe, der »Entnazifizierung« des Kulturlebens, nachgeordnet. Überdies sollten sie auch Auslandskulturarbeit für die USA leisten, wobei es in den ersten Jahren keineswegs einfach war, US-amerikanische Theaterstücke nach Österreich zu bringen. Noch Anfang 1947 mußte nicht nur die »political clearance« des jeweiligen Stückes für Österreich bei der Civil Affairs Division im Department of the Army eingeholt werden – was oft aktuelle Theaterhits von Österreich fernhielt.[65] In weiterer Folge galt es, über Armeestellen die Rechte zu erlangen und für eine geeignete Übersetzung zu sorgen.

In diesem Zusammenhang ist interessant, daß die ursprünglich in den Planungen andiskutierte Linie, nicht nur amerikanische Stücke als positive Auslandspropaganda zu benutzen, sondern den gesamten Spielplan im Sinne einer kulturpolitischen Reorientierung, wenn nicht sogar Umerziehung, als »Heilung vom Nationalsozialismus« zu beeinflussen, überhaupt nicht verfolgt wurde. So hatten im Mai 1945 noch Exilanten wie

Leopold Jessner, Ernst Deutsch, Leo Reuss (= Lionel Royce)[66] gemeinsam mit Joe Glenn Listen erstellt, mit dem Ziel »rendering the Theatre an instrument of reeducation«.[67]

Jedoch hatte bereits vor dem höchst komplizierten Transfersystem des »wohlerzogenen« amerikanischen Theaters nach Österreich das US-Drama über die Schweiz seinen Weg nach Wien gefunden: Zum Beispiel Thornton Wilders *Our Town* oder S. N. Behrmans Werfel-Bearbeitung *Jacobowsky und der Oberst* sowie John Steinbecks *The Moon is Down*. Es zeigt sich auch in diesem Bereich, daß der österreichische Bedarf die starre militärische Kulturpolitik der USA überholt hatte. Erst als Ende 1945 Wien zumindest teilweise unter US-Kontrolle gelangt war, wurde der Theatre Officer tatsächlich ein Gatekeeper, der zumindest über die Aufführung von US-Autoren entscheiden konnte, da er grundsätzlich den Aufführungsvertrag unterzeichnete und die Aufführungslizenzgebühren für den Autor und Übersetzer treuhänderisch verwaltete.[68]

Der ehemalige Direktor des Theaters in der Josefstadt Ernst Lothar nützte seine Stellung als »Theateragent« von US-Autoren in Österreich. Vorerst war Lothar an eine von der Reorientation Branch des War Department erarbeitete Liste von approbierten US-amerikanischen Stücken gebunden. Da diese keineswegs immer dem Publikumsgeschmack entsprachen, wurden von fünf vermittelten Werken nur drei ein Erfolg.[69] Vom Publikum angenommen wurden – wohl auch wegen der prominenten Darsteller Helene Thimig-Reinhardt und Albert Bassermann – *Thunder Rock* von Robert Ardrey (Akademietheater), *Mourning Becomes Electra* von Eugene O'Neill (Burgtheater im Ronacher) sowie *On Borrowed Time* von Paul Osborn (im Volkstheater). *Our Town* von Thornton Wilder und *Time of Your Life* von William Saroyan (im Theater in der Josefstadt) erwiesen sich als »Durchfaller«. Lothar verwies auf die Publikums-Sehnsucht nach freundlichen und optimistischen Inhalten, wohingegen die bisher approbierten Stücke primär ernste bis tragische Inhalte transportieren würden. Er forderte daher die Freigabe folgender Stücke: *Life with Father* von Howard Lindsay/Russell Crouse; *Harvey* von Mary Chase, *The Man Who Came to Dinner* von Moss Hart/George S. Kaufman, *The*

Voice of the Turtle und *I Remember Mama* von John van Druten, *Claudia* von Rose Franken sowie *Oklahoma* von Richard Rodgers/Oscar Hammerstein. Lothar benützte diese Gatekeeper-Stellung auch, um Termine für Aufführungen festzuschreiben bzw. Hauptrollen zu besetzen – so im Falle von *Time of Your Life* mit Anton Edthofer oder *The Voice of the Turtle* mit Paula Wessely, Jane Tilden, Hilde Krahl und Attila Hörbiger.[70] Bei Eugene O'Neills *Mourning Becomes Electra* wurden die Hauptrollen im Vertrag zwischen ISB (Lothar) und dem Burgtheater (Aslan) mit Helene Thimig-Reinhardt und Maria Becker besetzt. Etwaige Vertragsverletzungen wären von einem US-Militärgericht entschieden worden.[71]

Insgesamt wurden in Wien, Linz und Salzburg im September 1946 18 US-amerikanische Theaterstücke vorbereitet bzw. gespielt.[72] Lothar versuchte von dem »strafenden bis belehrenden« Einsatz von US-Stücken wegzukommen und über das »Unterhaltungstheater« auch »Probleme der Zeit« auf die Bühne zu bringen.[73] Gleichzeitig verwehrte er sich gegen ein zu »technisches Theater« und eine strikte Trennung vom Film, um eine »Wiederbelebung des Theaters zur Stätte des seelischen Sich-Findens, Sich-Verantwortens und Sich-Steigerns« zu erreichen. Ernst Lothar versuchte nicht nur die Auswahl der Stücke und Theater zu bestimmen (wobei das Theater in der Josefstadt besonders bevorzugt wurde), sondern auch auf Übersetzung, Regie und Auswahl der Schauspieler Einfluß zu nehmen. Manchmal übersetzte er selbst[74] und nahm als Konsulent an der Probenarbeit teil (zum Beispiel bei O'Neills *Mourning Becomes Electra*, Saroyans *The Time of Your Life* und Wilders *The Skin of Our Teeth*). Diese zentrale Position konnte er aber nur teilweise bei Direktkontakten zwischen dem US-Copyright-Inhaber bzw. seiner Agentur und einem österreichischen Theater geltend machen, wenn das entsprechende Stück von der Reorientation Branch des War Department die entsprechende »policy clearance« erhalten hatte; so beispielsweise bei Franz Werfels *Jacobowsky und der Oberst* und Gottfried Bermann-Fischer bzw. den Wiener Kammerspielen.[75] Da sich die Armee letztlich weigerte, Extrakonten für Agenten und Verleger zu führen, wurden ab November 1946 zunehmend Verträge direkt – ohne die ISB – geschlossen. Vor allem der Bermann-Fischer-Verlag förderte diese direkten Verträge bezüglich der Werke von Zuckmayer, Werfel und Hofmannsthal.[76] Lothar versuchte jedoch immer wieder dieselbe Rolle wie seine Kollegen in der US-Zone Deutschlands zu erlangen, da dort die Verträge über die ISB zwingend abgeschlossen werden mußten.

Ein Vergleich mit den anderen alliierten Kulturbehörden zeigt, daß (was den aktiven Einsatz betraf) Briten, Sowjets und Franzosen im Musiktheater deutlich dominierten. So brachte die Wiener Staatsoper 1946/1947 drei russische Opern auf die Bühne, die Briten brillierten mit Dirigenten wie John Barbirolli, Malcolm Sargent und Sir Adrian Boult sowie der Aufführung von Benjamin Brittens *Peter Grimes* in Graz.[77] Im Sprechtheater hingegen herrschten amerikanische Bühnenwerke vor, weiters französische Autoren wie Anouilh, Giraudoux und Claudel; schließlich britische Stücke von Eliot, Priestley und Coward. Russische Autoren wie Gogol, Gribojedow, Gorki, Petrow, Katajew und Schwarz fanden ebenfalls Eingang ins Wiener Bühnenrepertoire.

Erste Konflikte über »gute« US-Stücke gab es bereits 1947, als Lothar versuchte, auf Anregung von Helene Thimig-Reinhardt die Genehmigung von Arthur Millers *All My Sons* zu erlangen, ein Ersuchen, das in Washington im August 1947 zurückgewiesen wurde.[78] Auch das im amerikanischen Exil verfaßte Drama *Die Befreiten* von Ferdinand Bruckner landete im Oktober 1947 auf der ersten »schwarzen Liste« des Kalten Krieges.[79] Fälschlicherweise wurde in der Presse das »Verbot« »einheimischen Stellen« zugeschrieben, denen angeblich im Stück zu viel Antifaschismus vorkam.[80] Ebenso verboten wurde Maxwell Andersons *Joan of Lorraine*; Paula Wessely hätte am Theater in der Josefstadt die Titelrolle spielen sollen.[81] Obwohl Ernst Deutsch für eine Hauptrolle in *Counsellor-at-Law* von Elmer Rice vorgesehen war, wurde die Genehmigung in Washington verweigert.

Während in den ersten Monaten die US-Theaterabteilung auch mit Material für Ausstattung und Bühnenbild zur Verfügung stand, wurde 1948 einem Ansuchen des Burgtheaters um Uniformstoffe für Carl Zuckmayers *Des Teufels General* von

Lothars Vorgesetzten entgegnet: »We cannot go into the uniform business«.[82] Die Zeiten der »Nothilfe« waren vorbei, obwohl der Theaterbetrieb sogar an der »Burg« im Winter immer noch unter Mangel an Heizmaterial und Stromausfällen litt.[83]

Obwohl der österreichische Kulturbetrieb 1947 wieder einigermaßen funktionierte, und auch der kommerzielle Erwerb von amerikanischen Theater- und Musikstücken ohne Zwischenschaltung der ISB möglich war, blieb die US-Kulturverwaltung bestehen. Nun sollte vor allem das »richtige« Amerikabild vermittelt und USA-kritischen Aufführungen entgegengewirkt werden, wie sie zum Beispiel an der »Scala« auf dem Programm standen. Daher wurden sogar am Höhepunkt der Einsparungen im US-Informationsbereich 1950 neue Mittel zur Verfügung gestellt, um die Aktivitäten des bereits erwähnten Kosmos-Theaters auszudehnen. Gegen den Willen des Kulturoffiziers Edward Hogan wurde Ernst Haeusserman, damals Film-, später auch Theatre- and Music-Officer, beauftragt, »to project a positive picture of American life, culture, philosophy and accomplishments by means of films, lectures, stage presentations, radio broadcasts, and displays«.[84]

Am erfolgreichsten war in den fünfziger Jahren die Unterstützung von Gershwins Musical *Porgy and Bess*, das die Kulturabteilung der US-Botschaft als totalen PR-Erfolg unter Einsatz aller Mitarbeiter und der Federführung von Ernst Haeusserman und Marcel Prawy vermarkten konnte.[85]

Eine Österreich-Tournee des Kosmos-Theaters erreichte im Mai und Juni 1952 55.000 Zuschauer. Ziel war es, mit diesen Veranstaltungen die »kulturelle Elite« Österreichs, die von den US-Stellen als besonders groß und einflußreich angesehen wurde, anzusprechen. Bis zu einem gewissen Grad schlägt hier aber auch der persönliche Geschmack Ernst Haeussermans durch, der sich wie sein ehemaliger Schwiegervater Ernst Lothar als Vollblut-Theatermann sah. Auch für Haeussermans Vorgänger Hogan, einen Scriptwriter aus Hollywood, der 1945/46 in Berlin Europa-Erfahrungen gesammelt hatte, war dieser kulturelle Elitenmythos von zentraler Bedeutung.[86] Erste Mikrostudien aus dem Raum Wels in Oberösterreich dokumentieren, daß diese Wanderbühnenaktivitäten tatsächlich »Publizität« hatten, wenngleich die Theaterbegeisterung am Land eher gering war.[87] Am erfolgreichsten waren unter der Gesamtleitung von Marcel Prawy dargebotene »amerikanische Volkslieder«. Die Wandertruppe, die noch 1955 mit einem Programm *Aus Amerikas Operetten* bis nach Innsbruck gelangte,[88] hatte jedoch, wie andere US-Kulturproduktionen auch, letztlich mit den generellen antiamerikanischen Vorurteilen zu kämpfen, daß »der Amerikaner keine Kultur habe.«

*

Obwohl die Alliierten keine Änderung der Strukturen oder Eliten im Sprechtheater in Österreich versucht haben – abgesehen von der Entnazifizierung 1945 bis 1947, die vor allem von den USA, ansatzweise auch von Großbritannien und Frankreich und erst 1946 von der Sowjetunion mitgetragen wurde –, kam es kurzzeitig zu vielschichtigen Beeinflussungen. Trotz relativ zahlreicher amerikanischer, englischer, französischer und russischer Bühnenwerke im Repertoire der ersten Nachkriegsjahre öffneten sich die Bühnen nur sporadisch für die internationale Moderne. Gleichzeitig machte der Kalte Krieg weder vor den Spielplänen noch vor der Engagementpolitik halt. Am nachhaltigsten veränderten sich die kulturpolitischen Rahmenbedingungen für amerikanische Stücke, obwohl auch hier der Publikumsgeschmack nur ein relativ enges Repertoire zuließ. Wie überhaupt gesagt werden muß, daß die Analyse des alliierten Kultureinflusses auch deswegen so schwierig ist, weil von Anfang an ein sehr starkes österreichisches Element Debatte und Entwicklung beherrschte, das viele Spuren verdeckte. Trotzdem läßt sich generell sowohl die kulturelle Westintegration, als auch die individuelle Beeinflussung mancher Künstlerpersönlichkeiten in diese Richtung dokumentieren. Überdies sind im Bereich der Kulturbürokratie bzw. der Kulturpräsentation einzelne Kulturoffiziere in die konkrete Arbeit in Österreich eingestiegen, wobei ihre frühere Position keineswegs ein Nachteil war, wie man an Ernst Haeusserman und Marcel Prawy sieht.

ANMERKUNGEN

1 Vgl. die Studie von Reinhold Wagnleitner: Coca-Colonisation und Kalter Krieg. Die Kulturmission der USA in Österreich nach dem Zweiten Weltkrieg. – Wien 1991; engl. Ausgabe des Buches mit zusätzlichen weiterführenden Literaturhinweisen: Coca-Colonization and the Cold War. The Cultural Mission of the United States in Austria after the Second World War. – Chapel Hill & London 1994.

2 Vgl. Wagnleitner (Anm. 1); Alfred Hiller: Amerikanische Medien- und Schulpolitik in Österreich 1945-1950. – Wien, Diss. 1974; Michael Schönberg: Amerikanische Informations- und Medienpolitik in Österreich 1945-1955. – Wien, Diss. 1975; Oliver Rathkolb: Politische Propaganda der amerikanischen Besatzungsmacht in Österreich 1945-1950. Ein Beitrag zur Geschichte des Kalten Krieges in der Presse-, Kultur- und Rundfunkpolitik. – Wien, Diss. 1981. Für den regionalen »Zonen-Bereich« Oberösterreich vgl. Kurt Tweraser: US-Militärregierung Oberösterreich 1945-1950. Bd. 1 (= Beiträge zur Zeitgeschichte Oberösterreichs 14). – Linz 1995; ein zweiter Band mit Schwerpunkt auf kulturellen und wirtschaftlichen Fragen ist in Vorbereitung.

3 Vgl. Klaus Eisterer: Französische Besatzungspolitik. Tirol und Vorarlberg 1945/46. – Innsbruck 1992; ders.: Tirol-Frankreich 1946-1960. Spurensicherung einer Begegnung. Ausstellungskatalog. Hg. Tiroler Landesmuseum Ferdinandeum. – Innsbruck 1991; Margit Sandner: Die französisch-österreichischen Beziehungen während der Besatzungszeit von 1947 bis 1955. – Wien 1983; Lydia Lettner: Die französische Österreichpolitik von 1943 bis 1946. – Salzburg, Diss. 1980; Elisabeth Starlinger: Aspekte französischer Kulturpolitik in Österreich nach dem Zweiten Weltkrieg (1945-1948). – Wien, Dipl.-Arb. 1993.

4 Vgl. Johannes Feichtinger u. Eduard G. Staudinger: Aspekte des kulturellen Wiederaufbaus in der Steiermark zwischen Kooperation und Kontrolle. – In: Die »britische« Steiermark 1945-1955. Hg. Siegfried Beer. Graz 1995, S. 499-527. Inzwischen ist diese Studie teilweise durch eine Dissertation überholt: Gerda Treiber: Großbritanniens Informationspolitik gegenüber Österreich 1945 bis 1955. Publicity und Propaganda sowie deren Instrumente in Printmedien und Rundfunk, dargestellt anhand britischer Dokumente. – Wien, Diss. 1997. (Die Kulturarbeit wird darin weitgehend ausgeklammert.)

5 Auch die ebenso verdienstvolle wie vom Interpretationsansatz nach wie vor höchst aktuelle Studie von Wilfried Aichinger: Sowjetische Österreichpolitik 1943-1945. – Wien 1977 klammert kulturelle Aspekte aus.

6 Vgl. z.B. bei Michael Wimmer: Kulturpolitik in Österreich. Darstellung und Analyse 1970-1990. – Wien 1995, S. 22 u. 28.

7 Vgl. Reinhard Kannonier: Kontinuität, Anpassung, Verweigerung. Das kulturelle Klima im ersten österreichischen Nachkriegsjahrzehnt. – In: Ausstellungskatalog Oberösterreich: Bildende Kunst 1945-1955. Linz 1995, S. 11-18. In anderen Beiträgen des Kataloges wie bei Hanns Kreczi (S. 179-190) oder Gerhart Marckhgott (S. 299-314) finden sich hingegen eine Reihe von Hinweisen auf den US-amerikanischen Einfluß.

8 Wimmer (Anm. 6), S. 29.

9 Mitschrift einer Wortmeldung von Gerhard Rühm auf den Vortrag des Verfassers über »Die 4 im Jeep und die Öffnung Österreichs – eine Öff-

nung?« während des Symposions »Multikulturelle Aspekte in der Musik des 20. Jahrhunderts«, 28. Oktober 1996 in Wien.

10 Vgl. Ernst Fischer: Das Ende einer Illusion. Erinnerungen 1945-1955. – Wien 1973, S. 67-69.

11 Ebd., S. 138.

12 Vgl. Oliver Rathkolb: Führertreu und Gottbegnadet. Künstlereliten im Dritten Reich. – Wien 1991, S. 162.

13 Vgl. Fischer (Anm. 10), S. 59-64; ders.: Die Entstehung des österreichischen Volkscharakters (= Schriftenreihe »Neues Österreich« 2). – Wien 1945.

14 Näheres in der leider unpublizierten Projektarbeit von Sirikit M. Amann: Der »Anschluß« der Kunstverwaltung. Die Eingliederung des BMU (Kunstsektion) in den NS-Staat. Versuch einer Rekonstruktion. – Wien 1989, S. 95ff.

15 Analyse von »Schwarzen Listen« der Alliierten Kommission, in National Archives (NA), Record Group (RG) 260 Austria, Box 95, Folder Music & Theater/Party Affiliations.

16 Vgl. Ulrike Halbritter: Der Einfluß der alliierten Besatzungsmächte auf die österreichische Filmwirtschaft und Spielfilmproduktion in den Jahren 1945 bis 1955. – Wien, Dipl.-Arb. 1993, S. 9-36.

17 Neues Österreich, 24.4.1945.

18 L. Nowikow: Wiener Theaternotizen. – In: Stimme der Zeit, Juni 1947, H. 1, S. 45-51.

19 Josef Schöner: Wiener Tagebuch 1944/1945. Hg. Eva-Marie Csáky, Franz Matscher u. Gerald Stourzh. – Wien 1992, S. 191.

20 Radio-Austria-Verkehrs-Aktiengesellschaft, gegründet 1924.

21 Rathkolb (Anm. 2), S. 458ff.

22 Ebd.

23 Vgl. vor allem Theodor Venus: Rudolf Henz. Versuch über einen katholischen Medienpolitiker. – In: Medien und Zeit, 1986, H. 1/2, S. 5-48.

24 Rathkolb (Anm. 2), S. 542.

25 Näheres ebd., S. 534-546.

26 Ebd., S. 542.

27 NA, RG 260, Austria, Box 40/66, Folder Music & Theater, Lothar an Chief, ISB 31.10.1947, S. 2.

28 Vgl. Carmen Renate Köper: Ein unheiliges Experiment. Das Neue Theater in der Scala 1948-1956. – Wien 1995, S. 41.

29 Vgl. Wilhelm Pellert: Roter Vorhang, Rotes Tuch. Das Neue Theater in der Scala (1948-1956). – Wien 1979, S. 34 u. 36.

30 Ebd., S. 22.

31 Ebd., S. 23.

32 Vgl. Köper (Anm. 28), S. 225-247.

33 Das Kosmos-Theater befand sich im Josefsaal in der Josefsgasse (8. Bezirk).

34 Tagebuch, 18.8.1951, S. 2.

35 Österreichische Zeitung, 19.9.1950.

36 Österreichische Zeitung, 29.10.1952.

37 Ebd.

38 Österreichische Zeitung, 30.10.1952.

39 Österreichische Zeitung, 23.10.1952.

40 Feichtinger u. Staudinger (Anm. 4), S. 505f.

41 Ebd., S. 513.

42 Näheres bei Eisterer (Anm. 3) und Sandner (Anm. 3).
43 Vgl. vor allem Starlinger (Anm. 3).
44 Vgl. Corine Defrance: La politique culturelle de la France sur la rive gauche du Rhin: 1945-1955. – Straßbourg 1994; Französische Kulturpolitik in Deutschland 1945: Berichte und Dokumente. Hg. Jérome Vaillant. – Konstanz 1984.
45 Starlinger (Anm. 3), S. 16f., 23f., 37-44.
46 Ebd., S. 36.
47 Ebd., S. 24.
48 Vgl. Andreas Hofinger: Aspekte der ÖVP-Kulturpolitik zwischen 1945 und 1955. – Wien, Dipl.-Arb. 1988; Starlinger (Anm. 3), S. 41f.
49 Vgl. Dieter Stiefel: Entnazifizierung in Österreich. – Wien 1981.
50 Vgl. Peter Assman: Die französische Kulturpolitik in Österreich nach dem Zweiten Weltkrieg – Das Institut Français in Innsbruck. – In: Tirol-Frankreich (Anm. 3), S. 33f.; Starlinger (Anm. 3), S. 124f. verweist auf Oswald Oberhuber, Paul Flora u.a.
51 Vgl. Starlinger (Anm. 3), S. 89-126 und Sandner (Anm. 3), S. 322-337.
52 Starlinger (Anm. 3), S. 120.
53 Vgl. Barry M. Katz: Foreign Intelligence. Research and Analysis in the Office of Strategic Services 1942-1945. – Cambridge and London 1989, S. 36-41.
54 Rathkolb (Anm. 2), S. 272f.
55 Ebd., S. 284.
56 Ebd., S. 311; Ernst Hauesserman: Mein Freund Henry. Dokumentarroman. – Wien 1983.
57 NA, RG 260, Austria, Box 892, Folder Music & Theater Report, Alter an van Erden, 24.11.1945, S. 1f.
58 NA, RG 260, Box 44, Folder 30, Richtlinien für Unternehmer, Oktober 1945.
59 Vgl. Rathkolb (Anm. 2), S. 313.
60 Vgl. Neues Wiener Tagblatt, 19.3. u. 7.4.1938; Edda Fuhrich: »Schauen Sie sich doch in Wien um! Was ist von dieser Theaterstadt übriggeblieben?« Zur Situation der großen Wiener Privattheater. – In: Verspielte Zeit. Österreichisches Theater der dreißiger Jahre. Hg. Hilde Haider-Pregler u. Beate Reiterer. Wien 1997, S. 120.
61 Rathkolb (Anm. 2), S. 319.
62 Vgl. Andrea Huemer: 1945-1948. Direktion Günther Haenel. – In: 100 Jahre Volkstheater. Theater. Zeit. Geschichte. Hg. Evelyn Schreiner. Wien 1989, S. 158; Rathkolb (Anm. 2), S. 320.
63 NA, RG 260, Box 44, Folder 30, Pasetti an Ladue, 3.6.1946, S. 13.
64 NA, RG 260, Box 892, Folder: Music & Theater Reports, Lothar an Chief, ISB, 31.7.1946, S. 2.
65 NA, RG 260, Box 37/66, Folder 71, The ISB fields of Interest, 3.3.1947, S. 16.
66 Vgl. Hilde Haider-Pregler: Tarnungen und (Ent-)Täuschungen. Emigranten in Österreich. – In: Verspielte Zeit (Anm. 60), S. 256-277.
67 NA, RG 260-OMGUS, Box 242, Folder 9, Jessner u.a. an Hans Speier, 12.5.1945.
68 NA, RG 260 Austria, Box 93, Folder Theater 1949/50, Edward Hogan, Rehabilitation of Austria, 10.5.1950, S. 5.
69 NA, RG 260 Austria, Box 35, Folder: War Department, Lothar an Lorenz, 9.11.1946.

70 NA, RG 260 Austria, Box 58.909-1, Folder: 35-11, Aufführungsvertrag, 25.7.1946; ebd., Box 636, Binder 10, Aufführungsvertrag, 14.5.1947.

71 Ebd., 13.9.1946.

72 US High Commissioner Austria, Report, September 1946, S. 530.

73 Österreichische Rundschau, 1946, H. 23/24, S. 646.

74 NA, RG 260 Austria, Box 41, Folder American Plays, Gustl Mayer an Walter Behr, 14.1.1947.

75 NA, RG 260 Austria, Box 41, Folder: American Plays, G.B. Fischer an Lothar, 13.9.1946.

76 Ebd., Kohout an Mayer, 27.11.1946.

77 NA, RG 260 Austria, Box 93, ISB History, Lothar an Deputy Chief, 8.8.1947.

78 NA, RG 260 Austria, Box 58.909-1, Folder Theater & Music, Lothar an Executive Officer, 9.10.1947.

79 NA, RG 260 Austria, Box 72, ISB Telecom A, 28.10.1947.

80 Tagblatt am Montag, 10.11.1947.

81 NA, RG 260 Austria, Box 40/66, Folder Music & Theater, Lothar an Chief, ISB 31.10.1947.

82 NA, RG 260 Austria, Box 41, Folder American Plays, Ladue an Lothar, 17.1.1947; vgl. Ernst Lothar: Das Wunder des Überlebens. Erinnerungen und Ergebnisse. – Hamburg, Wien 1961, S. 386.

83 NA, RG 260 Austria, Box 35, Folder Contracts, Aslan an Lothar, 8.3.1947.

84 NA, RG 260 Austria, Box 64, Folder: Kosmos, Lee an Haeusserman, 11.10.1950.

85 Office of the United States High Commissioner for Austria, Report on Austria, o.D., o.O., S. 41.

86 Rathkolb (Anm. 2), S. 426.

87 Vgl. Johann Schoiswohl: Der US-amerikanische Einfluß im Alltag der Nachkriegszeit. Spuren eines Akkulturationsprozesses. Eine soziokulturelle Analyse im Raum Wels – Oberösterreich. – Salzburg, Dipl.-Arb. 1990, S. 116-117. Aufgeführt wurden Thornton Wilders *Our Town* und John van Drutens *The Voice of the Turtle*.

88 Vgl. Karnika Rusch: Der kulturelle Einfluß der Amerikaner in der Landeshauptstadt Innsbruck 1945-1955. – Innsbruck, Dipl.-Arb. 1986, S. 60.

MARIA STEINER

»... they want to do Liliom, of course«

Vom ungebrochenen Spieltrieb am Wiener Theater nach 1945

Der Dramaturg des Theaters in der Josefstadt, Alfred Ibach, faßte 1946 die Situation der Wiener Theaterschaffenden gegen Ende des Zweiten Weltkrieges auf sehr eigenwillige Weise zusammen:

> *Als die fragwürdigen »Gönner« des deutschen Theaterlebens am 1. September des Jahres 1944 der so vergeblich hofierten und umschmeichelten Schar der Bühnenkünstler mit dem größten Fußtritt aller Zeiten die nicht gefundene Gegenliebe quittierten und sie nach Schließung der Theater in Heer, Volkssturm und Rüstungsbetriebe steckten, da lebte in jedem von uns nur die bange Frage: wann und wie werden die Theater je wieder eröffnet werden und wer wird, wenn der Schrecken einmal vorbei ist, da sein, es zu tun?*[1]

Als dieses Zitat im Theater-Almanach, einem Sonderheft der ein Jahr zuvor gegründeten Kulturzeitschrift *Wiener Revue*[2], erschien, hatte sich diese »bange Frage« schon längst beantwortet: Es waren im allgemeinen dieselben Leute wie vor Kriegsende, die das Wiener Theaterleben der Zweiten Republik bestimmten – Ibach selbst eingeschlossen. Den Leserinnen und Lesern des Almanachs dürfte 1946 auch noch in Erinnerung gewesen sein, daß Goebbels zwei Jahre zuvor die »Stillegungs- und Einschränkungsmaßnahmen auf dem kulturellen Sektor«[3] nicht proklamiert hatte, weil ihn die »Schar der Bühnenkünstler« enttäuscht oder gar gekränkt hatte: Der sogenannte »totale Kriegseinsatz der Kulturschaffenden« war vielmehr eine der letzten Konsequenzen des »totalen Krieges« gewesen. Angesichts der ungeheuren politischen Bedeutung, die dem Theater seitens des nationalsozialistischen Regimes zugemessen wurde, war die allgemeine Theatersperre ein Signal für den nahenden Zusammenbruch. Trotzdem wurde »das nötige Mindestmaß an kultureller Betreuung« durch Film und Rundfunk aufrechterhalten.[4] Am Burgtheater fanden bis Dezember 1944 Leseabende statt (unter den Mitwirkenden befand sich Raoul Aslan, der wenige Monate später der erste Direktor des Hauses nach dem Krieg werden sollte). Prominente Schauspieler genossen weiterhin den Status der »Unabkömmlichkeit«, wurden auf »Gottbegnadeten-Listen« und »Listen nationales Kapital« erfaßt und von Kriegs- bzw. Arbeitsdienst befreit.[5]

Erstaunlicherweise scheinen jedoch gerade die vom Naziregime privilegierten Schauspieler nach der Befreiung durch die Alliierten trotz ihrer zum Teil exponierten Stellungen im »Dritten Reich« nicht mit Maßnahmen seitens der Alliierten, geschweige denn mit Auftrittsverboten gerechnet zu haben.

Da außerhalb der Städte die Bombengefahr geringer und die Ernährungslage besser war, wartete ein Teil der prominenten Schauspieler (im Gegensatz zu jenen Nationalsozialisten, die Wien 1945 aus Angst vor Vergeltungsmaßnahmen fluchtartig verließen und im Westen untertauchten[6]), das Kriegsende bereits seit 1944 in Salzburg, Tirol und der Steiermark ab. Für die »Feigheit der Wankelmütigen«, notierte Goebbels im März 1944 in sein Tagebuch, hatte Hitler zwar »nur Verachtung« übrig, seinen Plänen zufolge sollten jedoch erst nach dem Krieg »die Tapferen belohnt und die Feigen bestraft«[7] werden.

Angesichts der Erinnerungen von Theaterleuten gewinnt man den Eindruck, daß für sie bei Kriegsende zunächst einmal die Aufhebung der allgemeinen Theatersperre im Vordergrund stand: »Auf den Straßen lagen tote Pferde, hungrige Menschen schnitten sich Fleisch aus den Kadavern. Im Theater gab es weder Dekorationen noch Kostüme.«[8] Trotz persönlicher Verluste und allgemeiner Verwüstung, trotz Lebens- und Heizmittelknappheit, zerbombter Wohnungen und Spielstätten, Transportschwierigkeiten wurde in der unmittelbaren Nachkriegszeit mit ungeheurem Elan wieder Theater gespielt. Da es praktisch nichts zu kaufen gab und »zu Hause nicht wärmer war als im Theater kalt«[9], strömte das Publikum in die Vorstellungen.

Begünstigt durch die unterschiedlichen Entnazifizierungskonzepte der Alliierten (die Sowjets forcierten einen sofortigen Spielbeginn, während die Amerikaner in ihren Zonen die Theater zuerst einmal schließen ließen und Theaterlizenzen erst nach Überprüfung der politischen Vergangenheit des Linzenzwerbers erteilten),[10] konnten in der ersten Nachkriegszeit Schauspieler, die auf der schwarzen Liste der Amerikaner standen, problemlos in der französischen Besatzungszone Österreichs auftreten. Auf diese Weise kamen im Sommer 1945 am Innsbrucker Landestheater zwei Premieren mit Wiener Starbesetzung zustande: dem prominenten Schauspielerehepaar Paula Wessely und Attila Hörbiger war aufgrund ihres Mitwirkens in dem nationalsozialistischen Propagandafilm *Heimkehr* (1941) im Juni 1945 das Auftreten in der amerikanisch besetzten Zone verboten worden. Dennoch fand »with the consent of the French authorities«[11], wie ein US-Kulturoffizier festhielt, am 14. Juli 1945 in Innsbruck die Premiere von Hugo von Hofmannsthals *Jedermann* mit Attila Hörbiger in der Titelrolle statt. Paula Wessely trat am 30. August 1945 gemeinsam mit ihrem Mann, zwei weiteren Kollegen vom Theater in der Josefstadt und dem Burgtheater-Bonvivant Fred Liewehr in Schnitzlers *Liebelei* auf. Gustav Waldau spielte in dieser Inszenierung den alten Weiring, Paula Wessely die Christine, Fred Liewehr den Fritz und Attila Hörbiger den Herrn. Das Ehepaar griff damit auf Stücke zurück, in denen es vor 1938 Erfolge gefeiert hatte und die aufgrund der »rassischen Abstammung« ihrer Autoren in Österreich während der vergangenen sieben Jahre nicht gespielt werden durften.[12] Allein den Text Schnitzlers wieder zu sprechen, sei ein Gefühl, »wie wenn man nach Jahren wieder Schubert-Lieder singen kann«[13], erklärte Paula Wessely dem befreundeten Emigranten Gustav Breuer. Er war 1938 aus Wien geflüchtet und kehrte nach dem Krieg als Soldat der US-Armee zurück. Breuer besuchte das Ehepaar Wessely/Hörbiger im Herbst 1945 in Innsbruck und schrieb der noch im Exil lebenden Josefstadt-Schauspielerin Adrienne Gessner: »The cry for plays is of course enourmous and I've given them all the ones I thought would remotely suit either or both (they want to do Liliom, of course).«[14]

Noch vierzig Jahre später bedauerte Attila Hörbiger den Umstand, niemals den Liliom in Franz Molnárs gleichnamiger Vorstadtlegende gespielt zu haben:

Es gibt eine Rolle, die ich ums Leben gern gespielt hätte – das ist Liliom. Liliom war eine Traumrolle von mir. Und nicht nur von mir, sondern jeder, der mich kennt, bedauert: »Ja, du hast den Liliom nicht gespielt.«[15]

Doch immer kam etwas dazwischen: 1932 spielte der deutsche Star Hans Albers den Liliom am Wiener Volkstheater, und damit, so Hörbiger, »war der Traum erledigt. Dann kam die Hitlerzeit, die Unmöglichkeit, die Rolle überhaupt zu spielen und dann war ich leider, leider schon zu alt.«[16]

Zuerst also Hans Albers, dann Adolf Hitler, schlußendlich war da noch Attila Hörbigers älterer Bruder Paul, der den Liliom im Herbst 1945 am Burgtheater[17] spielte ... Retrospektiv gesehen ist das Nicht-Zustandekommen dieser *Liliom*-Aufführung für Paula Wessely jedenfalls »ein Verlust, den wir nie mehr gutmachen können«[18] – Zeitgeschichte aus Schauspielerperspektive.

Alfred Polgar berichtet von einem Wiener Schauspieler, der ihm nach dem Krieg schrieb, die Nazizeit hätte ihre Peinlichkeiten gehabt, aber immerhin habe er sich während ihrer »in die erste Reihe nach vorn gespielt«[19]. Dasselbe konnte die bekannte Revuetänzerin Marika Rökk von sich behaupten, die das Kriegsende in Salzburg abgewartet hatte und dort in angeblich nur zwei Tagen eine Show für amerikanische Soldaten zusammenstellte: »Ich brachte mein gesamtes Repertoire auf englisch«[20]. Eigenen Angaben zufolge wurde sie wenig später verdächtigt, für die Nazis spioniert zu haben, festgenommen und einen Nachmittag lang eingesperrt (»Ehrlich gesagt: Ich war nicht in schlechter Gesellschaft dort«)[21]. Derartige Kommentare verdeutlichen, mit welcher Geisteshaltung sich die Kulturoffiziere der Alliierten (nicht selten waren es ehemals exilierte Theater- und Filmleute) bei den Verhören prominenter Künstler zum Teil konfrontiert sahen: »Staatsschauspieler« gerierten sich als bedauernswerte »Opfer« Goebbelsscher Intrigen und Pressionen. Szenarien dieser Art sind aus der Memoirenliteratur ja hinlänglich bekannt – ebenso die Opferposen, die von den Betreffenden sofort nach Erlangung ihrer Spielerlaubnis eingenommen wurden: »Auf diesem Schild stand ›Dr. Seidenglanz‹. Na, dachte ich, da hast du wohl nichts zu lachen hier. Denn ich dachte: das ist doch kein amerikanischer Name.«[22]

Der immer noch vorhandene (facettenreich ausgeprägte) Antisemitismus war nicht das einzige Problem, mit dem Remigranten fertig werden mußten. Karl Paryla, Josefstadt-Schauspieler und 1938 aus politischen Gründen in die Schweiz geflüchtet, nahm unmittelbar nach Kriegsende brieflichen Kontakt mit seinen ehemaligen Wiener Kollegen auf. Angesichts der Antwortschreiben fand er es »befremdlich«, daß darin »kein Wort über die erreichte Freiheit«[23] fiel. Die Nicht-Emigrierten (Alfred Polgar nannte sie »die Zuhausegebliebenen«[24]) – sie mußten deshalb noch lange keine Nazis (gewesen) sein – hatten in der Regel vollkommen falsche Vorstellungen vom Exil (»Sie haben gut daran getan, den Krieg im Ausland zu verbringen«), empfanden in erster Linie Selbstmitleid (»während hier alles in Schutt und Asche ging«[25]) und hatten Konkurrenzängste.

»Ariseur« und Antifaschist in Personalunion?

Auch Alfred Ibach, der »Mann im Hintergrund«[26], wie er von einem Josefstadt-Chronisten genannt wurde, vertauschte in seinem eingangs zitierten Aufsatz die Opferrollen: Die allgemeine Theatersperre sei der »größte Fußtritt aller Zeiten« gegen Schauspieler gewesen, nicht etwa die Entrechtung, Vertreibung und Vernichtung von Menschen unter den rassistischen und politischen Kriterien der Nazis.

Alfred Ibach wurde 1902 in Saarbrücken geboren und arbeitete nach Abschluß seines Kunstgeschichte- und Germanistikstudiums in den späten zwanziger Jahren als Dramaturg für Max Reinhardts deutsch-österreichisches Theaterimperium. Ab 1936 lebte er in Wien. Durch die enge Verbindung des Deutschen Theaters Berlin mit dem Theater in der Josefstadt[27] stand Ibach mit zahlreichen aus Deutschland emigrierten Künstlern in Kontakt. Er selbst befand sich jedoch nicht in deren mißlicher Lage, Wien als erste Durchgangsstation seines Exils betrachten zu müssen. Am späten Vormittag des 11. März 1938 fand am Theater in der Josefstadt noch die erste Arrangierprobe für Carl Zuckmayers neues Stück *Bellmann* statt (die beiden Hauptrollen waren mit Paula Wessely und Attila Hörbiger besetzt)[28], der Autor selbst war anwesend. Nach der Radioansprache Schuschniggs, in der dieser seinen Rücktritt bekanntgegeben hatte (»Gott schütze Österreich!«), plante Zuckmayer gemeinsam mit anderen künftigen Exilanten bereits seine Flucht. Zusammen mit dem befreundeten Alfred Ibach fuhr er zu seinem Landhaus nach Henndorf in Salzburg.[29] Am nächsten Morgen begleitete Ibach den nunmehr »rassisch untragbaren« Zuckmayer zur Bahn, »um ihm, falls es nötig wäre, bis zur Abfahrt zur Seite zu stehen.«[30] Angesichts der mit unglaublicher Raschheit und Brutalität durchgeführten »Säuberungsaktionen« des Kulturlebens durch österreichische Nazis blieben Gesten wie diese den Vertriebenen in guter Erinnerung.[31] Wer damals nicht zum Exil gezwungen war und sich seinen über Nacht entrechteten Mitarbeitern, Freunden, Bekannten, Nachbarn gegenüber einigermaßen anständig verhielt (was nur wenige als Selbstverständlichkeit ansahen), konnte nach 1945 mit einem guten Leumund rechnen. So trug die Tatsache, daß das Ehepaar Wessely/Hörbiger nach dem »Anschluß« mehrere Emigranten bei ihrer Flucht aus Österreich unterstützt hatte und sich diese 1945 für die beiden verbürgten, wesentlich zu deren rascher Wiederzulassung in der amerikanischen Zone bei.[32]

Woher hätte Carl Zuckmayer jedoch wissen können, daß sein Freund Ibach nach seinem Abschied am 12. März 1938 in Salzburg sozusagen am Absatz umdrehte, nach Wien zurückfuhr und dort bereits eine Woche später den in der Nähe des Theaters in der Josefstadt gelegenen »jüdischen« E. P. Tal-Verlag »arisiert« hatte?[33]

»Frau Lucy Tal ist Nichtarierin, ich bin Arier«[34], argumentierte Ibach am 14. Mai 1938 in einem Schreiben gegenüber der Reichsstatthalterei. Lucy Tal, die rechtmäßige Eigentümerin des Verlages, konnte gerade noch aus Österreich fliehen und wurde für ihren Verlust nach 1945 nicht entschädigt.[35] Die »Arisierung« des Verlages konnte zumindest einigen Mitgliedern des Ensembles nicht entgangen sein, wurde jedoch offenbar der Kategorie des Alltäglichen zugerechnet – jedenfalls blieb sie niemandem in Erinnerung.[36] Ibach avancierte dank »arischer Abstammung« und politischer Willfährigkeit 1938 zum geschäftsführenden Direktor des Theaters in der Josefstadt und folgte 1941 Hans Thimig als stellvertretender Direktor. Dank seines bemerkenswerten Taktierens war er nach dem Krieg, sowohl bei einigen ehemals emigrierten[37] als auch bei den in der »Ostmark« gebliebenen Theaterleuten[38], ein angesehener Mann. Er blieb bis zu seinem Tod 1948 stellvertretender Direktor und Chefdramaturg des Hauses. In der einschlägigen Literatur wird tradiert, das Theater in der Josefstadt sei nicht zuletzt durch Ibach »zum Asyl des auf geistiger Ebene gepflegten Widerstandes gegen den Nationalsozialismus geworden.«[39] Ibach sei, hieß es 1948 in einem Nachruf, »in Österreichs dunkelsten Jahren, als die rassische Barbarei auch im kulturellen Sektor unseres Landes triumphierte, immer auf seiten der Kultur und des Geistes«[40] gestanden.

Eine historisch differenzierte Auseinandersetzung mit Heinz Hilpert (und damit auch ein neuer Zugang zum Theater in der Josefstadt während der Nazizeit) wurde erst 1990 von Michael Dillmann vorgelegt. Bis dahin kehrte in der Theatergeschichtsschreibung mit schöner Regelmäßigkeit lediglich der vielfach kolportierte (aber nicht belegte) Goebbels-Ausspruch vom »KZ auf Urlaub«[41] und die Erwähnung der 1943 hinter geschlossenem Vorhang abgehaltenen Gedenkfeier anläßlich der Nachricht vom Tod Max Reinhardts wieder. Dazu kamen noch schwammige Begriffe wie etwa jener der sogenannten »Reinhardt-Atmosphäre«[42], die Direktor Hilpert »über die üble Zeit des Nazismus hinüberretten«[43] konnte. Dabei soll gar nicht bestritten werden, daß das Theater in der Josefstadt unter der Leitung des Reinhardt-Schülers Heinz Hilpert während der Nazizeit tatsächlich eine Sonderstellung einnahm: Hilpert hatte das Theater am 4. Oktober 1938 von seinem Vorgänger, dem Josefstadt-Schauspieler und »kommissarischen Leiter« Robert Valberg bereits »arisiert« übernommen[44] und führte es in Personalunion mit dem Deutschen Theater Berlin weiter.[45] In den folgenden Jahren gelang es ihm, oftmals als Gratwanderung des gerade noch möglichen, die Spielpläne seiner beiden Theater – deren Erstellung durch den Wegfall jüdischer und politisch unliebsamer Autoren schwierig genug war – gänzlich von NS-Stücken freizuhalten.[46] Hilpert intervenierte auch mehrmals erfolgreich für vom Regime Verfolgte – ohne, wie etwa sein Kollege Gustaf Gründgens, nach dem Krieg daraus politische Widerstandstätigkeit zu konstruieren.[47] Bereits 1943 von Goebbels unter »kulturpolitische Kuratel«[48] gestellt, wurde Hilpert im Sommer 1944 wegen eines regimefeindlichen Gesprächs denunziert, das er während einer Bahnfahrt in die Schweiz geführt hatte. Offiziell war er wegen Engagementverhandlungen dorthin gereist (auch daran läßt sich die Bedeutung ablesen, die dem Theater zugemessen wurde), in Wahrheit jedoch, um seine in der Schweiz lebende jüdische Lebensgefährtin zu besuchen.[49] Er wurde daraufhin nicht vom Arbeitsdienst freigestellt, was im Fall eines Kulturschaffenden seines Ranges eine absolute Ausnahme war.[50] Durch das inzwischen eingetretene Kriegsende kam es nicht mehr zu seiner Einberufung zum »2. Aufgebot« des Volkssturms.

»Persilscheine« gegen Kartoffeln?

Alfred Ibachs eingangs zitierter Aufsatz »Auferstandenes Theater« aus dem Jahr 1946 zeigt, daß offenbar bereits relativ kurz nach Kriegsende ein kollektives Einverständnis mit der Legendenbildung um die österreichischen Theater in der Nazizeit vorausgesetzt werden konnte. Dafür gab es, zumindest in der Anfangsphase dieser Entwicklung, auch psychologische und pragmatische Gründe. Am Theater, das »während der Jahre der Verfinsterung« vielen eine Zuflucht vor dem Alltag des Krieges bot, von dem viele das Gefühl hatten, »vielleicht doch noch ein Endchen Gedankenfreiheit«[51] gefunden zu haben, an diesem Theater sollte einfach nichts »falsch« gewesen sein. Es ist wohl weniger Zufall als vielmehr Wunschvorstellung, daß in so gut wie jeder Theaterchronik die »insuläre Abgeschlossenheit«[52] des betreffenden Hauses herbeizitiert wird. An Hitler wollte nach dem Krieg niemand so recht geglaubt, den

Völkischen Beobachter wollte niemand gelesen haben – vom Theater, das während der Nazizeit gemacht wurde, wird dagegen heute noch geschwärmt.

Der Mythos der autonomen Kunstproduktion im Nationalsozialismus kommt nicht von ungefähr: Wer ihn festschrieb, war in der Regel nicht emigriert und deshalb auch von den daraus folgenden Konsequenzen in irgendeiner Form betroffen gewesen. Für eine künstlerische Tätigkeit vor 1945 war die Mitgliedschaft in einer Abteilung der Reichskulturkammer Voraussetzung – damit fiel der Betreffende unter die formalen Kriterien der Entnazifizierung. Für ihn stand begreiflicherweise zuerst einmal die möglichst rasche Aufhebung seines Berufsverbotes und die Bewältigung des alltäglichen Lebens im Vordergrund. In diesem Sinn schrieb auch der ehemalige Kulturredakteur des *Völkischen Beobachters*, Ernst Wurm, in der Angelegenheit seiner »schriftstellerischen Rehabilitierung«, die durch seine »Presse-Mitarbeit in den vergangenen Jahren notwendig geworden ist«, am 10. Oktober 1945 an den Burgtheaterdramaturgen Erhard Buschbeck. Dieser möge sich »in seinem Einflußkreise dafür einsetzen«, daß Wurm seine »Arbeit in der Öffentlichkeit in absehbarer Zeit wieder aufnehmen«[53] könne. Als Gegenleistung für diese Bemühungen versprach er, Kartoffeln für Buschbeck zu organisieren.[54] Der ehemalige »Kunstbetrachter« Wurm war während des Krieges bei vielen Wiener Kulturschaffenden aufgrund seiner mehrspaltigen Lobhudeleien im *Völkischen Beobachter* sehr beliebt gewesen. Hochkarätige Schauspieler richteten nach Erscheinen seiner Schauspielerportraits überschwengliche Dankesbriefe an ihn. Bernhard Minetti etwa schrieb 1940: »Über Ihren Artikel über mich bin ich restlos glücklich. Ich bin sehr stolz und freu mich und dank Ihnen.«[55] Und Vilma Degischer bedankte sich 1943 bei Ernst Wurm:

> *Sie haben mir mit Ihrem sonntäglichen Artikel im V.B. eine große, große Freude bereitet und es drängt mich geradezu Ihnen zu schreiben und Ihnen zu danken. […] Ich muß schon sagen, daß noch niemals so großartig, so enthusiastisch und so klar in der Einstellung zu mir und meinem Können geschrieben wurde.*[56]

Auch Heinz Kindermann, Gründer des Wiener Instituts für Theaterwissenschaft, wandte sich 1943 mit der Bitte an Wurm, sein eben erschienenes Buch zu rezensieren: »Über eine Besprechung meines Hebbel-Büchleins würde ich mich sehr freuen. Auch ich rechne auf gute Zusammenarbeit. Mit besten Grüßen. Heil Hitler!«[57]

Es geht in diesem Zusammenhang nicht um die simple Widerlegung der nach dem Krieg besonders von Schauspielern häufig geäußerten Behauptung, während der gesamten Nazizeit niemals mit »Heil Hitler!«[58] gegrüßt zu haben. Die angeblich »kleinsten Indizien« nationalsozialistischer Gesinnung zu leugnen, versperrt den Blick auf die Tatsache, daß das gesamte öffentliche Kulturleben kontrolliert und gelenkt wurde. Der deutschen Unterhaltungsindustrie wurde seitens des Regimes eine politisch hochrangige, letztendlich sogar »kriegsentscheidende«[59] Funktion zugemessen. Dieser Umstand verschaffte den Kulturschaffenden zwar zahlreiche Privilegien, enthob sie jedoch nicht davon, ihre Karrieren selbst zu planen und zu verfolgen. Die Beziehungen zwischen Schauspielern, Kritikern, Dramaturgen, Schriftstellern, waren sowohl in beruflicher als auch in privater Hinsicht sehr eng, was zum Teil das geradezu inflationäre gegenseitige Ausstellen von sogenannten »Persilscheinen« und politischen »Unbedenklichkeitsbescheinigungen« nach dem Krieg erklärt. So konnte Vilma Degischer Ernst Wurm bereits 1947 dazu beglückwünschen, daß er »bald wieder ein Referat in einer Zeitung haben«[60] werde. Er schrieb in den fünfziger Jahren für die *Neue Wiener Tageszeitung*, wurde 1962 mit dem Berufstitel Professor ausgezeichnet und erhielt 1971 das Österreichische Ehrenkreuz für Wissenschaft und Kunst. Die Methode, jegliche Verantwortung für seine publizistische Tätigkeit im »Dritten Reich« abzuleugnen, hatte sich bewährt: Er habe »in einem ausführlichen, bekenntnishaften Schreiben«, so Wurm in seinem 1945 verfaßten Brief an Buschbeck, »seine Entwicklung bis zum heutigen Tag als notwendiges Problem-Schicksal [!] dargestellt.«[61] 1948 verschwieg Wurm in einem für das Lexikon *Österreicher der Gegenwart* verfaßten Lebenslauf seine Zeit beim *Völkischen Beobachter*.[62] Es schien ihm jedoch offenbar wichtig, darauf hinzuweisen, »auch einmal Soldat gewesen« zu sein (»1944 Einrückung, Sommer 1945 Kriegsgefangenschaft«). Vor dem Krieg, so Wurm weiter, sei er »durch Max Reinhardt in der künstlerischen Wesenheit erkannt und von dessen Wiener Dramaturgen in der schriftstellerischen Weiterentwicklung beraten und gefördert« worden.[63] Sich auf Reinhardt zu berufen, konnte zu diesem Zeitpunkt gar nicht falsch sein: Reinhardt gilt bis heute als »unpolitisch«, war prominent und 1943 im Exil verstorben. Stil und Inhalt seiner Oden auf die deutsche und österreichische Schauspielkunst sah sich Wurm nach 1945 jedenfalls nicht genötigt zu ändern: »[E]in hoher, grobknochiger und breitschultriger Körper, auch mit der länglich-massiven Kopfform auf bäuerliche Ursprünge zurückweisend, der Blick fest und im Zorn grau aufblitzend, aber von einem Ausdruck herber Güte verschönt«[64], schrieb er etwa 1941 über den Burg- und Filmschauspieler Ewald Balser. »Aus der harten Arbeitswelt des Wuppertals«, präzisierte Wurm 1957, »stammt dieser sehnig-muskulöse und massige, mehr starkknochige als fleischige Künstler mit der landsmännischen ›Beethoven-Verwandtschaft‹ in den Zügen.«[65]

Beispiel Burgtheater: »Wiener Noblesse« gegen »preußische Präpotenz«?

In der 1976 vom österreichischen Bundestheaterverband herausgegebenen Burgtheaterchronik wird die insgesamt zweiundvierzigjährige Dienstzeit (1918–1960) des Burgtheaterdramaturgen Erhard Buschbeck lobend hervorgehoben:

> *Auch beim Versuch einer Neuordnung im Jahre 1938 [!] gab es, wie zwanzig Jahre vorher beim Übergang von der Monarchie in die Republik, denselben Mann, der Garant für die Kontinuität im Burgtheater war – den Dramaturgen Erhard Buschbeck.*[66]

Vergeblich sucht man hingegen die Namen derer, die diesen »Versuch einer Neuordnung« nicht überlebten. Es findet sich auch kein Hinweis darauf, daß es am Burgtheater während der Nazizeit eine Gruppe gab, die der Widerstandsbewegung um den Augustiner Chorherrn Roman Karl Scholz angehörte. 1943 wurde diese Widerstandsbewegung vom Burgschauspieler Otto Hartmann verraten, daraufhin wurden zehn Menschen umgebracht, mehr als hundert kamen ins KZ.[67]

Das elitäre Image des Burgtheaters manifestiert sich in dieser Chronik dagegen im ausdrücklichen Hinweis darauf, daß nach Kriegsende die »Schauspieler zu Fuß zur Probe [gingen] und ebenso nach der Vorstellung nach Hause«[68], als hätte es damals angesichts des zerstörten Verkehrsnetzes eine Alternative gegeben.

Am 20. April 1945 fand der Direktionswechsel zwischen dem Burgtheaterdirektor der »Ostmark«-Jahre, Lothar Müthel (NSDAP-Mitglied seit Mai 1933)[69] und dem Schauspieler Raoul Aslan statt.[70] Über das Zustandekommen dieses Direktionswechsels werden inhaltlich divergierende Versionen tradiert:

> *Generalintendant Lothar Müthel war inzwischen am 20. April freiwillig zurückgetreten – nicht ohne sich als Regisseur auch weiter zur Verfügung zu stellen – und Raoul Aslan kurz darauf von dem eben eingesetzten Bürgermeister Körner zum Direktor ernannt worden.*[71] *[1955]*

> *Lothar Müthel legte vor den Kollegen sein Amt nieder, man wählte Raoul Aslan zum neuen Direktor […].*[72] *[1974]*

> *[…] Lothar Müthel […] legte die Leitung des Burgtheaters in die Hände seines ersten Schauspielers Raoul Aslan (1945–1948).*[73] *[1975]*

> *Während die Straßen noch Spuren der letzten Kämpfe trugen, es an Nahrungsmitteln gebrach und Wassermangel herrschte, scharte sich das in Wien verbliebene Häuflein der Burgschauspieler um Raoul Aslan. Er übernahm die Führung, wurde ihr Direktor und bot die ganze Macht seiner Persönlichkeit auf, um dem Ensemble eine Wirkungsstätte zu sichern.*[74] *[1976]*

Wie dem auch sei, Aslan und Müthel tauschten 1945 jedenfalls in gegenseitigem Einverständnis ihre Funktionen. Aslan, um dessen Grandseigneur-Allüren, dessen Homosexualität (die ihn zum potentiellen Opfer der Nazidiktatur machte) und dessen singuläre Widerstandstätigkeit sich zahlreiche Anekdoten ranken[75], wurde Direktor, Müthel blieb Regisseur des Hauses. Ihre Zusammenarbeit in den letzten Jahren hatte sich offenbar in beider Augen bewährt, war doch Aslan von Müthel während des Krieges mit schönen Rollen bedacht worden – etwa 1943 mit dem Kaufmann von Venedig in Shakespeares gleichnamigem Stück, das mittels sinnverändernder Textstreichungen und der Shylock-Darstellung von Werner Krauß als antisemitische Polemik interpretiert worden war.[76]

Doch zurück zur »offiziellen« Burgtheaterchronik. Ihr zufolge geschah erst am 30. April 1945 – dem Tag, an dem auf ausdrücklichen Wunsch der sowjetischen Besatzungsmacht der Spielbetrieb wieder aufgenommen wurde – etwas geradezu Ungeheuerliches:

> *Die Eröffnungsvorstellung [es handelte sich um die Wiederaufnahme einer »Sappho«-Inszenierung aus dem Jahr 1943, M.S.] mußte nach ca. 10 Minuten Spieldauer unterbrochen werden, weil der russische Marschall Tolbuchin verspätet eingetroffen war und seinetwegen nochmals von vorne begonnen werden mußte.*[77]

Die Empörung der Burgtheater-Chronisten wäre vermutlich nur dann größer gewesen, wenn die Sowjets auch noch auf die barbarische Idee gekommen wären, am kaiserlichen Vorhangverbot zu rütteln. So beschränkte sie sich auf die von der Bühnengewerkschaft gebildete interne Entnazifizierungskommission, die von den ehemaligen NSDAP-Mitgliedern des Burgtheaters verlangte, eine »Loyalitätserklärung für Österreich« zu unterschreiben:

> *Allerdings mußten nach 1945 ein Teil der Burgtheater-Mitglieder, die der NSDAP angehört hatten, eine Erklärung unterzeichnen, die ihres demütigenden Charakters wegen ein einmaliges Dokument in der Geschichte des Burgtheaters darstellt. Ein solches Schriftstück hätten die Ihrer Majestät untertänigsten K.K. Hofschauspieler niemals unterschreiben müssen. Die Menschenwürde hatte im Lauf der Jahrzehnte einen immer stärkeren Knick erhalten:*

»Erschüttert über das tragische Geschick, das über die Welt gekommen, bereue ich es zutiefst, als Künstler jemals einen Schritt in die Politik getan zu haben, und bitte um die Gnade der Wiedererlangung des Rechtes, am Wiederaufbau meines Vaterlandes als Künstler am Burgtheater dienen zu dürfen.«[78]

Im Juni 1945 übertrug Aslan Müthel die Regie zur ersten Nachkriegsproduktion des Burgtheaters, Hofmannsthals *Jedermann*, und spielte selbst die Hauptrolle.[79] Ich kann Wolfgang Greisenegger nicht zustimmen, wenn er in einem 1984 erschienenen Aufsatz schreibt, daß dies eine »noble Geste« Aslans gegenüber »jenem Mann [gewesen sei], der das Institut vor dem Zugriff tausendjähriger Präpotenz bewahrt hatte«[80]. Abgesehen von den fachlichen Einwänden gegen diese Müthel-Exculpierung bleibt zu fragen, ob Ausdrücke wie »tausendjährige Präpotenz« den in vielen Fällen tödlichen Konsequenzen nationalsozialistischer Kulturpolitik denn tatsächlich gerecht werden. Seitens der meisten österreichischen Theaterchronisten wurde die stillschweigende Weiterbeschäftigung Müthels durch Aslan jedenfalls nicht als kulturpolitisches Versäumnis gewertet, sondern als »Freundschaftsdienst«. Diese Einschätzung mag zwar so falsch gar nicht gewesen sein, sie wurde jedoch nachträglich sozusagen auch noch politisch legitimiert, indem man die Entnazifizierungsmaßnahmen der Alliierten nach 1945 mehr oder weniger unverhohlen mit jenen der Nazis nach 1933/1938 gleichsetzte:

Auch das mörderischste und hektischste politische Klima konnte den Geist eines solchen Hauses nicht verstummen machen. So oft der Portier einen der Könige des Ensembles, Raoul Aslan, mit »Heil Hitler!« begrüßte, dankte dieser mit »Bonjour, mon ami« [!]. Derselbe Aslan hielt, als er 1945 Direktor des Hauses wurde, schützend seine Hand über viele Kollegen, wie sie ihn während der nationalsozialistischen Ära beschützt hatten. Der Familiensinn erwies sich stärker als die politischen Zeitläufe.[81]

Eine öffentliche Stellungnahme zur Weiterbeschäftigung Müthels blieb aus. Erst als Müthel am 20. Dezember 1945 seinen Beitrag zur »Vergangenheitsbewältigung« präsentiert hatte (eine *Nathan der Weise*-Inszenierung mit Raoul Aslan in der

Titelrolle), wurde er »nicht zuletzt aufgrund alliierter Interventionen«[82] vom Burgtheater entlassen. Der bereits erwähnte Langzeit-Dramaturg Erhard Buschbeck erläuterte in einem Wiener Theater-Almanach, warum dieses Stück gerade zu diesem Zeitpunkt herausgebracht worden war:

Wenn sich das Burgtheater in der letzten Spielzeit zu einer Neuinszenierung von Lessings »Nathan der Weise« entschloß, so geschah es aus einem Gefühl seiner Zeitnähe heraus, die diesem hohen, heiteren Gedicht von Menschenliebe und gegenseitiger Duldung gegenüber Glaubenseifer und blind gewordenem Starrsinn unzweifelhaft innewohnt.[83]

»Zeitnähe« war also explizit angesprochen: Aber wer sollte denn wen dulden, wer wem vergeben? Viktor Reimanns Antwort auf diese Frage war eindeutig: Man solle Toleranz gegenüber den Nazis walten lassen.

Müthels Inszenierung dieses Stückes im Dezember 1945 war als ein Hoheslied [!] der Toleranz angelegt, doch es wurde nicht von allen so verstanden, weil das erste Aufwallen der Gepeinigten in der Freiheit doch eher Gedanken der Rache und des Hasses zeugt als die der Duldung und Vergebung.[84]

»So viel reife und reifende künstlerische Begabung«, schrieb Alfred Polgar nach dem Krieg, »so viele Dichter, Musiker, Maler, Schauspieler sind in Hitlers Lagern, Folter- und Gaskammern verschwunden! Die Künstler, denen seine Sonne schien, sind erhalten geblieben. Trösten wir uns mit diesen über jene. Was man hat, hat man.«[85]

ANMERKUNGEN

1 Alfred Ibach: Auferstandenes Theater. – In: Ein Jahr Wiener Theater 1945-1946. Almanach über die erste Spielzeit der Wiener Bühnen nach der Befreiung Österreichs. Hg. Preß-Kollektiv. Wien 1946, S. 14.

2 Laut Vorwort dieser Sondernummer wurde das Preß-Kollektiv »kurz nach der Befreiung Wiens durch die Rote Armee [...] von einigen antifaschistischen Journalisten gegründet. Die Mitglieder dieser Arbeitsgemeinschaft sind seither bei verschiedenen Tageszeitungen und Kultur-Zeitschriften tätig. Als erste Aufgabe jedoch wurde die Herausgabe und Redigierung der ›Wiener Revue‹, der ersten im neuen Österreich erschienenen Kulturzeitschrift, betrachtet.« M. R. Gura: Das erste Jahr. – In: ebd., S. 3.

3 Der totale Kriegseinsatz der Kulturschaffenden. – In: Die Reichskultur-

kammer, Jg. 2 (1944), Nr. 8/9. (Abgedruckt bei Michael Dillmann: Heinz Hilpert. Leben und Werk. – Berlin 1990, S. 194).

4 Oliver Rathkolb: Führertreu und gottbegnadet. Künstlereliten im Dritten Reich. – Wien 1991, S. 175.

5 Vgl. Jutta Wardetzky: Theaterpolitik im faschistischen Deutschland. Studien und Dokumente. – Berlin 1983, S. 272.

6 Vgl. Dieter Stiefel: Entnazifizierung in Österreich. – Wien 1981, S. 15.

7 Joseph Goebbels: Tagebücher. Hg. Ralf Georg Reuth. Bd. 5. – München, Zürich 1992, Eintragung vom 14.3.1944.

8 Rudolf Steinboeck: Den Zeitgeist an die Kandare nehmen. – In: 200 Jahre Theater in der Josefstadt. Ausstellungskatalog. Wien 1988, S. 27.

9 Vgl. Anton Bauer u. Gustav Kropatschek: 200 Jahre Theater in der Josefstadt 1788-1988. – Wien, München 1988, S. 119.

10 Vgl. Oliver Rathkolb: Das »andere« Burgtheater. – In: Burgtheatertag 20. Oktober 1985, 30 Jahre Wiedereröffnung. Ausstellungskatalog. Wien 1985; sowie den Beitrag Rathkolbs in diesem Band.

11 NA, RG 260/Box 96/Folder: Actors and Actresses on which we have Material. Otto de Pasetti an Shinn und van Eerden, 9.1.1946 (Subject: Miss Paula Wessely). Eine Kopie dieses Schreibens wurde mir freundlicherweise von Oliver Rathkolb zur Verfügung gestellt.

12 Attila Hörbiger hatte von 1935-1937 den Jedermann in Salzburg gespielt, Paula Wessely die Christine 1933 im Theater in der Josefstadt.

13 Schreiben von Sgt. G. J. Breuer an Adrienne Gessner vom 18.9.1945. Dokumentationsarchiv des österreichischen Widerstandes (DÖW), Akte Nr. 15.950.

14 Ebd.

15 Zit.n. Edda Fuhrich u. Gisela Prossnitz (Hg.): Paula Wessely. Attila Hörbiger. Ihr Leben – ihr Spiel. – München, Wien 1985, S. 82.

16 Im Rampenlicht. ORF-Sendung, Wien 1971. Zit.n.: Fuhrich u. Prossnitz (Anm. 15), S. 82.

17 Premiere: 22.9.1945. Die Julie spielte Alma Seidler, Regie: Philipp Zeska.

18 Im Rampenlicht (Anm. 16), S. 82.

19 Alfred Polgar: Der Emigrant und die Heimat. – In: Kleine Schriften. Bd. 1 (Musterung). Hg. Marcel Reich-Ranicki in Zusammenarbeit mit Ulrich Weinzierl. Reinbek b. Hamburg 1994, S. 207.

20 Marika Rökk: Herz mit Paprika. Erinnerungen. Aufgezeichnet von Elvira Reitze. Erw. Ausgabe. – München 1988, S. 195.

21 Ebd., S. 197. Dazu finden sich in Rökks Memoiren keine näheren Angaben.

22 Werner Krauß: Das Schauspiel meines Lebens. Einem Freunde erzählt. Hg. Hans Weigel. – Stuttgart 1958, S. 216.

23 Zit.n. Evelyn Deutsch-Schreiner: Karl Paryla. Ein Unbeherrschter. – Salzburg 1992, S. 71.

24 Polgar (Anm. 19), S. 207.

25 Zit.n. Hilde Spiel: Rückkehr nach Wien. Ein Tagebuch. – Frankfurt a.M., Berlin 1989, S. 69f.

26 Anton Bauer: Das Theater in der Josefstadt zu Wien. – Wien, München 1957, S. 185.

27 Beide Theater wurden ursprünglich von Max Reinhardt geleitet. Die legistische Verbindung der beiden Häuser riß 1933 ab und bestand ab 1938 erneut unter der Direktion von Heinz Hilpert.

28 Regie führte der nach dem »Anschluß« ebenfalls emigrierte Direktor des Hauses, Ernst Lothar.
29 Gerhard Tomkowitz u. Dieter Wagner: »Ein Volk, ein Reich, ein Führer!« Der »Anschluß« Österreichs 1938. – München, Zürich 1988, S. 195f. u. 233; sowie Carl Zuckmayer: Als wär's ein Stück von mir. Horen der Freundschaft. – Frankfurt a.M. 1976, S. 69ff.
30 Zuckmayer (Anm. 29), S. 72.
31 Vgl. Evelyn Schreiner: Nationalsozialistische Kulturpolitik in Wien 1938-1945 unter spezieller Berücksichtigung der Wiener Theaterszene. – Wien, Diss. 1980, S. 154.
32 Vgl. Maria Steiner: Paula Wessely. Die verdrängten Jahre. – Wien 1996, S. 87ff.
33 Laut Meldeauskunft des Wiener Stadt- und Landesarchivs (M-2842-46/95) war Ibach an der Verlagsadresse (Lange Gasse 50) bis 1947 gemeldet. Er leitete den Verlag ab 19.3.1938. Vgl. Murray G. Hall: Österreichische Verlagsgeschichte 1918-1938. Bd. 1. – Wien, Köln, Graz 1985, S. 409ff.
34 Zit. n. ebd., S. 410.
35 Ebd. Bd. 2, S. 418.
36 Der Josefstadt-Direktor Heinz Hilpert veröffentlichte 1943 ein Buch (*Formen des Theaters*) im Alfred Ibach-Verlag. Die Frau des Josefstadt-Schauspielers Hans Holt arbeitete bis zum Herbst 1944 in Ibachs Verlag als Sekretärin. Vgl. Hans Holt: Jeder Tag hat einen Morgen. Erinnerungen. – München 1990, S. 150f.
37 Hans Weigel schrieb von seinem »unvergessenen Freund Alfred Ibach«. Hans Weigel: Attila Hörbiger. (Reihe Theater heute 5). – Velber b. Hannover 1963, S. 22.
38 Für Rudolf Steinboeck war offenbar ausschlaggebend, daß er 1938 seinem »Handicap oppositioneller Kleinkunsttätigkeit zum Trotz« dank der Initiative Alfred Ibachs an die Josefstadt engagiert worden war. Dies ermöglichte dem während der Nazizeit politisch verfolgten Theatermann erstmals Regie zu führen und einem Fronteinsatz zu entgehen (die Reihenfolge stammt von ihm). Vgl. Steinboeck (Anm. 8), S. 26.
39 Österreichisches Biographisches Lexikon 1815-1950. Hg. Österreichische Akademie der Wissenschaften unter der Leitung von Leo Santifaller. Bearb. v. Eva Obermayer-Marnach. Bd. 3. – Graz, Köln 1965, S. 25.
40 Neues Österreich, 17.6.1948.
41 Vgl. Dillmann (Anm. 3), S. 140.
42 Wolfgang Greisenegger schreibt, Hilpert habe »dieses bürgerlichste der bürgerlichen Theater [...] durch den Krieg gerettet«, es sei ihm gelungen, »die Eigenart der Reinhardt-Bühne zu bewahren«. Wolfgang Greisenegger: Das Theaterleben nach 1945. – In: Literatur der Nachkriegszeit und der 50er Jahre in Österreich. Hg. Friedbert Aspetsberger, Norbert Frei, Hubert Lengauer. Wien 1984, S. 230.
43 Hans Thimig: 200 Jahre Theater in der Josefstadt. – In: Ausstellungskatalog (Anm. 8), S. 19.
44 Vgl. Dillmann (Anm. 3), S. 135.
45 Die 90 Mitglieder beider Häuser konnten in Berlin und in Wien eingesetzt werden. Vgl. Schreiner (Anm. 31), S. 162.
46 Vgl. Dillmann (Anm. 3), S. 201.
47 Vgl. Rathkolb (Anm. 4), S. 148.
48 Vgl. Dillmann (Anm. 3), S. 175.

49 Vgl. ebd., S. 202.
50 Vgl. ebd., S. 193f.
51 Hans Tabarelli: Die Spielzeit 1945/46. – In: Wiener Theater-Almanach auf das Jahr 1946. Hg. Hans Tabarelli. Wien o.J., S. 10f.
52 Ibach (Anm. 1), S. 14.
53 Ernst Wurm an Erhard Buschbeck, 10.10.1945. Nationalbibliothek, Handschriftensammlung (NB, HSS), 1002/47-7.
54 Ernst Wurm an Erhard Buschbeck, 14.12.1945. NB, HSS, 1002/47-8 »Es hat mir sehr leid getan, daß ich mein Versprechen bisher nicht erfüllen konnte, aber seit der Schilling-Annäherung haben die Bauern hier ein verschlossenes Herz. Auch weigern sich die mir in Zwettl bekannten Lastwagenfahrer, Kartoffelsäcke nach Wien mitzunehmen, da sie bei der steten Plünderungsgefahr kein Risiko übernehmen wollen. Dazu kommt augenblicklich die Frostgefahr. Seien Sie aber versichert, verehrter Herr Doktor, daß ich Wort halten werde – ein paar Wochen früher oder später.«
55 Bernhard Minetti an Ernst Wurm, 9.10.1940. Wiener Stadt- und Landesbibliothek, Handschriftensammlung (WStuLB, HSS), I.N. 222.015.
56 Vilma Thimig-Degischer an Ernst Wurm, 31.5.1943. WStuLB, HSS, I.N. 221.924.
57 Heinz Kindermann an Ernst Wurm, 18.9.1943. WStuLB, HSS, I.N. 221.815.
58 In den Memoiren von Schauspielern und Schauspielerinnen nehmen angeblich unterlassene Hitlergrüße breiten Raum ein, obwohl es für alle im »Dritten Reich« arbeitenden Künstler unmöglich war, den Hitlergruß ständig zu umgehen. Auch Paula Wessely, die sich über ihre Rolle in der NS-Zeit differenzierter äußerte als viele ihrer Kollegen, erklärte mir, es gäbe keinen von ihr mit »Heil Hitler!« unterzeichneten Brief – was einerseits nicht stimmt, andererseits auch kein brauchbares Kriterium für ihr Verhalten in der NS-Zeit ist. Vgl. Steiner (Anm. 32), S. 10 u. 189.
59 Gerd Albrecht: Nationalsozialistische Filmpolitik. Eine soziologische Untersuchung über die Spielfilme des Dritten Reichs. – Stuttgart 1969, S. 80.
60 Vilma Thimig-Degischer an Ernst Wurm, 16.10.1947. WStuLB, HSS, I.N. 221.926.
61 Ernst Wurm an Erhard Buschbeck, 10.10.1945. NB, HSS, 1002/47-7.
62 Vgl. Vordruck für das Lexikon *Österreicher der Gegenwart*, unterzeichnet und datiert mit 30.12.1948. NB, HSS, 701/48.
63 Aus dem in der WStuLB (HSS) archivierten Briefwechsel zwischen Ernst Wurm und dem engen Reinhardt-Mitarbeiter Dr. Franz Horch geht hervor, daß sich dieser Ende der zwanziger bis Anfang der dreißiger Jahre tatsächlich um die Förderung Ernst Wurms bemühte. Horch mußte 1933 Deutschland aus »rassischen Gründen« verlassen, arbeitete bis zum 11.3.1938 in Wien als Dramaturg am Theater in der Josefstadt. Er emigrierte über die Schweiz und Frankreich nach New York, wo er 1951 starb. Vgl. Steiner (Anm. 32), S. 161ff.
64 Ernst Wurm: Deutsche Bühnenkünstler: Ewald Balser. – In: Völkischer Beobachter (Wiener Ausgabe), 22.9.1940. Zeitungsausschnitt aus der Sozialwissenschaftlichen Dokumentation der Kammer für Arbeiter und Angestellte für Wien, Konvolut Ewald Balser.
65 Ernst Wurm: Die »schweren« Männerspieler werden rar. – In: Neue Wiener Tageszeitung, 22.9.1957.
66 Burgtheater 1776-1976. Aufführungen und Besetzungen von zweihundert

Jahren. Hg. Österreichischer Bundestheaterverband. Bd. 1. – Wien 1976, S. 594.

67 Vgl. Rathkolb (Anm. 4), S. 162.

68 Burgtheater (Anm. 66), S. 629.

69 Vgl. Rathkolb (Anm. 4), S. 159.

70 Müthel hielt die Direktion offiziell sogar bis zum 30.4.1945 inne, wodurch es zu einer zehntägigen Überschneidung der Direktion Müthel mit der Direktion Aslan kam.

71 Erhard Buschbeck: Das Exil des Burgtheaters im Ronacher 1945 bis 1955. Ein theatergeschichtliches Kapitel. – In: Maske und Kothurn. Vierteljahrsschrift für Theaterwissenschaft, Jg. 1 (1955), H. 1/2, S. 65.

72 Kurt Kahl: Die Wiener und ihr Burgtheater. – Wien 1974, S. 122.

73 Ernst Haeusserman: Das Wiener Burgtheater. – Wien, München, Zürich 1975, S. 270.

74 Burgtheater (Anm. 66), S. 630.

75 Johannes Junz: Hoffnungslos, aber nicht ernst. Der politische Witz in Österreich seit 1918. – Wien 1946, S. 64f.

76 Vgl. Christl Carmann: Shylock am Wiener Burgtheater. – Wien, Diss. 1972, S. 273-292.

77 Burgtheater (Anm. 66), S. 630. Mißverständlicherweise wird der zehn Jahre dauernde Zeitraum zwischen dieser Aufführung und der Wiedereröffnung des im Krieg zerstörten Hauses am Ring »Burgtheater im Exil« genannt – ein Ausdruck, der ebenfalls für die eingangs erwähnten falschen Vorstellungen von »Exil« bezeichnend ist.

78 Reimann zitiert die Erklärung, belegt sie aber nicht. Vgl. Viktor Reimann: Die Adelsrepublik der Künstler. Schauspieler an der »Burg«. – Düsseldorf, Wien 1963, S. 10. Dasselbe gilt für Hans Daiber: Deutsches Theater seit 1945. – Stuttgart 1976, S. 48.

79 Premiere war am 13.6.1945.

80 Greisenegger (Anm. 42), S. 227.

81 Reimann (Anm. 78), S. 10.

82 Rathkolb (Anm. 10).

83 Erhard Buschbeck: Zeitnahes Burgtheater. – In: Wiener Theater-Almanach (Anm. 51), S. 203.

84 Reimann (Anm. 78), S. 154.

85 Polgar (Anm. 19), S. 210.

HILDE HAIDER-PREGLER

»Das Burgtheater ist eine Idee ...«

Die Jahre 1945 bis 1955 – eine Zwischenzeit des österreichischen Staatstheaters?

Der Zweite Weltkrieg war noch nicht zu Ende gegangen, als im von der Roten Armee befreiten Wien auf Wunsch der Sowjets die Wiederaufnahme des Theaterbetriebs den Beginn eines friedlichen Alltags im wiedererstandenen Österreich signalisieren sollte. Mit tatkräftiger Unterstützung von Kulturoffizier Lewitas machte das Burgtheater am Vorabend der Feiern zum 1. Mai – hierarchiegemäß – den Auftakt: nicht im Haus am Ring, das im Zuge der letzten Kampfhandlungen gravierende Schäden erlitten hatte, sondern im blitzartig als Ausweichquartier organisierten Theater-Variété Ronacher auf der Seilerstätte. Raoul Aslan, der elegante Grandseigneur der Burg, der auf Wunsch des Ensembles nach dem Rücktritt des seit 1939 amtierenden Lothar Müthel die Direktion übernommen hatte, begrüßte das auf Zufallsinformation angewiesene, dennoch zahlreich erschienene Publikum, das wegen des Ausfalls alles öffentlichen Verkehrs zu Fuß, vorbei an Bombenruinen, in die Seilerstätte gepilgert war, mit einer programmatischen Ansprache:

> *Das Burgtheater ist eine Idee, und sie ist verkörpert in seinen Künstlern, in seinen Arbeitern und nicht zuletzt in seinem Publikum. Damit diese Idee jedoch lebendig bleibe, muß sie wirken und Zeugenschaft ablegen. [...] Wieder als österreichisches Staatstheater, getreu seiner ruhmvollen Tradition.*[1]

Als Eröffnungsvorstellung stand dann auch mit Grillparzers *Sappho* ein österreichischer Klassiker auf dem Programm. Dieser später getadelte doppelte Rückgriff auf die Vergangenheit[2] – Adolf Rotts teilweise umbesetzte Inszenierung hatte 1943 Premiere – war sicherlich weniger ein bewußt gesetztes ideologisches Zeichen als eine aus der Not der äußeren Umstände getroffene pragmatische Lösung: Die Protagonistin Maria Eis war in Wien, Aslans Lebenspartner Tonio Riedl studierte in wenigen Tagen den Phaon ein, Julia Janssen die Melitta, und die Besetzung der wenigen Nebenrollen ließ sich schnell auftreiben. Überdies war das Stück mit einer einzigen Dekoration zu bewältigen, so daß eine von Fritz Judtmann »mit einfachsten Mitteln vor schwarzem Samt« entworfene »Stilbühne« ausreichte.[3]

Dies soll allerdings nicht darüber hinwegtäuschen, daß die Burg auch in der Folge ihrem österreichischen Auftrag vorwiegend im Produzieren von Erinnerungsbildern an ein längst versunkenes, imaginäres Österreich nachkam. Schon am 5. Mai wurde Nestroys *Das Mädel aus der Vorstadt* wiederaufgenommen, zwölf Tage später folgten *Die beiden Klingsberg*, deren Zugkraft sich zwischen 1941 und 1953 mit insgesamt 193 Vorstellungen, davon 63 nach dem Krieg, bewährte.

> *Das gute, alte, vergilbte Kotzebue-Stück, von Frieberger geschickt auffrisiert und neu geschminkt, hat trotz der uns umgebenden krassen Gegensätzlichkeit der Gedankenwelt, seinen Rokokocharme behalten. Es ist so gar nicht heutig. Und schon aus diesem Grund erquickt es die nach Vergessen dürstenden Zuschauer [...]. Die Aufführung hat den ganzen Zauber einer in den dichten Nebeln des Alltags aufscheinenden und betörenden Vergangenheit.*[4]

Was Raoul Aslan dem Publikum von 1942 zugutehielt, wurde auch den Zuschauern von 1945 nicht vorenthalten. In der ersten »echten« Premiere im Ronacher, Hugo von Hofmannsthals *Jedermann,* fand der als Regisseur vorerst weiterbeschäftigte Lothar Müthel – dem Urteil von Oskar Maurus Fontana zufolge – den

> *malerischen Stil zwischen Pacher und Altdorfer voll der zusammendrängenden Tiefenwirkung und der bäuerlichen Erdhaftigkeit des Alpenvorlandes und dabei der silbernen Zartheit und der schlichten Süße der Donaulandschaft.*[5]

Mit einer Reprise von Adolf Rotts Inszenierung der *Hedda Gabler* von 1941 nahm auch das unversehrt gebliebene Akademietheater am 19. Mai den regelmäßigen Spielbetrieb auf.

Wien erlebte unter den extremsten Bedingungen einen ungeahnten Theaterfrühling. Als authentischen Ort für Ausflüge in eine »betörende Vergangenheit« sicherte man sich ab September 1945 den Redoutensaal, wo trotz denkbar ungünstiger Akustik klassische Komödien – zum Beispiel Molières *Der eingebildete Kranke* oder Goldonis *Diener zweier Herren* in der Fassung von Max Reinhardt – das Publikum scharenweise anlockten. Obwohl Wien von den Kriegsschäden schwer gezeichnet war und es allerorts am Nötigsten mangelte, war die Aufbruchsstimmung nicht zu bremsen:

> *[...] man hatte keine Druckerei zur Verfügung, die ersten Plakate wurden von mir selbst und meinen Hilfskräften mit der Hand geschrieben, das Publikum fand sich zunächst nur durch Mundpropaganda zusammen, und es zeigte sich, wie es nach Theater hungerte, denn kein Platz blieb am Abend leer.*[6]

Da der Fundus zum Teil verbrannt bzw. durch Auslagerung der Bestände nicht verfügbar war, bat die Burgtheaterdirektion die Wiener Bevölkerung um (Natural)-Spenden aus Privatbesitz. Der Aufruf hatte Erfolg, und die Spender durften sich über einen mit »Raoul Aslan e.h.« unterzeichneten Dankesbrief freuen.

> *Diese tatkräftige Anteilnahme am Burgtheater ist für uns sehr wertvoll gewesen und wir empfinden sie als schönsten Beweis der Verbundenheit zwischen dem Wiener Publikum und den Künstlern des Burgtheaters.*[7]

Allmählich traf auch ein Ensemblemitglied nach dem anderen in Wien ein. Ein (ehrenamtliches) »Komitee für den Wiederaufbau der Staatsoper und des Burgtheaters«, dem als Ehrenpräsidium Karl Renner, Theodor Körner, Ernst Fischer und Julius Raab vorstanden, legte dem Unterrichtsministerium schon am 11. September 1945 seine Geschäftsordnung vor. Nicht nur der – trotz vordringlicherer Alltagsbedürfnisse – beschlossene Wiederaufbau der Gebäude, sondern auch deren »Wiederinstandsetzung [...] als Kunst- und Kulturinstitute«[8] wurde in der Zweiten Republik im »ersten Dezennium« (und noch lange darüber hinaus) als eine »Aufgabe staatssymbolischen Charakters« angesehen.[9]

Mit der den widrigsten Umständen abgetrotzten Wiederaufnahme des Spielbetriebs schien sich das Burgtheater als Bollwerk eines unzerstörbaren Österreichertums zu bewähren: eine Insel inmitten der Weltgeschichte, von deren Stürmen umtost, aber von den aufgewühlten Wogen nie ernsthaft gefährdet oder überflutet, die »moralische Anstalt« schlechthin, wo die unvergänglichen Werte der klassischen Weltliteratur, unbeschadet aller Tagespolitik, an das menschliche Gewissen appellierten. Als Appell ans Gewissen, nie wieder Lessings Mahnung zu einem von Toleranz bestimmten Zusammenleben aller Menschen zu mißachten, war fraglos auch die Weihnachtspremiere 1945 vermeint, in der sich Raoul Aslan als Nathan der Weise überdies einen langgehegten Rollenwunsch erfüllte. Mißverstandene Toleranz war es auf alle Fälle, daß man ausgerechnet Lothar Müthel ans Regiepult ließ. Hatte doch Müthel mit seiner Inszenierung des *Kaufmanns von Venedig* (1943) – mit dem in »Stürmer«-Manier zur Spottfigur verzerrten Shylock von Werner Krauß – ein drastisches Beispiel geliefert, daß sich klassische Werke, entgegen dem Mythos ihrer unzerstörbaren Überzeitlichkeit, sehr wohl propagandistisch ausschlachten ließen. In seiner *Nathan*-Interpretation hingegen vermied Müthel jede Bezugnahme auf die eigene Zeit, sondern zeigte eine in ein fernes Märchenland entrückte Menschheitsutopie. Dieses Konzept und die künstlerische Qualität der Aufführung stießen auf fast ungeteilte Zustimmung.[10] Die Trennung zwischen der Person des Regisseurs und seiner inszenatorischen Leistung bereitete nicht einmal der *Volksstimme,* die »diese festliche Premiere« als »die eigentliche Wiedergeburt unseres Burgtheaters« feierte, sonderliche Schwierigkeiten.[11] Die Inszenierung blieb bis 1959 (!) auf dem Spielplan. Lothar Müthel hielt es für angebracht, im Februar 1946 um Auflösung seines Burgtheatervertrages anzusuchen.

Im Grunde hätte gerade die *Nathan*-Premiere zum kritischen Nachdenken über die angeblich makellos aufrechterhaltene Burgtheater-»Idee« herausfordern müssen. Dem war nicht so. Das Konstrukt einer kontinuierlichen Identität – ohne Sprünge und Bruchstellen über alle Zeiten hinweg – wurde von einer harmonisierenden Geschichtsschreibung weitertradiert: »Müthel war ein guter Direktor, der in der Nazizeit sehr viel Schlimmes verhindert und gutes Theater gemacht hat«, meint Ernst Haeusserman, der 1946 als Kulturoffizier aus dem amerikanischen Exil zurückkehrte und von 1959 bis 1968 selbst Burgtheaterdirektor werden sollte.[12] In Ergänzung dazu versichert der dem Haus in vielfältigsten Funktionen angehörende Friedrich Schreyvogl, daß das Ensemble in der NS-Zeit »außer der großen Else Wohlgemuth, Lilly Karoly und Ernst Arndt nichts von seinem darstellerischen Reichtum« verloren hätte.[13] (Abgesehen davon, daß Schreyvogl die Zahl der betroffenen Burgtheater-Mitglieder willkürlich minimiert,[14] ist er nicht der einzige, der zu erwähnen vergißt, daß der – bereits 1932 pensionierte – Ernst Arndt und Fritz Strassni der nationalsozialistischen Vernichtung zum Opfer fielen.) In der großen Jubiläumsausstellung 1976 wurde Müthels Bemühen um »einen betont österreichischen Spielplan« schließlich zur quasi-offiziellen Lesart erklärt,[15] bis eine von der Direktion Achim Benning herausgegebene *Burgtheater-Chronik* dieses allzu schönfärberische Bild mit objektiver Distanz vorsichtig zurechtrückte.[16] Bis dahin wurden kompetente Hinweise zur Relativierung einfach ausgeblendet: Franz Herterich zum Beispiel, der Burg ab 1912 als Schauspieler, Regisseur und zeitweiliger Direktor aufs engste verbunden und von einer wertkonservativen, gerade nach der NS-Zeit dezidiert österreichischen »Sendung« des Burgtheaters überzeugt, hatte schon 1948 einen manchmal spürbaren »propagandistischen Einfluß« auf den Spielplan, zusammen mit interpretatorisch »weniger glücklichen« Inszenierungen – *Der Kaufmann von Venedig, Florian Geyer* –, während der »schweren Belastungsprobe« 1938 bis 1945 nicht verschwiegen, an das Ausscheiden »einiger Mitglieder aus rassischen Gründen« erinnert und von einem »geheimen Spitzelwesen« berichtet, »das die kollegiale Eintracht zu stören drohte.«[17]

Was Herterich in Kürze registrierte, paßte nicht ins fleckenlose Bild eines zum österreichischen Nationalheiligtum stilisierten Theaters, von dem Franz Theodor Csokor noch 1957 sagte: »Die Welt ging zwischen 1918 und 1945 zweimal aus den Fugen. Das Burgtheater – nicht!«[18] Zum Bild eines Burgtheaters, das die nach der Befreiung wieder zum öffentlichen Auftrag gewordene Pflege der österreichischen Tradition mutig gegen den Nationalsozialismus verteidigt haben wollte, paßte es nicht, daß ausgerechnet ein sich unterschätzt fühlender Burgschauspieler – Otto Hartmann – die »Österreichische Freiheitsbewegung« an die Gestapo verraten und der NS-Justiz ausgeliefert hatte.[19] Das Bild eines Burgtheaters, das sich durch Rückgriff auf das Humanismus-Ideal der Klassik und auf verinnerlichtes Österreichertum erfolgreich der Tagespolitik widersetzen konnte, verblaßte auch nicht, als der gefeierte Fred Hennings im Frühjahr 1945 seine NS-Vergangenheit offen eingestand, für seine Verfehlungen zu büßen verlangte und seinen aufrichtigen Wunsch, mit aller Kraft am Aufbau des wiedererstandenen Österreichs mitzuwirken, bei Schutträumungsarbeiten unter Beweis stellte: ihm sei bereits beim »Anschluß« schlagartig klar geworden, daß er als Illegaler einem Unrechtsregime den Weg geebnet habe, ohne jedoch in der Folge den Mut zum aktiven Widerstand aufzubringen. Hennings selbst machte kein Aufheben um sein menschlich integres Verhalten während der Zeit unter Hitler und um sein Bemühen, gefährdete Kollegen zu schützen – dafür gab es genügend Zeugen, die dies – unaufgefordert – bestätigten. Das ihm auferlegte Auftrittsverbot – er kehrte erst im Februar 1948 an die Burg zurück – nahm Hennings widerspruchslos auf sich und nützte die berufliche Pause für architekturhistorische Studien.[20] Diese Haltung, die für viele mit weit größerer Schuld als Hennings beladene Österreicher ein Zeichen hätte setzen können, beeindruckte sogar Kulturstadtrat Viktor Matejka, der Fred Hennings noch lange vor Abschluß seines Entnazifizierungsverfahrens vollste Hochschätzung aussprach. »Er ist der beispielgebende Fall des irrenden Menschen, der Kraft genug besitzt, wieder den rechten Weg zu gehen, sobald er ihn erkannt hat. [...] Wien braucht Männer und Künstler, wie er einer ist.«[21] Angesichts der respektvollen Beachtung, die man dem Bekennermut von Hennings zollte, durften sich offenbar auch Ensemblemitglieder moralisch integriert fühlen, die aufgrund ihrer NSDAP-Mitgliedschaft nun als »Minderbelastete« auf ihre amtliche Rehabilitierung warteten.

Ins Bild des wenigstens subkutan nie aufgegebenen Österreichertums hätte es nicht gepaßt, für den Wiederbeginn nach dem Krieg auch jene Konzepte zu berücksichtigen, die Österreicher in der Emigration für den Neuaufbau des österreichischen Theaters erarbeitet hatten.[22] Ins Bild der nie unterbrochenen Kontinuität fügte es sich hingegen sehr wohl, daß man die 1938 Relegierten – sofern sie wie Lilly Karoly, Lilly Stepanek oder Karl Eidlitz aus eigenem Antrieb zurückkamen – wieder aufnahm, als ob sich nichts verändert hätte.

> *»Jessas, die Karoly«, hatte Professor Buschbeck, damals in seinem kleinen Büro im Ronacher, freudig überrascht ausgerufen und sich über die Augen gewischt, als könne er es nicht glauben, seine ehemalige Charakterspielerin leibhaftig wieder vor sich zu sehen.*[23]

Wie die Zurückgekehrten überlebt hatten – Lilly Karoly zum Beispiel entging im jugoslawischen Exil nur durch Zufall der Deportation nach Auschwitz –,[24] drang, wenn überhaupt, erst viel später an die Öffentlichkeit. Das Wort »Emigration« wurde tunlichst vermieden, auch beim Wiederauftreten der »nach sieben Jahren Verbannung und Verzicht auf die Kunst«[25] dem Burgtheater und seinem Publikum »wieder geschenkten«[26] Else Wohlgemuth, an welche ihr Partner Otto Schmöle in Klara Biharys Schauspiel *Die andere Mutter* bei ihrem Erscheinen auf der Szene die Worte zu richten hatte: »Ich bin glücklich, Sie hier begrüßen zu dürfen.« Worauf sie antwortete, wie es die Rolle vorschrieb: »Und ich bin glücklich, diese Schwelle übertreten zu dürfen.« Überflüssig zu betonen, daß daraufhin minutenlanger Applaus aufrauschte.

Auf die (finanzielle) »Wiedergutmachung« mußten die Zurückgekommenen jedoch länger warten als ihre »minderbelasteten« Kollegen auf die positive Erledigung der Entnazifizierungsverfahren. Der nach Hollywood geflüchtete Schauspieler und Regisseur Hans (später John) Wengraf, der keine Rückkehr anstrebte, sondern als mittlerweile US-Staatsbürger seine finanziellen Ansprüche auf der Basis des 1938 vom Burgtheater einseitig gebrochenen Vertrages geltend machte, scheiterte an der Bürokratie.[27]

Trotzdem wäre es allzu billig, nur die Versäumnisse der Nachkriegsjahre hervorzukehren bzw. nicht nach den Ursachen für manche Versäumnisse zu fragen. Der tiefgläubige Katholik Aslan sah die Aufgabe des Burgtheaters im Sinne jener »geistigen Frieden« bringenden Vision, die Hugo von Hofmannsthal einst für die Salzburger Festspiele konzipiert hatte. Doch Aslan, der sich in erster Linie als Schauspieler und Regisseur fühlte und obendrein mit seinen Kräften bereits haushalten mußte, betrachtete die Direktion von Anfang an als Bürde, die er aus Verantwortung dem Burgtheater gegenüber auf sich genommen hatte. Energische, konsequente Planung war nicht seine Sache. Um einen echten künstlerischen Neuaufbau des Burgtheaters – traditionsbewußt, aber nicht vergangenheitsnostalgisch – war es dem Theaterenthusiasten Dr. Egon Hilbert zu tun, der nach seiner Befreiung aus Dachau und einem kurzen Intermezzo als Intendant des Salzburger Landestheaters im November 1945 in die Bundestheaterverwaltung berufen wurde und ab 1. Jänner 1946 deren Leitung übernahm. Der entscheidungsfreudige Hilbert, der bürokratische Strukturen nur widerwillig akzeptierte und oft genug unkonventionell agierte, hätte in seinem »heroischen Kampf« gegen die (mentalen) »Schauspielerbeamten des Burgtheaters«,[28] für die Verpflichtung neuer Regisseure wie Walter Felsenstein und Leopold Lindtberg als »Hechte im Karpfenteich« sowie eine gründliche Durchforstung und Neuorientierung des Spielplans eines durchsetzungswilligeren Direktors bedurft, als es Aslan war. Überdies registrierte Hilbert in den ersten Nachkriegsjahren »fortlaufend und täglich« einen »maßgeblichen Einfluß« aller »untergeordnete[n] alliierte[n] Dienststellen« auf die »dienstlichen Angelegenheiten der Bundestheaterverwaltung, und zwar besonders hinsichtlich der Künstler«; die Einflußnahme erstreckte sich auch auf den Spielplan, »jedoch nicht in Form direkter Aufträge«. Die meisten Interventionen, »politische Einstellung der Künstler und Spielplan« betreffend, kamen von seiten der amerikanischen und sowjetischen Kulturoffiziere.[29]

All diese verschiedenen Positionen spiegeln sich im Spielplan von Aslans Direktionsjahren und während des Interregnums von Erhard Buschbeck. Da wird auf der einen Seite das Bestreben deutlich, während der NS-Zeit verbotene österreichische Dramatik einer Renaissance entgegenzuführen. Man ehrt den im Exil verstorbenen Richard Beer-Hofmann mit einer Aufführung von *Jaakobs Traum,* man gedenkt Hofmannsthals mit *Jedermann* und *Der Turm,* zaubert in *Liliom,* der »Vorstadtlegende« des als Altösterreicher requirierten Franz Molnár, verklungene Prateratmosphäre auf die Bühne und beschwört mit Arthur Schnitzlers *Liebelei* und Szenen aus *Anatol* ein Fin-de-siècle-Wien der süßen Mädel, schneidigen Leutnants und »leichtsinnigen Melancholiker«: als wollte das Theater kollektive Erinnerungen an den »letzten Glanz der Märchenstadt« wecken. Daß dabei andere ausgeklammert blieben – Ödön von Horváth sogar bis 1962 –, ist eine andere Sache. Zu Wort kamen freilich auch österreichische Exildramatiker: wenig Widerhall fand der ans Gewissen der eigenen Zeit appellierende Franz Theodor Csokor, dessen am 4. Juni 1946 uraufgeführte *Kalypso* schon nach sechs Vorstellungen abgesetzt wurde, während es der *Verlorene Sohn* (UA 17. September 1947) immerhin auf 17 Aufführungen brachte. Ferdinand Bruckner hingegen, der sich zur Uraufführung seiner *Fährten* (3. Mai 1948) gerade in Wien aufhielt, kam sowohl inhaltlich als auch formal (durch die strenge Wahrung der drei Einheiten) dem Geschmack der Zeit entgegen:

> *Willig folgte man in ein stilisiertes bäuerliches Milieu, in dem die sozial »minderwertige« Analphabetin Lene [eine vielgelobte Meisterleistung Alma Seidlers!] mit der Instinkthaftigkeit ihrer mütterlichen Natur sich gegen alle Widerstände ihr Recht auf Anerkennung erkämpft. Der moralisch saubere Anspruch war untadelig, und alles fügte sich letztendlich zu einer »heilen Welt«.*[30]

Der (alsbald internationale) Erfolg, den der in die Schweiz geflüchtete Wiener Fritz Hochwälder mit seinem 1943 in Biel-Solothurn uraufgeführten *Heiligen Experiment* errungen hatte, blieb auch bei der von Adolf Rott inszenierten Premiere im Ronacher am 28. Februar 1947 nicht aus. Hochwälder, der seine einstige Heimat bis ans Lebensende nur noch als Gast besuchte, wurde zum meistgeschätzten österreichischen Nachkriegsdramatiker. Man bewunderte seine technische Perfektion – auch er bevorzugte in jenen Jahren die strenge Tektonik der geschlossenen Form – und seine effektvolle Gestaltung (vorwiegend männlicher) Rollen. Allerdings war es ein grundlegendes, wenn auch der Verbreitung des Stückes förderliches Mißverständnis, daß so manche im *Heiligen Experiment* aufgrund der Thematik – das (aus politischer Räson erzwungene) Scheitern des nach urchristlichen Prinzipien geführten Jesuitenstaates in Paraguay – ein im Katholizismus verhaftetes Werk zu sehen meinten. Der grellen Effekten nicht abgeneigte Rott sollte sich auch in der Zukunft als Hochwälder-Spezialist betätigen.

Nach Vergrößerung der Ronacher-Bühne im Sommer 1946 – die behördliche Baugenehmigung wurde schwer genug erkämpft[31] – waren auch die notwendigen Gegebenheiten für »große« Klassiker-Inszenierungen geschaffen. Gegen deren altgewohnte, pathosüberladene Theatralik, der Adolf Rott gerne frönte, opponierten erfolgreich Leopold Lindtberg, der sich trotz seiner mit dem *Hamlet* (1947) beginnenden und bis zu seinem Tod dauernden Verbundenheit mit dem Burgtheater so wie Hochwälder nicht zur dauernden Rückkehr in seine Geburtsstadt bewegen ließ, und Walter Felsenstein, dessen Inszenierung der *Räuber* (25. Januar 1947) noch im wiederaufgebauten Burgtheater bis 1959 im Spielplan erschien; Felsenstein selbst setzte schon 1950 mit Ibsens *John Gabriel Borkman* – mit Werner Krauß, Helene Thimig und Käthe Dorsch – für mehr als zwanzig Jahre einen Schlußpunkt unter seine seltenen Wiener Gastspiele.

In den ersten Nachkriegsjahren ist der Einfluß der Alliierten nicht zu übersehen. Mit der Berücksichtigung russischer Autoren – wie Gribojedow mit *Verstand schafft Leiden* oder *Der lustige Sünder* von Solowjew und Witkowitsch – kam man den Erwartungen der Sowjets entgegen, umso mehr als Elena Polewitzkaja in beratender Funktion für stilistische Werktreue verantwortlich war. Französisches Theater gab es nicht nur in Übersetzungen, sondern bei Gastspielen der Comédie Française (März und November 1947) und der Truppe von Louis Jouvet (Juni 1948) auch im Original. Der amerikanische Einfluß nahm merkbar zu, als Ernst Lothar, schon vor dem Krieg Regisseur an der Burg und von 1935 bis 1938 Direktor des Josefstädter Theaters, im Juni 1946 aus der Emigration zurückkehrte und Otto Pasetti als »Music and Theatre-Officer« ablöste. Von den

51 Stücken, die auf in den USA erarbeiteten Listen offiziell für das deutsche und österreichische Theater empfohlen wurden, konnte Lothar während seiner bis 12. Dezember 1947 dauernden Funktionsperiode achtzehn an verschiedenen österreichischen Bühnen – und nicht nur an solchen der amerikanischen Zone – plazieren und weitere sieben Verträge für die Saison 1947/48 abschließen, wobei er – was seinem Vorgänger noch nicht möglich gewesen war – auch in Tantiemenfragen für die amerikanischen Interessen eine erfolgreiche Regelung fand.[32] In einigen Fällen supervidierte er die Übersetzungen und sorgte bei Einstudierungen am Burgtheater (bei *Gaslicht* von Patrick Hamilton, Regie: Adolf Rott), am Volkstheater, in der Josefstadt, am Linzer Landestheater und an der Salzburger »Tribüne« als Konsulent der hauseigenen Regisseure für eine dem Werk adäquate szenische Umsetzung. Den Studierenden des Instituts für Theaterwissenschaft und des Reinhardt-Seminars bot er in Gastvorlesungen einen Überblick über Geschichte und Gegenwartstendenzen der amerikanischen Dramatik, widmete den Salzburger Festspielen seine Aufmerksamkeit und vermittelte auf dem Musiksektor erstmals nach dem Krieg zahlreiche Gastspiele amerikanischer Künstler. Eine maßgebliche Rolle spielte die ISB auch bei den Engagements von Emigranten, die die amerikanische Staatsbürgerschaft erworben hatten, wie Albert Bassermann,[33] Helene Thimig, Ernst Lothars Gattin Adrienne Gessner und Ernst Deutsch. In seinem Bericht über »The Theatre and Music Section from June 1946 through December 1947« konnte Lothar mit Genugtuung vermelden:

> *Not one of the American plays produced in Austria failed. The majority of them were solid hits with runs up to 50 and more performances. Reviews without exception were favorable. […] U.S.A. was and still is ahead of the other Allied nations in the field of drama in Austria.*[34]

Durch Lothars Vermittlung kam es am Burgtheater neben O'Neills *Trauer kleidet Elektra* und Hamiltons *Gaslicht,* die er persönlich inszenierte bzw. beratend kontrollierte, unter anderem zu Inszenierungen von Rose Frankens *Claudia* und John van Drutens *So war Mama.* Doch das Burgtheater beschäftigte Ernst Lothar in weit höherem Maße, als es seine Funktion beim

ISB erfordert hätte. Schon 1945 hatte Herbert Waniek, seit 1933 an der Burg und selbst als Direktionsanwärter im Gespräch, eigener Aussage nach an höherer Stelle auf den seiner Ansicht nach »Besseren«, nämlich Ernst Lothar, hingewiesen: »Ich hielt das strenge Regiment Lothars für das Theater für unerläßlich.«[35] Auch der mit Helene Thimig befreundete Josefstadt-Schauspieler Anton Edthofer soll Lothar nach New York geschrieben haben, er hätte diesbezüglich bereits bei Unterrichtsminister Hurdes interveniert.[36] Überdies favorisierte ein Großteil des Burgtheater-Ensembles den zurückgekehrten Hofrat als Nachfolger des amtsmüden Aslan. Lothar, der sich schon um 1930 seiner – angeblich von Generalintendant Schneiderhan im letzten Moment verhinderten – Ernennung zum Burgtheaterdirektor so gut wie sicher gewesen war,[37] sah sich am Ziel seiner Wünsche, zumal auch sein Vorgesetzter Oberst Ladue, wie Lothar in seinen Erinnerungen bezeugt, eigenartigerweise die Position mit den Dienstpflichten eines amerikanischen Kulturoffiziers durchaus für vereinbar hielt: »I bet they couldn't have picked a better man.«[38] Tatsächlich dürften im Herbst 1946 Gespräche mit Hilbert stattgefunden haben, allerdings ohne konkretes Ergebnis. Lothar leitete damals die Proben zu der – am Theaterzettel Karl Eidlitz zugeschriebenen – Inszenierung von O'Neills *Trauer kleidet Elektra* (11. Oktober 1946). In dieser Aufführung feierte das Wiener Publikum auch ein Wiedersehen mit Helene Thimig (in der Rolle der Christine), die sich, obgleich Volkstheater und Josefstadt um sie »rauften«, dank Lothars Vermittlung für mehrere Jahre ans Burgtheater binden ließ. In der Folge zeigte sich Lothar, obwohl er ja gemäß seiner Dienstpflicht im Hintergrund bleiben mußte, »etwas unangenehm berührt«, daß man seine persönlichen Verdienste als Erfolg des Burgtheaters registrierte. Die gespannte Stimmung wurde erst durch ein von Hilbert veranlaßtes Schreiben von Bundeskanzler Figl bereinigt, in dem dieser Lothar für seine Beratung »in Regiefragen« und den daraus resultierenden Erfolg der »zu einem künstlerischen Ereignis ersten Ranges von besonderer kulturpolitischer Bedeutung« gewordenen Inszenierung dankte.[39]

Als Raoul Aslan an seinem 60. Geburtstag am 16. Oktober

1946 zum Ehrenmitglied ernannt wurde und von Hilbert – als sichtbares Zeichen des Dankes für den erfolgreich begonnenen »geistigen Neubau« des Burgtheaters – eine goldene Uhr (im Wert von 735 Schilling) überreicht bekam, war hinter den Kulissen das beliebte Direktoren-Auswechselspiel bereits in vollem Gange. Trotzdem betonte Hilbert in seiner Laudatio:

> *Wir müssen und werden uns dieses neue Burgtheater erbauen müssen, nicht nur aus Stein, sondern vor allem aus österreichischer Geisteskraft. [...] Vergessen wir nicht, daß eines der köstlichsten Besitztümer unseres neu gewonnenen Österreichs eben dieses Burgtheater ist. Vergessen wir nicht, daß unabhängig von politischen Systemen und Verbrechen dieses Kulturösterreich seit Jahrhunderten besteht und wir ein heiliges Bekenntnis zu dem Österreich Haydns, Mozarts, Beethovens, Hugo Wolfs und Gustav Mahlers, zu dem Österreich Walther von der Vogelweides [!], Grillparzers und Wildgans' immer abzulegen bereit sein sollen.*[40]

Aslan gestand in seinen Dankesworten offen ein, er sei als Direktor nur »eingesprungen«, weil er es »für die Erhaltung des Instituts für richtig und notwendig hielt.«[41] Die Lösung der Direktionsfrage wurde zusehends dringlicher, dabei aber auch zusehends diffiziler. Als Hilbert nach einem aus gesundheitlichen Gründen eingereichten Demissionsansuchen Aslans im August 1947 auf der Suche nach einer durchschlagskräftigen Persönlichkeit zur notwendigen Reorganisation des Burgtheaters bei Carl Ebert, Walter Felsenstein, Leopold Lindtberg und schließlich auch bei Josef Gielen anklopfte, mußte er sich nicht nur – unter Androhung seines Rücktrittes – des hinter seinem Rücken getätigten »fait accompli« mit einem Wunschkandidaten des Unterrichtsministeriums erwehren, sondern sich Minister Hurdes gegenüber zusätzlich in der neuerlich virulent gewordenen Causa Lothar rechtfertigen: Auf die Kontaktgespräche im Jahr zuvor – so Hilbert an seinen Du-Freund Hurdes – hätte es sowohl von »sozialistischer« als auch von »katholischer« Seite massive Proteste gegen eine eventuelle Berufung gegeben.[42] Die Vermutung liegt nahe, daß die direkt an Hurdes herangetragenen Interventionen für Ernst Lothar von dessen Schwiegersohn Ernst Haeusserman, damals gleichfalls für die US-

Behörde tätig und bereits eine kulturpolitische Instanz, ausgegangen sein dürften, der Jahre später in seiner Darstellung der Direktionskrise von 1947 darauf verweist, »Lothars mehrjährige Direktionsführung im Theater in der Josefstadt« sowie »sein geistiger und ideologischer Standpunkt« hätten ihn für die Leitung des Burgtheaters geradezu prädestiniert.[43]

Im Ensemble bildete sich ein »Achter-Komitee«, das Anspruch auf Mitbestimmung bei der Wahl eines neuen Direktors erhob, während ihm nach Hilberts Auffassung nur beratende Funktion zukam und die endgültige, vom Minister zu bestätigende Entscheidung der Bundestheaterverwaltung vorbehalten bleiben müsse; Hilbert hegte zwar keinerlei Zweifel an Ernst Lothars künstlerischer Qualifikation, doch er erinnerte Minister Hurdes an die bereits früher geäußerten, nach wie vor bestehenden Bedenken gegen diesen ernsthaft in Frage kommenden Kandidaten und verwies mit Nachdruck auf Josef Gielen, gegen den »selbst jene Kreise, welche aus irgendwelchen Gründen eine andere Kandidatur für das Burgtheater wünschen und betreiben, [...] nichts Negatives« vorzubringen hätten.[44] Am 16. Dezember 1947 informierten Otto Tressler, Herbert Waniek, Hermann Thimig und Karl Eidlitz den Unterrichtsminister von einer Vorsprache bei Hilbert, dem sie den »brennende[n] Wunsch des ganzen Ensembles, das Theater von einem künstlerisch hochangesehenen Mann geleitet zu sehen«, vorgebracht hätten; das Ensemble habe sich für die Berufung Ernst Lothars – »primo et unico loco« – entschieden, da dieser im Gegensatz zu den hoch zu schätzenden Regisseuren Felsenstein und Gielen zusätzlich über Erfahrungen als Dramaturg und »selbständiger Führer eines vornehmen Kunstinstitutes« verfüge.[45] Zu diesem Zeitpunkt waren Hilberts Sympathien jedoch schon eindeutig auf seiten von Josef Gielen, so daß eine Brandrede Adolf Rotts, der sich während einer turbulenten Ensembleversammlung Anfang 1948 vehement gegen die Bestellung Lothars aussprach,[46] zwar einen Stimmungsumschwung bewirkte, im Grunde aber nur als Theaterdonner nachhallte. Seit Hilberts erster Anfrage[47] herrschte nämlich zwischen Buenos Aires und Wien ein reger Brief- und Telegrammverkehr. Gielen kabelte unverzüglich seine Bereitschaft und versicherte Hilbert bereits am 14. November 1947 in einem handschriftlichen Brief, er sei »aufs tiefste berührt« von dem »überraschenden Telegramm«, da die Leitung des Burgtheaters wohl »Erfüllung des Lebenstraums jedes deutschen Theatermanns« sei; in ihm wecke das Angebot überdies dankbare Erinnerungen an die Zeit seines Wiener Exils, da ihm die Kollegen, seine politische Gesinnung kennend und von den unmittelbar nach dem »Anschluß« einsetzenden Hausdurchsuchungen wissend, Solidarität erwiesen und die lebensrettende Flucht ermöglicht hätten.[48] Am 30. November präzisierte Gielen seine Bedingungen: einen unkündbaren dreijährigen Vertrag als »Mindestfrist für einen Direktor, [...] seine Pläne durchzuführen«, im Rahmen dieses Vertrages »soviele Inszenierungen als der Leitung der Bundestheater billig und notwendig erscheint«, letzte Entscheidung in Spielplanfragen und bei Neuengagements, »eine gute, aber nicht exorbitante Gage, die im Verhältnis zu den sonstigen Höchstgagen steht«, einen Reisekostenzuschuß für die Schiffspassage und Besorgung einer möblierten Dreizimmerwohnung. (Gerade die letzte Forderung sollte Hilbert, obwohl er all seine Kontakte spielen ließ, die größten Schwierigkeiten bereiten, bis man endlich die Lösung fand, unversehrt gebliebene Räume im Burgtheater am Ring für Wohnzwecke zu adaptieren.) Diesem Brief legte Gielen auch ein *Einige Ideen zur Führung des Burgtheaters* übertiteltes Konzept bei, dessen programmatischer Tenor – Bekenntnis zur Tradition der »ersten Bühne deutscher Sprache«, verbunden mit der Offenheit für »alle heutigen Probleme und Fragestellungen« – haargenau den Nerv der Wiederaufbauzeit traf. Alle künstlerischen, personellen und betrieblichen Probleme sollten von einem die Dramaturgen und Regisseure des Hauses vereinenden Kollegium unter Leitung des Direktors in wöchentlichen Sitzungen diskutiert werden; wichtig schien Gielen die »geistige Einheit« dieser Gruppe, als Gewähr für »die Einheit in der geistigen, literarischen und künstlerischen Form des Theaters«. Um die individuellen Interessen der Schauspieler zu wahren, sollten deren gewählte Vertreter in regelmäßigem Ideenaustausch mit dem Kollegium stehen. Darüberhinaus regte Gielen einen aus den »geistigen« Zirkeln »der Stadt« – Schriftsteller, Maler, Architekten, Universitätsprofessoren – zusammengesetzten »Kreis der Freunde des Burgtheaters« an. Unter der Voraussetzung, daß die »die zweite ewige Theaterform, das Theater der Mimen« zu allen Zeiten für jeden »wirklichen Theatermenschen« selbstverständliche »Natur« sein müsse und daher »keines besonderen Programmes bedarf«, sah Gielen im »dichterischen Theater«, im »Theater der dargestellten Ideen« die »höchste Form«. In diesem Sinne erklärte er den »Dichter« zur »wichtigsten Person für das Theater.« Etwa ein Drittel des Spielplans wollte er »Neuerscheinungen« widmen, wobei den Autoren »in weitestgehender Form« Gelegenheit »zur Mitarbeit« mit den Regisseuren geboten werden sollte. Die Grundpfeiler des Repertoires hatten nach Gielens Meinung die Klassiker zu bilden, beginnend mit der antiken Tragödie, in deren Chören sich Schauspielschüler bewähren könnten, über Shakespeare als »Kern des Spielplans«, die »großen christlichen Dramen« und Lustspiele der Spanier hin zu Goethe, Schiller, Kleist, Grillparzer, Raimund und Nestroy, während die französische »tragédie classique« Gastspielen der Comédie Française vorbehalten sein sollte.

Dieser Kulturbesitz ist aber nichts Abgeschlossenes und Totes, er unterliegt einer nie aufhörenden Prüfung und nur das, was geistig lebendig und in Beziehung zu unserem Leben und seinen Kräften steht, gehört in den Spielplan. Die Modernität einer Klassikeraufführung kann nur in einer möglichst klaren Herausarbeitung der dichterischen Idee und ihrer Beziehung zu unserer Zeit, unserem Leben und Schicksal stehen. Unsere heutigen Darstellungsmittel, der moderne schauspielerische Stil können nur dazu dienen, die ewige Lebenskraft des großen Werkes, seine symbolische Bedeutung für uns sichtbar und erlebbar zu machen. Regiewillkür, die die Dichtung nur als Material für allzu persönliche Auffassungen oder stilistische Elemente ansieht, muß vermieden werden.

Mit der abschließenden Bekräftigung, von der »österreichischen Staatsbühne« alle Stücke fernzuhalten, »die die religiösen, sozialen und politischen Grundlagen des Staates angreifen oder gefährden«, redet Gielen einer präventiven Selbstzensur das Wort, die den einst im aufgeklärten Absolutismus (1770) festgeschriebenen Zensurparagraphen, auf der Schaubühne nichts wider »Staat, Religion und gute Sitten« Verstoßendes zuzulassen, in Erinnerung ruft.

Gielens Konzept stieß bei Hilbert auf volle Zustimmung, so daß es bei den Verhandlungen ab Mitte Dezember 1947 im Grunde nur noch um Abklärung der Formalitäten mit dem – laut amtlicher Diktion – »ernstlich in engere Wahl« gezogenen Kandidaten ging. Hilbert leistete erfolgreich Überzeugungsarbeit bei Minister Hurdes, drängte – in Wien und in Buenos Aires – auf Amtsantritt mit 1. April 1948 und nahm nur »schweren Herzens«[49] zur Kenntnis, daß Gielen erst ab 1. Oktober zur Verfügung stehen konnte. Am 5. März 1948 wurden der Rücktritt von Raoul Aslan und Gielens Bestellung zum Burgtheaterdirektor offiziell bekanntgegeben; bis zu Gielens Eintreffen in Wien übernahm Erhard Buschbeck die Leitung. Gielen mußte also seine erste Spielzeit planen, ohne die Situation in Wien aus eigener Anschauung zu kennen. Umso mehr war es ihm ein Anliegen, sich dabei nicht unwissentlich Feinde zu schaffen. »Diplomatie ist nicht meine starke Seite.«[50] In den folgenden Monaten war Hilbert daher bemüht, den designierten Direktor davon zu überzeugen, daß seine Berufung von allen Seiten mit begeisterter Zustimmung aufgenommen worden sei. Doch Gielen bekam es aufgrund wenig freundlicher Briefe, darunter einige anonyme Beflegelungen, sogar im fernen Argentinien zu spüren, daß in Wien nicht nur eitel Harmonie herrschte.[51] In der Tat gab es neben positiven Reaktionen auch Stimmungsmache gegen den neuen Direktor. Man darf die Urheber getrost in den Kreisen derer orten, die sich übergangen fühlten; zu diesen gehörte auch der einflußreiche Kulturjournalist Rudolf Holzer, der nicht nur mit bemerkenswerter Ausdauer um Aufführungen seiner eigenen Dramen am Burgtheater kämpfte, sondern sich bei jedem Direktionswechsel – zum letzten Mal 1954 – als selbsternannter Dauerkandidat ins Gespräch brachte. Hilbert jedoch bagatellisierte telegrafisch Gielens Verunsicherung: »Mit ein paar senilen Aspiranten auf Burgtheaterdirektion muß man rechnen.«[52] Hilbert erwies sich, obwohl er sich kein Blatt vor den Mund nahm, in allen Belangen als taktvoller, manchmal fast allzu vorsichtiger Ratgeber: So begrüßte er prinzipiell Gielens Idee, sich um die zeitgenössische französische Dramatik – und insbesondere um das Werk Jean-Paul Sartres – zu bemühen, verwies aber auf eine sowohl bei Katholiken, als auch bei »extremen Linken« zu beobachtende Abneigung gegenüber dem »Existentialismus«.[53] Gielen verzichtete tatsächlich auf Sartre, der erst 1965 – mit den *Fliegen* – zu Burgtheater-Ehren kommen sollte. Gielens Wunsch, im Februar 1949 den *Kaufmann von Venedig* zu inszenieren, stieß auf höfliche Ablehnung:

> *Ich gestatte mir, Ihnen deshalb abzuraten, weil das Judenproblem doch nicht wieder aufgerollt werden sollte, dies umsomehr, als der »Kaufmann von Venedig« während der nationalsozialistischen Okkupation in Wien am Burgtheater mit Werner Krauß in sehr unliebsamer Erinnerung ist. Ich fühle mich verpflichtet, Sie darauf aufmerksam zu machen.*[54]

Gielen legte den Plan daraufhin ad acta, nicht zuletzt deshalb, weil er sich Fritz Kortner als Shylock erhofft hatte. Dessen Engagement scheiterte jedoch, wie Kortner später einmal bemerkte, paradoxerweise an nichts anderem als an seiner »Zusage«.[55] Statt des *Kaufmanns von Venedig* empfahl Hilbert dem künftigen Direktor für seinen Einstand in Wien den *Julius Cäsar* und lieferte die Besetzungsvorschläge gleich mit. Gielen ließ sich auch davon überzeugen. Hilbert ließ ihn weiters nicht darüber im unklaren, daß er bei seiner Repertoireplanung die nicht unbeträchtliche Hypothek einiger von seinem Vorgänger bereits angenommener Werke abzutragen habe.

Mit sensiblem Gespür und treffsicherem Blick charakterisierte Hilbert die Entwicklungsmöglichkeiten, Vorzüge und Schwächen sämtlicher Ensemblemitglieder, vor allem der in den letzten Jahren neu hinzugekommenen:[56] O. W. Fischer, den er, ungeachtet leichter »Primadonnenallüren« für »überaus begabt« hielt, repräsentierte nach Hilberts Ansicht den selten gewordenen Bonvivant-Typus; darüberhinaus habe er als Oswald in den *Gespenstern* bewiesen, daß in ihm noch »vielmehr drinsteckt, als bisher herausgearbeitet worden ist«. O. W. Fischer sollte sein Burgtheater-Engagement 1952 zugunsten einer Film-Karriere aufgeben. Ein Jahr später wird es ihm Curd Jürgens gleichtun, für Hilbert »einer der begabtesten Schauspieler« überhaupt, »ein ausgezeichneter Theseus« (in Wanieks

Sommernachtstraum-Inszenierung), der aber auch »junge, sehr männliche Typen der modernen Gesellschaftskomödie« ganz »wunderbar« gestaltete. Von den Jungen hob Hilbert noch mit Nachdruck den späteren Iffland-Ring-Träger Josef Meinrad hervor, dessen »seltene Begabung eines ausgezeichneten Komikers« offenkundig sei. »Ich glaube aber, daß in dem Künstler noch viel mehr steckt, als bis jetzt sichtbar war. Sie werden Ihre helle Freude an diesem jungen, prächtigen Menschen haben, der, wenn ich nicht irre, der große Schauspieler von morgen sein wird.« Für das überragende Talent von Oskar Werner wünschte sich Hilbert »eine starke und feste Hand«, die auch Gielen dem unsteten, dem Burgtheater mehrmals den Rücken kehrenden Künstler nicht zu bieten vermochte. Der *Don Karlos* (1955) unter Gielens Regie – künstlerisch gesehen die eigentliche Eröffnungspremiere des Hauses am Ring – wird eine von Oskar Werners unvergeßlichen Bühnenrollen sein. Für den »hochbegabten« Heinz Moog müßte noch der passende Wirkungsradius gefunden werden. Von der Josefstadt waren – auf Initiative Hilberts – der »prächtige« Alfred Neugebauer und Albin Skoda, der sich selbst als Nachfolger des legendären Josef Kainz einschätzte, sowie – nicht immer zu seinem Vorteil – bis zur physischen Erschöpfung »alles [...], also auch den Löwen« zu spielen verlangte, zum Ensemble gestoßen. Der vor allem in Klassikerrollen erfolgreiche Skoda war der Hamlet jener Burgtheater-Jahre, er sollte aber auch als Cyrano de Bergerac, Torquato Tasso und in unzähligen anderen Rollen Triumphe feiern, als vielleicht letzter Repräsentant jener geradezu kultisch angebeteten Burgtheatergrößen: die »Gascogner Kadetten« – Spitzname für seine in der Art eines Fan-Clubs organisierten jugendlichen Verehrerinnen – jubelten dem Angehimmelten bei jedem seiner Auftritte zu und lauerten ihm nach der Vorstellung noch am Bühnentürl auf. Von der Gielen wohlbekannten alten und älteren Garde standen naturgemäß Raoul Aslan, Otto Tressler, Ewald Balser, Fred Liewehr und Hermann Thimig im Vordergrund, nicht zu vergessen der nach Hilberts Meinung während der drei Jahre seines Auftrittsverbotes menschlich und künstlerisch gereifte Fred Hennings: »ein prachtvoller Charakter und anständiger Mensch, der ohne weiters bekannte, daß er Nationalsozialist gewesen ist und öffentlich – aber auch ehrlich und innerlich – dies bereute.« Für Felix Steinböck, diesen »feinen Menschen«, müßten endlich jene Aufgaben gefunden werden, in denen er zeigen könnte, daß »viel mehr drinnen steckt« – er sollte zeitlebens darauf warten. Weitgehend ungenützt sollte Alexander Trojans »starke Begabung fürs komische Fach« bleiben. Hilbert machte Gielen ferner darauf aufmerksam, daß er sich neben einer Reihe ausgezeichneter oder zumindest gut verwendbarer Chargenspieler und -spielerinnen auch mit einigen, aus unterschiedlichen Gründen als »karitativ« einzustufenden Fällen werde abfinden müssen. Im nicht ganz so umfangreichen Damenensemble zollte er der 80jährigen Hedwig Bleibtreu Tribut – »eine der größten und bedeutendsten Erscheinungen der Bühne überhaupt […] Gott schütze und erhalte sie unserem Burgtheater« –, rühmte Rosa Albach-Retty als die »wunderbare Schauspielerin, die sie immer war«, nannte Alma Seidler als den »Inbegriff himmlischer Begabung und Bescheidenheit« und verwies auf die nahezu »unglaubliche« künstlerische Entwicklung der seit 1932 an der Burg engagierten Maria Eis. Ihr unerwarteter Tod im Jahr vor der Wiedereröffnung – 58jährig und auf dem Höhepunkt ihrer Schaffenskraft – sollte eine nicht mehr zu schließende Lücke ins Ensemble reißen. Hilde Wagener hingegen befand sich damals laut Hilbert in einer von ihr nur schwer bewältigbaren Übergangsphase »von der Liebhaberin und Salondame zur Mutter«. Das Urteil trifft auch in diesem Fall zu: Die Wagener wendete sich immer stärker sozialen Aufgaben zu – das Altersheim für Künstler in Baden bei Wien trägt ihren Namen – und trat erst viel später als drastische Komikerin neuerlich in den Vordergrund. Über die Einsatzmöglichkeiten für Liselotte Schreiner – »eigentlich Heroine« – wollte Hilbert noch nichts Endgültiges sagen. Mit Stolz erfüllten ihn seine Neu- bzw. Wiederengagements: da war die »wieder für das Burgtheater errungene« Käthe Dorsch, weiters Käthe Gold – »ihre Nora war eines der stärksten und bedeutendsten Bühnenerlebnisse, die wir in den letzten Jahren hatten« –, die »grandiose« Helene Thimig, die alles »Starre und Verkrampfte« von einst »völlig verloren hat«, und die »lang gesuchte [...] jugendliche Heroine« Maria Becker, die jedoch bereits 1948 auf eigenen Wunsch aus dem Ensemble ausscheiden und in die Schweiz zurückkehren sollte. Hilbert konstatierte eine gewisse Ähnlichkeit zwischen Maria Becker und der vom Volkstheater geholten Judith Holzmeister – »eine Erscheinung von eigener Schönheit und apartem Reiz«.

Wirkliche Sorge bereitete Hilbert das »Regieproblem«: in diesem Bereich habe man am Burgtheater seit Jahrzehnten »die größte Sünde wider den Geist« begangen. Unter den Hausregisseuren verfüge einzig und allein Herbert Waniek über künstlerisches Format. (Doch Waniek stirbt, erst 52jährig, am 5. Mai 1949.) Persönlichkeiten wie Walter Felsenstein und Leopold Lindtberg seien bedauerlicherweise nur zu Gastinszenierungen bereit. Gielen jedoch hat keinerlei negative Erinnerung an die ersten Burgtheater-Inszenierungen des nach wie vor am Haus wirkenden Adolf Rott und zeigt sich bezüglich der Regiefrage – jedenfalls aus der Ferne – weit weniger beunruhigt als Hilbert.

Die Größe des Burgtheaters hat nie in der Originalität der Regie gelegen, sondern im Reichtum der großen individuellen Schauspieler, die durch die bedeutenden Burgtheaterdirektoren in der geistigen Einheit des sprachlichen Inhalts und Stils zusammengehalten wurden.[57]

Gielen schlägt alsbald einen Hausregisseur vor, der einen solchen Burgtheaterstil in idealer Weise verwirklichen könnte: seinen Schwager Berthold Viertel. Hilberts begeistertes Einverständnis erfolgt umgehend: »Ein Kopf wie Berthold Viertel ist uns herzlich willkommen. Bitte veranlassen Sie alles Weitere« – was auch unverzüglich geschah.[58] Nach Gielens Ankunft in Wien stellte sich sehr bald heraus, daß Hilbert und er in ihrer Anschauung über die stilbildende Funktion der Regie keineswegs divergierten: Hilberts Klage über das »Regieproblem« hatte sich nicht, wie Gielen offenbar befürchtet hatte, auf das Fehlen experimentier- und aktualisierungswilliger Regisseure wie etwa Piscator bezogen, während Gielens Plädoyer für die Individualität des Schauspielers keineswegs auf darstellerische Routine und Beliebigkeit ohne erkennbares Konzept abzielte. Gielen erkannte sehr bald, daß tiefgreifende Reformen nötig sein würden:

Ich war überrascht von der Größe und Mannigfaltigkeit des

Schauspielerkörpers, über den Reichtum an Persönlichkeiten, über den Ernst des künstlerischen Willens in Regie und Bühnenbild, über eine gewisse formale Vollkommenheit in allen Sparten. Bei näherem Studium und Ausdehnung der Erfahrung sprang die Heterogenität und stilistische Unvereinbarkeit der einzelnen Aufführungen, die geistige und künstlerische Direktionslosigkeit auch im schauspielerischen Ausdruck, im Sprechen und Gehaben, in die Augen. Man sprach wie beim Turmbau zu Babel in vielen Zungen. Durcheinander hörte man ältestes rhetorisches Pathos, Reste des expressionistischen »O-Mensch-Schreies« oder des neusachlichen Telegrammstils und das barsche Rasseln des Pathos der zuletzt vergangenen Zeit. […] Das Positive, das ich vorfand, war ein großer, reiner Arbeitswille, eine Bereitschaft zu menschlichem und kunstlerischem Vertrauen, das große, manchmal zu große Können des einzelnen. Meine Aufgabe sehe ich nun darin, aus dieser mannigfaltigen Schauspielerschar wieder ein Ensemble zu machen.[59]

Mit Berthold Viertel, der zu seinem Schrecken Relikte des »Reichskanzleistils« – seine Bezeichnung für den durch äußeren Schwulst und Gefühlsverfälschung deformierten Spielstil im Dritten Reich – entdecken mußte, stand Josef Gielen der denkbar beste Hausregisseur (und zugleich auch Berater bei theatertheoretischen und dramaturgischen Problemen) zur Bewältigung dieser Aufgabe zur Verfügung. Die nächsten Jahre wurden für das Burgtheater der Wiederaufbauzeit die künstlerisch bedeutendsten. Der gebürtige Wiener Viertel, der nach seiner Rückkehr aus dem amerikanischen Exil bei der BBC in London gearbeitet hatte, erhielt zwar verlockende Angebote aus West- und Ost-Deutschland – Brecht hätte ihn zum Beispiel gern als Chefregisseur ans Berliner Ensemble geholt –, doch er widmete, ohne es sich selbst recht erklären zu können, die schöpferische Energie seiner letzten Lebensjahre mit wahrem Fanatismus dem Burgtheater. Offiziell besiegelte er seine Heimkehr nach Wien mit dem Wiedererwerb der österreichischen Staatsbürgerschaft, was dem als Kryptokommunisten Verdächtigten im Klima des Kalten Krieges amtlicherseits nicht ganz leicht gemacht wurde.[60]

Als »literarischer« Regisseur im besten und eigentlichen Sinne des Wortes schuf er im verantwortungsbewußten Umgang mit der Textvorlage einen für das damalige Wiener Theaterleben wegweisenden Inszenierungsstil, den Otto Basil als »transparenten Realismus«[61] bezeichnete. Im Vordergrund stand für Viertel die Arbeit mit den Schauspielern, die er in intensiv geführten (Einzel)-Gesprächen mit all den vielschichtigen, individuell zu entwickelnden Charakterzügen ihrer Rolle vertraut machte und zu psychologisch motiviertem Zusammenspiel anhielt. Im Gesamtkonzept wurde dabei erkennbar, daß individuelle Handlungen stets mit den Bedingungen eines genau aufzuzeigenden Gesellschaftsgefüges verknüpft sind. Die Schauspielerin, die das von Viertel Geforderte mit somnambuler Intention Gestalt werden ließ, fand er in Käthe Gold: sie war die Laura in *Glasmenagerie* und die Blanche Dubois in *Endstation Sehnsucht* – beide Stücke von Tennessee Williams hatte Viertel selbst übersetzt –, sie war die Irina in Tschechows *Möwe*, die Kersti in Strindbergs *Kronbraut,* die Desdemona in *Othello* und die ägyptische Königin in *Antonius und Kleopatra.* Im Burgtheater-Ensemble bildete sich sogar so etwas wie eine verschworene »Viertel-Truppe« heraus, zu der – gewissermaßen als erratischer Block – auch Werner Krauß stieß. Fasziniert von der darstellerischen Suggestionskraft des 1948 wieder in der Burg aufgenommenen »alten Sünders«,[62] besetzte ihn Viertel mit dem Länsmann in der *Kronbraut* und überschritt damit, seinem eigenen Vorsatz untreu werdend, den »Rubikon«.[63]

Die Anerkennung seiner künstlerischen Leistungen wurde Viertel von keiner Seite versagt. Gegen unterschwellige Angriffe aus Kreisen, die ihre rückwärtsgewandte Österreich-Ideologie gefährdet sahen, war er freilich nicht gefeit: Wenn die dramaturgische Technik eines Tennessee Williams als Verstoß gegen »Gesetz und Regel des Theaters« abgeurteilt und die Annahme von *Endstation Sehnsucht* als »moralischer Irrtum« angeprangert wurde, dann täuschte das der Inszenierung gespendete Lob ja nur vordergründig darüber hinweg, daß die Vorwürfe eigentlich gegen den für die Stückwahl Verantwortlichen gerichtet waren.[64] Besonders signifikant sind die Kontroversen um Viertels Inszenierung von Kleists Lustspiel *Der zer-*

brochene Krug, die im September 1951 von den Salzburger Festspielen ins Ronacher übernommen wurde. Auf der einen Seite begrüßte man es, »eine der erlesensten Gaben des heurigen Salzburger Kunstsommers« nun in Wien einem breiteren Publikum zugänglich zu machen,[65] anderen hingegen schien der jüngste Tag des Burgtheaters in bedrohlicher Nähe: unterminierte doch nach Ansicht von Rudolf Holzer das Auftreten von Gästen wie Therese Giehse (Marthe Rull) oder Oskar Homolka (Adam) das vielbeschworene Ensembleprinzip.

> *Frau Giehse ist ihr virtuos und brillant gespieltes Theater zur eigenen Natur geworden: »als ob«-Natur. Alles »sitzt« und »kommt« exakt und automatisch: Witz, Geist, Gemüt. Sogar die Claque setzt an der richtigen Stelle ein. [...] Höher und wichtiger erscheint uns – als Wienern und Österreichern – die Verpflichtung gegenüber dem Begriff »Burgtheater«. Nicht die Firma, die heute allabendlich auf der Seilerstätte ihr Gewerbe ausübt. [...] Stein um Stein wird aus diesem Geistesbau zweier Jahrhunderte des österreichischen Volkes und des österreichischen Staates gebrochen. [...] Dem Burgtheater wesensfremd, ja arrogant gegenüberstehende Elemente [...] zerstören den Charakter des Repertoire- und Ensembletheaters. [...] Verjüngen und regenerieren möge sich das Burgtheater auf* eigenem *Boden und nach* seinen *alten, inneren Gesetzen.*[66]

Dieser extremen Grundsatz-Polemik des »Concordia«-Präsidenten, dessen Interventionsfreudigkeit man ebensowenig übersehen darf wie seine weitverzweigten Verbindungen, standen jedoch auch anderslautende repräsentative Meinungen über das Burgtheater unter Gielen gegenüber: Otto Basil zum Beispiel konstatiert eine sich »langsam, aber sicher« anbahnende, ihm selbst als »eine der zahlreichen Paradoxien unserer Zeit« erscheinende Entwicklung von Burg- und Akademietheater hin »zu den sichtbarlichsten Avantgardebühnen Österreichs«.[67] Man muß diese überspitzte Formulierung weniger als ästhetisches Urteil denn als kulturpolitisch vermeinte Ermutigung zur Gegenwartsnähe begreifen. Mit literarischer oder szenischer Avantgarde hatte Gielen, getreu seinem Direktionsprogramm, herzlich wenig im Sinn. Als Regisseur bevorzugte er ganz deutlich die klassische Dramatik, ob es sich um Shakespeares *Julius Cäsar* (1949) oder *Was ihr wollt* (1950), um Lessings *Emilia Galotti* (1951), um Goethes *Faust II* (1949) oder *Götz von Berlichingen* (1950), um Schillers *Wallenstein* (1952), *Die Verschwörung des Fiesko zu Genua* (1953) oder *Wilhelm Tell* (1954) handelte – Gielen inszenierte all diese Werke gemäß seinem Bekenntnis zur »dichterischen Idee« mit dramaturgischer Sorgfalt, Bedachtnahme auf präzise Schauspielerführung und souveräne, doch nie zum Selbstzweck geratende Beherrschung des technischen Apparates. Daneben konfrontierte er das Wiener Publikum auch mit anspruchsvoller Weltliteratur unseres Jahrhunderts, etwa mit García Lorcas *Bluthochzeit* (1951) und *Doña Rosita oder Die Sprache der Blumen* (1953), mit Ferdinand Bruckners *Elisabeth von England* (1949), Paul Claudels *Der seidene Schuh* (1949) oder Arthur Millers *Hexenjagd* (1954). Auch die ins Symbolische überhöhte Auseinandersetzung mit den Greueln der Vergangenheit in *Der Gesang im Feuerofen* (1951) von Carl Zuckmayer, der mit seinem in der Saison 1948/49 72mal gespielten *Des Teufels General* einen geradezu sensationellen Publikumserfolg verbucht hatte, behielt sich der Direktor selbst vor. Den dezidierten Wunsch des Autors nach einer Aufführung des *Hauptmanns von Köpenick* mit Werner Krauß in der Titelrolle verwirklichte hingegen Adolf Rott.

Unter Gielen machte tatsächlich der »Reichtum der großen individuellen Schauspieler« die »Größe«[68] des Burgtheaters aus. Zwar mußte er sich – wie jeder Burgtheaterdirektor – mit der Tatsache abfinden, daß das Ensemble einerseits quantitativ zu groß war und eine Reihe nicht mehr zu kündigender Burgschauspieler und -schauspielerinnen beschäftigt sein wollten; andererseits waren Neuengagements nicht nur als Ersatz für Abgänge oder Pensionierungen zu tätigen, da in verschiedenen Altersgruppen für so manche Rolle im Stammensemble die optimale Besetzung fehlte. Nach Attila Hörbiger engagierte Gielen auch Paula Wessely – die beiden spielten an der Burg zum ersten Mal in Terence Rattigans *Lockender Tiefe* zusammen –, aus dem mittlerweile legendären Reinhardt-Ensemble wurden weiters Ernst Deutsch (bis 1954) und (als Gast) Hans Moser verpflichtet, der als alter Weiring in *Liebelei* (1954) unter Beweis stellte, daß er – trotz seiner Popularität als unnachahmlich verraunzter (Film)-Komiker – auch ein tragisches Menschenschicksal mit berührend-inniger Schlichtheit zu gestalten verstand. Als Christine hatte er die 1950 dem Volkstheater abspenstig gemachte Inge Konradi zur Partnerin, deren elementare Begabung sich gleichfalls sowohl im Tragischen als auch im Komödiantischen – exemplarisch vor allem in Raimund- und Nestroy-Rollen – entfaltete. Unter Gielen traten Annemarie Düringer, Heinrich Schweiger und Erich Auer – damals vielversprechende Nachwuchstalente – ihr Engagement an der Burg an. Auf der Suche nach einer Hauptdarstellerin für Carson McCullers' *Frankie und die Hochzeit* holte Berthold Viertel die blutjunge Johanna Matz direkt vom Reinhardt-Seminar ans Akademietheater.

Gielens Spielplan entspricht, wenn auch mit einigen Abstrichen, in der großen Linie den bereits in Buenos Aires entwickelten Plänen. Er mußte in seinen Entscheidungen auch nicht mehr auf direkte Interventionen der Alliierten Rücksicht nehmen. Indirekt konnte sich ihr Einfluß auf die Repertoireplanung der Bundestheater jedoch störend bemerkbar machen, wenn Ansuchen um Einreisegenehmigungen deutscher Staatsbürger entweder verzögert oder letztendlich negativ beschieden wurden.[69] Sehr wohl zu Recht kommen mußte Gielen aber mit den Ambitionen einiger maßgeblicher Theaterkritiker, die sich zugleich als altgediente Burgtheater-Autoren sahen und die auch – wie Rudolf Holzer mit *Der Himmel voller Geigen* oder Friedrich Schreyvogl mit *Die kluge Wienerin* – im Repertoire berücksichtigt wurden. Gielens bereits brieflich geäußerte Hoffnung auf eine enge Zusammenarbeit mit Nachwuchsdramatikern blieb unerfüllt, wobei er besonders den Mangel an jungen österreichischen Begabungen beklagte. Fritz Hochwälder befriedigte mit seinem *Öffentlichen Ankläger* (1949), dessen Uraufführung das Burgtheater trotz vorhandener Option auf das Werk Stuttgart überlassen hatte, und der mehr respektvoll als begeistert aufgenommenen Erstinszenierung von *Donadieu* (1953) vor allem die restaurativen Ansprüche an die Gegenwartsdramatik: »Die klassische Theaterform lebt, und ihr

Gesetz ist frisch wie am ersten Tag!«[70] Mit Walter Firner – *Bis wir uns wiedersehen* – kam ein aus dem Exil zurückgekehrter Österreicher zu Wort. Die österreichische Jungdramatik repräsentierte, wenn auch ohne viel Nachhall, einzig Harald Zusanek mit *Die Straße nach Cavarcere* und *Jean von der Tonne* (bereits unter der Direktion Rott). Mit Fortdauer des Kalten Krieges wird die Tendenz merklich konservativer mit deutlich katholischen Akzenten: Max Mell taucht mit *Kriemhilds Rache* und dem *Apostelspiel* wieder auf, auf Eliots *Mord im Dom* folgt schon bald *Die begnadete Angst* von Bernanos, und die letzte Premiere der Direktion Gielen gehört Rudolf Henz mit der *Großen Entscheidung*.

Die bereits im Frühjahr 1946 begonnenen Bestrebungen, breitere Publikumsschichten zu erreichen, wurden unter Gielen fortgesetzt und intensiviert. Wichtige kulturpolitische Signale waren Ensemblegastspiele in den Bundesländern – bis hin nach Bregenz. Damit wurde dokumentiert, daß das aus dem Bundesbudget finanzierte Staatstheater nicht nur für die Wiener spielte, sondern seinem kulturellen Auftrag für ganz Österreich nachkam – eine besondere Verpflichtung in der Zeit des Wiederaufbaues des Hauses am Ring, für den ja alle österreichischen Steuerzahler das Ihre beitragen mußten. Im Kalten Krieg gewannen die Gastspiele in den westlichen Bundesländern noch die zusätzliche Symbolbedeutung einer über jede Demarkationslinie hinweg bestehenden kulturellen (und damit auch politischen) Zusammengehörigkeit Österreichs. Neben diesen Gastspielen in Österreich wurden, gleichfalls ab 1946, fallweise auch offizielle Tourneen ins Ausland unternommen.

Mit gezielten Angeboten zu stark ermäßigten Preisen für ein junges Publikum erfüllte das Burgtheater einen bildungspolitischen Auftrag: Ab März 1946 wurden im Ronacher in geschlossenen Vorstellungen immer wieder ausgewählte Inszenierungen für das »Theater der Jugend« gezeigt. Freilich fand man damals fast ausschließlich Klassiker geeignet, um die Theaterbegeisterung der jungen Zuschauer zu wecken. Dies entsprach aber nicht immer dem Geschmack der Mittel- und Hauptschüler, die solche Theatervorstellungen oft nur als Fortsetzung des Deutschunterrichts empfanden. Als einmal das

»Theater der Jugend« aus Sparmaßnahmen keine Freikarten für aufsichtsführende Lehrer zur Verfügung stellte und infolgedessen eine für gesittetes Benehmen sorgende Kontrollinstanz fehlte, gerieten die Jugendlichen während einer für die Altersgruppe der 13- bis 14jährigen angesetzten Aufführung von *König Ottokars Glück und Ende* (7. November 1952) – aufgrund des Lobliedes auf Österreich damals (und noch langhin) Pflichtlektüre – außer Rand und Band und kommentierten das Geschehen auf der Bühne auf ihre Art und Weise: Aus der ersten Reihe flogen Papierkügelchen auf die Bühne, »an ernsten Stellen« ertönte »höchst unangebracht« schallendes Gelächter, im finsteren Zuschauerraum blitzten Taschenlampen auf, unter den Zwischenrufern tat sich eine Gruppe besonders hervor, die Albin Skoda als Zawisch mehrfach mit »hörst, da kommt er schon wieder« begrüßte, jugendliche Besucher im ersten Rang bewarfen einander mit »Apfel- und sonstigen Speiseresten«, wovon auch das Parkett einiges abbekam. Während und nach der Pause steigerte sich die Stimmung, da die diensthabenden Polizeiorgane erst zu spät bemerkten, daß man den Halbwüchsigen am Buffet das verlangte Bier anstandslos ausgeschenkt hatte.[71] Obwohl dieser aktenkundig gewordene Theaterabend ein Ausnahmefall blieb, ist es kein Wunder, daß einige Burgschauspieler danach mühsam überzeugt werden mußten, auch weiterhin in Vorstellungen für das »Theater der Jugend« aufzutreten. Mit der 1952 ins Leben gerufenen Aktion »Burgschauspieler kommen in die Schulen« baute das Burgtheater – leider nur acht Jahre lang – eine direkte Verbindung zu einem begeisterungsfähigen jungen Publikum auf: Es war durchaus die erste Garnitur der Burgschauspieler – zum Beispiel Maria Eis, Albin Skoda, Hilde Wagener oder Josef Meinrad –, die in den Turn- und Festsälen von Wiener und niederösterreichischen Schulen, natürlich in Maske und Kostüm, mit szenischen Kostproben aus ausgewählten Stücken auftraten und danach oft noch Zeit zum Gespräch mit den Schülerinnen und Schülern fanden.

Im Laufe der Spielzeit 1953/54 manövrierten die Wiener »Lemuren«, vor denen Josef Gielen einst seinen Schwager Berthold Viertel vorgewarnt hatte,[72] das Burgtheater in eine herbeigeredete und -geschriebene Direktionskrise hinein. Hinter dem Rücken des amtierenden Direktors, dessen Vertrag noch bis zum 1. September 1956 lief,[73] fiel auf einer Pressekonferenz im Februar 1954[74] der Startschuß zu einer neuen Runde des immer wieder spannenden Direktoren-Suchspiels, das diesmal mit besonders reger Beteiligung ablief. Altbekannte und neue Namen wie Ernst Lothar, Friedrich Schreyvogl, Alexander Lernet-Holenia, Kurt Frieberger, Rudolf Holzer, Rudolf Henz, Oskar Wälterlin, Leopold Lindtberg, Frank Thieß, Franz Theodor Csokor, Friedrich Heer und mehrere Burgschauspieler wurden in bunter Folge als sichere Tips gehandelt.[75] Daß Gielens Position ins Wanken geraten war, hatte mehrere Ursachen. Mit dem Tod Berthold Viertels im September 1953 verlor er seinen engsten Mitarbeiter und eine allseits geachtete, aber nicht bei allen Ensemblemitgliedern beliebte künstlerische Autorität. Der gleichzeitige Wechsel an der Spitze der Bundestheaterverwaltung – von Egon Hilbert, der als Leiter des Österreichischen Kulturinstitutes nach Rom geschickt wurde, zu Ernst Marboe (ab 21. Oktober 1953) – beraubte Gielen seines Mentors im Umgang mit der Ministerialbürokratie. Und im Unterrichtsministerium herrschte seit der Ablöse von Felix Hurdes durch Ernst Kolb (23. Jänner 1954), der im Spielplan der Burg unter anderen Schönherr, Anzengruber, Bahr und Kranewitter vermißte, ein so traditionalistisches Klima, daß sogar Gielens wertkonservatives Burgtheater-Konzept suspekt erschien. Nachfolger Viertels als Hausregisseur wurde wohl nicht von ungefähr Ernst Lothar[76], gegen dessen Definition eines »österreichische[n] Kulturbegriff[es]« – »dem Andachtsbegriff nahe; der deutsche dem Machtbegriff« – Viertel noch im Exil seine Stimme erhoben hatte.[77] Außerdem bahnte sich mit dem wirtschaftlichen Wiederaufstieg ein allgemeiner Stimmungsumschwung an: Die Aufführungen im Ronacher wurden nicht mehr aus der Perspektive einer heroisch gemeisterten Durchhaltephase gesehen, sondern als im Grunde unzumutbare Notlösungen, die naturgemäß dem Direktor angelastet wurden. Die Sehnsucht nach dem Wiedererstehen des »echten« Burgtheaters verband sich mit der Hoffnung auf das Wiedererstehen eines von den alliierten Besatzungsmächten freien Österreich, und gerade diese kollektive Hoffnung hatte das Burgtheater, das auf seine eigene Renaissance so lange warten ließ, während des Kalten Krieges symbolisch und fordernd zum öffentlichen Anliegen gemacht, als Ernst Lothar Österreichs »nationales Festspiel« *König Ottokars Glück und Ende* 1949 als Memento gegen »Besatzung im Lande Österreich« inszenierte.[78] Lothar stützte sich, nur mit wenigen Änderungen, auf jene Textbearbeitung, die er für seine erste Burgtheater-Inszenierung (1933) erstellt hatte. Kontinuität bewies auch die Besetzung der beiden Hauptrollen: wie schon 1933 gebot Raoul Aslan als Rudolf von Habsburg dem Vordringen von Ewald Balsers Böhmenkönig Ottokar Einhalt. Grillparzers Ideologisierung machte ihn zum Gewährsmann einer traditionalistisch-konservativen Österreich-Ideologie.

Als dann 1955 nicht nur die Wiedereröffnung des neuen, alten Burgtheaters am Ring, sondern auch der Staatsvertrag zu feiern war, bot sich Grillparzers *König Ottokar* als symbolträchtiges Werk für die Festpremiere an. Als »Austrian Coronation« – eine Formulierung von Ernst Marboe – sollten die im alten Glanz erstrahlenden Prunkbauten von Burg und Oper bei ihrer Einweihung am 15. Oktober und am 5. November als dauerhafte Symbole der Wiederaufbauarbeit der Weltöffentlichkeit das freie Österreich in seiner kulturellen Größe vor Augen führen und den (politisch ungleich bedeutsameren) 26. Oktober umrahmen. Wie stark die Zweite Republik ihre Identität aus ihrer kulturellen Tradition ableitete, läßt sich auch daran ablesen, daß als erste Gedenkmünze überhaupt ein silbernes 25-Schillingstück anläßlich der Wiedereröffnung des Burgtheaters geprägt wurde.

Bis es so weit war, hatte allerdings in der Burg alles andere als Eintracht geherrscht. Gielen erfuhr im Juni 1954, als er sich mit dem Burgtheater auf einem offiziellen Gastspiel in Holland befand, daß mittlerweile in Wien Adolf Rott im Poker um den Direktorensessel gewonnen hatte, reichte daraufhin um seine Demission mit Ende der Spielzeit ein, blieb aber weiter als Regisseur an der Burg.[79] Nach einem kurzen Provisorium Erhard Buschbecks zog Adolf Rott im September in die Direktionskanzlei ein,[80] mußte sich allerdings mit dem ihm auf höheren

Wunsch als Vizedirektor beigegebenen Friedrich Schreyvogl abfinden, was zu wenig ersprießlichen Konsequenzen führte. Der dynamische Rott setzte nun all seinen Ehrgeiz auf die baldige Wiedereröffnung des Burgtheaters und erreichte auch, daß diese noch vor jener der Staatsoper angesetzt wurde. Von vornherein stand außer Frage, daß die Festpremiere nur einem, natürlich vom Direktor selbst inszenierten, Klassiker gewidmet sein durfte. An dem Kopf-an-Kopf-Rennen zwischen Goethes Freiheitsdrama *Egmont* und Grillparzers Hohelied auf Österreich *König Ottokars Glück und Ende* nahm die österreichische Öffentlichkeit regen Anteil. Die Angelegenheit wurde – unter Vorbringung eigenartigster Bedenken – sogar zu einem im Parlament diskutierten Zankapfel zwischen den Koalitionsparteien,[81] bis schließlich der österreichische »Nationaldichter« den Zuschlag erhielt.

Am Vorabend der Eröffnungspremiere nahm Direktor Rott während eines nach feierlichem Zeremoniell ablaufenden Staatsaktes auf der Burgtheaterbühne vor dem gesamten Ensemble – links die Herren im Frack, rechts die Damen im großen Abendkleid – aus den Händen des Unterrichtsministers den Schlüssel des wiedererstandenen Hauses entgegen, ehe die Komödianten in Gestalt von Werner Krauß (Theaterdirektor), Raoul Aslan (Dichter) und Hermann Thimig (Lustige Person) mit Goethes »Vorspiel auf dem Theater« von ihren weltbedeutenden Brettern Besitz ergriffen. Der Zuschauerraum wäre bei dieser geschlossenen Vorstellung für die geladenen Gäste zu klein gewesen, hätten auch die Gattinnen der Politiker und übrigen Honoratioren Zutritt gehabt. Mit Ausnahme »solcher Damen, die infolge ihrer persönlichen beruflichen Eigenschaft« teilnehmen durften, blieb der Staatsakt Männersache.

Hätte man auf den »an verschiedene Personenkreise frei zur Verteilung« gelangten Stehplätzen weibliche Wesen erblickt, hätten sie jenes »einheitliche Bild, das im Wesentlichen den Verhältnissen im übrigen Zuschauerraum entsprach«, wohl aufs empfindlichste gestört. So rechtfertigte sich jedenfalls die Bundestheaterverwaltung auf eine nachträgliche parlamentarische Anfrage von fünf mutigen Abgeordneten, die den Erlaß des Stadtschulrates, die 54 Stehplatzkarten für den 14. Oktober

»ausnahmslos an männliche Schüler« zu vergeben, nicht mit der »verfassungsmäßig verbürgten Gleichberechtigung« in Einklang bringen konnten.[82] Gleichberechtigung herrschte erst an den beiden, gleichfalls als geschlossene Vorstellungen zelebrierten Eröffnungsabenden – wegen der großen Zahl der Ehrengäste mußte am 16. Oktober eine »zweite« Premiere angesetzt werden –, als die Honoratioren mit ihren Gattinnen – Kleiderordnung: Smoking und großes Abendkleid – erschienen, und neben Schülern auch Schülerinnen die Vorstellungen vom Stehplatz aus miterleben durften. Das gesellschaftliche Ereignis überstrahlte das künstlerische bei weitem. Sogar die aus aller Welt nach Wien angereisten Kritiker schenkten dem Spektakel im Zuschauerraum größere Aufmerksamkeit als den Vorgängen auf der Bühne. In den österreichischen Blättern übte man sich in – wiewohl republikanischer – Hofberichterstattung. Welche illustren Persönlichkeiten es in der Schar der Ehrengäste zu entdecken gab, auf welchen Plätzen sich die Prominenz streng nach protokollarischer Sitzordnung niederließ und welche Couturiers die Roben der Damen entworfen hatten, wurde weit detaillierter geschildert als die Vorgänge auf der Bühne.

Auch das »Interesse des Publikums galt an jenem Abend weniger dem Schicksal Ottokars als der Modenschau in der großen Pause.«[83] Aus Ehrfurcht vor dem »Gipfel« der »österreichischen Nationalliteratur« war es aber ein Gebot der Stunde, an Adolf Rotts Inszenierung nicht herumzumäkeln, auch wenn die Enttäuschung über deren künstlerische Qualität allgemein spürbar war.

In der Festinszenierung wurde die »Idee« des Burgtheaters nicht in jener Vollkommenheit gegenwärtig, wie man es in den (alsbald zur großen Vergangenheit mythisierten) Jahren im Ronacher erträumt hatte. Der Mythos eines Burgtheaters, dessen Gegenwart als Versprechen für eine der imaginierten großen Vergangenheit endlich gleichkommende Zukunft steht, war wieder einmal prolongiert. Bezeugte doch auch der nach außen hin unverändert wiedererstandene Prunkbau an der Ringstraße, daß es diese große Vergangenheit als unverlierbaren, in eine spätere Zeit hereinzuholenden Besitz gegeben haben mußte. Der Regierungsentscheid für den Wiederaufbau von Burg und

Oper war ja nicht von vornherein mit deren Rekonstruktion im Ringstraßen-Stil gleichzusetzen. Gerade in einer Epoche, die den Historismus noch nicht als kanonisierten Stil anerkannte, wäre es naheliegend gewesen, nicht am Logen-Rang-Theater – mit der ihm immanenten Spiegelung einer hierarchisch strukturierten Gesellschaftsordnung – festzuhalten, sondern der Theaterarchitektur des 20. Jahrhunderts eine Chance zu geben. Für das Burgtheater wurde 1948 tatsächlich ein Wettbewerb ausgeschrieben. Direktor Gielen hätte »prinzipiell für eine vollkommene Gestaltung aus dem Geiste unserer Zeit« und damit für den »radikalsten Entwurf« plädiert, stimmte aber, in der Hoffnung auf ein baldiges Ende des »Passionsweg[es]« im Ronacher[84], dem ökonomisch verlockenden Projekt von Michel Engelhart zu, der unter Nutzung der intakt gebliebenen Stahlträgerkonstruktion das Wiedererstehen des »alten« Burgtheaters in Aussicht stellte: mit verbesserten optischen und akustischen Konditionen im Zuschauerraum, mit einer die neuesten technischen Errungenschaften nutzenden Guckkastenbühne. Die einstige Kaiserloge wich dem ersten Mittelrang, den zwei Festlogen flankieren. (Böse Zungen sprachen von – den Erfordernissen der Koalitionsregierung angepaßten – »Proporzlogen« für SPÖ und ÖVP.) Retrospektiv wurde städtebaulich für das Gesamtbild der Ringstraße gewiß die richtige Entscheidung getroffen. In der Argumentation von 1950 hingegen waren die wirtschaftlichen Überlegungen ausschlaggebend. Die in diesem Fall demonstrierte Bereitschaft zur Sparsamkeit stand aber damals im Einklang mit der Suche nach einem österreichischen (Selbst)-Verständnis, das sich – unter Verdrängung der Ersten Republik und der NS-Zeit – in die kulturelle Tradition einer großen Vergangheit eingebettet sah, ohne diese verklärte Vergangenheit als politische Realität herbeizuwünschen. In ihrer unveränderten Gestalt wurden Burg und Oper für die junge Zweite Republik zu sichtbaren Symbolen für die fortdauernde imperiale Größe Österreichs im Kulturleben. Führte 1888 in einem allegorischen Vorspiel von Josef Weilen Charlotte Wolter als Genius der Poesie den »Geist des alten Burgtheaters«, in der Personifikation Adolf von Sonnenthals, vom Michaelerplatz hinüber ins »neue Burgtheater« am Ring, so tönte am 15.

Oktober 1955 die Stimme der 87jährigen Doyenne und Hofschauspielerin Hedwig Bleibtreu durchs Haus. Sie sprach Schillers Prolog zur Wiedereröffnung der Schaubühne in Weimar am 8. November 1787, bevor sich der Vorhang über Grillparzers historischem Trauerspiel hob.

Wieder einmal war eine neue Zeit für die Arbeit am Burgtheater-Mythos angebrochen.

ANMERKUNGEN

1 Burgtheater 1776-1976. Aufführungen und Besetzungen von 200 Jahren. Sammlung u. Bearbeitung des Materials Minna v. Alth. Hg. Österreichischer Bundestheaterverband. 2 Bde. – Wien 1976, 1. Bd., S. 630.

2 Bezüglich der Koinzidenz theaterpraktischer Gegebenheiten, Österreich-Bekenntnis und Österreich-Ideologie vgl. Peter Roessler: Studien zur Auseinandersetzung mit Faschismus und Krieg im österreichischen Drama der Nachkriegszeit und der fünfziger Jahre. – Köln 1987, S.82ff.; Ulf Birbaumer: Wiederaufbau oder Neuaufbau? Der Wiener Theaterbetrieb beginnt mit einem Rückgriff. – In: Wien 1945 davor/danach. Hg. Liesbeth Waechter-Böhm. Wien 1985, S.165ff.

3 Anmerkung auf der Rückseite von Fritz Judtmanns Bühnenbildentwurf 1945. – In: Katalog der Ausstellung »200 Jahre Burgtheater«. Hg. Josef Stummvoll. Wien 1976, S. 101.

4 Aus Aslans Tagebuch. Hg. Didier Aslan. – In: Die Bühne, Jänner 1961 (H. 28).

5 Neues Österreich, 15.6.1945.

6 Erhard Buschbeck, zit.n. Hans Daiber: Deutsches Theater seit 1945. Bundesrepublik Deutschland, Deutsche Demokratische Republik, Österreich, Schweiz. – Stuttgart 1976, S. 29.

7 Brief der Direktion des Burgtheaters, 24.8.1945, zit. n. Herta David: Raoul Aslans Direktionszeit am Burgtheater. – Wien, Diss. 1966, S. 31.

8 Archiv der Republik/Bundesministerium für Unterricht/Bundestheaterverwaltung (in der Folge: AR/BMU/BV) 2209/45. An dieser Stelle möchte ich Frau Mag. Regina Jonach für ihre Hilfe bei den Archivrecherchen sehr herzlich danken.

9 Geleitwort von Bundespräsident Rudolf Kirchschläger. – In: Burgtheater. Eine Chronik in Bildern. Wien 1985, S. 4.

10 Nur im *Plan* (Februar 1946) wurde in einem nicht gezeichneten Artikel schärfstens gegen die szenische Interpretation des Werkes als »ein wenn auch geistig noch so brillierendes Karnevalsstück« Stellung bezogen und auf die Gefahren einer solchen politischen Verschleierungstaktik hingewiesen. Oskar Maurus Fontana will im *Wiener Kurier* (21.12.1945) voll moralischer Empörung nicht einmal »den Namen [des Regisseurs] niederschreiben« und formuliert ein Unbehagen der Inszenierung gegenüber, die in ihm ein Gefühl theatralischer »öffentlicher Schaustellung« zeitangepaßter Bußfertigkeit weckt.

11 Volksstimme, 23.12.1945, gez. -so-. Auch in der *Arbeiter-Zeitung* (22.12.1945, Alfred Zohner), in der *Österreichischen Zeitung* (25.12.1945, Hugo Huppert), *Wiener Revue* (Jänner 1945, gez. -ra-) wird (meist mit Erinnerung an den *Kaufmann von Venedig*) die Wahl des Regisseurs Lothar Müthel als politischer Mißgriff getadelt, die Inszenierung hingegen bejaht; in den meisten Besprechungen aber wird die Problematik der Regisseurwahl überhaupt nicht thematisiert.

12 Ernst Haeusserman: Das Wiener Burgtheater. – Wien, München, Zürich 1975, S. 121.

13 Friedrich Schreyvogl: Das Burgtheater. Wirklichkeit und Illusion. – Wien, Darmstadt, Berlin o.J. [1966], S. 159.

14 Vgl. Oliver Rathkolb: Führertreu und gottbegnadet. Künstlereliten im Dritten Reich. – Wien 1991, S. 152ff.

15 200 Jahre Burgtheater (Anm. 3), S. 97.

16 Burgtheater (Anm. 9), S .60.

17 Franz Herterich: Das Burgtheater und seine Sendung. – Wien o.J. [1948], S. 93f.

18 Franz Theodor Csokor: Ruhender Pol (Zur Geschichte des Burgtheaters). – In: Almanach der Österreichischen Bundestheater 1957. Redaktion Otto Fritz. Wien 1957, S. 34.

19 Otto Hartmann, geb. 1904, seit 1933 am Burgtheater, trat während des Ständestaates als glühender Anhänger der »Vaterländischen Front« auf, erschien beim »Anschluß« zum Erstaunen seiner Kollegen in SA-Uniform, knüpfte als angeblicher Antifaschist, der sich aufgrund seiner Vergangenheit als Nazi tarnen müsse, Kontakte zur »Österreichischen Freiheitsbewegung« um Roman Scholz, denunzierte sie 1940 bei der Gestapo und leistete in deren Auftrag weiterhin Spitzeldienste für die »restlose Erfassung aller führenden Organisationsangehörigen und ihrer Hintermänner«. Über 100 Personen wurden verhaftet, zwölf Widerstandskämpfer hingerichtet; unter den zu Gefängnisstrafen Verurteilten befanden sich u.a. Friedrich Wildgans und der Burgschauspieler Fritz Lehmann. Der als Verräter enttarnte Hartmann wurde 1941 vom Burgtheater entlassen und trotz Betreibens der Gestapo nicht wieder eingestellt. 1947 wurde er zu lebenslangem Kerker verurteilt, 1957 begnadigt. Dokumentationsarchiv des Österreichischen Widerstands, 3043 (Schlußakt über die Österreichische Freiheitsbewegung), 6825 (Akt des Landesgerichtes Wien 1945/57).

20 Vgl. Fred Hennings: Heimat Burgtheater. 3 Bde. – Wien, München 1972/74; bes. Bd.3: Des Hauses und meine Wandlungen 1938-1971. – Wien, München 1974; ders.: Zweimal Burgtheater. Vom Michaelerplatz zum Franzensring. – Wien 1955.

21 Viktor Matejka: Das Beispiel Fred Hennings. – In: Die Wiener Bühne, März 1946.

22 Vgl. Dramaturgie der Demokratie. Theaterkonzeptionen des österreichischen Exils. Hg. Peter Roessler u. Konstantin Kaiser. – Wien 1989.

23 Herbert Schiff: Wie ausIlioms Tochter die Fotografin Holunder wurde. – In: Neues Österreich, 27.4.1963.

24 Ebd.

25 Weltpresse, 17.12.1945.

26 Neues Österreich, 16.12.1945, Richard Hoffmann; auch Oskar Maurus Fontana klammert in seiner Künstler-Biographie »Else Wohlgemuth. Ein Leben für das Burgtheater« (Wien 1950) die Jahre der Emigration vollständig aus.

27 AR/BMU/BV 5219/52.
28 Hilbert an Gielen, 4.6.1948. AR/BMU/BV 460/48. In dem umfangreichen Akt über die Berufung Josef Gielens zum Burgtheaterdirektor sind eine Fülle miterledigter Aktenstücke mit untergeordneten Geschäftszahlen eingeordnet.
29 Berichte Hilberts an das BMU, 18.9. und 20.9.1946. AR/BMU/BV 3612/46.
30 Eva Jurasz: Ferdinand Bruckner. Seine Stellung im Wiener Theaterleben 1927-1967. – Wien, Diss. 1972, S. 260.
31 Hennings: Heimat Burgtheater, Bd.3 (Anm.20), S. 93f.
32 Neben Empfehlungen amerikanischer Autoren wurden von Exilanten in den USA auch Listen für die Kulturarbeit in Europa erstellt, die Repertoirevorschläge aus der klassischen und modernen Weltliteratur enthielten; daneben gab es auch »black lists«. Vgl. den Beitrag von Oliver Rathkolb im vorliegenden Band. Inwieweit das Repertoire der österreichischen Bühnen – sowohl durch die vom ISB offiziell vermittelten Stücke, als auch durch die übrigen Vorschläge – im einzelnen beeinflußt wurde, bedürfte noch eingehender Spielplananalysen.
33 Das Gastspiel von Albert und Else Bassermann am Volkstheater in *Der Himmel wartet* von Paul Osborn kam auf Initiative von Walter Firner zustande, der auch Regie führte und auf Aufforderung von Viktor Matejka 1945 aus dem amerikanischen Exil nach Wien zurückkehrte. Walter Firner in einem Gespräch mit der Autorin, Frühjahr 1997.
34 Ernst Lothar: Monthly Report, Theatre & Music Section (November 1947) mit abschließendem Tätigkeitsbericht über seine Funktionsperiode, an den Chief des ISB, S. 3; Kopie des 7seitigen Manuskripts im Nachlaß Lothar. Der Nachlaß befindet sich seit 1996 in der Wiener Stadt- und Landesbibliothek. Mir wurde die Einsichtnahme liebenswürdigerweise ermöglicht, als sich das Material noch in Privatbesitz befand.
35 Brief von Herbert Waniek an Rudolf Holzer, 16.5.1948. Handschriftensammlung der Wiener Stadt- und Landesbibliothek.
36 Vgl. Ernst Lothar: Das Wunder des Überlebens. – Wien 1961, S. 251.
37 Ebd., S. 74.
38 Ebd., S. 326f.
39 Sachverhaltsdarstellung Hilberts mit Textentwurf des Dankschreibens. AR/BMU/BV 4193/24.10.1946. Das Original befindet sich im Nachlaß Lothar.
40 AR/BMU/BV 4203/46.
41 Zit.n. Hennings: Heimat Burgtheater, Bd. 3 (Anm. 20), S. 100.
42 Hilbert an Bundeskanzler Leopold Figl, 27.10.1947; Hilbert an BM Felix Hurdes, 4.12.1947. AR/BMU/BV 460/48. Der vom Unterrichtsministerium protegierte Wiener Schriftsteller und Verleger Johann Friedrich Fuchs (1907-1960) wurde schließlich mit einer Inszenierung (*Verkündigung* von Paul Claudel, Akademietheater 29.10.1948, 4 Wiederholungen) abgefunden. – Aus anderen Einlagen (v.a. Berichte von Hilbert an Minister Hurdes) in diesem Akt geht hervor, daß von Ebert eine Absage kam, während sich Felsenstein und Lindtberg grundsätzlich interessiert zeigten, aber schließlich wegen anderweitiger Verpflichtungen keine konkreten Verhandlungen aufnahmen.
43 Haeusserman (Anm. 12), S. 133.
44 Hilbert an Hurdes, 4.12.1947 u. 7.12.1947. AR/BMU/BV 460/48.

45 Schreiben an BM Dr. Felix Hurdes, unterzeichnet von Tressler, Waniek, Thimig und Eidlitz, 16.12.1947. Ebd. Lothar rückt den Text dieses ihm wohl intern zur Kenntnis gebrachten Schreibens leicht modifiziert (z.B. Zuschreibung nur an Tressler, Waniek und Thimig; keine namentliche Erwähnung von Gielen und Felsenstein) in seine Autobiographie (Anm. 36, S. 327ff.) ein. Da Lothar auf eine Datierung verzichtet, wird in seiner Darstellung der zeitliche Kontext unscharf und man gewinnt den Eindruck, alle Querelen um seine eventuelle Berufung hätten sich in den Monaten nach seiner Rückkehr (1946) abgespielt.

46 Erwähnt bei Haeusserman (Anm. 12), S. 133, und bei Hennings: Heimat Burgtheater, Bd. 3 (Anm. 20), S. 100.

47 Telegramm, 13.11.1947: »Frage an, ob Sie einer allfälligen Berufung als Direktor des Wiener Burgtheaters sich zustimmend verhalten würden und ab wann Sie frei sind.« AR/BMU/BV 460/48.

48 Ebd.

49 Telegramm Hilberts an Gielen, 1.3.1948. Ebd.

50 Gielen an Hilbert, 24.4.1948. Ebd.

51 Gielen an Hilbert: u.a. sei er von einem Gewerkschafts-Betriebsrat informiert worden, daß ausnahmslos alle Schriftsteller, Kritiker und Presseorgane im Ministerium gegen die Ernennung eines Ausländers protestiert hatten. (Dabei hatte der Kölner Josef Gielen bereits 1937 ein im März 1938 hinfällig gewordenes Ansuchen auf Verleihung der österreichischen Staatsbürgerschaft gestellt, das im Zuge seiner Bestellung 1948 positiv erledigt wurde.) Ebd.

52 Telegramm Hilberts an Gielen, 2.6.1948. Ebd.

53 Hilbert an Gielen, 4.4.1947. Ebd.

54 Ebd.

55 Undatierter Brief Fritz Kortners an Ernst Lothar. Nachlaß Lothar. Hilbert hatte am 18.4.1948 bei Kortner in Berlin angefragt, ob er zu einer längerfristigen Bindung – mindestens fünf Monate pro Spielzeit – zur Höchstgage von öS 5.000.- /Monat bereit sei, wobei noch Gielens Zustimmung einzuholen sei. Der Brief wurde Kortner durch Felsenstein (Aktennotiz, 19.4.1947) überbracht. Gielen stimmte unverzüglich zu. Am 20.10.1948 fragte Kortner aus München bei Gielen an, was »die Gründe« seiner »negativen Stellungnahme« gewesen seien. In einem Schreiben, das er am 4.11.1948 durch den ISB übermitteln ließ, nahm Hilbert Kortners Anfrage »mit einigem Erstaunen« zur Kenntnis, bemühte sich um eine Rekonstruktion des Sachverhaltes und versicherte Kortner, man habe – da die Anfrage ja persönlich durch Felsenstein überbracht worden war – das Ausbleiben einer Antwort als »Desinteresse« gedeutet und daher keine weitere Anfrage gewagt. In seiner Antwort vom 30.12.1948 klärte Kortner das Mißverständnis auf: wegen der unsicheren Postverhältnisse habe er seine Zusage mit Einverständnis Felsensteins einem nach Wien reisenden Schauspieler der Komischen Oper übergeben, der auch versichert habe, den Brief »abgeliefert zu haben. Ich bedaure wirklich ganz außerordentlich, daß durch diesen schwer erklärlichen Umstand unsere Verhandlungen im Sande verlaufen sind.« AR/BMU/BV 6167/48. Am 17. und 18.10.1960 gastierte das Berliner Schiller-Theater mit Kortners Inszenierung von Molières *Don Juan* am Burgtheater, am 20.11.1964 feierte Kortner mit Ibsens *John Gabriel Borkman* sein Burgtheater-Debüt als Regisseur.

56 Hilbert an Gielen, 17.3.1948. AR/BMU/BV 460/48.

57 Gielen an Hilbert, 24.4.1948. Ebd.

58 Telegramm Hilberts an Gielen. Vgl. auch Hilde Haider-Pregler: »Daß ich in den letzten fünf Jahren für das Wiener Burgtheater lebe und sterbe ...« Zu Berthold Viertels Tätigkeit am Burgtheater (1949-1953). – In: Traum von der Realität. Berthold Viertel. Hg. Siglinde Bolbecher, Konstantin Kaiser u. Peter Roessler. Wien 1997 (im Erscheinen).

59 Die Stimme Österreichs, H. 15, zit.n. Hennings: Heimat Burgtheater, Bd. 3 (Anm. 20), S. 103.

60 Viertels von der Bundestheaterverwaltung dringlichst befürwortetes Gesuch wurde von dem Felix Hurdes nachfolgenden Unterrichtsminister Kolb, der seine Unterschrift verweigerte, an Innenminister Helmer (SPÖ) abgetreten. Die Urkunde wurde am 14.10.1952 ausgestellt. Vgl. Haider-Pregler (Anm. 58).

61 Neues Österreich, 1.11.1949.

62 Brief von Viertel an Gielen (Sommer 1948), in dem er mitteilt, er werde jeden Kontakt mit dem wiederengagierten Werner Krauß vermeiden. Vgl. Die letzten fünf Jahre. In Briefen von und an Berthold Viertel, zusammengestellt und kommentiert von Wolfgang Glück. – In: Viertels Welt. Der Regisseur, Lyriker, Essayist Berthold Viertel. Katalog der Ausstellung im Österreichischen Theatermuseum. Wien 1988, S. 44.

63 Viertel an Teo Otto, 1.9.1949. Ebd., S. 68.

64 Vgl. Wiener Tageszeitung, 25.1.1949 (Friedrich Schreyvogl); Die Presse, 25.1.1949 (Rudolf Holzer); Wiener Tageszeitung, 22.4.1951 (Friedrich Schreyvogl); Die Presse, 22.4.1951 (Rudolf Holzer).

65 Vgl. Arbeiter-Zeitung, 18.9.1951 (gez. Zo, d.i. Alfred Zohner); Volksstimme, 20.9.1951 (gez. -ff., d.i. Richard Hoffmann).

66 Die Presse, 18.9.1951, Rudolf Holzer.

67 Neues Österreich, 15.2.1949.

68 Vgl. Anm. 57.

69 Bericht Hilberts an Unterrichtsminister Hurdes, betreffend »Beschränkungen der Eingriffe in die Österreichische Verwaltung durch die Alliierten Besatzungsmächte«, 3.2.1950 (Kopie im Archiv des Österreichischen Bühnenvereins).

70 Wiener Tageszeitung, 15.2.1949.

71 AR/BMU/BV 124/52 (mit zahlreichen Einlagen miterledigter Aktenstücke).

72 Gielen an Viertel, Sommer 1948. – In: Viertels Welt (Anm. 62), S. 44.

73 Verlängerung des am 1.9.1951 ablaufenden Vertrages mit Josef Gielen auf weitere fünf Jahre, 8.9.1951. AR/BMU/BV 5835/51.

74 Thema war die Ernennung von Karl Böhm zum Staatsoperndirektor. Ernst Marboe, der neue Leiter der Bundestheaterverwaltung, eröffnete dabei zugleich die Diskussion über die Suche nach einem neuen Burgtheaterdirektor.

75 Vgl. Hennings: Heimat Burgtheater, Bd. 3 (Anm. 20), S. 117; Karl Paul Rumpel: Ernst Marboe. Als Leiter der Bundestheaterverwaltung. – Wien, Diss. 1981, S. 46 u. 104ff.

76 Vertrag mit Ernst Lothar vom 1.9.1953 bis 31.1.1955 für vier Inszenierungen pro Spielzeit (mit fixem Monatsbezug), 23.11.1953; es handelte sich dabei, unter Berufung auf die »durch das Ableben Berthold Viertels« notwendig gewordene langfristige Verpflichtung eines »erstrangigen Regisseurs«, um die Umwandlung eines bestehenden Inszenierungsvertrages. AR/BMU/BV 67/55.

77 Ernst Lothar: Zum Thema Österreich. – In: Roessler/Kaiser (Anm. 22), S. 74-78; Berthold Viertel: Austria rediviva. Ebd., S. 78-83.

78 Diese als Gegenwartskommentar zu verstehenden und auch so verstandenen Stellen erzielte Lothar durch »nachschöpferische« Modifikationen des Grillparzer-Textes. Vgl. Belegstellen bei Hilde Haider-Pregler: »König Ottokars Glück und Ende« – Ein »Nationales Festspiel« für »Österreichs »Nationaltheater«? – In: Stichwort: Grillparzer. Hg. Hilde Haider-Pregler u. Evelyn Deutsch-Schreiner. Wien 1994, S. 210ff. – Ergänzend sei vermerkt, daß Ernst Lothar während seiner Tätigkeit im Österreich der Nachkriegszeit zusehends in einen Gewissenskonflikt zwischen Loyalität zu seinem Exilland, dessen Staatsbürger er geworden war, und seinem Geburtsland geriet, bis er sich schließlich für Österreich entschied. Die offizielle Entscheidung traf er allerdings um einige Jahre später, als er es in seinem *Wunder des Überlebens* in Erinnerung hat. Lothar suchte im Juli 1955 um Wiedererlangung der österreichischen Staatsbürgerschaft an und erhielt für sich und seine Gattin Adrienne Gessner am 16. August 1955 die auf seinen Geburtsnamen Ernst Müller lautende Urkunde ausgestellt. Zl. M.Abt.61 – M 27 – 4/55.

79 Ganzjähriger Regievertrag Gielens für vier bis sechs Inszenierungen pro Jahr, vom 1.9.1954 bis 31.8.1956. AR/BMU/BV 771/55.

80 Vertrag mit Adolf Rott als Burgtheaterdirektor und Oberspielleiter der Staatsoper in der Volksoper und des Burgtheaters, für den Zeitraum vom 1.9.1954 bis 31.8.1959. AR/BMU/BV 789/55.

81 Vgl. Hubert Hofeneder: Die Verwaltung der Österreichischen Bundestheater im Spiegel der Ministerverantwortlichkeit und der parlamentarischen Kontrolle in den Jahren 1945 bis 1979. – Wien, Diss. 1981.

82 AR/BMU/BV 226/54 (mit zahlreichen Einlagen miterledigter Aktenstücke).

83 Hennings: Heimat Burgtheater, Bd. 3 (Anm. 20), S. 140.

84 Gedächtnisprotokoll über die Sitzung des Opern- und Burgtheaterbaukomitees, 15.11.1950. AR/BMU/BV 1402/51; genaue Darstellung des Wiederaufbaues bei Hennings: Zweimal Burgtheater (Anm. 20).

NICOLE METZGER

»Laßt mich, wo ich bin, es mißfällt mir zur Genüge«

Leopold Lindtbergs erstes Jahrzehnt am Burgtheater

Als nach Kriegsende das legendäre Ensemble des Zürcher Schauspielhauses auseinanderging,[1] boten sich Leopold Lindtberg, der dort zwischen 1933 und 1945 etwa ein Drittel der Premieren inszeniert und parallel dazu Pionierarbeit für den Schweizer Film geleistet hatte, verschiedene reizvolle Angebote. Seine letzten Filme *Marie-Louise* und *Die letzte Chance* kamen auf den internationalen Markt und eröffneten ihm eine ganze Reihe von zum Teil sehr konkreten Projekten mit großen Filmfirmen in Hollywood. Er zögerte jedoch, einen mehrjährigen Vertrag als Regisseur in Amerika abzuschließen, weil er, von anderen Hollywood-Emigranten gewarnt, die kommerzielle Vereinnahmung, den Verlust seines künstlerischen Mitspracherechts fürchtete. Außerdem wollte er seiner Schweizer Produktionsfirma Praesens, die ihrerseits in den USA Fuß zu fassen suchte, trotz dauernder interner Streitigkeiten die Treue halten. Die Verhandlungen zogen sich dahin. Lindtbergs Interesse galt, wie er es ausdrückte, nicht »Film an sich, da ich ja von Haus aus ein Theatermann bin«, sondern »ganz besonderen Themen«.[2]

Der Theatermann Lindtberg war im ganzen deutschsprachigen Raum gefragt und wurde bereits im Februar 1946 energisch nach Wien eingeladen. In Wien geboren und aufgewachsen, war Lindtberg schon in den frühen zwanziger Jahren nach Deutschland gegangen und hatte in Berlin (unter anderem bei Dieterle, Piscator und unter Jessner am Staatstheater), in Koblenz und Breslau, schließlich als Oberspielleiter in Düsseldorf gearbeitet. Als er sich nach seiner Entlassung aus »rassischen Gründen« 1933 um eine Arbeitsmöglichkeit in der Heimatstadt bemühte, winkten seine Vermittler ab. Die meisten Theater hätten keine Vakanzen, und am Burgtheater bei Röbbeling anzufragen wäre »vollkommen zwecklos [...] weil man sich bei der jetzigen Strömung nicht traut [...] einen Juden zu engagieren. Man sagt es zwar nicht so ins Gesicht, aber es ist so.«[3]

1946 wollte nun der kommunistische Kulturstadtrat Viktor Matejka Lindtbergs Film *Die letzte Chance* möglichst rasch in Wien zeigen und bat den Regisseur diesbezüglich um Vermittlung. Gleichzeitig schrieb er: »Wir brauchen Sie [...], um Herrn Müthel endlich wegzubringen, wollen wir gute Regisseure nach Wien bringen.«[4]

Im März 1946 folgte die offizielle Anfrage durch den Leiter der Bundestheaterverwaltung Egon Hilbert, ob Lindtberg »vorerst als Gast« eine Inszenierung am Wiener Burgtheater übernehmen wolle.[5] Die Aufbruchsstimmung und die Gesinnung dieser Männer, beide ehemalige KZ-Häftlinge aus verschiedenen politischen Lagern, beeindruckten Lindtberg. Man verabredete sich in Wien anläßlich des Gastspiels des Zürcher Schauspielhauses im Theater in der Josefstadt. Matejka hatte die Zürcher eingeladen, dort vom 25. bis 27. April 1946 Lindtbergs Inszenierung von Bertolt Brechts *Mutter Courage* zu zeigen, eine Wiederaufnahme der Uraufführungsinszenierung von 1941. Das Gastspiel wurde von Publikum und Kritik mit großer Begeisterung aufgenommen.[6] Obwohl Lindtberg sich im klaren war, daß diese emotionsgeladene Rückkehr vieles in »verklärtem Licht« erscheinen ließ und Brecht beim Wiener Publikum »nie so verstanden«[7] wurde, erweckte der enthusiastische Empfang in ihm die Hoffnung, »daß meine Vaterstadt nun in der gereinigten Atmosphäre sich zu erholen und wieder aufzublühen im Begriffe ist. Ich will gern das meine tun, diese Hoffnung zur Wirklichkeit werden zu lassen.«[8]

Er versprach Egon Hilbert, sein Regiegastspiel trotz anderer Verpflichtungen so bald wie möglich abzuklären. »Ich bitte Sie nur, mir zu glauben, daß ich bei allen Abmachungen unser Gespräch und seinen tieferen Sinn im Auge behalten werde.«[9] Bereits bei diesem Gespräch im April 1946 muß Hilbert Leopold Lindtberg die Burgtheaterdirektion angeboten haben. In einem Brief vom 8. Oktober kam er darauf zurück und bekräftigte seinen Plan:

Ich beschwöre Sie, vergessen Sie nicht auf das Burgtheater. […] Es wird Ihre künstlerische Zukunft werden. […] In meinem Innersten habe ich Sie dazu ausersehen, daß Sie das stolze Erbe eines Laube, eines Burckhard, eines Dingelstedt übernehmen und in einem neuen modernen kühnen Bogen weiterführen sollen. […] Ich wiederhole Ihnen meine Worte vom Frühjahr: […] es steht Ihnen jede Chance, auch die letzte und größte, offen.[10]

Lindtberg reagierte auf dieses Angebot, das er als »bestürzend und hinreißend zugleich« bezeichnet, zurückhaltend: »[…] ich sehe mich in der undankbaren Rolle des Raisonneurs, die mir im Grunde gar nicht liegt.« Zunächst verwies er auf seine vertragliche Bindung an die Praesens-Film, deren Hollywood-Projekte verbindliche Terminabsprachen vorerst unmöglich machten. Darüberhinaus hatte Lindtberg prinzipielle Bedenken. Einerseits wollte er sich gerade zu diesem Zeitpunkt auch andere Optionen offenhalten:

Verbinde ich mich einmal dem Burgtheater und denke ich dabei wirklich an die »Möglichkeiten«, von denen Sie schreiben, muß ich wohl alle anderen Pläne aufgeben, die regelmäßige Arbeit in der Schweiz, die gelegentliche in Amerika und den Film. Denn eine solche Arbeit verlangt den ganzen Menschen. Welche Entscheidung!

Andererseits zweifelte Lindtberg von Anfang an am Mythos der sogenannten Stunde Null und schätzte die Wiener Nachkriegsrealität realistischer als viele andere ein:

Aber müßte ich da nicht wirklich zuerst wissen: passen das Burgtheater und ich zusammen? Ist es wirklich ein erreichbares Ziel, was Sie mir so schön vor Augen stellen: das stolze Erbe anzutreten der großen Namen, die Sie nennen und es gar in einem kühnen modernen Bogen weiterzuführen – oder muß ich mir klar machen, nach meiner menschlichen und künstlerischen Struktur gehöre ich nicht ans Burgtheater und es steht mir bestenfalls bevor, ein anderes Erbe anzutreten, um das ich niemanden beneide, und eine Kette von anderen Namen zu verlängern, die uns zwar in naher aber wenig rühmlicher Erinnerung sind?[11]

Hilbert versuchte mit großer Energie alle Bedenken zu zerstreuen; ausdrücklich versicherte er, daß Lindtberg »auf keinen Fall [...] durch die Umstände gezwungen sein«[12] würde, durch die Nazizeit belastete Künstler weiter zu beschäftigen. Er bat Lindtberg, so bald als möglich am Burgtheater zu inszenieren, um sich an Ort und Stelle ein Bild zu machen.

So kam am 15. Juni 1947 als erste Inszenierung Leopold Lindtbergs am Burgtheater *Hamlet* mit Albin Skoda in der Titelrolle heraus. Die Produktion beanspruchte die Kräfte des Burgtheaters stark und stand durch eine Erkrankung Skodas und Lindtbergs Filmverpflichtungen unter großem terminlichen Druck, was bei Teilen der Presse Ressentiments gegen den Gastregisseur hervorrief, der sich seiner Verpflichtung angeblich nur »en passant«, »in aller Eile«[13] entledigte. Übereinstimmend stellte man fest, daß die Schauspieler unter der starken Führung des Regisseurs zu neuen, ungewohnten Ausdrucksmitteln fanden und Lindtberg den »konventionellen, rhetorischen Stil des Burgtheaters«[14] aufzubrechen verstand; über die Interpretation des Stückes gingen die Meinungen weit auseinander. Die *Welt am Montag* vermißte die »Weltanschauung«, zog mißtrauisch eine Verbindung zum *Mutter Courage*-Gastspiel und witterte den Einfluß des (vorgeblich »nihilistischen«) Autors Brecht überall: »Sehr symptomatisch für unsere Zeit [...], daß diese *Hamlet*-Aufführung im Nichts steht. [...] Der Shakespearsche Hamlet wird so zu einem Sohn der Mutter Courage und ihres Nihilismus. [...] Dieser Hamlet [...] glaubt an nichts.«[15]

Für die *Furche* hingegen hat die Inszenierung Aktualitätsbezug,

> *weist Lindtbergs Regieführung bereits auf den Hamlet der Zukunft hin – auf jene große Tragödie des »Politischen«, des unerbittlich geschlossenen Zusammenhangs einer herrschenden Gesellschaft in Schuld und Sühne, in der Verpflichtung, gemeinsam zu büßen für die Untaten jedes einzelnen Gliedes.*[16]

Die *Wiener Bilderwoche* wiederum war dankbar, daß das Stück *nicht* aktualisiert worden sei:

> *[...] das bewußte, fast obstinate Festhalten an der Tradition [...] ist aber gerade in einer Zeit, da die Zerstörung von Kul-*

turwerten in einem unvorstellbaren Maße erfolgte, vielleicht der einzig richtige Weg, die einstige Größe wieder zu erarbeiten.[17]

Besonders die letzte der zitierten Kritiken war bezeichnend für die künftige Aufnahme von Lindtbergs Inszenierungen in Wien und wurde seinen künstlerischen Intentionen sicher nicht gerecht. Eine Vereinnahmung durch die restaurative Kulturkritik stand im Widerspruch zur künstlerischen Biographie des Regisseurs. Denn um ein Festhalten an der Tradition ging es Lindtberg keineswegs: Mit den prägenden Eindrücken des politischen Theaters aus dem Berlin der zwanziger Jahre hatte Lindtberg in Zürich »rein aus der Notwendigkeit von Ort und Zeit«[18] gemeinsam mit den Kollegen einen Stil entwickelt, der als »operative Ästhetik des Widerstands« in die Theatergeschichte eingegangen ist und dem »Reichstheaterstil« des Dritten Reichs entgegenarbeitete. Am Burgtheater hingegen hatte sich die überhöhte Theatralik des 19. Jahrhunderts gehalten: Noch als Kind erlebte Lindtberg hier einen Schauspieler, der, als Tempelherr in *Nathan der Weise*, »kaum hörbar vor sich hinsäuselnd, minutenlang die Augen geschlossen hielt«, und fand nach eigener Aussage bald heraus, »was an so sentimentalem, selbstverliebten Theaterspielen falsch war. [...] Als ich 1947 meine Tätigkeit an dieser Bühne begann, hatte ich mit eben dieser Unart noch meine liebe und lange währende Not.«[19]

Diese »Unart« hatte Lindtberg vor zu bekämpfen: Er verstand »Klassiker« nicht als entrücktes Bildungsgut, sondern als gegenwartsrelevante Theatertexte von politischer Aussagekraft, er hielt Schauspieler zu realistischen Darstellungsmitteln an und fand unkonventionelle Besetzungen.

Deutliche Aktualisierungen und Stilexperimente lehnte er allerdings ab, da sie seiner Meinung nach die Aussagekraft eines Stückes nur reduzieren und banalisieren konnten. Ihm ging es immer in erster Linie um das Herausarbeiten der Inhalte, der Ziele der von ihm inszenierten Theatertexte:

Bewußter Verzicht auf jede Art von eitler Originalitätssucht und von voreiliger literatenhafter Stildogmatik. Das Theater als reproduktive Kunst kann sich immer wieder nur in dem ebenso bescheidenen wie mühevollen Prinzip der Werktreue neues Leben und neue Wegweisung holen. Werktreue ist, richtig verstanden, kein musealer Begriff. Werktreue heißt, den geheimen Willen des Dichters gelten zu lassen. Im Streitfall zwischen Dichter und Regisseur hat fast immer der Dichter recht. Werktreue heißt, den Weg zu suchen, um das Gleichnis, das jeder großen Dichtung innewohnt, in seiner reinsten Form mit den Mitteln unserer Zeit darzustellen. Das »Moderne« kann sich nur von selbst verstehen, man kann es ebensowenig »wollen« wie das »Originale«.[20]

Lindtberg verstand das Bekenntnis zur »Werktreue« bzw. »Sachbezogenheit« nicht als Einschränkung seiner künstlerischen Freiheit und schon gar nicht als Restauration althergebrachter Theatertraditionen. Er mißtraute aber Stilexperimenten, die seiner Meinung nach Versatzstücke des »Reichstheaterstils« unbeabsichtigt weitertransportierten: »Erbfolge: Nazizeit – Neoexpressionismus – mündet im Treten auf der Stelle, Provokation, Nihilismus, l'art pour l'art.«[21]

Die Erleichterung der Presse über Lindtbergs scheinbares »Festhalten an der Tradition« – formal führte er ja keine schmerzhaften Neuerungen durch – verschaffte ihm allzubald Anerkennung von konservativer Seite. Diese Diskrepanz zwischen Lindtbergs künstlerischen und ethischen Ansprüchen einerseits und der Rezeption seiner Inszenierungen sowohl durch das Publikum an Österreichs erstem Staatstheater als auch durch die führenden Kulturjournalisten andererseits, sollte bis zuletzt bestehen bleiben. »Das heißt, Lindtberg schmuggelt gleichsam das Neue seiner Interpretation unauffällig auf die Bühne.«[22] So charakterisierte Piero Rismondo durchaus liebevoll Lindtbergs Stil anläßlich des 80. Geburtstags des Regisseurs. Als leicht zu übersehende »Schmuggelware« war das »Neue« auch am Burgtheater willkommen, solange es sich in einen leicht konsumierbaren Rahmen einfügte.

Egon Hilbert war nach dem *Hamlet* mehr denn je überzeugt, in Lindtberg den geeigneten Mann für die Leitung des Burgtheaters gefunden zu haben und unternahm einen neuerlichen Vorstoß, ihn zur Direktionsübernahme zu überreden; aber bereits im Oktober 1947 mußte er sich damit begnügen, ihn für eine kontinuierliche Regietätigkeit zu gewinnen. Im Juni 1948 brachte Lindtberg eine Neufassung von Hofmannsthals *Der Turm* heraus.

Die Direktionsfrage war noch ungelöst. Hilbert wollte einen Exilanten zum Direktor machen, um damit einen politisch unbelasteten künstlerischen Neuanfang zu signalisieren. Nachdem Lindtberg abgelehnt hatte und der neue Kandidat Ernst Lothar, der aus den USA nach Wien zurückgekehrt war, auf heftige Ablehnung des Ensembles stieß,[23] einigte man sich auf den burgtheatererfahrenen Josef Gielen, der aus dem argentinischen Exil zurückgekehrt war und mit 16. Oktober 1948 die Direktionsgeschäfte übernahm. Gielen holte Berthold Viertel als Regisseur ans Haus und auch mit Lindtberg war eine weitere enge Zusammenarbeit abgesprochen. Ausgerechnet zu Gielens Amtsantritt erfuhr Lindtbergs Skepsis an einer »Stunde Null« am Burgtheater eine Bestätigung: Gielen und Hilbert holten Werner Krauß ans Burgtheater zurück. Krauß war unter anderem durch seine Mitwirkung an dem antisemitischen Hetzfilm *Jud Süß* und als Hauptdarsteller in Lothar Müthels berüchtigter antisemitischer Burgtheaterinszenierung des *Kaufmanns von Venedig* 1943 ein willfähriges und wirksames Werkzeug der Propaganda des Dritten Reichs gewesen und nach 1945 vorübergehend mit Auftrittsverbot belegt. Da er kein Parteimitglied war, wurde er 1947 problemlos »entnazifiziert«. Lindtberg erfuhr von Krauß' Engagement im Sommer 1948 aus der Zeitung und fragte fassungslos beim Burgtheater an, ob diese Meldung den Tatsachen entspräche, weil er in diesem Fall

> *für mich persönlich die Konsequenzen daraus werde ziehen müssen. […] Sie wissen, daß ich es vermieden habe, dem Burgtheater in Besetzungsfragen Schwierigkeiten zu bereiten und [...] auch die kleinen Nazis […] geschluckt habe, aber es gibt Fälle, wo Kompromisse meinem Gefühl nach unerträglich sind. Zu diesen Fällen gehören Harlan und Werner Krauß. […] Eines ist tragisch und unverständlich: Ist die Nachricht unwahr, warum dementiert das Burgtheater nicht sofort? und ist sie wahr, warum finden sich nicht zwanzig, dreißig anständige Schauspieler, Kritiker, Direktoren und Schriftsteller, die erklären: wir bedanken uns! Wir* wollen *den Herrn nicht in Wien haben?*[24]

Burgtheaterdirektion und Bundestheaterverwaltung konnten die Meldung nur bestätigen. Egon Hilbert argumentierte wie viele andere mit der angeblichen politischen Naivität des Schauspielers und bat Lindtberg um Verständnis:

Wir wissen […], daß Werner Krauß kein böser und schlechter Mensch, dafür aber ein großer Künstler ist. Ja, ein Held war Werner Krauß nicht, das gebe ich zu, aber einen Mangel an Zivilkurrage [!] mit dem Abschneiden der Existenz zu quittieren, ist bisher nur das traurige Verdienst eines Hitler gewesen. Außerdem hat Werner Krauß gesühnt, denn für so ein beachtenswertes Talent, wenn es noch dazu im 66. Lebensjahr steht, ist es schon eine schwere Bestrafung, drei Jahre lang nicht auf der Bühne stehen zu dürfen. […] Ich verstehe Ihren Standpunkt und bitte Sie trotzdem, auch den meinen zu verstehen und – Wien nicht den Rücken zu kehren.[25]

Diese grobe Verharmlosung war für Lindtberg unbegreiflich. Er bat die Direktion dringend, Krauß wenigstens zu einer öffentlichen Erklärung aufzufordern, in der sich dieser vom Nationalsozialismus distanzieren solle. Eine solche Erklärung gab Krauß zeitlebens nicht ab. Dafür kommentierte er Lindtbergs Empörung in seinen 1958 erschienenen, unverhohlen antisemitisch gefärbten Memoiren mehr als spöttisch:

Es ist mir gesagt worden, sogar von Hilbert selbst, […] Leopold Lindtberg hätte gesagt: »Wenn der Krauß hier engagiert wird, verlasse ich das Burgtheater« – »Da ist mir aber der Krauß wichtiger«, sagte Hilbert. […] Aber Lindtberg inszeniert immer noch am Burgtheater.[26]

Lindtberg wurde zum Bleiben überredet: »[…] das Burgtheater zu verlassen, lieber Lindtberg, hieße das Kind mit dem Bade auszuschütten […] Wir wollen versuchen, versöhnlich, und doch charaktervoll zu sein!«[27] Gerade in den Jahren der Direktion Gielen, den er sehr schätzte, wandte er sich aber verstärkt anderen Aufgaben zu, inszenierte drei Jahre gar nicht und insgesamt nur viermal am Burgtheater: *Peer Gynt* (1952), *Viel Lärm um nichts* (1953), *Und das Licht scheinet in der Finsternis* (1953, hier sprang Lindtberg für den inzwischen verstorbenen Berthold Viertel ein) und *Minna von Barnhelm* (1954). Mit

Werner Krauß vermied er jeden Kontakt, noch Jahre später beschäftigte er sich öffentlich mit dessen antisemitischer Darstellung des Shylock in Müthels Inszenierung des *Kaufmanns von Venedig*[28] (von der der Schauspieler behauptete, sie wäre nicht anders gewesen als unter Reinhardt) als einem Paradebeispiel für den Mißbrauch von darstellerischen Mitteln. Als Gielens Nachfolger Adolf Rott Lindtberg 1958 telegrafisch dringend bat, dennoch mit Werner Krauß den *König Lear* zu inszenieren – vom künstlerischen Standpunkt her sicher eine reizvolle Aufgabe –, lehnte der Regisseur postwendend ab: »Gründe allzu bekannt«[29]. Nicht ohne Rott daran zu erinnern, daß das Stück ursprünglich mit ihm, Lindtberg, abgesprochen gewesen war – allerdings mit Ewald Balser in der Titelrolle. Rott übernahm daraufhin selbst die Regie und bescherte Krauß seine legendäre letzte Altersrolle. Lindtberg, der durch Zufall den Schluß einer Probe zu sehen bekam, räumte ein, daß »das überwältigend gut gespielt«[30] war.

Im Verlauf der Diskussionen um Werner Krauß glaubte das Burgtheater tatsächlich Anlaß zu haben, Lindtbergs Abgang zu befürchten:

> *Das ist aber eine traurige Nachricht, daß Sie im November an der Scala statt am Burgtheater inszenieren wollen. Hoffentlich ist es doch nicht eine dauernde Verstimmung, wegen des Engagements von Werner Krauß […].*[31]

Tatsächlich war die »Scala« für Lindtberg wahrscheinlich nie als Alternative zum Burgtheater in Betracht gekommen; er hatte sich längst für das etablierte Staatstheater entschieden. An der »Scala« zu arbeiten, auch, wie in Lindtbergs Fall, nur für kürzeste Zeit, bedeutete aber jedenfalls ein Politikum und gewann durch das zeitliche Zusammentreffen mit der Affäre Krauß noch an Bedeutung.

An der »Scala« erarbeitete man zahlreiche Stücke neu, die Lindtberg in Zürich inszeniert hatte, teilweise mit ähnlicher Besetzung. Lindtberg selbst gastierte an der »Scala« nur dieses eine Mal, bei Brechts *Mutter Courage und ihre Kinder*, und nahm sich für diese Arbeit nur wenige Tage Zeit. Das Stück wurde »neu erarbeitet vom Team der Zürcher Uraufführung, Leopold Lindtberg, Teo Otto, Therese Giehse«[32]. Obwohl das

Burgtheater mit Lindtberg damals nur Stückverträge abgeschlossen hatte und es für die fragliche Probenzeit keinerlei Überschneidungen gab, wurde Lindtbergs kurzes Gastspiel nicht gern gesehen. Im selben Brief, in dem Lindtberg seine Forderung nach einer öffentlichen Distanzierung Werner Krauß' vom Nationalsozialismus forderte, sah er sich genötigt, seinen Ausflug an die »Scala« zu rechtfertigen:

Da ein Teil der Hauptdarsteller, die Bühnenbilder und die Musik[33] *identisch geblieben sind, bleibt es notwendigerweise im Prinzip meine Inszenierung. So war es verständlich, daß sich die Leitung der Scala an mich gewandt hat und daß ich mein Möglichstes tat, um eine gute Aufführung zu ermöglichen. Da ich aber nur eine gute Woche zur Verfügung stehen konnte und somit nur die Grundzüge der Inszenierung festlegen konnte, haben die leitenden Herren der Scala und ich uns geeinigt, daß ich nicht für die Regie zeichne, sondern daß die Aufführung »in der Inszenierung von L. L.« angekündigt wird. […] Mit Bert Brecht und einigen Kollegen, mit denen ich jahrelang am Zürcher Schauspielhaus gearbeitet habe und die jetzt bei »Mutter Courage« wieder mitspielen, verbindet mich eine alte Freundschaft; Frau Giehse hat die Titelrolle in dreien von mir geleiteten Aufführungen gespielt. Ich konnte also diesen Freundschaftsdienst auch mit dem Hinweis auf meine Verbindlichkeit gegen das Burgtheater nicht verweigern und bin gewiß, bei Ihnen Verständnis für meine Haltung zu finden.*[34]

Die Presse reagiert auf diese Neuinszenierung weniger begeistert als anläßlich des Zürcher Gastspiels zwei Jahre zuvor. Der Aufführungsort »Scala« allein sorgte schon für politische Polemik. Hans Weigel, dem das Stück 1941 und 1946 »gut gefallen«[35] hatte, entdeckte seine Abneigung gegen Brecht und wurde in der Folge zu einem der wichtigsten und aggressivsten Proponenten des Brecht-Boykotts. Der »Scala« war der Kalte Krieg erklärt worden.

1948 sagte Lindtberg in einem Interview über die »Scala«: »Ein Theater, an dem so vorbildlich gespielt wird, braucht keine Zukunftssorgen zu haben. […] wer für das Volk spielt, hat die Krise besiegt.«[36] In der Phase des entscheidenden Kampfes um die Erhaltung des Theaters wurde Lindtberg aber Mangel an Engagement und Solidarität den ehemaligen Kollegen gegenüber vorgeworfen.[37] Tatsächlich sind gegen die drohende Schließung der »Scala« 1956 zahlreiche Protestbriefe, auch von konservativer Seite, bekannt (zum Beispiel von Ernst Lothar und Paula Wessely),[38] jedoch keiner von Leopold Lindtberg. Diese Widersprüche lassen sich ebensowenig auflösen wie die in Lindtbergs Verhalten im Brecht-Boykott. 1946 wollte Egon Hilbert gemeinsam mit Lindtberg auch Brecht nach Wien holen, in der Hoffnung, daß »sich in der geistig verödeten Hauptstadt Österreichs ein Kreis von Menschen bilden ließe, von dem Anregung und Produktivität ausginge.«[39] Brecht seinerseits hatte Lindtberg geraten, das Angebot des Burgtheaters anzunehmen und dort »Aristophanes, Wedekind und seinen *Galilei* mit Fritz Kortner zu spielen.«[40] Von Lindtbergs Uraufführung der *Mutter Courage* übernahm Brecht wesentliche Elemente in seine Modellinszenierung. Lindtberg wiederum suchte und fand bei Brecht »Aufschluß über die Frage, wie Klassiker zu spielen seien«[41] und berief sich auf dessen Schriften. Im Brecht-Boykott exponierte er sich nicht. Auf die Umfrage der Zeitschrift *Forum* »Soll Brecht im Westen gespielt werden?« antwortete er kurz und eigenwillig, daß Brecht seine wesentlichen Werke vor 1947, also nicht im Osten, geschrieben hätte und, abgesehen vom Berliner Ensemble, im Osten ohnehin weniger als im nichtdeutschsprachigen Westen gespielt werde: »Also spiele man ihn!«[42] Das rief den heftigen Protest der *Weltbühne*[43] hervor, die Brechts Pflege im Osten verteidigte. Den drei Hauptvertretern des österreichischen Brecht-Boykotts war Lindtberg zeitlebens freundschaftlich verbunden. An Friedrich Torberg übte er rückblickend nur sehr behutsam Kritik:

> *Torbergs Auseinandersetzung mit dem künstlerischen Aspekt der Sache verschob sich im weiteren Verlauf auf ideologisches Gebiet, geriet zur parteipolitischen Polemik und konnte somit der theatergeschichtlichen Bedeutung des neuen Stilprinzips nicht gerecht werden.*[44]

In einer unveröffentlichen Variante dieses Aufsatzes bezeichnete er Torbergs Position als »zu starr« und auf »kurzsichtiger Interpretation« beruhend.[45] Mit Hans Weigel, dem er sich aus den Zeiten des Schweizer Exils verbunden fühlte, geriet Lindtberg immer wieder in heftige Auseinandersetzungen. Lindtberg nahm ihm die Herausgabe der Krauß-Memoiren (»eine unfaßbare Schmach und Charakterlosigkeit«) ebenso übel wie den Zeitungsartikel »Es gibt keine Juden«, in der Weigel es ablehnt, als Jude bezeichnet zu werden, da er bereits als Jugendlicher »aus der mosaischen Glaubensgemeinschaft ausgetreten« sei. »[A]us einer Schicksalsgemeinschaft«, schrieb Lindtberg, »kann man nicht austreten; als anständiger Mann versucht man es auch gar nicht.«[46]

Auch über die Rechte an einer gemeinsamen Bearbeitung von *Lumpazivagabundus* gab es Differenzen, dennoch arbeitete Weigel immer wieder an neuen Nestroy-Inszenierungen Lindtbergs mit.

Als der Brecht-Boykott bereits unhaltbar geworden war, erschien eine Zeitungsmeldung, die fälschlicherweise eine Inszenierung der *Mutter Courage* mit Paula Wessely in der Titelrolle und Leopold Lindtberg als Regisseur am Burgtheater ankündigte.[47] Das Burgtheater dementierte postwendend, und zwei Monate später hielt es Direktor Ernst Haeusserman für notwendig, Lindtberg in einem Artikel zu dessen 60. Geburtstag vor dem Verdacht allzu großer Brecht-Sympathien zu schützen, indem er ihm die von Brecht-Gegnern erfundene Unterscheidung zwischen dem Dichter Brecht (der achtenswert war) und dem gefährlichen Kommunisten Brecht unterschob:

> *Seine [Lindtbergs] künstlerische Verbundenheit mit dem Werk Bert Brechts kann hier nicht unerwähnt bleiben. Gerade hier nicht, wo die Entscheidung, Brecht erst dann zu spielen, wenn die Aufführung seiner Stücke kein Politikum mehr darstellt, wenn der Dichter Brecht, um den allein es auch Lindtberg geht, als Dichter gespielt werden kann. Dann wird das Burgtheater ihm diese Aufführungen vorbehalten.*[48]

Zu einer Brecht-Inszenierung Lindtbergs am Burgtheater kam es freilich nie.

Pläne, bei Wolfgang Langhoff, dem ehemaligen Kollegen aus Zürich, am Deutschen Theater oder bei Brecht am Berliner Ensemble zu inszenieren bzw. die Regie eines Films nach der *Mutter Courage* zu übernehmen, zerschlugen sich, erst wegen Terminschwierigkeiten, wie Lindtberg berichtet, schließlich wegen der gespannten Atmosphäre des Kalten Krieges.[49] Ein Licht auf Lindtbergs selbstkritische und differenzierte Haltung in dieser Phase wirft ein Briefwechsel mit Mathilde Danegger. Die Schauspielerin, Kollegin aus Zürich und Tochter von Lindtbergs erstem Schauspiellehrer, forderte ihren alten Freund auf, am Deutschen Theater zu inszenieren und riet Lindtberg dabei sicherheitshalber zu einem unpolitischen Stück. »Bindungen irgendwelcher Art brauchst Du nicht einzugehen.«[50] Lindtberg machte sich die Antwort nicht leicht und ließ sich für seinen Brief ungewöhnlich lange Zeit. Was Mathilde Danegger von ihm verlange, schrieb er schließlich, sei »nicht mehr und nicht weniger als eine Lebensentscheidung«, zu der er »nicht bereit« sei, da

> *beide Pole der Entscheidung in Wahrheit nicht feindliche Pole sind, sondern künstlich dazu gemacht werden. […] Ich kann nicht die eine Seite hassen und nicht die andere. Ich kann allenfalls die eine mehr fürchten als die andere. […] Es [eine Arbeit im Osten, N. M.] wäre ein Bekenntnis und würde von beiden Seiten so verstanden werden, wo immer ich nachher im Westen auftauchte, ich müßte damit rechnen, von Verwaltungsräten, Zeitungen, städtischen Verwaltungsbehörden die Frage zu vernehmen: ist es der Theaterleitung bekannt, daß Herr L. sich zur Politik des Ostens bekannt hat? An Belegen würde es eure Presse nicht fehlen lassen. Nach kurzer Zeit müßte ich umgekehrte »Bekenntnisse« ablegen oder höflich bei euch anfragen, ob ihr mich trotz meiner bekannten ideologischen Schwächen bei euch aufnehmen wollt, oder den Wechsel zu einem anonymen Beruf vollziehen. […] Und bei Euch ein unpolitisches Stück inszenieren? Um zu hoffen, dabei mit einem blauen Auge davonzukommen? Nein, Du weißt, wie gerne ich politische Stücke inszeniere! Zu denen will ich aber auch wirklich stehen können. Der langen Rede kurzer Sinn: Laßt mich, wo ich bin, es mißfällt mir zur Genüge.*[51]

1951 wurde Leopold Lindtberg nach langem Bemühen die Schweizer Staatsbürgerschaft zuerkannt. Seine Theatertätigkeit erstreckte sich mittlerweile über den ganzen deutschsprachigen Raum, wobei er Zürich und Wien immer als seine beiden Hauptaufgabengebiete ansah.

Als der Leiter der Bundestheaterverwaltung Egon Hilbert durch Ernst Marboe abgelöst und Adolf Rott, seit Jahrzehnten Hausregisseur, durch eine politische Rochade an Stelle von Josef Gielen zum Burgtheaterdirektor gemacht wurde, bedauerte Leopold Lindtberg diese Entwicklung sehr und fürchtete einen künstlerischen und gesellschaftspolitischen Rückschritt. Er schrieb an Josef Gielen:

Was Sie, Viertel, und im bescheidenen Maße ich für die Entwicklung des Burgtheaters getan haben, wird [...] in kürzester Zeit einer dubiosen Vergangenheit angehören, an die nur wenige mit Wehmut denken werden.[52]

Gielen drängte ihn, unbedingt weiter am Burgtheater zu bleiben,[53] was auch geschah. Am 9. März 1955 inszenierte Lindtberg mit großem Erfolg Grillparzers *Der Traum ein Leben.* Doch der Kontakt zur neuen Direktion wird bald getrübt; eine Terminkollision zeigt, daß Pragmatismus über künstlerische Überlegungen gestellt wurde und Schauspieler am Burgtheater nach wie vor einen höheren Stellenwert hatten als Regisseure. Rott hatte Lindtberg die Regie für Raimunds *Verschwender* übertragen, die als vierte Premiere im wiedereröffneten Haus am Ring feierlich herausgebracht werden sollte. Der vielbeschäftigte Lindtberg, dem gerade an diesem Stück sehr viel lag, hielt sich dafür eine ungewöhnlich lange Zeit frei. Als jedoch Ewald Balser, der König Ottokar der Eröffnungspremiere, einen Filmurlaub bewilligt bekam, geriet die Probenplanung des Burgtheaters ins Wanken. Nach langen Verhandlungen, in denen Lindtberg immer wieder betonte, daß es ihm um das Stück und nicht um die Ehre des Anlasses ginge, er es also auch zu einem anderen Zeitpunkt inszenieren könnte, wurde der *Verschwender* dem Hausregisseur Franz Reichert mit der Begründung übertragen: »aber letzten Endes ist ja das Theater wichtiger als die Person.«[54]

Dennoch strebten das Burgtheater und Lindtberg eine engere Bindung an, zu der es ein Jahr später endlich kommen sollte. 1956 – also im Jahr, in dem die »Scala« geschlossen wurde – schloß Lindtberg einen fixen Vertrag mit dem Burgtheater ab. Diese Verbindung – die Verpflichtung zu mehreren Inszenierungen pro Jahr – wurde immer wieder erneuert und sicherte

Lindtberg nach einigen Kämpfen auch den Anspruch auf eine österreichische Pension, die ihm sehr wichtig war.

Im Jahr dieses Vertragsabschlusses inszenierte er – nun zum ersten Mal im wiedereröffneten Haus am Ring – Shakespeares *Maß für Maß*. Dabei nahm er die Tatsache, daß das Stück in einem exotischen Wien spielt, beim Wort: Teo Otto stellte eine Wien-Silhouette mit Stephansdom auf die Drehbühne, das »Volk« sprach deftiges Wienerisch. »Unser schönes Wien – jetzt muß man schon wieder politisch umdenken!«[55] – diese Worte legte Lindtberg, der seine Stücke stets kräftig zu bearbeiten pflegte, in seiner Fassung der Baudissinschen Übersetzung der Kupplerin in den Mund. In einer solchen Interpretation des Stückes über Gesetzesauslegung, Machtmißbrauch und Gewalt sahen aber nur wenige Kritiker mehr als einen Gag. Friedrich Torberg erkannte die feinen Übergänge zwischen Komik und Tragik und lobte das beispielhafte Zusammenspiel von Bühnenbild und Regie:

> *Die Bühnenbilder Teo Ottos wirken noch im Gegenständlichsten ein wenig verspielt, noch im Klarsten ein wenig zwielichtig, noch im Heitersten ein wenig makaber – und vice versa. Auf solche Doppeldeutigkeit aber hatte auch Leopold Lindtberg seine Inszenierung angelegt.*[56]

Aktualitätsbezug ortete zwar auch Heinz Kindermann in seiner Kritik, die er mit dem Stückzitat »Wir sind alle der Versuchung Erben …« übertitelte: »Unser Zeitalter freilich begreift den tiefen Sinn dieses Spiels besonders gut, weil wir zuviel an Machtmißbrauch miterlebten, als daß uns nicht Shakespeares Anliegen sofort naheginge.«[57] Aber der durch seine NS-Vergangenheit schwer belastete Theaterwissenschafter Kindermann sah die Traditionslinie dieses Stückes am Burgtheater ungebrochen: Von Josef Kainz als Angelo (unter Friedrich Krastels Spielleitung 1902) über Iwan Schmiths Inszenierung 1930 (mit Paul Hartmann) zu Lothar Müthel. Dieser griff

> *in seiner Neuinszenierung – wie die jetzige – zu Baudissins überaus gelöster, fast wortmusikalischer Übertragung zurück. […] Es gibt also große und interessante Vorgänger. Wenn wir feststellen dürfen, daß die heutigen Darsteller sich ebenbürtig neben sie stellen, ist damit ein hohes Lob ausgesprochen.*[58]

Ausgerechnet durch den Vergleich mit Lothar Müthel will auch Oskar Maurus Fontana die neue Inszenierung loben: »Das Wienerische als Illustrationsreiz nützten Iwan Schmith und Lothar Müthel für ihre Burgtheaterinszenierungen [...]. Leopold Lindtberg knüpft in seiner [...] wieder an das Wienerische an [...].«[59]

Matejka hatte Lindtberg als Antipoden zu Müthel nach Wien geholt, nun inszenierten die beiden Regisseure nicht nur nebeneinander in Wien – Müthel brachte zur selben Zeit *Bernarda Albas Haus* im Theater in der Josefstadt heraus –, Lindtberg mußte sich auch als Epigone Müthels bezeichnen lassen. Damit schloß sich der Kreis, der durch die Aufbruchsbereitschaft der unmittelbaren Nachkriegszeit kurz durchbrochen schien. Die Tatsache, daß Müthel 1940 keineswegs das »Wienerische« an *Maß für Maß* herausgearbeitet, sondern ganz im Gegenteil jeden Hinweis auf Wien eliminiert und den Schauplatz »Vienna« genannt hatte – eine Tatsache, die von der damaligen Kulturberichterstattung für eine Polemik gegen England genutzt wurde[60] –, ist in diesem Zusammenhang nur ein weiteres bezeichnendes Detail und zeigt an einem Musterbeispiel die Fähigkeit einiger institutionalisierter Kulturkritiker zu »doppelter« Verdrängung.

Als Lindtberg 1958 schließlich noch einmal neben Ernst Haeusserman als Kandidat für die Burgtheaterdirektion im Gespräch war, verwies er diesen Gedanken ins »Reich der Utopie«. Er war überzeugt, daß es

> *keinen Sinn hätte, sein Herz an diese Stadt und an dieses Theater zu binden. Ich hätte sicherlich noch die innere Kraft dazu und würde mich mit allem, was an mir dran ist, in eine solche neue-alte Liebesbeziehung werfen, aber weiß ich nicht aus tausend Erfahrungen genau, wie solche Beziehungen ausgehen? Es ist eine schöne Stadt, eine fruchtbare Stadt, aber keine gute Stadt. [...] ich bilde mir ein, daß ich als ein unabhängiger Mensch, der gegebenenfalls durch ein kleines Lüpfen des Huts auf Nimmerwiedersehen sagen kann – was mir noch lange Zeit erspart bleiben möge – bessere Arbeit leisten kann.*[61]

Lindtberg wußte die günstigen Arbeitsmöglichkeiten, die großzügigen finanziellen Möglichkeiten, die große Auswahl an guten Schauspielern in Wien zu schätzen. Er kam gerne – als

Gast – und blieb dem Burgtheater bis zu seinem Tod verbunden. Gerade in der Ära Haeusserman konnte er seine berühmtesten und ehrgeizigsten Projekte am Burgtheater verwirklichen, zum Beispiel *Die Jungfrau von Orleans*, die *Wallenstein*-Trilogie, *Beckett oder die Ehre Gottes*, *Das Goldene Vlies*, den Königsdramen-Zyklus, *Nathan der Weise*, *Das Mädl aus der Vorstadt*. Illusionen über seine Funktion im österreichischen Kulturleben machte er sich allerdings keine mehr:

> *Ich weiß, daß ich da durch irgendeinen Glücksfall für ein paar Jahre eine Art von kollektivem Wiedergutmachungsobjekt war und ich weiß, wie undankbar und vergänglich gerade die Wiener Popularität ist, immerhin hat sich nach ein paar Jahren erwiesen, daß doch weitere Kreise, als ich erwartet habe, für die Vorstellungen zu erschließen waren. […] Sie kamen wahrscheinlich gerade zur rechten Zeit, da die liebe Wienerstadt, wie es so alle 15 bis 20 Jahre geht, sich selbst für eine Weile über hatte und nach Neuem schielte. Und ich bin als Auslandsösterreicher fast haargenau das, was man früher in Wien das koschere Chaserfüssl zu nennen pflegte.*[62]

ANMERKUNGEN

1 Vgl. Hilde Haider-Pregler: Willkommene Heimkehrer? Die Rezeption des Schweizer Exiltheaters in Österreich. – In: Ausgangspunkt Schweiz. Nachwirkungen des Exiltheaters. Hg. Christian Jauslin u. Louis Naef. Willisau 1989, S. 183-209.

2 Leopold Lindtberg (L.L.) an George Morton, 10.1.1946. Stiftung Archiv der Akademie der Künste, Berlin, Leopold-Lindtberg-Archiv (LLA). Das LLA ist noch nicht aufgearbeitet, Zitate aus dem Bestand erfolgen daher ohne nähere Spezifizierung.

3 Hans Hoffmann/Rudolf Lanik-Theatergeschäftsbüro, 1.6.1933. LLA.

4 Viktor Matejka an L.L., 2.2.1946. LLA.

5 Egon Hilbert (Bundestheaterverwaltung [BThVw.]) an L.L., 18.3.1946. LLA.

6 Vgl. Kurt Palm: Vom Boykott zur Anerkennung. Brecht und Österreich. – Wien, München 1983, S. 37ff.

7 L.L. an Erich Engel, 1.5.1946. LLA.

8 L.L. an Viktor Matejka, 1.5.1946. LLA.

9 L.L. an Egon Hilbert, 1.5.1946. LLA.

10 Egon Hilbert an L.L., 8.10.1946. LLA.

11 L.L. an Egon Hilbert. 20.10.1946. Österreichisches Staatsarchiv, BThVw. 2275/47.

12 Egon Hilbert an L.L., 27.11.1946. Österreichisches Staatsarchiv, BThVw. 2275/47.
13 Österreichische Zeitung, 17.6.1947, Hugo Huppert.
14 Welt am Montag, 23.6.1947, Oskar Maurus Fontana.
15 Welt am Montag, 23.6.1947, Oskar Maurus Fontana. Zur Einschätzung Brechts als nihilistischen Autor vgl. Palm (Anm. 6), S. 33.
16 Die Furche, 21.6.1947, gez. f.h.
17 Wiener Bilderwoche, 10.7.1947, gez. Zo.
18 L.L.: Aus meiner Arbeit. – In: L.L.: Reden und Aufsätze. Hg. Christian Jauslin. Zürich 1972, S. 165.
19 L.L.: Gedanken über das Burgtheater. – In: Erwin Leiser: L.L. – Du weißt ja nicht, wie es in mir schäumt. Schriften, Bilder, Dokumente. Zürich, St. Gallen 1985, S. 95. Bei dem von L.L. beschriebenen Tempelherrn handelt es sich vermutlich um Alfred Gerasch, der diese Rolle ab 1915 innehatte, damals war L.L. 13 Jahre alt.
20 L.L.: »Hausmittel« für das Theater. – In: Erwin Leiser (Anm. 19), S. 62.
21 L.L.: Aus meiner Arbeit. – In: Reden und Aufsätze (Anm. 18), S. 165.
22 Piero Rismondo: L.L. und das Burgtheater. – In: L.L. und das Burgtheater. Zum 80. Geburtstag des Regisseurs. Hg. Österreichischer Bundestheaterverband. Wien 1982.
23 »In einer denkwürdigen Vollversammlung des Ensembles, bei der Lothar vorgeschlagen wurde, hielt Adolf Rott eine Brandrede gegen ihn: Ein Amerikaner, praktisch noch in Uniform, würde nie den Konsens der Russen finden.« Ernst Haeusserman: Das Wiener Burgtheater. – Wien, München, Zürich 1975, S. 133.
24 L.L. an Karl Eidlitz, Burgtheater, 11.8.1948. LLA.
25 Egon Hilbert an L.L., 16.10.1948. LLA. Zur Entnazifizierung von Werner Krauß mit Unterstützung Ernst Lothars vgl. auch Oliver Rathkolb: Führertreu und gottbegnadet – Künstlereliten im Dritten Reich. – Wien 1991, S. 257f.
26 Werner Krauß: Das Schauspiel meines Lebens. Einem Freund erzählt. Hg. Hans Weigel. – Stuttgart 1958, S. 233f.
27 Karl Eidlitz/Direktion des Burgtheaters an L.L., 3.9.1948. LLA.
28 Vgl. L.L.: Das Metier des Regisseurs. – In: Leiser (Anm. 19), S. 19ff.
29 L.L. an Adolf Rott, Burgtheater. Telegramm, 18.6.1958, Abschrift. LLA.
30 L.L. an Adolf Rott, Burgtheater, 12.10.1958. LLA.
31 Karl Eidlitz/Direktion des Burgtheaters an L.L., 24.10.1948. LLA.
32 Therese Giehse: Ich hab nichts zum Sagen. Gespräche mit Monika Sperr. – Reinbek b. Hamburg 1976, S. 80.
33 Tatsächlich zeichnete neben Paul Burkhard diesmal auch Hanns Eisler für die Musik verantwortlich. Vgl. Palm (Anm. 6), S. 49 und Wilhelm Pellert: Roter Vorhang. Rotes Tuch. Das Neue Theater in der Scala. (In Sachen, H. 8). – Wien 1979, S. 42.
34 L.L. an Egon Hilbert, 18.11.1948. LLA.
35 Vgl. Palm (Anm. 6), S. 49f.
36 L.L. in der Österreichischen Zeitung, 1.12.1948.
37 Werner Mittenzwei: Das Zürcher Schauspielhaus 1933-1945 oder die letzte Chance. – Berlin 1979, S. 188.
38 Pellert (Anm. 33), S. 85ff.
39 L.L.: Persönliche Erinnerungen an Bertolt Brecht. – In: Reden und Aufsätze (Anm. 18), S. 122.

40 Ebd., S. 121.
41 L.L.: Aus meiner Arbeit. – In: Reden und Aufsätze. (Anm. 18), S. 165.
42 Forum, H. 57, September 1958.
43 Lothar Kusche: Offener Brief an L.L. – In: Die Weltbühne, 5.11.1958.
44 L.L.: »Kehre zurück, alles vergebens!« Ein Versuch über den Theaterkritiker Friedrich Torberg. – In: Leiser (Anm. 19), S. 129.
45 Vorträge, Friedrich Torberg. LLA.
46 Leserbrief L.L.s. – In: Heute, 13.2.1960. In derselben Ausgabe nimmt auch Friedrich Torberg gegen Weigels Artikel Stellung.
47 Express, 5.4.1962. Zit.n. Palm (Anm. 6), S. 178.
48 Kurier, 2.6.1962. Zit.n. Palm (Anm. 6), S. 179.
49 L.L.: Persönliche Erinnerungen an Bertolt Brecht. – In: Reden und Aufsätze. (Anm. 18), S. 124.
50 Mathilde Danegger an L.L., 28.11.1954. LLA.
51 L.L. an Mathilde Danegger, 9.4.1955. LLA.
52 L.L. an Josef Gielen, 4.7.1954. LLA.
53 Josef Gielen an L.L., 13.7.1954. LLA.
54 Adolf Rott an L.L., 31.5.1955. LLA.
55 Maß für Maß. Inspizientenbuch aus der Bibliothek des Burgtheaters, S. 5.
56 Kurier, 28.5.1956, Friedrich Torberg.
57 Österreichische Neue Tageszeitung, 29.5.1956, Heinz Kindermann.
58 Ebd.
59 Die Presse, 29.5.1956, Oskar Maurus Fontana.
60 Vgl. Helga Szábo: Lothar Müthel und das Wiener Burgtheater 1939-1945. – Wien, Dipl.-Arb. 1994, S. 52.
61 L.L. an Vera Balser-Eberle, 26.10.1958. LLA.
62 L.L. an Otto Zoff, 24.6.1960. LLA. »Chaser« ist der jiddische Ausdruck für Schwein.

ANGELA EDER

Künstler und Kaufleute am Theater in der Josefstadt

Die Frage, was denn nun wirklich die Bedeutung des Theaters in der Josefstadt (nicht nur) der ersten Nachkriegsjahre ausmacht, haben sich schon viele gestellt; die meisten jedoch erachteten es (mit Ausnahme der Brecht-Inszenierungen von 1946)[1] kaum für notwendig, mit eingehenderen Analysen überhaupt zu beginnen, und belassen es schlicht bei Lob oder Verdammung der fraglos erstrangigen Schauspieler der Josefstadt-Familie. Scheint die Antwort doch wie ein Tableau erster Güte auf das Papier gemalt: konservativ, traditionell, eine »liebe Familie« eben, die 1938 von ein paar einst nahen Verwandten kühl Abschied nahm, diese jedoch 1945 ohne offensichtliche Brüche herzlich wieder willkommen hieß, so als ob es ein »ganz normaler« Auslandsaufenthalt mit Engagement in der Schweiz oder in Amerika gewesen wäre. Daß der am 8. Juni 1945 designierte Direktor Rudolf Steinboeck ein noch von Heinz Hilpert an die Josefstadt engagierter Regisseur und Schauspieler war (ihm zur Seite der ebenfalls langgediente Josefstadt-Dramaturg Alfred Ibach als stellvertretender und administrativer Direktor), scheint eine solche Annahme nur zu unterstützen.

So einfach war es freilich *nicht* gewesen, nicht für die Dagebliebenen, nicht für die zurückgekehrten Exilanten und auch nicht für Steinboeck, der von 1945 bis 1953 versuchte, am Theater in der Josefstadt zeitgenössische und vor allem zeitkritische Stücke zu geben und damit das Wagnis einging, mit einem seit Reinhardt festgefahrenen Spielplan des scheinbar *völlig* apolitischen, perfekt funktionierenden Ensembletheaters zu brechen. Auf seine Verbindungen zu den österreichischen Exilanten am Zürcher Schauspielhaus ist von Hilde Haider-Pregler schon mehrmals hingewiesen worden[2], doch auch mit Oscar Karlweis, Hans Jaray, Lili Darvas und Helene Thimig-Reinhardt in den USA nahm man Kontakt auf; und es lag wohl auf der Hand, so bald wie möglich diese Freunde zurückzuholen – und mit ihnen eine beachtliche Reihe bis dahin verbotener Stücke.

Tatsächlich dominierte ab Juni 1945 am Theater in der Josefstadt neben der österreichischen Dramatik die englischsprachige Literatur. Aus mehreren Gründen: Nach der Aufteilung Wiens am 9. Juli 1945 stand die Josefstadt überwiegend unter amerikanischer Oberaufsicht, zumal ein ehemaliger Josefstadtdirektor, Ernst Lothar, Otto von Pasettis Nachfolger als Leiter der US-Theaterabteilung wurde und damit zum offiziellen »Theateragenten von US-Autoren«[3]; heimkehrende Exilanten aus den USA und Großbritannien brachten Taschen voll mit teilweise persönlichen Übersetzungen von erfolgreichen West End- bzw. Broadway-Stücken, und schließlich konnte sich, trotz aller Geldnot, das Theater in der Josefstadt immer noch eher als andere Wiener Privattheater die hohen Tantiemenzahlungen für amerikanische Stücke leisten.[4] Den Auftakt machte jedoch eine von Steinboeck langersehnte Inszenierung von J. B. Priestleys *Die Conways und die Zeit* mit einer Rekordzahl von 115 Aufführungen; ab 1946 spielte man neben anderen englischen Autoren (Noël Coward, Terence Rattigan und Emlyn Williams, Somerset Maugham und Daphne du Maurier) vor allem amerikanische Erfolgsautoren: Thornton Wilder, Tennessee Williams und Arthur Miller, John Steinbeck, William Saroyan und John van Druten. Gute Gebrauchsstücke mit guten Rollen für hervorragende Schauspieler. Doch so ganz anfreunden konnte sich die Wiener Theaterkritik nicht mit dem neuen Stil. Wilder, Williams und Huxley mochten zwar von literarischer und gesellschaftlicher Bedeutung sein, aber »wirkliches Theater« war es für vergangenheitstreue Kritikerseelen eben nicht:

Das hat mit und im Theater nichts zu tun! [...] Die Wirkung? Das Publikum? Die Familie des Theaters in der Josefstadt war sehr befriedigt. Die Wahrheit, die Unerbittlichkeit ist: noch etliche solche Stücke und die Zeitliteratur ist gerettet, das wirkliche Theater aber tot.[5]

Nach dem Tod Ibachs im Sommer 1948 blieb Steinboeck vorerst alleiniger Direktor des Theaters in der Josefstadt und des 1946 angeschlossenen Kleinen Hauses in der Liliengasse (ehemals Heimstatt des »Wiener Werkels«), »das, als avantgardistische Studio-Bühne gedacht, bis 1950 betrieben wurde.«[6]

Am 2. Juli 1948 kam es in Wien zur Unterzeichnung des Marshallplanes zwischen den USA und Österreich. Die ersten staatlich kontrollierten Importe von »Luxusartikeln« setzten ein; und die Entscheidung, ob Nylonstrümpfe oder Theaterbesuch ging in Hinkunft oft zugunsten von ersteren aus.

Wie vorauszusehen, hatte die anfängliche Theaterkonjunktur ihr Ende in dem Moment, da das Wirtschaftsleben in normale Bahnen zurückgekehrt war und man wieder alles zu kaufen bekam. Es folgte eine »Theaterkrise«, von der auch die Josefstadt nicht verschont blieb.[7]

Steinboeck trug sich mit dem Gedanken, mit seinem Ensemble ein Filmstudio aufzubauen, um so die Erhaltung des Theaters zu garantieren und beklagte, daß die »vielumstrittene Spielplangestaltung [...] ein Zeichen der betont materiellen Orientierung« sei, die das geistige Schaffen eines ambitionierten Theaterleiters drossele, »und die Auswahl der fremdländischen Werke ist den Devisen oder sonstigen Beschränkungsmaßnahmen unterworfen.«[8]

Am 15. Februar 1949 (dem alljährlichen Stichtag für Vertragsverlängerungen) kam es zu »zahlreichen Veränderungen im Personalstand der Wiener Theater«, nachdem aufgrund der anhaltenden Krise die meisten Theater zu einer Reihe von Kündigungen gezwungen waren. *Die Presse* berichtete von nicht weniger als 20 Künstlern, auf die das Theater in der Josefstadt in Zukunft verzichten würde.

Diese Bühne hat mit derzeit 64 Schauspielern das stärkste Ensemble aller Privattheater [...] Gerade dieses Theater ist mit einem Kostenetat von 65 Prozent der vollen Einnahmen zu radikalen Sparmaßnahmen gezwungen.[9]

Im *Wiener Kurier* wurden derart radikale Schritte dementiert:

Das Theater in der Josefstadt, das im Vorjahr keine Kündigungen durchführte und den höchsten Personalstand der Wiener Privattheater aufweist, wird mit einigen Schauspie-

lern, darunter Angela Salloker und Ernst Waldbrunn, den Vertrag nicht verlängern. Dagegen ist die kürzlich in einigen Zeitungen veröffentlichte Nachricht, daß Dagny Servaes, Grete Zimmer und Maria Andergast aus dem Josefstädter Ensemble ausscheiden, nicht richtig.[10]

1949 betrug die Vergnügungssteuer 7,5%, was die Theater mit Haut und Haaren »der Stadt Wien auslieferte«.[11] Die Direktoren forderten, wenn schon keine Abschaffung der Steuer in Aussicht war, zumindest eine Senkung um 3%. Viele von ihnen hatten Kredite auf den damals erst in Planung befindlichen »Kulturgroschen« aufgenommen, für deren termingerechte Rückzahlung sie persönlich hafteten.

Erste Auszahlungen von »Überbrückungskrediten zu Lasten des Kulturgroschens« fanden im August 1949 statt.[12] Das Theater in der Josefstadt erhielt 230.000 Schilling, Insel und Volkstheater je 100.000.[13] Die Überbrückungskredite mußten, wenn auch unverzinst, im Laufe des folgenden Geschäftsjahres und »nach Höhe der monatlichen Einnahmen« an Stadt bzw. Gemeinde zurückgezahlt werden.[14] Im Jänner 1950 stand fest, daß sich mit der Vergabe von Förderungsgeldern die Situation eher verschlimmert als gebessert hatte. Zu allem Überfluß waren nun beinahe alle Wiener Theaterdirektoren zu Schuldnern von Millionenbeträgen geworden, »das Wiener Kunstleben und die Stadtverwaltung« standen auf pekuniärem Kriegsfuß, und Stadtrat Mandl stellte wiederholt die Frage nach der Sinnhaftigkeit, derart hohe Kredite »in den Rauchfang zu schreiben.«[15] Dennoch erhöhte man den Kulturgroschen im Jahr 1950 von ursprünglich 800.000 auf 2,000.000 Schilling, der auf elf Spielmonate aufgeteilt wurde.

Von diesen Monatsquoten von rund 181.800 Schilling werden den nach dem Vorschlag des Theaterdirektorenverbandes in Betracht kommenden Theatern nach einem von diesem Verband vorgeschlagenen Schlüssel Höchstbeträge ausgesetzt. In Betracht kommen in der laufenden Saison, also bis 31. August 1950, folgende Theater: Theater in der Josefstadt, Volkstheater, Stadttheater, Bürgertheater, Scala und Insel.[16]

Die Josefstadt erhielt monatlich 50.000, Volks- und Bürgertheater je 44.000, die »Scala« 30.000 und die »Insel« 20.400 Schilling.

Diese Beträge liquidierte der Wiener Magistrat, das Unterrichtsministerium ersetzte nach erfolgter Auszahlung den quotenmäßigen Anteil (ein Drittel). So geschah es auch mit der Überbrückungshilfe im November 1950, die außerhalb der Monatsquote vom Unterrichtsministerium durchgesetzt wurde.[17]

Eine »Incognitoreise« von Stadtrat Mandl im Mai 1950 brachte »niederschmetternde« Ergebnisse. »Die erwartete Besuchersteigerung« blieb trotz der neueingeführten Vergünstigungsaktionen (unter anderem eine 33%ige Subventionierung von Plätzen für Besuchergruppen mit über 10 Personen[18]) aus, was von seiten der Regierung der mangelnden Anstrengung der Theaterdirektoren zu verdanken war, »den Besuch ihrer Bühnen zu steigern.«[19]

Steinboecks ständige Bemühungen, dem Publikum der Josefstadt die zeitgenössische Dramatik näher zu bringen, belohnte die Wiener Theaterkritik kaum mit Anerkennung. Seine Inszenierung von *Barbara Blomberg*, mit der Hilpert in Konstanz einen Riesenerfolg verbuchte, »während Wien wieder einmal eine Gelegenheit verschlafen hat, von sich reden zu machen«[20], war zwar »ein Griff ins volle Theaterleben« und hätte »von Rechts wegen schon im Frühjahr herauskommen müssen, wenn man sich nicht die Ehre der Uraufführung [...] hätte wegschnappen lassen«[21], doch die »zu zersplitterte Handlungsführung«[22] des Stückes wurde ebenso kritisiert wie die »Wiederbelebung eines unrettbar veralteten Ibsen-Stückes« (*Die Frau vom Meer*). Ein derartiger Spielplan ließ »auch in diesem sonst so zielbewußt geleiteten Theater auf bedenkliche Mängel schließen«: »Wann schreibt endlich ein zeitverbundener Dichter ein Stück, dessen Darstellung eine Wessely als wirklich österreichische Kunst ins Ausland tragen kann?«[23] Vorwürfe wie dieser blieben nicht ungehört: Stadtrat Mandl kündigte Preisausschreiben für junge österreichische Dramatiker an, die mit »namhaften Geldpreisen aus dem Kulturgroschen bezahlt werden« sollten und beschloß dafür radikale Kürzungen bei der Unterstützung der Wiener Privattheater; hart würde man vorgehen und in Hinkunft nur noch »tatsächliche Leistung durch Prämien belohnen«.

Es geht nicht an, so erklärte der Stadtrat, daß man ständig Theater subventioniert, die vor leeren Häusern spielen. […] Wenn ein Theater in Zukunft glaubt, irgendein wertloses [!] Stück aufführen zu müssen, dann soll es auch dafür sorgen, daß es seine Spesen decken kann. Für Ladenhüter aus der Mottenkiste wurde der Kulturgroschen nicht zurückgelegt.[24]

Zuckmayers *Barbara Blomberg* gehörte zwar nicht zu den unverkäuflichen Theatervorstellungen und war neben einer Noël Coward-Bearbeitung von Curt Goetz (*Dann lieber nach Amerika* mit Oscar Karlweis) das »beste Pferd« zu Saisonbeginn 1949/50, aber »im Schlagschatten der Burg« verfügte die Josefstadt »von Paula Wessely abgesehen«, nach Meinung der Kritik über keine Schauspielerin von Format.[25]

»Ladenhüter« an der Josefstadt waren unter anderem *27 Waggons Baumwolle* von Tennessee Williams[26], Steinbecks *Von Menschen und Mäusen*[27], Bruckners »Tragödie vom überflüssigen Menschen« *Timon*[28], aber auch Gorkis *Der Alte*. Edwin Rollett brachte es auf einen Nenner: »Das Repertoire des Theaters in der Josefstadt ist seit der ausgezeichneten *Barbara Blomberg* [...] rapide gesunken.«[29]

»Sommerliches Geplänkel« und Lustspiele in Starbesetzung verzeichneten dafür weiterhin bis zu 100 Wiederholungen[30] und trösteten die mit dem von Steinboeck eingeschlagenen neuen Weg der Josefstadt mehr als unzufriedenen Wiener Theaterkritiker, wie Edwin Rollett im Jänner 1951 anläßlich der Premiere von *Willst du nicht das Lämmlein hüten?* (Noël Langley) aufatmend bemerkte.

[Die Premiere] hat den Spielplan dieses und damit den aller Theater Wiens nach langer Zeit wieder um einen echten, guten und lustigen Schwank bereichert […]. Ein wirklich lustiger Abend, an dem oft und herzlich gelacht wurde.[31]

Arthur Millers *Tod eines Handlungsreisenden* wurde zumindest zu einem »in Wien hoffnungsvoll erwarteten« Theaterereignis, das die Debatten über zeitgenössische Dramatik aufs neue erhitzte. Rudolf Weys:

Vor solch nüchterner Tatsachenphotographie fragt man sich, schrieb Arthur Miller nur ein amerikanisches »Trümmerstück« oder eine Tragödie? Hält der Broadway heute beim

Naturalismus unserer [!] »Weber«? Ist die soziale Anklage echt oder ist vielmehr ein geistiger Nihilismus zu bedauern, der hinter dem profanen Alltag nichts mehr sieht, nicht einmal den Schatten, den Menschen und Dinge auf ihre Umgebung werfen? Solche und ähnliche Fragen drängen sich auf. Aber die Gemüter mögen sich in dem Streit, ob dieser dramatische »Bestseller« zugleich auch eine Dichtung sei, nur ruhig erhitzen! Wohl uns, es würden literarische Debatten wieder in Mode kommen, sie könnten außerordentlich helfen, die Theaterkrise zu besiegen![32]

Im April 1948 hatte Alfred Ibach den Ausführungen des provisorischen Burgtheaterdirektors Buschbeck noch widersprochen, nein, auf die Stückwahl komme es nicht an, »die Krise war vorauszusehen und durch die Geldknappheit und den leichten Warenerwerb bedingt. Sie wird aber ebenso vorübergehen. Das Ganze hat nichts mit der Auswahl der Stücke zu tun. Vor allem keine Panik hervorrufen und jetzt billige Stücke ansetzen, sondern konsequent bleiben.«[33] Zwei Jahre später sah sich Steinboeck vor die Entscheidung gestellt, entweder das Repertoire auf Komödien umzustellen, oder – wie »Insel«, Bürgertheater, Stadttheater, Renaissancetheater – dem »un ausweichlichen Untergang« tapfer entgegenzusehen.

Die Situation schien sich etwas zu bessern, als im Jänner 1951 ein Rundschreiben an die Theaterdirektoren erging, in dem eine Erhöhung der Unterstützungsgelder versprochen wurde, für die man neue Verteilungsvorschläge auszuhandeln hatte. Die lagen auch am 8. Februar 1951 im Magistrat vor, aber von den Auszahlungen der Jänner- und Februarraten war keine Spur zu sehen. »In offensichtlicher Verschleppungstaktik verlangen die Rathausherren eine sofortige Gesamtlösung. Zur Verhandlung hierüber hat Stadtrat Mandl angeblich erst am 19. März Zeit.«[34] »Generallösung der Theaterkrise unaufschiebbar. Ein konstruktiver Vorschlag zur Gesundung der Privattheater«, hieß es schließlich im April 1951.[35]

Das Theater in der Josefstadt wies mit einer Auslastung von bis zu 75% zwar immer noch Besucherrekorde auf, dennoch konnte selbst bei 100%iger Auslastung nicht auf Kostendeckung gehofft werden.

Die tägliche Belastung beträgt mehr als 80% der Einnahmen eines ausverkauften Hauses; ein Durchschnittsbesuch von 60% bis 66%, wie ihn einige Theater aufzuweisen haben, ist in Anbetracht der derzeitigen Kaufkraft bereits als respektabel zu bezeichnen. Täglich ausverkaufte Häuser von einem Theaterdirektor zu verlangen, ist lächerlich oder – volksdemokratisch: auch bei Reinhardt gab es Durchfälle …[36]

Die erhöhte Auslastung durch Abgabe verbilligter Eintrittskarten für neu hinzukommende Publikumsschichten war von vornherein ein stark umstrittenes Projekt gewesen und hatte letztlich keinerlei Erfolg gezeitigt.

Die Wiener Privattheater durch eine »genossenschaftliche Zusammenfassung« zu retten und ein »Österreichisches Städtebundtheater«[37] zu gründen, hätte wiederum »die Zerschlagung der Ensembles zur Folge« gehabt und damit ebenfalls ein »grausames Ende« für die Josefstadt bedeutet. »Es ist nun einmal nicht dasselbe, ob Paula Wessely oder Anton Edthofer in der Josefstadt oder im Stadttheater spielen. Gewinnen würde zweifellos das Stadttheater. Aber verlieren würde die Josefstadt und die Wessely ebenso wie der Edthofer.«[38]

Subventioniert mußte also werden. Die entscheidende Frage blieb eigentlich nur mehr, wieviele und vor allem welche Theater man retten würde.[39] Steinboeck versuchte weiterhin, »den geistig-künstlerischen von dem wirtschaftlichen Gesichtspunkt zu trennen«[40], und trat mit persönlichen Aufrufen an das Publikum heran. Im Programmheft zu Ernst Lothars Inszenierung des von Ferdinand Bruckner übersetzten *Tod eines Handlungsreisenden* hieß es »in eigener Sache«:

Jeder Abstrich würde eine Einbuße am künstlerischen Niveau bedeuten. Vorstellungen wie »Barbara Blomberg« wären bei rein kaufmännischer Kalkulation nicht mehr zu rechtfertigen. Demgegenüber glauben wir, daß das Wiener Publikum ein Anrecht auf die Erhaltung der künstlerischen Einmaligkeit unseres Theaters besitzt. Daß an einem so geführten Theater nichts verdient werden kann, liegt auf der Hand. Trotzdem wurde es bisher von der öffentlichen Hand wie eine reine Unterhaltungsstätte behandelt.[41]

Steinboeck konnte sich nicht mehr lange halten. Nachdem

Franz Stoß im Frühjahr 1951 Bürgertheater und Stadttheater »schuldenfrei« geschlossen hatte, erhielt er nach eigenen Aussagen einen Anruf des Unterrichtsministers Hurdes, der ihm ein eindeutiges Angebot machte:

Ich höre von so vielen Leuten, daß Sie ein besonders tüchtiger Theaterdirektor sind, der nicht nur auf die Kunst, sondern auch auf die Finanzen und die Verwaltung schaut; ein Theater wie das Bürgertheater kann ich nicht retten, aber die Josefstadt, die möchte ich retten.[42]

Stoß wurde zum Nachfolger Ibachs als finanzieller und administrativer Leiter, erhielt eine Zuwendung von 250.000 Schilling, um das Theater aus der finanziell prekären Situation zu retten und durfte überdies das Bürgertheater als Filialbühne behalten. (Im März 1953 wurde jedoch auch dieses für immer geschlossen.)

Die Schulden des Theaters in der Josefstadt waren zu diesem Zeitpunkt auf 1,5 Millionen gestiegen, so daß auch die Einführung eines von Stoß ausgearbeiteten Abonnementsystems und die optimistischen Pressekonferenzen der kommenden zwei Saisonen nicht zu den gewünschten Ergebnissen führten.

Im August 1953 hatten schließlich Franz Stoß und Länderbank-Generaldirektor Franz Landertshammer ihre erste Unterredung mit dem von Helene Thimig empfohlenen neuen künstlerischen Direktor, Ernst Haeusserman, dem »idealen« Mann für die Josefstadt: Reinhardt-Schüler und Freund der Familie, heimgekehrter USA-Exilant, Sohn eines hochangesehenen Wiener Burgschauspielers und nicht zuletzt früherer Schwiegersohn von Ernst Lothar …

Wie aber war es zu dem Gespräch in den Büroräumen der Wiener Länderbank gekommen?

Im August 1938 wurde dem Wiener Handelsgericht die neue Leitung der 1924 anläßlich von Max Reinhardts Direktionsantritt im Theater in der Josefstadt gegründeten Wiener Schauspielhaus A.G. bekanntgegeben: Die bis dahin als Verwaltungsräte fungierenden Herren Camillo Castiglioni, Prof. Dr. h.c. Max Reinhardt, Ernst Königsgarten, Erich Mostny und Dr. Eduard Nelken wurden aus dem Register gelöscht und an ihrer Stelle eine Reihe überwiegend italienischer Geschäftsmänner eingesetzt, die als Treuhänder für Castiglioni fungierten. Damit hoffte dieser – alleiniger Eigentümer der Aktien der Wiener Schauspielhaus A.G. – sich vor dem Zugriff durch die Nationalsozialisten schützen zu können. Doch auch die Wiener Schauspielhaus A.G. gelangte schließlich im Jahre 1942[43] in Besitz des Deutschen Reiches. Neuer Sitz der Vorstandsleitung wurde die Stadtkämmerei im Neuen Rathaus, und der die Aktiengesellschaft vertretende Wiener Notar Dr. Hans Bablik nahm die angeblichen Originale der Josefstadt-Aktien im Oktober 1942 in persönliche Obhut. Babliks Aufzeichnungen verweisen auf Stadtrat Dipl.Ing. Hanns Blaschke, »ausgewiesener Machthaber der Gemeindeverwaltung des Reichsgaues Wien, als Eigentümer sämtlicher Aktien der Gesellschaft.« Damit war die Stadt Wien offiziell zur alleinigen Aktionärin der Gesellschaft geworden. Die Besitzverhältnisse änderten sich, abgesehen von personellen Verschiebungen im Aufsichtsrat, bis zum Abschluß des Ertragsjahres 1948/49 kaum. (Von 1945–1949 liegen keine Angaben vor). Das *Finanzielle Handbuch* für Österreich von 1949 nennt immer noch die Stadt Wien als alleinige Eigentümerin sämtlicher Aktien; den Aufsichtsrat bildeten die Vizebürgermeister Karl Honay und Lois Weinberger, Stadtrat Viktor Matejka, Gemeinderat Hans Winter und Obersenatsrat Karl Groll.[44]

Währenddessen hatte ein Rückstellungsverfahren, das Mitte des Jahres 1945 von Camillo Castiglioni beantragt worden war, begonnen. Die Verhandlungen zogen sich in der Folge über mehr als acht Jahre, denn obgleich Castiglioni dem Gericht alle 50.000 Original-Aktien vorlegen konnte, wurde sein Antrag auf Rückerstattung der Josefstadt von den Wiener Behörden abgelehnt! Erst 1953 konnte der Rückstellungsakt in oberster Instanz zugunsten Castiglionis als abgeschlossen beiseite gelegt werden.

Am 27. Februar 1953 wurde eine außerordentliche Hauptversammlung der Firma Wiener Schauspielhaus-Aktiengesellschaft einberufen. Anwesend waren Karl Honay als Vorsitzender des Aufsichtsrates, Oberamtsrat Josef Cerveny als Vorstand und Rechtsanwalt Dr. Wilhelm Marno, »als Vertreter des alleinigen Aktionärs Herrn Camillo Castiglioni, Industriellen in Mailand.«

Der Herr Vorsitzende stellt fest, daß laut beiliegender Zuschrift der Hypotheken- und Credit-Institut Aktiengesellschaft, Wien, vom 26. Februar 1953 Herr Camillo Castiglioni 50.000 Stück Aktien der Wiener Schauspielhaus Aktiengesellschaft bei diesem Institute erlegt hat und daß dieselben bis zur Beendigung der heutigen Hauptversammlung unter Sperre gehalten werden. Die von Herrn Camillo Castiglioni erlegten Aktien stellen das gesamte Aktienkapital dar.[45]

Den ersten Aufsichtsrat der nunmehr wieder in Besitz der Gruppe Castiglioni befindlichen Aktiengesellschaft bildeten Otto Grisogono, Mario Giulli, Bruno Serri und Alfred Indra, Vorstand Wilhelm Marno. Castiglioni wollte, nachdem er sein Eigentum wieder erlangt hatte, dieses »so rasch wie möglich verkaufen. Stoß nahm die Angelegenheit in seine Hände und fand nach längerem Suchen einen Käufer: die Länderbank«[46], der sich zu einem Drittel die Hypotheken- und Credit-Institute A.G. anschloß. Damit war die Sache freilich noch nicht erledigt, denn was sollten zwei Wiener Bankhäuser mit der Josefstadt anfangen?

Nach längeren Vorverhandlungen wurde am 6. Februar 1954 der Wiener Schauspielhaus G.m.b.H. [damalige A.G.] (Länderbank) ein Schreiben vorgelegt, wo diese über die Gründung einer Theater in der Josefstadt Betriebsgesellschaft m.b.H. informiert wurde. Gesellschafter waren Franz Stoß und Ernst Haeusserman.[47]

Am 12. Februar 1954 kam es zur offiziellen Unterzeichnung des Pachtvertrages zwischen Wiener Schauspielhaus A.G. (als Tochterfirma von Länderbank bzw. ÖCI) und Theater in der Josefstadt Betriebsges.m.b.H., wobei sich der Aufsichtsrat in den kommenden Jahren aus den Vorständen der beiden Bankinstitute, Vertretern von Magistrat und Regierung und Helene Thimig-Reinhardt zusammenstellte. Ende 1970 wurde die Umwandlung der Wiener Schauspielhaus A.G. in eine Gesellschaft m.b.H. beschlossen. – Die Theater in der Josefstadt Betriebsges.m.b.H. besteht noch heute in ihrer 1954 von Stoß und Haeusserman ins Leben gerufenen Form …

ANMERKUNGEN

1 Auf die ersten Wiener Aufführungen von Brecht-Stücken, die (einige hören das noch heute nicht gern) am Theater in der Josefstadt stattfanden, soll hier nicht näher eingegangen werden, da sie schon ausführlich besprochen wurden. Vgl. Hilde Haider-Pregler: Das Zürcher Schauspielhaus und das Theater in Österreich. – In: Das Zürcher Schauspielhaus im Zweiten Weltkrieg. Hg. Dieter Bachmann u. Rolf Schneider. Zürich 1987, S. 55ff.; dies.: Willkommene Heimkehrer? Die Rezeption des Schweizer Exiltheaters in Österreich. – In: Ausgangspunkt Schweiz – Nachwirkungen des Exiltheaters. Hg. Christian Jauslin u. Louis Naef. Willisau 1989, S. 185ff.; Kurt Palm: Vom Boykott zur Anerkennung. Brecht und Österreich. – Wien 1981.

2 Vgl. Haider-Pregler (Anm. 1).

3 Vgl. den Beitrag von Oliver Rathkolb im vorliegenden Band.

4 Elisabeth Epp in einem Gespräch mit Angela Eder, 29.5.1997.

5 Die Presse, 23.2.1946 (Rudolf Holzer) anläßlich der Aufführung von Thornton Wilders *Die kleine Stadt (= Unsere kleine Stadt)*.

6 Anton Bauer u. Gustav Kropatschek: 200 Jahre Theater in der Josefstadt. – Wien 1988, S. 119. Zu den dort gezeigten österreichischen Autoren gehörten Csokor, Horváth, Weigel und Carwin, daneben spielte man Anouilh, Pinelli und Priestley und schloß 1950 mit der Komödie *Meine Frau Jacqueline* von de Letraz. – Von Mai 1949 an spielte das Josefstädter Ensemble darüber hinaus wieder in den Wiener Kammerspielen; die offizielle Übernahme erfolgte jedoch erst am 1.3.1952.

7 Ebd., S. 120.

8 Zwei Direktoren zum Thema »Theaterkrise«. – In: Weltpresse, 14.4.1948. [Rudolf Steinboeck, Leon Epp].

9 Kritischer Tag für Wiener Theater. – In: Die Presse, 13.2.1949.

10 Heute Stichtag für die Bühnenverträge. – In: Wiener Kurier, 15.2.1949.

11 Die Presse, 13.2.1949.

12 Vgl. Magistratsabteilung 5, Zl. Da 181/49, 2.8.1949: Einmaliger Überbrückungskredit zu Lasten des Kulturgroschens.

13 70.000 S Überbrückungshilfe für die Insel. Ein Vorschlag Stadtrat Mandls an den Stadtsenat – Direktor Epp weiß nicht mehr aus noch ein. – In: Neues Österreich, 19.2.1950.

14 Vgl. Deutsches Bühnenjahrbuch, 1952ff.

15 Herr Mandl und die Hypertrophie. Abwürgung der Privattheater befürchtet – Stadtrat für Kultur bezweifelt den Sinn des Kulturgroschens. – In: Neue Wiener Tageszeitung, 28.1.1950.

16 Theaterkarten werden billiger. Senkung der Preise wird durch Kulturgroscheneingänge gedeckt. – In: Wiener Kurier, 17.3.1950.

17 Schauspieler ohne Gagen? – In: Das kleine Volksblatt, 28.2.1951.

18 »Die Insel schnitt dabei am ›besten‹ ab. Bei ihr wurden zwölf Gemeinschaftsbesuche gezählt, in das Josefstädtertheater kamen sechs Gruppen, in die Scala drei. Volkstheater, Bürgertheater und Stadttheater gingen überhaupt leer aus.« Vier Wochen Kulturgroschen: 500 Theaterbesucher. 21 Gruppen machten von der Preisermäßigung Gebrauch. In Hinkunft verbilligte Plätze für zehn Teilnehmer. – In: Neues Österreich, 9.4.1950.

19 Welt am Montag, 15.5.1950, S. 2.

20 Die Neue Post, Nr. 37, Oktober 1949, S. 16. Damit hatte Wien schon zum zweitenmal die Chance vergeben, ein Stück Zuckmayers zur Uraufführung

zu bringen: auch *Des Teufels General,* das Leon Epp für die »Insel« zu gewinnen hoffte, wurde in der Schweiz uraufgeführt.

21 Die Neue Post (Anm. 20).

22 Riga: Wiener Theaterbrief. Warum Theaterkrisen? – In: Wahrheit, 4.12.1949.

23 Ebd.

24 Welt am Montag, 15.5.1949.

25 Vgl. Die neue Post (Anm. 20).

26 Österreichische Erstaufführung am 9.1.1950; 9 Aufführungen. Edwin Rollett bezeichnete die Aufführung als »besonders bedauerlich, ja geradezu peinlich«, ein »unangenehmer Einakter, in dem eine von vornherein recht belanglose Frau durch das Verbrechen eines und die Perversität eines anderen Mannes in den Wahnsinn getrieben wird [...].« Wiener Zeitung, 11.1.1950.

27 Österreichische Erstaufführung am 16.11.1950; 12 Aufführungen. Übersetzung: Rudolf Steinboeck. »[...] ein Stück grau in grau, und zwar ohne Nuancen von grau. Reiner Bühnenrealismus, also thematisch höchst unerfreulich und quälend.« Neues Österreich, 19.11.1950 (Otto Basil). Rudolf Holzer nahm die Inszenierung weit positiver wahr, »ein Drama voll feinster, seelischer Tiefe, geheimnisvollen Gemütes, die Symbolisierung von Natur und Mensch, Intellekt und Instinkt.« Die Presse, 18.11.1950.

28 In der Titelrolle Karl Paryla.

29 Wiener Zeitung, 11.1.1950.

30 Einen Höhepunkt bildete sicher die Inszenierung von Hofmannsthals *Der Schwierige* im Jahre 1945, der nur noch John van Drutens *Das Lied der Taube* (Übersetzung Alfred Polgar, 1948) und Marcel Pagnols *Das große ABC* (1950) das Wasser reichen konnten.

31 Wiener Zeitung, 19.1.1951.

32 Die Presse, 3.3.1950.

33 Wirtschaftskrise führt zur Theaterkrise. Um sechs Theater weniger und trotzdem Besucherschwund. – In: Volksstimme, 15.4.1948.

34 Das kleine Volksblatt, 28.2.1951.

35 Die Presse, 24.4.1951.

36 Ebd.

37 Ebd.

38 Die Presse, 5.3.1950.

39 Die Presse, 24.4.1951.

40 Direktor Rudolf Steinboeck, Josefstadt: Das Theater ist eine kollektive Kunst. – In: Die Furche, 2.6.1951.

41 Die Premiere war am 1.3.1950.

42 Gespräch Franz Stoß – Andrea Hauer, 1.6.1979. Siehe Andrea Hauer: Das Theater in der Josefstadt. – Wien, Diss. 1981, S. 27.

43 Vgl. den Schnellbrief des Reichsministeriums für Volksaufklärung und Propaganda an den Reichsminister der Finanzen, Berlin. Berlin, 14.3.1941, GZ. T 6433-11/1-1, dort eingel. den 19.3.1941, d.-Nr. 447.

44 Vgl. Compass. Finanzielles Handbuch für Österreich, Wien 1949ff.

45 Protokoll v. 27.2.1953, eingesehen im Archiv des Theaters in der Josefstadt.

46 Hauer (Anm. 42), S. 31.

47 Jahresbericht des Theaters in der Josefstadt, 1994. Der Rechnungshofbericht von 1994 gibt 1953 als Zeitpunkt der Gründung an, vgl. dazu: Theater in der Josefstadt. Tätigkeitsbericht des Rechnungshofes. Verwaltungsjahr 1994. – Wien 1995 (= Reihe Bund 1995, 7), S. 288f.; sowie Bauer (Anm. 6), S. 121.

EVELYN DEUTSCH-SCHREINER

»Von Flottwell zu Valentin«

Das Wiener Volkstheater in der Nachkriegszeit

»Die Wiedergeburt«

Noch dröhnte die Stalin-Orgel in Abständen ihr unheimliches Lied, noch zischte von Zeit zu Zeit eine irrende Granate von den »sich absetzenden« SS-Formationen über den Donaukanal in die verhaßte Stadt, noch konnten die zermürbten Bewohner des hungernden Wien den Gedanken, daß der Krieg zu Ende sei, nicht ganz in seiner beglückenden Größe erfassen, da regten sich, wie von einer unsichtbaren Macht gespornt, an der Bellaria hundert Hände. Ohne Aufruf, ohne Kommando waren sie gekommen, die Schauspieler, Arbeiter und Angestellten des Deutschen Volkstheaters, trotz Strapazen und Anstrengungen nur beseelt von dem einen Gedanken, »ihr Haus« von den Trümmern zu befreien, um wieder arbeiten, wieder spielen zu können. Alle griffen selber zu Schaufel und Krampen. Und so geschah das Wunderbare: in kürzester Zeit ertönte drinnen auf der Bühne, nach fast einem vollen Jahr tödlichen Schweigens, mit der Probe zu den »Katakomben« das erste Wort. Und mit ihm der Herzschlag des Volkstheaters.[1]

Was der Schauspieler Theodor Grieg beschreibt, entspricht den Gründungsmythen der Zweiten Republik. Emotionale Berichte wie dieser gehören in den Kanon der Wiederaufbauzeit. Doch in diesem Artikel spricht der Schauspieler Theodor Grieg auch davon, daß nach der baulichen Wiedergeburt eine »geistige Wiedergeburt« nicht weniger wichtig sei. Das Volkstheater müsse seine Tradition in Einklang bringen »mit dem Geist der neuen Zeit«. Denn, so Grieg, »die vornehmste Sendung des Theaters aber war und bleibt es, durch seine Darstellungskunst erlesener Werke erhebend auf die Menschen zu wirken und ihnen zu helfen, den Glauben an ihre Ideale wiederzufinden.«[2] Theodor Grieg, Ensemblemitglied seit 1912, als »nicht tragbar« 1938 entlassen und mit Arbeitsverbot belegt, war nicht nur beim Publikum sehr beliebt; seinen Kolleginnen und Kollegen stand er kameradschaftlich bei der Beschaffung der notwendigsten Lebensgüter zur Seite; Grieg machte sich aber auch Gedanken um die inhaltliche Standortbestimmung des Hauses. Doch um welchen Glauben und um welche Ideale handelte es sich am Volkstheater? Welche Ideale sollten durch die Schauspielkunst und durch »erlesene« Werke vermittelt werden?

Die Geschichte des Volkstheaters zeigt, daß es keinen einheitlichen »Glauben« und keine einheitlichen Ideale gab. Gerade an diesem Haus kamen verschiedene ideologisch-geistige Strömungen zusammen. Das zeigt sich in der organisatorischen und finanziellen Struktur des Hauses, in seiner Identitätssuche als »Theater für das Volk«, in seiner Spielplanpolitik und in seiner Regie- und Schauspielkunst. Die Extreme hätten größer nicht sein können: vom Mustertheater eines »Kraft durch Freude«-Betriebs der Nationalsozialisten von 1938 bis 1944, über ein kommunistische Ideen verfolgendes, betont antifaschistisches Theater von 1945 bis 1948 und ab dann zu einem Theater im Einflußbereich der österreichischen Sozialdemokratie bzw. des Gewerkschaftsbundes. Drei Direktoren markierten die Suche nach Standortbestimmung im sich ändernden zeithistorischen Rahmen: der kommunistische Direktor Günther Haenel (1945–1948), Paul Barnay (1948–1952), der Repräsentant eines sozialdemokratischen Kunstverständnisses und Leon Epp (1952–1968), der den künstlerischen Freiraum optimal nützte, ohne abgestecktes politisches Terrain zu verlassen.

»Herz und Hirn entnebeln«

Der Bruch mit dem Dritten Reich war an keinem anderen österreichischen Theater so klar wie am Volkstheater. Diesen Bruch gewährleistete Günther Haenel (1898–1996).[3] Haenel hatte schon in der NS-Zeit gegen das Regime gearbeitet und Widerständiges in seine Inszenierungen eingeschmuggelt. Der deutsche Schauspieler, Regisseur und überzeugte Kommunist, der in der Weimarer Republik eine gute Reputation besaß und einem Arbeitsverbot durch die Nationalsozialisten nur wegen seiner hohen militärischen Auszeichnungen im Ersten Weltkrieg entging, war von Heinz Hilpert 1940 ans Theater in der Josefstadt engagiert worden. Ab 1942 war er Oberspielleiter am Deutschen Volkstheater und stand im Zentrum eines Kreises von antinationalsozialistisch gesinnten Künstlerinnen und Künstlern. Ein äußerst bemerkenswertes Verhalten, zumal in einem Theater, das sich im Besitz der NS-Gemeinschaft »Kraft durch Freude« befand. Seine Inszenierungen, etwa Shaws *Die heilige Johanna*, Raimunds *Der Diamant des Geisterkönigs* sind eindrucksvolle Zeugnisse, daß couragierte Theaterleute mit den Mitteln des Theaters Widerstand gegen das Regime leisteten und ein anderes Bild von Realität und Menschlichkeit als das im Dritten Reich geforderte zu vermitteln imstande waren.

Haenel war am 1. Juli 1945 von Stadtrat Viktor Matejka unter Zustimmung des amerikanischen Kulturoffiziers Otto de Pasetti sowie des Leiters der politischen Abteilung der russischen Stadtkommandantur Oberst Perewin mit der Konzession zur Führung des Volkstheaters betraut worden, obwohl die Eigentumsverhältnisse des ehemaligen »KdF«-Theaters ungeklärt waren.

Die Kontakte zur kommunistischen Partei und zur sowjetischen Besatzungsmacht waren erwartungsgemäß gut, wenn auch Haenel darauf achtete, es sich nicht mit den Amerikanern, in deren Zone das Volkstheater gelegen war, zu verscherzen. Zwar hatte Haenel von Anfang an Vorwürfen zu begegnen, er würde »ein einseitig ausgerichtetes parteipolitisches Theater machen«[4], doch das war in der unmittelbaren Nachkriegszeit bis etwa 1947 noch nicht das vorrangige Problem. Kommunistische Künstler und Kunstkonzepte waren in dieser Periode der relativen Offenheit noch nicht diskreditiert. Publikumsprobleme hatte Haenel vorerst auch keine. Das Theater war stets gut besucht und Zeitzeugen berichten von einem innigen Kontakt zwischen Theater und Zuschauern. Bis zur Währungsunion im Dezember 1947 befanden sich alle Theater in einer unnatürlichen Hochkonjunktur. In Ermangelung anderer Möglichkeiten Geld auszugeben, strömten die Menschen ins Theater, aber doch wohl auch, um das so empfundene Wertevakuum nach dem Zusammenbruch der NS-Ideologie aufzufüllen. Jedenfalls wird von vielen Zeitzeugen – von Künstlern und Zuschauern – diese unmittelbare Nachkriegszeit, die doch eine ausgesprochene Notzeit war, als glückliche Theaterzeit beschrieben. Diese »glückliche« Volkstheaterzeit korrespondiert mit dem intellektuellen Gesamtklima in Wien, in dem trotz Mangelwirtschaft hochinteressante Zeitschriften erschienen, in dem neue Konzepte für Kunst und Künstler diskutiert wurden und Antifaschismus noch eine breite Übereinkunft genoß; das kulturelle Österreich war politisch noch nicht funktionalisiert und einbetoniert.

In dieser Zeit vor 1948, bevor ein kultureller Paradigmenwechsel stattfand, konnten Haenel und seine Mitarbeiter ihre Konzepte für das Volkstheater ansatzweise verwirklichen. Neben der provisorischen baulichen Instandsetzung und der Sichtung des Fundus ging es um eine inhaltliche Neuorientierung. Der siebenjährige Mief des Theaters als »Kraft durch Freude«-Bühne mußte hinausgeblasen werden. Die NS-Gemeinschaft »Kraft durch Freude« hatte dem Haus zwar durch ein Verteilungssystem von Billigkarten einen Massenbesuch garantiert, ihm gleichzeitig aber auch ein schlechtes Image eingebracht. Haenel entledigte sich des Attributs »deutsch« in der Bezeichnung der Institution. »Deutsches Volkstheater« hatten 1889 die Gründer das Theater genannt, doch war das Wort »deutsch« durch die Nationalsozialisten so belastet, daß man es eliminierte. Schon das Wort »Volk« ergab Präzisierungsbedarf, gehörte es doch ebenfalls zu den mißbrauchten Begriffen des NS-Regimes. 1945 definierte Haenel »Volkstheater« wie folgt: »ein Theater für alle Bevölkerungsschichten ohne Unterschied des Bildungsgrades und der Geschmacksrichtung«[5].

In seinem programmatischen Aufsatz »Dialektik des Theaters«, 1945 in der Avantgardezeitschrift *Plan* veröffentlicht, zeigte sich Haenel überzeugt, daß Österreich an einem entscheidenden Punkt seiner Geschichte stünde, »von dem aus die Wende herbeigeführt werden kann vom planlosen Chaos zu einer höheren menschenwürdigeren Gesellschaftsform«, und er hoffte: »Diese Umwälzung zu erleichtern, zu beschleunigen, dazu trage das Theater mit seinen künstlerischen Mitteln bei.«[6] Es ging ihm bei seinem Verständnis von politischem Theater »nicht darum, neue Theorien und Regeln über das Kunstschaffen zu fixieren, nach denen der Künstler sich zu richten habe.«[7] Damit nahm er die Position Brechts ein, die dieser in der Formalismusdebatte der dreißiger Jahre vertreten hatte und erteilte den Shdanovschen Kunstdoktrinen eine deutliche Absage. Das Kunstwerk bezeichnete er als »ein verdichtetes Abbild der wirklichen Welt, der physischen oder der psychischen«; seine Aufgabe sei »Herz und Hirn zu entnebeln. Die Kunst ist ein Weg der Erkenntnis: des Suchens wie der Mitteilung«.[8]

In seinen Vorstellungen für das Volkstheater orientierte sich Haenel weder an den bürgerlichen Gründern noch an den Österreich-Ideen des »Ständestaates« und schon gar nicht am kommerziellen Star- und Geschäftstheater, wie es das Volkstheater vor 1938 war. Er wollte auch kein rein literarisches oder avantgardistisches Theater machen. In seine Direktionszeit flossen kommunistische Kunstkonzepte aus der Weimarer Republik ein, wie sie die deutsche kommunistische Bühnengewerkschaft und der Internationale Revolutionäre Theater-Bund vertreten hatten, von denen Haenel geprägt war. Demzufolge schwebte ihm ein politisches Theater vor, das ein breites Publikum, in erster Linie Arbeiter und Angestellte, und die intellektuelle Linke ansprechen sollte. Er verfolgte die Utopie eines Theaters, das auf der Basis der marxistischen Kunsttheorie das Bildungsniveau heben und das gesellschaftliche Bewußtsein des »Volkes« verändern helfen könnte. Gleichzeitig sollte das Theater eine Plattform für Intellektuelle sein. Auf seiner ersten Pressekonferenz im August 1945 sagte er, daß er das Volkstheater zu einer »Synthese von Kunst und Zeit, von Geist und Aktivität« machen wolle.[9] Für die Spielplangestaltung bedeutete dies:

Die Pflege der Klassiker wie des Volksstücks, der Gesellschaftskomödie und des guten Unterhaltungsstückes wie des »Zeit«-Dramas. Es gehört aber auch zur Aufgabe eines solchen Theaters, sein Publikum mit den Werken aller Nationen bekanntzumachen, zumal die Kulturautarkie des Nazismus es grundsätzlich verhindert hat, unter anderem auch die ausländische Dramenproduktion kennenzulernen.[10]

Neben einer antifaschistischen Dramatik, die er dezidiert präsentieren wollte, bekannte er sich zu »zeitnaher Tendenz und Problematik« beim Zugang zu Klassikern und zu Volksstücken: »Statt etwa *G'wissenswurm* und *Sperrsechserl* Stücke von Ödön von Horváth, Ferdinand Bruckner, Friedrich Wolf«.[11] In regelmäßigen Matineen plante er, Dichter und Wissenschaftler zu Wort kommen zu lassen und das Theater für Debatten und Diskussionen zu öffnen. Ausstellungen moderner Künstler im Foyer und in den Wandelgängen des Theaters sollten eine regelmäßige Einrichtung werden und das Kunstverständnis des Publikums erweitern helfen.

Eine auf dem Marxismus beruhende Kunsttheorie, zumal auf das Theater angewandt, war in Österreich nach den Jahren des Austrofaschismus und des Nationalsozialismus ziemlich ungewohnt und es verwundert nicht, daß sich Haenel mit dem Offenlegen seiner Theaterauffassung Vorwürfe einhandelte, er würde ein kommunistisches Theater machen wollen.

Wie die Spielplananalyse seiner Direktionszeit durch Andrea Huemer ergeben hat,[12] wurde keineswegs kommunistisches Propagandatheater gemacht. Der Schwerpunkt war allerdings ein explizit antifaschistischer. Haenels versuchter Neubeginn für das Volkstheater zeigte sich jedoch nicht nur an seiner Spielplandramaturgie. Er war ein überaus feinfühliger und theateradäquat denkender Regisseur, der in seinen Inszenierungen und in der Führung von Schauspielern Maßstäbe setzte. Zahlreiche Ensemblemitglieder heben seine hohen künstlerischen und menschlichen Qualitäten hervor.

Das ehemals große Volkstheaterensemble war durch den Krieg ziemlich dezimiert. Haenel setzte beim Aufbau des Ensembles Akzente, die im Nachkriegstheater nicht allgemein üblich waren. Den Kern seines Ensembles bildete sein Kreis von Künstlern und Künstlerinnen, mit denen er in der NS-Zeit zusammengearbeitet hatte. Vor allem der Bühnenbildner Gustav Manker ist hier zu nennen, dem Haenel eine zweite Karriere als Regisseur ermöglichte. Hinzu kamen antifaschistisch gesinnte Künstler wie Friedrich Neubauer und Helene Lauterböck. Mit sicherer Hand gewann er junge, vom NS-Theater unverbrauchte Kräfte wie Eva Zilcher, Hanne Brecht, Ernst Meister, Walter Kohout und Hugo Gottschlich. Schauspieler, die sich in der NS-Zeit exponiert hatten und die er künstlerisch nicht schätzte, verlängerte er in der Regel nicht. Hingegen erneuerte er Verträge mit Schauspielern, die 1938 entlassen worden waren, wie Marianne Schönauer und Theodor Grieg, und holte Wiener Künstler, die mit Arbeitsverbot belegt waren, ins Ensemble. Haenel war der einzige Direktor Wiens, der Emigranten einlud und ihnen einen längeren Vertrag oder zumindest einen Gastvertrag anbot. An keinem anderen Wiener Theater ist der Anteil an rückkehrenden Emigranten so groß wie am Volkstheater. Karl Paryla, aus der Schweizer Emigration kommend, war im Dezember 1945 der erste, noch 1946 kamen vom Zürcher Schauspielhaus Wolfgang Heinz und Emil Stöhr. Albert und Else Bassermann kamen aus der amerikanischen Emigration zu regelmäßigen Gastspielen, ebenso der Regisseur Walter Firner, ein Rückkehrer aus den USA und Curt Goetz.

Das Volkstheater bildete jedoch nicht nur eine Anlaufstelle für rückkehrende Emigranten, mit denen Haenel politisch sympathisierte. Die Engagements von Helene Thimig, Adrienne Gessner, Ernst Deutsch und Curt Goetz, die in zentralen Rollen präsentiert wurden, signalisierten Solidarität mit Exilrückkehrern. Darüber hinaus waren sie eine Art Frischzellenkur für die durch die NS-Zeit angeschlagene Theaterkultur. Mit Albert Bassermann stand einer der prominenten Vertreter der naturalistischen Schauspielkunst auf der Bühne. Helene Thimig, Adrienne Gessner und Ernst Deutsch riefen die differenzierte Spiel- und Sprechkultur des ehemaligen Reinhardt-Ensembles in Erinnerung. Die Rückkehrer aus der Schweiz, die sich mit der Stanislawski-Spielweise auseinandergesetzt hatten, brachten neue Spiel- und Probentraditionen ein. Das waren wichtige Gegenpole zum hohlen Pathos, das sich durch den Nationalsozialismus im Schauspielstil breitgemacht hatte, wichtige Bausteine für die Ausbildung von neuen Sehgewohnheiten des Publikums und entscheidende Impulse für junge Schauspieler, die nur das Theater im Dritten Reich kennengelernt hatten. Marianne Schönauer etwa berichtet, welche Bedeutung es für sie als junge

Schauspielerin hatte, mit Bassermann zu spielen. Hilde Sochor, damals Studentin und am »Studio der Hochschulen«, beschreibt die Wirkung, die Wolfgang Heinz ausübte: »So wollten wir spielen. Das war absolut modernes Theater. Wir fragten Wolfgang Heinz, ob er uns nicht unterrichten wolle.«[13]

Allen Mitarbeitern, die Haenel gewann, war gemeinsam, daß sie sich in den vergangenen Jahren für das NS-Regime nicht exponiert hatten. Neue Impulse für die Theaterkunst waren von ihnen am ehesten zu erwarten. Haenel konnte Otto Basil, den Herausgeber der Avantgardezeitschrift *Plan*, als Dramaturg gewinnen. Lajos von Horváth, der Bruder von Ödön, kam als Bühnenbildner, ebenso Heinrich Sussmann, Exilrückkehrer aus den USA. Andere Mitarbeiter waren im Dritten Reich zumindest partiell der Inneren Emigration zuzurechnen gewesen, wie Hans Thimig.

Obwohl alleiniger Konzessionsinhaber, unternahm Haenel, den kommunistischen Kunstkonzepten entsprechend, den Versuch einer kollektiven Führung. Ein »Direktionsrat« stand ihm zur Seite, dem (männliche) Ensemblemitglieder angehörten: Hans Thimig als Oberspielleiter, Wolfgang Heinz als Vertreter des darstellenden Personals, die Dramaturgen Friedrich Lichtnecker und Otto Basil sowie Paul Mühlbacher und Heinz Peyerl für die kaufmännische Seite. Das war ein bewußtes Sich-Absetzen vom traditionell hierarchischen Theaterapparat, wie er durch das Führer-Gefolgschaftsprinzip im nationalsozialistischen Staat seinen Höhepunkt erfahren hatte. Haenel und der Direktionsrat hatten jedoch von Anfang an Unstimmigkeiten mit dem öffentlichen Verwalter, der 1945 von der Provisorischen Staatsregierung bestellt worden war und der, wie es üblich war, mit einem Gewerkschaftler, Karl Dietrich, besetzt worden war.

Der vielversprechende Theaterversuch scheiterte an den sich ändernden politischen Rahmenbedingungen. 1948 ging die Periode des relativ offenen kulturpolitischen Klimas zu Ende. Durch die vehement ausgebrochene Theaterkrise, durch den beginnenden Kalten Krieg, der die österreichische Innen- und Kulturpolitik entscheidend mitbeeinflußte und durch die parteipolitische Aufteilung Österreichs blies den Theaterleuten plötzlich ein scharfer Wind entgegen.

Haenel konnte noch nach der Verwirklichung einer Theaterutopie streben, in der ein »fortschrittliches« Publikum sich im Theater den Problemen der Zeit stellt. Der massenhafte Besucherzustrom, ausgelöst durch die unnatürliche Theaterhochkonjunktur der ersten Nachkriegszeit, schien diese Utopie verwirklichbar zu machen. Als jedoch das Publikum im Zuge der Währungsreform von 1947 und mehr noch durch die folgenden Wirtschaftsreformen ausblieb, stürzten die Privattheater in die Krise. Bis in die fünfziger Jahre waren ökonomische Strategien zur Behebung der Theaterkrise die vorrangigen Probleme der Theater.[14]

Es entwickelte sich eine breite Diskussion, wie der Fortbestand des Kulturbetriebs zu sichern wäre. Die Kulturschaffenden erhoben den Ruf nach öffentlicher Förderung. Im Juli 1949 wurde im Parlament das »Kulturgroschengesetz« beschlossen, das Geldmittel über einen Aufschlag auf jede verkaufte Kinokarte einbrachte. Der Ertrag des »Kulturgroschens« sollte den in die Krise geratenen Privattheatern zugute kommen. In der Folge entbrannte eine Debatte, wie das Geld aus dem »Kulturgroschen« am besten zu verwenden sei, denn es nur maroden Theaterbetrieben auszuhändigen, schien wirtschaftlich und parteipolitisch nicht zukunftsträchtig genug zu sein. Es gab Modelle, die Wiener Privattheater auf genossenschaftlicher Basis zu führen, um Verwaltungsausgaben einzusparen und Künstler untereinander auszutauschen. Vorwürfe von kommunistischer Seite, die Politik würde das Zusammenkrachen von Theatern bewußt in Kauf nehmen, um die Zahl derer, die sich um das Kulturgroschengeld bewarben, zu verringern, sind nicht von der Hand zu weisen.

Die Bemühungen der Sozialdemokraten und Gewerkschaftler um Konsolidierung der Theaterlandschaft richteten sich darauf, breite Publikumsschichten zu binden. Sie verlangten die Bildung von neuen Publikumsorganisationen, moderate Preisgestaltung und publikumsgerechte Spielpläne. Dabei hatten sie natürlich ihr Wählerpotential und ihren politischen Einflußbereich vor Augen: die Arbeiter, eigentlich die Angestelltenschicht. Den Sozialdemokraten und Gewerkschaftlern ging es vor allem darum, das Theater dem »Geschäft zu entreißen«. Damit das Theater in ihrem Sinne »ein Theater des Volkes« sein und »hohe erzieherische und volksbildnerische Aufgaben« erfüllen könnte, müßte es genügend hoch subventioniert sein.

In der Tat war es richtig, bei der Bewältigung der Theaterkrise beim Publikum anzusetzen, war doch die Theaterkrise von 1948 zunächst einmal eine Besucherkrise. Nach der »glücklichen Theaterzeit« der unmittelbaren Nachkriegsjahre war der Schock über das Ausbleiben des Publikums für die Theaterleute groß. Anfangs schoben sie es auf die Kaufkraftkrise im Zuge der Währungsreform. Es dürfte sich jedoch um die erste Welle einer weitreichenden Publikumsumschichtung in der zweiten Hälfte des 20. Jahrhunderts gehandelt haben. Auf diese mußte politisch und wirtschaftlich großflächig reagiert werden, einzelne Theater konnten sie nicht abfangen. Zwar wurde niemals eingestanden, daß die Theaterlandschaft mit der Vertreibung und dem Holocaust ihr »wunderbares Wiener Publikum« verloren hatte, jene Juden, die als die gebildete und kulturell innovatorische Ober- bis Mittelschicht einen guten Teil der traditionellen Theaterbesucher gestellt hatten, doch die Theaterleute ahnten sehr wohl, daß sie nun vor einem anderen Publikum spielten. Die Nationalsozialisten hatten künstlich ein Massenpublikum erzeugt, das in den Kriegsjahren mit »KdF« oft zum ersten Male und zu geringen Preisen in die Theater geschleust wurde. Das war noch kein treues und noch kein fachkundiges Publikum, bei Geldknappheit blieb es fern. Die neuen politischen Eliten, die nach dem Krieg mit der Formierung der Verbände und mit der Verstaatlichung entstanden, bildeten mit ihrem kleinbürgerlichen Kunstgeschmack ein anderes Publikum. Sie waren für die Theater auch kein Ersatz für die großbürgerlichen Mäzene der Vorkriegszeit. Schließlich brachte die Migration nach 1945 eine demographische Veränderung der österreichischen Bevölkerung: der Einfluß des gebildeten städtischen Publikums ging zurück.[15] In der Nachkriegszeit kam hinzu, daß weite Teile der geistigen Eliten wenig verdienten, wie an den Hochschullehrerforderungen und Ärztestreiks abzulesen ist.

Die Theater mußten sich also ein neues Publikum erst erobern. Egon Hilbert forderte für die Bundestheater, daß man sich mehr um den »Mittelstand« kümmern sollte. Und Paul Barnay umschrieb das Volkstheater-Publikum mit »Von Flottwell zu Valentin«:

> *Wer bleibt dem armen Verschwender in der Not treu? – Der Mann aus dem Volke, der Tischler Valentin, von einem längst verstorbenen luxuriösen Epikureertum zum schlichten Wiener Arbeiter und Bürger. Für ihn spielen wir und appellieren an seinen Kunstsinn.*[16]

Im Spiel um Bestand oder Konkurs hatte das Volkstheater gute Karten, denn es hatte potente Protektoren: den Österreichischen Gewerkschaftsbund, der als Nachfolgeorganisation der Deutschen Arbeitsfront Ansprüche auf deren Vermögen erhob, die Arbeiterbank (die spätere BAWAG), der die Liquidierung des Vermögens der Deutschen Arbeitsfront oblag, und einflußreiche SPÖ-Funktionäre im Rathaus.

Im Februar 1948 bewarb sich Paul Barnay bei der Stadt Wien um die Konzession von Volkstheater und Raimundtheater. In seinem Exposé sprach er von einer in Aussicht genommenen Theater-Betriebsges.m.b.H., deren Geschäftsführer er sein wollte. Diese sollte zur Hälfte vom ÖGB und zu je einem Viertel von der Arbeiterbank und der Stadt Wien gebildet werden. Barnays Konzessionsansuchen wirbelte in den Zeitungen viel Staub auf.[17] Die den Kommunisten nahestehenden Zeitungen brachten die gleichzeitig erfolgte Ablehnung von Günther Haenels Ansuchen um Erneuerung der Konzession in Zusammenhang mit seiner Inszenierung des Stückes *Die russische Frage* an der »Scala« und sprachen von »üblen Machenschaften« im Rathaus. Auch andere Zeitungen beobachteten Interventionen von Gewerkschaftsdelegationen beim Bürgermeister, kolportierten Gerüchte, brachten Dementis und kommentierten Falschmeldungen der *Rathaus-Korrespondenz*. Barnay erhielt von Bürgermeister Körner die Konzession als Pächter für das Volkstheater zunächst auf ein Jahr. Im Laufe der nächsten Jahre konnten die ungeklärten Besitzverhältnisse des Theaters zumindest operabel gemacht werden, denn erst 1952 ging im Nationalrat ein eigenes »Volkstheater-Gesetz« über die Bühne. Seit 1948 wurde, ohne daß der ÖGB als Eigentümer fungierte, das Theater von Funktionären des ÖGB Wien dominiert. Am 26.

November 1948 wurde die Volkstheater Gesellschaft m.b.H. gegründet, die sich im Besitz des Restitutionsfonds der freien Gewerkschaften befand. Eigentumsvertreter waren Josef Zak und Franz Senghofer vom ÖGB und Karl Dietrich von der Arbeiterbank. Diese beriefen Paul Barnay, Karl Dietrich und Josef Zak als Geschäftsführer.[18]

Der politisch nicht unumstrittene Coup, das Volkstheater in die Einflußsphäre von ÖGB und SPÖ zu bekommen, entsprach der Tendenz der Großparteien, »sich jedes organisierbare Interesse auch parteimäßig einzuverleiben.«[19] Gemäß dem damaligen Lagerdenken zogen es ÖGB und SPÖ eher vor, ihre Theatervorstellungen an einem – »ihrem« – Haus durchzuziehen, als in einem kulturpolitischen Konsens auf breiter Basis die gesamte Theaterlandschaft zu reformieren. Das Volkstheater befand sich somit in der »roten Reichshälfte«. Der 1949 scheidende Kulturstadtrat Viktor Matejka, andere Kommunisten und die Journalisten des *Abend*, der *Volksstimme* und des *Neuen Österreich* warfen der Wiener SPÖ immer wieder vor, das Volkstheater zu bevorzugen. Daß das nicht unberechtigt war, zeigt, wie das Rathaus mit dem 1948 gegründeten Neuen Theater in der Scala verfuhr: Das im Einflußbereich der Kommunisten stehende, ebenfalls große und repräsentative Haus war sowohl von seiner künstlerischen Qualität als auch von der organisatorischen Struktur und dem potentiellen Publikum ein Konkurrent des Volkstheaters, bis es 1956 im wahrsten Sinne des Wortes »abgedreht« wurde.

Andererseits gewährleistete der ÖGB als gesellschaftlich und finanziell einflußreiche Kraft ein wirklich tragfähiges Modell, um den Fortbestand des Theaterbetriebs zu sichern. Das Volkstheater sollte

> *das erste Theater Österreichs sein, welches, befreit vom Zwange des Geschäfts, wegweisend für alle Theater Österreichs, als Erziehungsfaktor des Volkes, ebenbürtig dem Schulwesen, den Staatsbürgern Bildung, Erbauung und Erholung gibt.*[20]

Gute Verträge und sichere Arbeitsplätze für die am Volkstheater Beschäftigten entsprachen langjährigen Forderungen der Bühnengewerkschaft.

Für die Sozialdemokraten, bzw. für die sozialistische Fraktion des ÖGB, war Theater ein zu finanzierender und zu organisierender Apparat, der funktionieren müsse, um von möglichst vielen Arbeitnehmern genutzt zu werden. Die Theaterkunst betrachteten sie unter moralischem Vorzeichen: Theater als Bildungsgut, auf dessen Konsum die arbeitenden Menschen ein moralisches Recht hätten. Theater solle dem Menschen zu Bildung und Erholung verhelfen. Die darüber hinausgehenden Potentiale von Kunst sowie die Aspekte der Freiheit von Kunst an sich, somit die Kunstdiskussion der Moderne, standen nicht in ihrem Interesse.

Paul Barnay war in der Situation der Umstrukturierung der geeignete Direktor. Der gebürtige Wiener, der von 1921 bis 1933 das »Lobe-Theater« in Breslau geleitet hatte, war in der Weimarer Republik einer der markantesten Vertreter der sozialdemokratischen Volksbühnenbewegung gewesen. So wurde das private »Lobe-Theater« in seiner Direktionszeit von der gemeinnützigen Ges.m.b.H. des Vereins Freie Volksbühne übernommen. Von den Nationalsozialisten 1933 abgesetzt und mißhandelt, kam er nach Wien zurück, wo er bis 1936 das Raimundtheater, dann das Stadttheater Reichenau leitete, bis er wieder vor den Nationalsozialisten fliehen mußte und in Ungarn zur Zwangsarbeit eingesetzt wurde.

Der ÖGB stellte in kurzer Zeit die Volkstheatergemeinde auf die Beine, ein Mitgliedersystem von Abonnenten, das österreichweit als Vorbild angesehen wurde. Der am 9. Juni 1948 gegründete Verein Volkstheaterfreunde, dem wiederum Funktionäre der sozialistischen Fraktion des ÖGB und leitende Angestellte der Arbeiterbank angehörten, initiierte und führte die Besucherorganisation. Schon im Folgejahr zählte sie 16.000 Mitglieder. Trotz Subventionen aus dem »Kulturgroschen« und Zuschüssen von Gewerkschaftsbund und Arbeiterkammer mußte die Zahl der Mitglieder der Volkstheatergemeinde gesteigert werden, um die günstigen Eintrittspreise von 50prozentiger Ermäßigung, die eine conditio sine qua non waren, halten zu können. So ist Barnays gesamte Direktionszeit von einem Ringen um höhere Publikumszahlen gekennzeichnet. »Erlaubt ist, was gefällt«, war seine Devise, ebenso »Wer vieles bringt, wird manchem etwas bringen«.

Den kritischen Anmerkungen, die Andrea Huemer und Dietrich Hübsch in ihren Spielplananalysen über das künstlerische Niveau der Ära Barnay treffen,[21] ist zuzustimmen. Hinzuzufügen ist jedoch, daß Barnays Theater des Kompromisses an den Publikumsgeschmack durchaus im Sinne seiner Auftraggeber war. Barnay war ein Repräsentant des gewerkschaftlichen Theaterverständnisses dieser Jahre. Er formulierte programmatisch:

> *Verpflichtung eines Volkstheaters in unserer Zeit ist es, dem reifen Theaterbesucher Stücke vorzuführen, die seinem Kunst- und Kulturbedürfnis entsprechen und ihn in politischer Beziehung mit versöhnlicher Harmonie zu erfüllen.*[22]

Die Stückwahl seiner ersten Saison zeigt die Spielplandramaturgie: Achards *Die ganze Welt spricht davon*, Shakespeares *Was ihr wollt*, Shaws *Pygmalion*, Raimunds *Der Bauer als Millionär*, Horváths *Geschichten aus dem Wiener Wald*, Duschinskys *Kronprinz Rudolf*, Anzengrubers *Der Pfarrer von Kirchfeld*, Ostrowskis *Der Wald*, E. Williams *Die Saat ist grün*, Lonsdales *Eine charmante Frau*, Kaisers *Kolportage* und die Offenbach-Operette *Die schöne Helena*. Edwin Rollett kommentierte diesen künstlerisch durchaus akzeptablen Spielplan:

> *Darum wurden aus dem unerschöpflichen Brunnen der Weltliteratur auch mit klugem Bedacht Dramen gewählt, die entweder Rechenschaft gebend oder zukunftsweisend, entweder indirekt oder unmittelbar das Positivum eines großen Zieles im Auge haben.*[23]

Die erste Spielzeit zeitigte jedoch nicht die notwendigen Sofortergebnisse in Form von Publikumszuwächsen. Barnays künstlerischer Gestaltungsradius wurde immer enger, denn der künstlerische Beirat, dem er seinen Spielplanentwurf vorlegen mußte, begann selbst seine moderaten künstlerischen Ambitionen zu bremsen. Der Beirat wurde aus Vorstandsmitgliedern des Vereins Volkstheaterfreunde gebildet, sein Präsident war der Gewerkschaftler Fritz Sailer. Das Problem war, daß der Beirat nicht künstlerisch argumentierte, sondern sich um den Verbleib jedes einzelnen Mitgliedes sorgte. So wurde die Volkstheatergemeinde in den *Mitteilungsblättern* dringend aufgefordert, wenigstens einmal im Monat ins Theater zu gehen und in ihrem Bekanntenkreis werbend tätig zu sein. Jedes Mitglied sollte mindestens ein neues werben. Weitere Experimente, wie Ödön von Horváths *Geschichten aus dem Wiener Wald*, das zu einem Theaterskandal geführt hatte, sollten unbedingt vermieden werden, ebenso sozialkritische Stücke:

> *Sie gefallen heute nicht mehr, denn die große Masse hat die grauenvollen Ereignisse der letzten Jahre noch in lebhafter Erinnerung und kann sich nicht für umstürzlerisches Draufgängertum begeistern, sondern sehnt sich ehrlich nach Ruhe und Frieden,*

schrieb Sailer im *Mitteilungsblatt*.[24] Die noch immer prekäre finanzielle Lage veranlaßte den Beirat, den Kunstgeschmack der Zuschauer auszuforschen und deren Wünschen zu entsprechen. So ergab die Publikumsbefragung von 1951, welche Stücke die Leute sehen wollten, ein überwältigendes Votum für Schiller.[25] Die Realisierung von *Kabale und Liebe* konnte noch bewältigt werden, doch als das Theater *Don Karlos* ansetzte, ohne die geeignete Besetzung und den geeigneten Regisseur zu haben, kam es zu einem künstlerischen Debakel, das Barnay, wie Andrea Huemer vermutet, schließlich die Direktion kostete.[26] Eine ähnliche Publikumsbefragung des Neuen Theaters in der Scala ergab dieselbe Antwort: Schiller. Die wortgenaue Umsetzung dieser Publikumsempfehlungen zeigt, daß man damals über moderne Methoden der Markt- und Meinungsforschung noch nicht verfügte und einer zielführenden Interpretation hilflos gegenüberstand. Ein anderes Beispiel: Bei der Stückebewertung von 1951 zeigten sich zahlreiche Besucher empört über das Schurken- und Dirnenmilieu, in dem *Napoleon in New Orleans* von Georg Kaiser spielt.[27] In der Folge warf der Beirat dem künstlerischen Leiter vor, »daß sehr viele zur Auswahl vorgeschlagene Stücke negativ sind und in der Unterwelt spielen«, und lehnte *Frau Warrens Gewerbe* und *Liliom* ab.[28] Dem Wunsch des Direktors, der in der Weimarer Republik ein Förderer Brechts gewesen war, die ebenfalls in der »Unterwelt« spielende *Dreigroschenoper* aufzuführen, wurde entsprochen. Die Inszenierung erntete wegen der harmlosen Operettenhaftigkeit beißende Kritiken, doch immerhin Publikumszuspruch.

Wie schon Oskar Maurus Fontana konstatiert hat,[29] bevorzugte Barnay das Österreichische in Spielplan und Spielweise.

Mit Ausnahme von Horváths *Geschichten aus dem Wiener Wald* wurde ein eher freundliches Bild von Österreich und den Österreichern gezeichnet. Unter Barnay webte das Volkstheater eine Zeitlang mit an der Österreich-Ideologie der Zweiten Republik. Klassische Volksstücke wurden, ohne ihr kritisches Potential herauszuarbeiten, inszeniert. Wien-Stücke mit Musik und fern der Realität sollten ein gerührtes Lächeln auf die Lippen zaubern. Transferierungen von Stücken in den Wiener Dialekt häuften sich derart, daß sie Hans Weigel 1951 zu folgender bissiger Kritik verleiteten:

> *'S Volkstheater spielt »D' Knie Kathi« von Zuckmayer Karl. s'is a sakrisch Stückl, d' Leut' röhr'n und plärr'n und hab'n a damische Hetz. Amal heißt's, 's hat si wer d' Knie saftig ang'haut. Grad a so saftig hab'n s' d' »Knie« ang'haut, wie s' aus'n Rheinischen ins Wachauerische umg'siedelt hab'n. Im Ernst: Was sollen diese dramaturgischen Deportationen, mögen sie auch sprachlich so sauber besorgt sein wie diesmal durch Felix Hubalek? Werden wir bald auch »Dem Teixl sei General«, den »Hauptmann von Langenlois«, den »Schinderschani«, das »G'stanzl im Feuerofen« sehen müssen?*[30]

Nach sozialdemokratischer Theaterauffassung sollte das Theater in erster Linie ein sorgfältiges Freizeitprogramm für die Berufstätigen in der immer härter werdenden Arbeitswelt bieten. Gerade in den Nachkriegsjahren, als die strengen Lohn- und Preispakete den Menschen Verzicht auf steigendes Einkommen und Konsum abverlangten, durfte im Theater kein sozialer Sprengstoff gelegt werden. Im Gegenteil, die Arbeitnehmer waren auf die Ideale der Wiederaufbauzeit einzuschwören, die gemäß der Devise von ÖGB-Chef Johann Böhm lauteten: »Wir müssen erst etwas erwirtschaften, ehe wir etwas verteilen können.«[31] Deshalb verlangten die Sozialdemokraten – aber nicht nur sie – eine »positive« Kunst und ein Theater, das Sinn stiften könne und die Menschen »in politischer Beziehung mit versöhnlicher Harmonie erfüllen« sollte. Das traf sich mit den Gefühls- und Bewußtseinshaltungen der Menschen in der postfaschistischen Ära, die in dem damals so empfundenen Wertevakuum nach Ruhe, Harmonie und Orientierung suchten.

Unter diesen Rahmenbedingungen wurde das Volkstheater zu einem Theater für die stärker werdende Mittelschicht, für die Angestellten. Ihr Kunstgeschmack dominierte. Junge Theaterbesucher und Intellektuelle sprach dieses Theater nicht an. Einer Statistik des Vereins Volkstheaterfreunde zufolge war der Durchschnittsbesucher des Volkstheaters 42 Jahre alt,[32] gehörte also der nicht mehr jungen Generation an. Sätze wie »Das Volkstheater, das ja nicht für ein paar Intellektuelle, sondern für das Volk spielt ...«[33] können eine gewisse Intellektuellenfeindlichkeit nicht verhehlen.

Ausblick: »Es muß gewagt sein«

Es verwundert nicht, daß die Theaterkunst unter diesen Voraussetzungen keine Impulse erhielt. Die materielle und institutionelle Abgesichertheit des Volkstheaters durch die Interessensvertretungen der Arbeitnehmer legitimierte den Kunstgeschmack der sozial aufsteigenden Arbeiter und Angestellten sowie deren Funktionäre und trug zur Ausbildung der Angestelltenkultur bei. Das barg für das Theater die immense Gefahr der Unbeweglichkeit und der künstlerischen Mittelmäßigkeit. Dessen waren sich auch die Eigentümervertreter bewußt. Franz Senghofer, Gesellschafter und ab 1951 auch Geschäftsführer der Volkstheater-ges.m.b.H., setzte sich für Leon Epp als neuen Direktor ein. Nachdem Senghofer Vertrauen gefaßt hatte, daß Epp das politisch-geistige Terrain der Gewerkschaftsbewegung nicht verlassen würde, entschieden für ihn künstlerische Kriterien:

> *[Ich] stellte mich schließlich auf den Standpunkt, daß die Gewerkschaftsvertreter genügend Garantie für eine gute Gebarung der Ges.m.b.H. seien, und daß daher dem neuen Direktor in erster Linie die künstlerischen Aufgaben zukämen. […] Getreu meiner Maxime, daß der Direktor des Hauses die letzte künstlerische Instanz bleiben müsse, ließ ich zwei formale Beschlüsse fassen: 1. Der Direktor kann ein Stück nur dann nicht aufführen, wenn der künstlerische Beirat einstimmig Einspruch erhebt. 2. Gegen jeden anderen Beschluß des Beirats kann der Direktor sein Veto einlegen.*[34]

Epps institutionelle Rahmenbedingungen waren somit wesentlich bessere als die seines Vorgängers.

Der neue Direktor, dessen Devise »Es muß gewagt sein« war, entwickelte Strategien, um einerseits dem konservativen Kunstgeschmack zu entsprechen und die Abonnentenzahlen nicht zu gefährden, andererseits jedoch junges, aufgeschlossenes Publikum zu gewinnen: Er segmentierte das Publikum. Mit Antritt seiner Direktion 1952 führte er ein »Sonderabonnement« ein. Dieses hatte einen anspruchsvollen und einer Großstadt angemessenen Spielplan.

Für ca. 1100 bis 1300 Abonnenten in drei Premieren pro Jahr[35] brachte Epp zeitgenössische Stücke in beachteten Ur- und Erstaufführungen heraus und sicherte dem Volkstheater einen guten künstlerischen Ruf beim Publikum, bei der Kritik und, wie sich heute beurteilen läßt, einen hervorragenden Platz in der österreichischen Theatergeschichte. Das täuscht ein wenig darüber hinweg, daß im Hauptabonnement der Geschmack der Angestelltenkultur mit Unterhaltungs- und Konversationsstücken weiter bedient wurde, wenn auch das Niveau sukzessive gehoben werden konnte. Ab 1954 gelang es mit der Aktion »Volkstheater in den Außenbezirken« eine neue, damals kulturpolitisch höchst moderne Schiene aufzumachen, nämlich »nicht darauf zu warten, bis die Menschen zu den Kulturgütern kommen, sondern diese Kulturgüter [...] dort zu offerieren, wo die Menschen wohnen und arbeiten.«[36] Finanziert wurde das Tourneeunternehmen von der Arbeiterkammer Wien und dem Kulturamt der Stadt Wien. Diese volksbildnerische Initiative wurde vom Publikum in den Außenbezirken in erstaunlich kurzer Zeit akzeptiert.

Epps Erfolg ruhte also auf drei Säulen von Publikumssegmenten. Daß ihm die Gratwanderung zumindest zeitweise gelang, dem Volkstheater trotz künstlerisch unterschiedlicher Anforderungen eine Identität zu verschaffen, spricht für seine ausgleichende Persönlichkeit, sich innerhalb des abgesteckten politischen Terrains größtmöglichen künstlerischen Freiraum zu bewahren. Hilde Haider-Pregler kommt in ihrer Analyse der Direktionszeit Leon Epp zu folgendem Resümee:

[...] Leon Epp [verwirklichte] das Paradoxon, in einer ana-

chronistischen Struktur aufregendes, Standpunkt zur eigenen Gegenwart beziehendes Theater zu machen. In der Großstadt Wien, wo vom Burgtheater bis zu den Kellerbühnen die ihrer Eigenheit entsprechenden künstlerischen Aufgabengebiete gewahrt wurden, mutete er seinem Theater in den Jahren des Wiederaufbaus und der steigenden Saturiertheit mit Selbstverständlichkeit alle Pflichten eines gesamtverantwortlichen Stadttheaters zu – bis hin zu den »Abstechern« in die Außenbezirke – und erfüllte sie mit großstädtischem Anspruch.[37]

ANMERKUNGEN

1 Theodor Grieg: Die Wiedergeburt. – In: Festschrift 60 Jahre Volkstheater. Hg. Volkstheater-Ges.m.b.H. Wien 1949, S. 73.
2 Ebd., S. 74.
3 Zu Günther Haenel vgl. Andrea Huemer: Direktion Günther Haenel. Engagiertes, zeitgemäßes und unbequemes Theater. – In: 100 Jahre Volkstheater. Theater-Zeit-Geschichte. Hg. Evelyn Schreiner. Wien 1989, S. 156-173; Peter Roessler: Studien zur Auseinandersetzung mit Faschismus und Krieg im österreichischen Drama der Nachkriegszeit und der 50er Jahre. – Köln 1987, S. 53ff.; Evelyn Deutsch-Schreiner: Theater im Schatten der Gewalt. Innere Emigration und Theater. – In: Literatur der Inneren Emigration aus Österreich. Zwischenwelt 6. Hg. (im Auftrag der Theodor Kramer Gesellschaft) Johann Holzner u. Karl Müller (im Erscheinen).
4 Ein Jahr Wiener Theater 1945-1946. Almanach über die erste Spielzeit der Wiener Bühnen nach der Befreiung Österreichs. – Hg. Preß-Kollektiv. Wien 1946, S. 37.
5 Ebd.
6 Günther Haenel: Dialektik des Theaters. – In: Plan. Literatur. Kunst. Kultur. Hg. Otto Basil, Jg.1 (1945), H. 1, S. 53.
7 Ebd., S. 54.
8 Ebd., S. 56.
9 Neues Österreich, 15.8.1945.
10 Vgl. Ein Jahr Wiener Theater (Anm. 4).
11 Neues Österreich (Anm. 9).
12 Vgl. Huemer (Anm. 3).
13 Hilde Sochor: Wie wenn man die Augen zumacht und jemandem die Hand gibt, daß er einen führt, und weiß, man kann nicht stolpern. – In: 100 Jahre Volkstheater (Anm. 3), S. 193.
14 Vgl. Evelyn Deutsch-Schreiner: Österreichische Theaterkrise 1948. – In: Theater der Region – Theater Europas. Hg. Andreas Kotte. Basel 1995, S. 211-220.
15 Vgl. Gerhard Botz u. Albert Müller: »1945«: Historischer Bruch, Kontinuität oder Sowohl-Als-Auch in der Stunde Null? – In: Identität : Diffe-

renz. Tribüne Trigorin 1940-1990. Eine Topographie der Moderne. Wien, Köln, Weimar 1992.

16 Paul Barnay: Von Flottwell zu Valentin. – In: Festschrift (Anm. 1), S. 55.

17 Neues Österreich, 15.2.1948; Das Kleine Volksblatt, 22.2.1948; Österreichische Zeitung, 25.2.1948; Wiener Zeitung, 29.2.1948. Zu Barnay vgl. den Beitrag von Johannes Sachslehner in diesem Band.

18 Privatarchiv des Restitutionsfonds der freien Gewerkschaften, Wien. Auszug Handelsregister.

19 Gertrude Enderle-Burcel: Die österreichischen Parteien 1945-1955. – In: Österreich 1945-1995. Gesellschaft – Politik – Kultur. Hg. Reinhard Sieder, Heinz Steinert u. Emmerich Tálos. Wien 1995, S. 80. Vgl. auch Ernst Hanisch: Der lange Schatten des Staates. Österreichische Gesellschaftsgeschichte im 20. Jahrhundert. – Wien 1994, S. 443.

20 Wilhelm Schmidt, der geschäftsführende Vizepräsident der Gewerkschaft der Angestellten der freien Berufe/Sektion Bühne. – In: Festschrift (Anm. 1), S. 14.

21 Andrea Huemer: Direktion Barnay. Theater des Kompromisses. Suche nach Identität. – In: 100 Jahre Volkstheater (Anm. 3), S. 178-191; Dietrich Hübsch: Das Wiener Volkstheater 1889-1966. – In: Maske und Kothurn, Jg. 13 (1967), H. 4, S. 294.

22 Paul Barnay: Das Volkstheater – ein Theater des Volkes. – In: Die Zeit, Wien, 1948, H. 4, S. 10.

23 Edwin Rollett: Sechzig Jahre Volkstheater. – In: Festschrift (Anm. 1), S. 49.

24 Volkstheaterfreunde. Mitteilungsblatt der Volkstheatergemeinde, 1950, Nr. 9. Zum »Horváth-Skandal« vgl. den Beitrag von Johannes Sachslehner in diesem Band.

25 Volkstheaterfreunde (Anm. 24), 1951, Nr. 6.

26 Huemer (Anm. 21), S. 190.

27 Volkstheaterfreunde (Anm. 25).

28 Gedächtnisprotokoll der Generalversammlung des Vereines Volkstheaterfreunde in der Arbeiterkammer Wien, 13.12.1951. Privatarchiv des Volkstheaters.

29 Oskar Maurus Fontana: Volkstheater Wien. Weg und Entwicklung (1889-1964). – Wien 1964, S. 91.

30 Zit.n. Hübsch (Anm. 21), S. 298.

31 Zit.n. Sieder, Steinert u. Tálos: Wirtschaft, Gesellschaft und Politik in der Zweiten Republik. – In: Österreich 1945-1995 (Anm. 19), S. 11.

32 Volkstheaterfreunde (Anm. 24), 1950, Nr. 7.

33 Volkstheaterfreunde (Anm. 25).

34 Zit.n. Elisabeth Epp: Glück auf einer Insel. Leon Epp – Leben und Arbeit. – Wien, Stuttgart 1974, S. 132.

35 Zahlen von 1967. Vgl. Hübsch (Anm. 21), S. 306.

36 Hans Mandl, Stadtrat für Kulturpolitik und Volksbildung. – In: Zehn Jahre Volkstheater in den Außenbezirken. Erfolg einer kulturellen Aktion der Wiener Arbeiterkammer. Wien 1964.

37 Hilde Haider-Pregler: Direktion Leon Epp. »Das tapferste Theater von Wien«. – In: 100 Jahre Volkstheater (Anm. 3), S. 211.

JOHANNES SACHSLEHNER

»Ein dekadenter Literat«

Der Horváth-Skandal 1948

Das Theater ist eines der ausdrucksvollsten
und nützlichsten Mittel,
um ein Land aufzubauen, und das Barometer,
das seine Größe und seinen Abstieg anzeigt.
FEDERICO GARCÍA LORCA,
PLAUDEREI ÜBER DAS THEATER

So unbedeutend und folgenlos der sogenannte Horváth-Skandal vom Herbst 1948 auch scheinen mag, markiert er doch mit ungewöhnlicher, ja exemplarischer Schärfe die Situation des Wiener Sprechtheaters in der Nachkriegszeit. Die Geschichte dieses Skandals ist die Geschichte einer allzu schnellen und bequemen Kapitulation vor dem verführerischen Sog eines idealisierenden, verklärenden und letztlich reaktionären Österreich- bzw. Wien-Romantizismus. Und sie verweist auf das Versagen gewerkschaftlich-sozialdemokratischer Kulturpolitik, die dem raschen Erfolg beim Publikum bereitwillig jegliche moderne und kritische Theaterarbeit opferte. Der Skandal im Volkstheater repräsentiert ein Kulturklima, das sein Heil im »Cocooning« suchte, in der Umstrickung mit einer diffusen Österreich-Ideologie, die Harmonie und Idyllik auch dort noch vortäuschte, wo die Wirklichkeit bereits längst darüber hinweggeschritten war.

Die skandalösen Vorgänge rund um Hans Jungbauers Inszenierung von *Geschichten aus dem Wiener Wald* trugen zudem entscheidend dazu bei, daß dieses Stück im besonderen und Horváths Dichtung im allgemeinen auf den großen Wiener Bühnen für die nächsten zehn bis fünfzehn Jahre ein Außenseiterdasein zu fristen hatten. Die Rezeptionsgeschichte Horváths in der Zweiten Republik verlief vor diesem Hintergrund also keineswegs so friktionsfrei, wie es im harmonisierten Dreiphasenmodell Wolfgang Lechners den Anschein hat[1], und wohl nicht zufällig stiegen im Diskurs der Kritik zu dieser Aufführung noch einmal all jene Stereotype an die Oberfläche, die man mit dem Untergang des Dritten Reiches schon für immer überwunden glaubte.

Paul Barnays Karrieresprung und die ÖGB-Theateroffensive

Vergegenwärtigen wir uns kurz die Situation des Volkstheaters in jenem Herbst 1948: Der Österreichische Gewerkschaftsbund hatte eben von der Schauspielerin Dr. Margarete Fries die Aktienmehrheit des Deutschen Volkstheater-Vereins erworben; in der Folge wurde die Aktiengesellschaft in eine Gesellschaft mit beschränkter Haftung umgewandelt: Mit Datum vom 26. November 1948 kam es zur Gründung der »Volkstheater Gesellschaft m. b. H.«, die sich ihrerseits im Besitz des »Restitutionsfonds der freien Gewerkschaften« befand. Zu Geschäftsführern bestellt wurden Karl Dietrich von der Arbeiterbank (der heutigen BAWAG) sowie Franz Senghofer und Josef Zak vom Gewerkschaftsbund. Merkwürdigerweise oblagen diesem Trio auch künstlerische Entscheidungen, die man jedoch vernünftigerweise sofort zu delegieren versuchte, und in einem ersten Schritt bestellte man daher den Schauspieler, Regisseur und Literaten Paul Barnay (1884–1960) zum künstlerischen Leiter des Volkstheaters. Dieser hatte sich nun bereits im Februar 1948 bei der Stadt Wien um die Konzession für Volkstheater und Raimundtheater beworben und damit hinter den Kulissen der Rathausbürokratie hektisches Treiben ausgelöst.[2] Der Österreichische Gewerkschaftsbund konnte in diesem Ringen offensichtlich seinen erklärten Favoriten durchsetzen, und so kam es, daß die Konzession des Kommunisten und engagierten Antifaschisten Günther Haenel, der seit 1945 die künstlerische Leitung des Volkstheaters innegehabt hatte,[3] nicht mehr verlängert wurde und Barnay als Pächter – zunächst befristet auf ein Jahr – die Geschäfte übernahm. Paul Barnay, ein gebürtiger Wiener, der sich auch als Autor einer Reihe von Unterhaltungsromanen und Wienerliedern einen Namen gemacht hatte, hatte seine Karriere als Schauspieler 1904 in Danzig begonnen, später in Düsseldorf, Bremen und Wien gearbeitet und sich ab 1921 als Leiter des »Lobe-Theaters« in Breslau Meriten erworben. Besonders engagierte er sich bei der Gründung der sozialdemokratischen Volksbühnenbewegung – ein Faktum, das ihm nun offensichtlich zugute kam. Nach der Machtübernahme Hitlers mußte Paul Barnay Deutschland verlassen und ging nach Wien, 1934 wurde er hier Leiter des Raimundtheaters; von 1936 bis 1938 war er Direktor des Stadttheaters in Reichenberg. 1938 flüchtete er nach Budapest und arbeitete in der Folge als Verlagslektor. Durch die Schikanen der ungarischen Faschisten schwer in Mitleidenschaft gezogen, kehrte Barnay 1945 nach Wien zurück.

In wirtschaftlichen Dingen also nicht unerfahren, versuchten Barnay und die ÖGB-Funktionäre die ökonomische Krise des Hauses noch im Sommer 1948 durch Gründung einer neuartigen und schlagkräftigen Publikumsorganisation in den Griff zu bekommen: Die »Theatergemeinde im Wiener Volkstheater« wurde ins Leben gerufen, eine Organisation, deren Mitglieder in einem Abonnentensystem zusammengeschlossen waren, in dem sie Sitzkategorien und Spieltage frei wählen konnten.[4] Um die Mitglieder fest ans Theater zu binden, war eine intensive Betreuung vorgesehen: Vor jeder Premiere erhielten die Mitglieder die *Mitteilungsblätter der Volkstheatergemeinde*, daneben fanden Einführungsvorträge mit anschließender Publikumsdiskussion statt. Ziel war die Schaffung eines »inneren Zusammengehörigkeitsgefühls«, einer Gruppe von verschworenen, eng dem Volkstheater verbundenen Theaterbesuchern.

Geleitet wurde diese Besucherorganisation vom im Juni 1948 gegründeten »Verein Volkstheaterfreunde«, der, wie könnte es anders sein, wiederum von den Funktionären des ÖGB und der Arbeiterkammer sowie von Vertretern der Arbeiterbank dominiert wurde; Geschäftsführer war ÖGB-Bildungsreferent Franz Senghofer (Jahrgang 1904), unbestritten die treibende Kraft hinter dieser Konstruktion und der Theateroffensive des ÖGB.

Um die Einflußnahme der Gewerkschaft auf die künstlerische Entwicklung des Hauses zu institutionalisieren, wurde aus den Vorstandsmitgliedern dieses Vereins jener künstlerische

Beirat gebildet, dem Paul Barnay seine Konzepte vorzulegen hatte. Fazit: Das Volkstheater vom Herbst 1948 agierte praktisch als das Theater des ÖGB, das Ziel war nicht mehr und nicht weniger als die Schaffung einer gewerkschaftlichen »Volksbühne«, wie sie als theoretisches Konstrukt – dessen Ursprünge ja bis in die Monarchie zurückreichen – schon lange die Phantasie der Funktionäre beflügelt haben mochte.

Nun sind diese massiven Anstrengungen des ÖGB um das Volkstheater keineswegs isoliert zu sehen – sie bildeten die Speerspitze einer geradezu generalstabsmäßig geplanten »Bildungsarbeit«, die natürlich *per definitionem* von einem propagandistischen Kalkül gesteuert wurde. In einem programmatischen Artikel im Juliheft 1948 der Zeitschrift *ÖGB-Bildungsfunktionär*, betitelt »Bühne des Volkes«, formulierte Herbert Kohlich die »große Aufgabe« einer solchen Theateranstalt:

> *Eine wirkliche Bühne des Volkes in unserer Zeit kann aber nur ein großes Theater sein, dessen hohe Zahl von Plätzen die Umlegung der Regien erleichtert und erschwingliche Eintrittspreise gestattet. Dieses Theater hat jeweils einerseits das Beste an dramatischer Literatur zu bieten, das, schon erprobt, zur Verfügung steht, und andererseits solche Stücke aufzuführen, die der bereits angedeuteten Forderung der Zeit gemäß das Publikum ansprechen werden, weil es sich angesprochen fühlen wird. Man soll aber auch solche Stücke spielen, die dem Publikum die Möglichkeit bieten, aus der seelischen Bedrückung der Zeit sich in ein Reich der Phantasie zu flüchten, das durchaus kein Wolkenkuckucksheim sein muß, sondern es allenfalls nur mit anderen Nöten vertraut macht als denen, die den einzelnen gerade bedrücken, und ferner Stücke, die in gutem Sinn unterhalten.*[5]

Entschieden lehnt Kohlich jene »soziale Katzenjammerdramatik« ab, wie sie etwa die »existenzialistische Theaterstückfabrikation« produziere, Ziel sei vielmehr eine »soziologisch-objektivierte Dramatik«, die ganz einfach »künstlerischen Gedankenflug mit Kenntnis der gesellschaftlichen Vorgänge« verbinde. Jene Zeiten, in denen dramatische Literatur als »Anklägerin und Aufrüttlerin« wirken sollte, seien, so Kohlich, endültig vorbei, an ihre Stelle wären eben politische und gewerkschaftliche Institutionen getreten. Diese Ausführungen sind nun durchaus bemerkenswert, signalisieren sie doch so etwas wie einen Paradigmenwechsel im gewerkschaftlichen Verständnis des Begriffs »Volksbühne«: Bloße Unterhaltung, systemaffirmative und eskapistische Züge in den aufgeführten Stücken erscheinen hier plötzlich als Tugenden, ein »gesellschaftskritischer Pfeil« sei überhaupt nur mehr gern gesehen, wenn »ein Lächeln seine Spitze« entschärfe.[6] Deutlich fällt auch die Absage an jedes Experiment, an Avantgarde und zeitgenössische Moderne (Existenzialismus) aus, es existiert kein Feindbild »bürgerliches Theater« mehr, Richtschnur ist der Erfolg beim Publikum, keineswegs aber ein Programm. Um es auf den Nenner zu bringen: Der ÖGB-Funktionär Kohlich vertritt im Grunde eine durchaus reaktionäre Auffassung von den Leistungen einer »Volksbühne«, besonders dann, wenn man sich vor Augen hält, wie etwa Jean-Paul Sartre noch Mitte der fünfziger Jahre die aktuelle Aufgabe des »Volkstheaters« definiert:

> *Jetzt muß man menschliche Konflikte in historische Situationen situieren und zeigen, daß sie davon abhängig sind. Unsre Themen müssen gesellschaftliche Themen sein: die Hauptthemen der Welt, in der wir leben, derer wir uns bewußt geworden sind.*[7]

Vom lieben Augustin bis Horváth: Versuch einer Vereinnahmung

In einem Interview für die *Arbeiter-Zeitung* Anfang September 1948 hatte Paul Barnay seine Zielsetzung als künstlerischer Prinzipal des Volkstheaters formuliert:

> *Unser Weg ist es, beim breiten Publikum jenes Interesse am Theater zu erwecken, das heute z.B. das Freistilringen hervorruft. Mitgehen und Begeisterung, den Beifall der Stehplatzbesucher, das sind Dinge, ohne die ein Theater nicht existieren kann.*[8]

Die ersten Premieren im Herbst 1948 gaben denn auch durchaus zur Hoffnung Anlaß, diesem sehr pragmatischen Verständnis von Erfolg gerecht zu werden: Stieß Paul Barnays Inszenierung von Shakespeares *Was ihr wollt* (Premiere: 24. September 1948) zunächst noch auf wenig Anklang, so wurde Raimunds *Der Bauer als Millionär* unter der Regie von Gustav Manker und mit Paul Hörbiger als Fortunatus Wurzel (Premiere: 29. Oktober 1948) bereits ein erster, durchschlagender Erfolg mit insgesamt 61 Vorstellungen; in seiner Vorschau auf den Herbstspielplan hatte der *ÖGB-Bildungsfunktionär* bereits von der nunmehr bevorstehenden »Rückbesinnung auf die Quellen und die Grundform des Wiener Theaterspieles« geschwärmt.[9]

Warum fiel nun die Wahl für das nächste Premierenstück gerade auf Horváths *Geschichten aus dem Wiener Wald*? Kam der Vorschlag dafür von Paul Barnay, von einem der Dramaturgen oder von Seite der Gewerkschaft, etwa von Fritz Senghofer, der auch nach dem Rückzug des Stücks unbeirrt weiter dafür eintreten sollte? Aufschluß über die Motivation gibt zunächst der einführende Begleittext im Programmheftchen, signiert mit »F. H.«: Sehr präzise wird darin durch die geschickte Einbindung in eine illustre literarische Ahnenreihe dem Publikum eine explizit »österreichische« Lesart des Stückes vorgegeben:

> *Vom lieben Augustin über Abraham a Sancta Clara, Grillparzer, Raimund, Nestroy, Anzengruber bis zu Horváth geht der Weg, auf dessen Stationen sich, variiert und nach den Zeiten und ihren Erkenntnissen abgewandelt und vertieft, das »Merk's Wien« wie ein Menetekel über dem Glanz und Rausch erhebt.*[10]

Das Programmheftchen läßt also keinen Zweifel: Der – wie gleich von vornherein betont wird – »österreichische« Dichter Horváth, in dem sich der »geistige Werdegang einer Generation« vollendet habe, die »dem alten Österreich-Ungarn [...] entwachsend, ihre erste tiefe geistige Prägung durch den ersten [!] Weltkrieg und den Zusammenbruch der beiden europäischen Großmonarchien« erhalten habe, habe ein zutiefst österreichisches Stück geschrieben, das in der Tradition sprach- und gesellschaftskritischer Texte stehe:

> *Da greift er [Horváth] tief hinein und holt mit dem entschlossenen Griff des unerbittlich nach dem Krankheitsherd for-*

schenden Anatomen das goldene Wienerherz heraus und prüft seinen Gehalt mit dem ätzenden Scheidewasser eines unbestechlichen analytischen Dichtergeistes.[11]

Dieser »entschlossene Griff« des Horváthschen Volksstücks, sein enormes gesellschaftskritisches Potential und die Decouvrierung des Klischees vom goldenen Wienerherz scheint den Verantwortlichen des Volkstheaters bereits vor der Premiere nicht ganz geheuer gewesen zu sein; so erklärte Regisseur Hans Jungbauer in einem Pressegespräch vor der Generalprobe unumwunden:

Es gehört Mut dazu, es zu spielen, und wir hoffen, vom Publikum nicht falsch verstanden zu werden. Es richtet sich gegen die Schlampigkeit und Trägheit des Herzens. Gegen jene, die vor dem Gestern das Heute nicht sehen wollen.[12]

Die Premiere des Stückes am 1. Dezember 1948, eine österreichische Erstaufführung, wurde sorgfältig vorbereitet; die Rolle Mariannes wurde Inge Konradi anvertraut, Harry Fuss spielte den Alfred, Karl Skraup den Zauberkönig, Dagny Servaes die Valerie, Otto Woegerer den Fleischermeister Oskar und Dorothea Neff gab die Rolle der mörderischen Großmutter. Das atmosphärisch dichte Bühnenbild wurde von Gustav Manker entworfen, die Kostüme stammten von Maxi Tschunko. Die Premierenaufführung verlief denn auch ruhig, noch war das Publikum mit Form und Inhalt des Stückes nicht vertraut. Das änderte sich bei der zweiten Aufführung am 2. Dezember: Die tiefe Verstörung, in die Horváths »Bildungsjargon« einen Teil der Kritik gestürzt hatte, brach sich nun auch im Publikum gewaltsam ihre Bahn. Harry Fuss erinnert sich:

Im letzten Bild, in der Wachau, als die Großmutter, gespielt von Dorothea Neff, gerade ihr Zitherspiel beendet hat und sagt: »Der kleine Alfred ist tot«, brach ein Tumult los. Von der Galerie kamen Buhrufe, so daß wir nicht weiterspielen konnten. Da trat Karl Skraup, der den Zauberkönig spielte, an die Rampe und sagte in Abwandlung des Horváth-Satzes: »Lieber Gott, der Du die gescheiten und die dummen Menschen erfunden hast, nicht wahr, Du bist gerecht!« Tosender Applaus einerseits und Buhrufe andererseits; da standen die Leute im Parkett und Parterre auf und klatschten die Buhru-

fer auf der Galerie nieder. Uns auf der Bühne wandten sie den Rücken zu – die Schauspieler waren ganz unwichtig dabei. Als es wieder ruhig wurde, haben wir weitergespielt. Nach der Vorstellung war beim Bühneneingang viel los, die Menschen drängten sich aufgeregt. Da kam eine etwa 45jährige Dame in Pelzmütze und Pelzkragen auf mich zu, und ich konnte gar nicht so schnell schauen, da haut sie mir eine Watsch'n runter und schreit: »Daß Leute wie Sie in Wien nicht mehr Theater spielen, dafür werd ich sorgen«. Bei zwei oder drei weiteren Vorstellungen hat es noch kleinere Tumulte gegeben.[13]

Gewiß, diese Schreiduelle und kleinen Handgreiflichkeiten waren belanglos und sind heute von kaum mehr als anekdotischem Interesse. Der eigentliche Skandal fand denn auch nicht im Theater – weder auf der Bühne, noch im Zuschauerraum – statt, sondern auf den Schreibtischen so mancher Kritiker und vor allem wohl in den Entscheidungen des künstlerischen Beirats der Volkstheaterfreunde. Das Ergebnis ist bekannt: Vor allem auf Drängen des Gewerkschafters Fritz Sailer, Präsident des »Vereins der Volkstheaterfreunde«, mußte Paul Barnay das Stück zu Silvester 1948 endgültig vom Spielplan nehmen. Sailers Begründung, nachgereicht im *Mitteilungsblatt der Volkstheatergemeinde* vom September 1950: das Publikum sehne sich nach »Ruhe und Frieden« und könne sich nicht für »umstürzlerisches Draufgängertum« begeistern.[14]

Ein »volksfeindliches Volkstheater«?

Liest man heute die Kritiken zu dieser Horváth-Inszenierung, so verblüfft zunächst die ungewöhnlich schroffe Polarisierung, die den Diskurs darüber auszeichnete. Begeisterter Zustimmung stand heftigste Ablehnung gegenüber. Das Stück hatte in seiner Intensität ins Zentrum der Nachkriegswelt getroffen und geschmerzt, unerbittlich jene Hohlheit und falsche Sentimentalität entlarvend, auf der man sein Leben aufbaute. Die Attacken gegen das Stück zeigen denn auch eine verzweifelte Verbissenheit, ein Beharrenwollen auf dem Schein:

Besitzen Herr Barnay und das Theater von heute überhaupt das Recht, diese Blasphemie auf ein Wienertum zu dulden, Randfiguren unseres menschlichen Daseins in das grelle Licht der Scheinwerfer zu stellen und ihnen den Stempel des Typischen und Wesentlichen unserer vielgestaltigen Eigenschaften aufzudrücken? Gewiß sind die Gestalten oft überdimensional echt in ihrer erschreckenden Gemeinheit, aber das heißt doch nicht, daß sie durch ihren Wiener Jargon nur in der Atmosphäre des Wienerischen gedeihen können. Sie gehören vielmehr in die Sumpflandschaft jeder Großstadt.[15]

Die Ablehnung des Stücks konzentriert sich auf die – aus einer mißverständlichen Erwartungshaltung resultierenden – Überzeugung, daß Horváth in seiner Gesellschaftskritik tatsächlich die Wiener treffen wollte, Gemeinheit – so der allgemeine Tenor der Artikel – sei keine Funktion des Wienerischen.

Der Dichter [Ödön von Horváth] ist gewiß eine tragische Figur, ein Einzelgänger. Aber auch er besitzt nicht das Recht, seinen Haßgesang auf die Menschen um ihn in die Welt hinauszuschreien. Er ist vor allem nicht befugt, den grauenhaften Bilderbogen über diese verkommene Gesellschaft mit »Geschichten aus dem Wiener Wald« zu deklarieren,

das Volkstheater werde in Aufführung desselben zum »Tribunal des Volksfeindlichen«.[16]

Ohne die künstlerische Strategie Horváths, die Demaskierung seiner Figuren durch konsequenten Einsatz des »Bildungsjargons«, klar zu erkennen, sträubt man sich auch in der von der Roten Armee herausgegebenen *Österreichischen Zeitung* gegen den Gestus des Stücks, hilflos bleibt man an seiner Oberfläche hängen, mißversteht seinen humanen Impetus als eine »Mischung aus Kitsch, Frechheit und Zynismus«, mokiert sich über den angeblichen »Krankheits- und Verfallsgeruch«[17] des Horváthschen Werks, ohne zu bemerken, daß ein tatsächlicher Anachronismus sich im eigenen Schreiben ausbreitete, und das zu Ungunsten eines offenen, modernen Kulturlebens.

Gewiß, es gibt in jeder kapitalistischen Gesellschaft Serenissimus-Typen, wie vertrottelte Rittmeister, aufgeblasene Studenten, gemütsverhärtete Väter, Mütter, Großmütter, aber trotz diesen unerfreulichen Erscheinungen sind es doch die gesunden breiten Massen der Arbeitenden aller Berufe, die Menschen mit Widerstandskraft gegen das Gemeine und mit Zuversicht auf eine Aufwärtsentwicklung ihres Lebens, die das Gesamtbild bestimmen. Und sie alle protestieren dagegen, daß ein dekadenter Literat sie einfach als unerheblich ausklammert aus seinem sadistischen Konzept, weil das in sein nihilistisches Bild vom Weltuntergang nicht hineinpaßt.[18]

Dekadenz, Nihilismus, Zynismus, Lebensfeindlichkeit – das sind die Begriffe, die man gegen die Entmystifizierungstendenzen moderner Literatur in Stellung bringt, und ganz bewußt wagt so mancher Rezensent den Rückgriff auf den »Kampf« von damals:

Es gibt eine Richtung im Drama unserer Tage, die sich fälschlich als modern bezeichnet, weil sie nur auf Kunstgriffe aus den zwanziger Jahren zurückgreift. Sie behauptet zwar, das Leben kritisch unter die Lupe zu nehmen, in Wirklichkeit aber verzerrt sie alles so einseitig nach dem Negativen, daß sie mit echtem Realismus gar nichts zu tun hat. Sie hängt sich das Mäntelchen kämpferischer Anklage gegen Zeitgeschehen um, entpuppt sich aber nur als lamentierender Pessimismus, als ein zynisches Waten im Negativen. Auch auf Wiener Bühnen tauchen jetzt Stücke auf, für die das oben Gesagte zutrifft. Ihre Autoren kommen aus den verschiedensten Richtungen, aber sie finden sich alle im Bodenlosen, Lebensfeindlichen. […] Als zynischen Neinsager reinsten Wassers demaskiert ihn [Horváth] das Pseudovolksstück »G'schichten aus dem Wiener Wald« [!] im Volkstheater. Diese fatale Szenenfolge aus der Welt eines verkalkten Bürgertums, aus muffigen Kleinbürgerstuben, dorther, wo das Lumpenproletariat schmarotzt, kommt einer frechen Schändung des Menschenbilds gleich. Daran ändert nicht, daß uns beste Kräfte diesen Sumpf interessant machen sollen […].[19]

Die hier versammelten Schlagworte sind verräterisch genug, und der Verdacht bestätigt sich rasch: Da wird eine alte Frontlinie wieder aufgemacht, werden Kategorien zur Anwendung gebracht, wie man sie aus der völkischen und später nationalsozialistischen Literaturkritik nur allzu gut in Erinnerung hat. In diesen negativen Kritiken, die noch beliebig weiter zitiert werden könnten, offenbart sich die Crux des österreichischen Kulturbetriebs nach 1945 *in nuce:* Man möchte einen »österreichischen« Spielplan mit österreichischen Autoren und »österreichischen« Stoffen, ist man doch gut antifaschistisch gesinnt. Nicht gelungen und wohl häufig auch gar nicht versucht, ist jedoch die Aufarbeitung und kritische Auseinandersetzung mit den ästhetisch-formalen und inhaltlichen Dimensionen faschistischer Literatur- bzw. Theaterdoktrin.[20]

Franz Senghofers Resümee und Bekenntnis zu Horváth im Mai 1949 kam zu spät und konnte die Entscheidung zum Abzug des Stücks vom Spielplan nicht mehr ändern; seine Vision von einem kritischen linken Theater war gescheitert. Immerhin, zum einjährigen Bestehen der Volkstheatergemeinde wagte er jetzt endlich ein deutliches Wort:

> *Schön war's, sagt man gemeinhin nach einem Theaterstück. Diesmal genügte diese spießerische Phrase nicht, das Werk empörte, begeisterte, beschäftigte. Erst seine drastische Sprache hat den Menschen und sein Verantwortungsgefühl geweckt. Selbstgefälligkeit des Wienertums führte zu Einspruch […]. Kreuziget mich, macht euch lächerlich, es war eine Tat!*[21]

ANMERKUNGEN

1 Vgl. Wolfgang Lechner: Zur Horváth-Rezeption seit 1945. – In: Ödön von Horváth. Hg. Traugott Krischke. Frankfurt a.M. 1981, S. 185-202. Die drei Phasen werden von Lechner wie folgt eingeteilt: Von 1945 bis 1959 (Horváth wird nur in Österreich gespielt), von 1959 bis 1963 (österreichische Theaterleute verhelfen Horváth auch in der BRD zur Anerkennung) und von 1963 bis Ende der siebziger Jahre (Horváth-Rezeption verselbständigt sich und wirkt ihrerseits auf Österreich zurück). Vgl. auch Wolfgang Lechner: Mechanismen der Literaturrezeption in Österreich am Beispiel Ödön von Horváths. – Stuttgart 1978; Birgit Schulte: Ödön von Horváth: verschwiegen – gefeiert – glattgelobt. Analyse eines ungewöhnlichen Rezeptionsverlaufs. – Bonn 1980.

2 Vgl. dazu den Beitrag von Evelyn Deutsch-Schreiner in diesem Band sowie Andrea Huemer: Direktion Paul Barnay. Theater des Kompromisses. Suche nach Identität. – In: 100 Jahre Volkstheater. Theater. Zeit. Geschichte. Hg. Evelyn Schreiner. Wien 1989, S. 178-190.

3 Zu Günther Haenel siehe Andrea Huemer: Direktion Günther Haenel. Engagiertes, zeitgemäßes und unbequemes Theater. – In: Schreiner (Anm. 2) sowie Peter Roessler: Studien zur Auseinandersetzung mit Faschismus und Krieg im österreichischen Drama der Nachkriegszeit und der 50er Jahre. Köln 1987, S. 53ff.

4 Wie werde ich Mitglied der Theatergemeinde? Was bietet sie mir? – In: ÖGB-Bildungsfunktionär, Juli 1948, H. 7, S. 8.

5 Herbert Kohlich: Bühne des Volkes. – In: ÖGB-Bildungsfunktionär (Anm. 4), S. 5f.

6 Ebd., S. 6.

7 Jean-Paul Sartre: Volkstheater und bürgerliches Theater. – In: ders.: Mythos und Realität des Theaters. Aufsätze und Interviews 1931-1971. Reinbek b. Hamburg 1979, S. 45.

8 Arbeiter-Zeitung, 4.9.1948.

9 Die ersten Aufführungen des Volkstheaters. – In: ÖGB-Bildungsfunktionär (Anm. 4), S. 9.

10 Programmheftchen zur Aufführung *Geschichten aus dem Wiener Wald,* Archiv des Volkstheaters.

11 Ebd.

12 Weltpresse, 25.11.1948.

13 Harry Fuss: Wir Schauspieler waren ganz unwichtig dabei. – In: Schreiner (Anm. 2.), S. 193.

14 Mitteilungsblatt der Volkstheatergemeinde, Nr. 9/1950.

15 Ruf der Jugend, 14.12.1948.

16 Ebd.

17 Österreichische Zeitung, 7.12.1948.

18 Ebd.

19 Weltillustrierte, 12.12.1948.

20 Vgl. zu diesem Problembereich Evelyn Deutsch-Schreiner: Österreichische Bühnentradition und modernes Volksstück. Ein theaterwissenschaftlicher Beitrag zu den Voraussetzungen der Volksstückbewegung. – In: Modern Austrian Literature, Vol. 28 (1995), No. 1, S. 75-93, besonders S. 78f.

21 Franz Senghofer: 1 Jahr Volkstheatergemeinde. – In: ÖGB-Bildungsfunktionär, Mai 1949, H. 13, S. 13.

CARMEN RENATE KÖPER

Frauen am Neuen Theater in der Scala

Wenig Lohn für großes Engagement

Als sich in Wien am 16. September 1948 zum ersten Mal der Vorhang im Neuen Theater in der Scala hob, wußten die frisch engagierten jungen Schauspieler, daß nun ein ganz neues, aufregendes, richtungsweisendes Kapitel Theatergeschichte geschrieben werden sollte.[1] Neu war manches an diesem Theater. Eine sogenannte Sozietät, eine Gruppe von Regisseuren und Schauspielern, leitete den Betrieb, und auch das inhaltliche Konzept war neu im Nachkriegs-Wien. Der Anspruch, der gestellt wurde, war richtungsweisend, natürlich blieb – besonders bei den Fragen von Organisation und Leitung – die Absicht oft Utopie.

Acht Jahre währte das Glück, das hart umkämpfte, dann fiel der Vorhang zum letzten Mal und die Stadt Wien war um ein wichtiges Kulturinstitut ärmer. Mit dem Abzug der sowjetischen Besatzungsmacht ging der »Scala« die wesentliche Stütze verloren. Die Presse spielte bei diesem »Theatermord« eine traurige Rolle, die Muster der Berichterstattung waren von heute kaum mehr vorstellbarer Primitivität. Die Rezensenten waren in zwei Lager gespalten: die bürgerlichen und sozialdemokratischen Zeitungen hielten in den acht Jahren ihren Krieg gegen die »Scala« aufrecht, die kommunistischen Zeitungen standen fest zu diesem Theater.

Das war vor vierzig Jahren! Die Erinnerung an dieses Theater ist jedoch nicht ausgelöscht. Und woran erinnert man sich? An die Menschen, die hier gearbeitet haben und die offensichtlich bleibende Eindrücke hinterließen. So arm das Theater war, so sehr man um Farbe, Stoffe und Nägel kämpfen mußte, war man doch bemüht, dem Publikum befreiende Unterhaltung zu bieten und es darüberhinaus zur bewußten Wahrnehmung der sozialen Realität zu erziehen. Die meisten »Scala«-Schauspieler waren überzeugt, man könne mit den Mitteln des Theaters die Welt verändern.

Aber auch an einem demokratisch strukturierten Theater wie der »Scala« waren Frauen von Führungspositionen ausgeschlossen, Regisseurinnen gab es so gut wie keine. Wie war das nun mit den Frauen an der »Scala«? Stellvertretend sollen hier fünf Künstlerinnen vorgestellt werden: Hortense Raky, Erika Pelikowsky, Lilly Schmuck, Trude Bechmann und Erika Thomasberger. Jede war auf ihre Weise eine starke Persönlichkeit, die, durch die verschiedensten Lebensumstände geprägt, ihre Position am Theater behauptet hat.

Hortense Raky

In den Jahren der »Scala« sah man Hortense Raky in vielen großen, anstrengenden Rollen. Zusätzlich war der Alltag zu bewältigen, Zuwendung für die Kinder und den Ehemann. Dieses gehörige Maß an Organisation und Aufopferungsbereitschaft provoziert die Frage: Wie hat sie das alles geschafft? Hortense Raky war mit Karl Paryla verheiratet, sie hat drei Kinder zur Welt gebracht. Sohn Nikolaus – heute ein angesehener und vielbeschäftigter Schauspieler – wurde 1940 im Zürcher Exil geboren und trat schon früh in die Fußstapfen der Eltern. 1952 spielte er an der »Scala« in *Tom Sawyers großes Abenteuer*. 1946 wird der zweite Sohn, Stefan, geboren, der später ebenfalls zum Theater geht. Tochter Veronika kommt 1953 zur Welt. In einem Interview mit dem *Tagblatt am Montag* bemerkte die Raky sarkastisch: »Ob wir eine romantische Künstlerehe führen? Ha Ha! Neben meiner künstlerischen Tätigkeit kann ich mich genauso wie jede andere Frau abrackern!«[2]

Hortense Raky gibt sich heute verschlossen, die Auskünfte sind spärlich und beschränken sich auf die nüchterne Feststellung, daß sie ja eigentlich gar nicht zum Theater wollte, Kinder- oder Tierärztin wäre sie viel lieber geworden. Aber die Mutter wollte es anders und brachte sie zur Aufnahmsprüfung ins Reinhardt-Seminar, damit war ihr Schicksal besiegelt. Der Name Hortense Raky läßt auch heute noch aufhorchen, obwohl sich diese begnadete Schauspielerin seit vielen Jahren nicht nur vom Theater, sondern auch aus dem Leben »da draußen« zurückgezogen hat. Natürlich fragt man sich, warum. Sicher ist, daß die Ehe mit Karl Paryla nicht immer harmonisch war. Zu oft hat das ungezügelte Temperament Parylas die Beziehung bis aufs Äußerste gefordert und wohl auch verletzt.

Geboren am 27. August 1918, kommt Hortense Raky bereits mit 15 Jahren, 1933, ans Reinhardt-Seminar. Nach Abschluß der Ausbildung erhielt sie ihr erstes Engagement am Theater in der Josefstadt und erlebte dort den Ausklang der Ära Reinhardt. Als 16jährige verdiente sie sich hier 1934 ihre ersten Lorbeeren, in der deutschsprachigen Erstaufführung des amerikanischen Stückes *Menschen in Weiß* von Sidney Kingsley spielte sie eine junge Krankenschwester. Am 6. Oktober 1936 fand in Berlin die Uraufführung des Films *Das Frauenparadies* statt; Regie führte Arthur Maria Rabenalt, es spielten Hortense Raky, Ivan Petrovich, Leo Slezak, Georg Alexander und Hans Richter. Robert Stolz und Heinz Sandauer schrieben die Musik. Schon einen Monat später war der Name Hortense Raky neuerlich auf einem Filmplakat zu finden. Unter der Regie von Willi Forst spielte sie an der Seite von Werner Krauß ein Wiener Vorstadtmädel, das die Hand eines berühmten Hofschauspielers ausschlägt, um ihr Herz einem Eleven zu schenken. Diese Filmrolle machte Hortense Raky mit einem Schlag prominent. Neben ihrer Filmarbeit blieb sie aber weiterhin dem Theater treu. So spielte sie unter der Direktion von Rolf Jahn am Deutschen Volkstheater in Wien.

Nach dem Einmarsch Hitlers emigrierte sie 1938 nach Zürich. Die Jahre am Zürcher Schauspielhaus prägten sie tief. Allererste Schauspieler und Regisseure aus dem deutschsprachigen Raum, unter anderen Therese Giehse, Maria Becker, Else und Albert Bassermann, Ernst Ginsberg, Wolfgang Langhoff, Leopold Lindtberg, Leonard Steckel fanden hier nach der Machtergreifung der Nazis Asyl. Zürich wurde zur außerordentlich wichtigen Station in der Laufbahn der jungen Schauspielerin. Hier entwickelte sie sich von der herzigen Liebhaberin zur Charakterdarstellerin. Sie spielte eine Unzahl von Rollen, große und kleine, bedeutende und belanglose, erwähnt sei das Gretchen im *Faust* in einer Inszenierung von Leopold Lindtberg. Den Faust spielte Wolfgang Langhoff, Mephisto war Ernst Ginsberg.

In Zürich heiratete sie ihren Schauspielerkollegen Karl Paryla und brachte ihr erstes Kind zur Welt. Hier wurden die ersten Pläne für eine neue Zukunft nach der Niederschlagung des Faschismus geschmiedet. Sie arbeitete an den Konzepten für ein neues genossenschaftliches Theater mit, das die Exilanten nach ihrer Rückkehr in Wien verwirklichen wollten. Merkwürdig, daß später, als die Pläne umgesetzt wurden und die Gründung der »Scala« Wirklichkeit geworden war, ihr Name in diesem Zusammenhang nicht mehr auftauchte.

Die Rückkehr in die österreichische Heimat nach Kriegsende wurde den Exilanten nicht leicht gemacht. Es dauerte bis März 1946, bis sie die Genehmigung erhielten und nach Österreich reisen konnten. Bis zur Eröffnung der »Scala« spielt Hortense Raky am Theater in der Josefstadt. Die Jahre an der »Scala« von 1948 bis 1956 brachten wunderbare Rollen. Hortense Raky spielte die Lysistrata im gleichnamigen Stück von Aristophanes, die Suzanne in *Figaros Hochzeit* von Beaumarchais und die Marie-Josephe in *Ihr 106. Geburtstag* von Jean Sarment, eine Leistung, die – selten genug – sowohl in der »Scala«-freundlichen als auch in der »Scala«-feindlichen Presse auf einhelliges Lob stieß.[3] Aber auch als Sophie in Goethes *Die Mitschuldigen*, als Doña Angela in Calderóns *Dame Kobold* oder als Masslowa in *Auferstehung* nach dem Roman von Tolstoi fand sie breite Anerkennung.

Oft läßt sich Hortense Raky mit ihrem Ehemann Karl Paryla in heftige Diskussionen über Rollen und Stücke ein. In ihr erwacht allmählich der Wunsch, selbst Regie zu führen. Mit dem frisch vom Reinhardt-Seminar kommenden Otto Tausig inszeniert sie das Stück *Der Weg ins Leben*, nach dem pädagogischen Poem von Anton Semjonowitsch Makarenko in der Dramatisierung von Miloslav Stehlik. Das Stück, das man ihr nach langem Drängen zubilligt, ist eine der alljährlichen Pflichtaufgaben aus der sowjetischen Gegenwartsdramatik. Zugleich ist es sicher kein Zufall, daß für das Thema Jugend eine Frau zur Regie zugelassen wurde. Doppelregien waren nicht ungewöhnlich an der »Scala«. Otto Tausig meint, daß diese Art der Zusammenarbeit außerordentlich befruchtend war.[4]

Edmund T. Kauer stellt, angesichts einer bereits existierenden Verfilmung des Buchs von Makarenko, eine umfangreiche Überlegung zur Bedeutung des Theaters im Verhältnis zum Film an. Die Frage, welcher Fassung der Vorzug zu geben sei, beantwortet er mit einem vehementen Votum für das lebendige Theater:

> *Wir freuen uns festzustellen: das Theater ... nun sagen wir es grob heraus, das Theater ist eben das Theater. Wir haben mit diesen Menschen, die ohne technische Zwischenstation, direkt von der Bühne zu uns sprechend, uns lachen und weinen machen, einen anderen Kontakt, wir bangen anders, tiefer, intimer mit ihnen, wir zittern anders um sie, und wenn sie da droben, nur durch die Rampe und kaum mehr durch sie von uns getrennt, aufjubeln und zu tanzen beginnen, duldet es uns gar nicht auf unseren Plätzen, es wird uns eng in unserer Haut, wir möchten mitlachen, mittanzen [...] Dabei hatten sie es, Hortense Raky, die zum erstenmal selber Regie führt, und der bereits regieerfahrene Tausig, schwer genug. Denn in diesem Stück stehen sechs Erwachsene einer Menge Halbwüchsiger – zwölf davon mit sehr eigenen, durchgeformten Charakteren – gegenüber. [...] Wer diese Aufführung gesehen hat, kann nur sagen, daß es der Regie und den Schauspielern voll gelungen ist, diese schwere Aufgabe zu meistern. Die Sache, die Sache selbst hat sie mitgerissen, hat ihnen über all die Schwierigkeiten hinweggeholfen. [...] Lob und Anerkennung also der Regie, dem Bühnenbild, den Kostümen. [...] Lob dem Kollektiv!*[5]

Die Selbstverständlichkeit, mit der hier über die Regie von Hortense Raky geschrieben wird, täuscht. Ihr Vorstoß in die Männerdomäne Regie blieb im wesentlichen folgenlos, 1955 zeichnete sie noch gemeinsam mit Karl Paryla, der die Rolle des Fedja spielte, für die Regie von Tolstois *Der lebende Leichnam*. Eine alleinverantwortliche Regie wurde ihr nie übertragen.

Nach der Schließung der als Kommunisten-Theater verteufelten »Scala« sind Hortense Raky und ihrem Mann sämtliche Arbeitsmöglichkeiten in Wien verwehrt. Wolfgang Heinz holt das Ehepaar an das von ihm geleitete Deutsche Theater in Berlin (DDR). Hortense Raky und ihr Mann kannten die DDR von einem Besuch im Jahre 1950, und sie hatten damals ihre Eindrücke nach der Rückkehr von dieser Gastspielreise, gewiß enthusiastisch und apologetisch, in einem Zeitungsinterview geschildert:

> *[...] daß das Leben in der Deutschen Demokratischen Republik einen bewundernswürdigen Aufschwung nimmt. Auf allen Gebieten des öffentlichen, wirtschaftlichen und künstlerischen Lebens ist eine ungeheure Regsamkeit und Schaffensfreude zu konstatieren. Jung und Alt sind damit beschäftigt, die Schäden des Krieges zu beseitigen, die Voraussetzungen für eine glückliche, friedliche Zukunft zu verwirklichen. Arbeitslosigkeit gibt es in der Deutschen Demokratischen Republik nicht mehr, ebensowenig irgendwelche wirtschaftliche Krisen, ja, im Gegenteil – wenn ich mich nur auf den kulturellen Sektor beschränke – so hat da ein für uns Österreicher unvorstellbares Aufblühen auf allen Gebieten des kulturellen Lebens eingesetzt.*[6]

Auch am Deutschen Theater werden Hortense Raky zahlreiche große Rollen übertragen. Der Traum von der schönen heilen sozialistischen Welt ist allerdings schon nach wenigen Jahren ausgeträumt. Als österreichischen Staatsbürgern steht ihnen trotz des Mauerbaus die Rückkehr nach Wien offen. 1963 holt Fritz Kortner die Raky an die Münchner Kammerspiele. In Shakespeares *Richard III.* spielt sie neben Romuald Pekny, Johanna Hofer und Doris Schade die Elisabeth Woodville. Bei ihrer ersten Begegnung mit Kortner, dem von ihr hochverehrten Regisseur, verschaffte sie sich gleich den nötigen Respekt, als sie sich dessen zynischen Ton verbat. Kortner trug ihr die Auflehnung nicht nach, Hortense Raky spielte noch siebenmal unter seiner Regie. Der Gouvernante in Georg Büchners *Leonce und Lena* (1963) folgte zwei Jahre später die Frau Miller in Schillers *Kabale und Liebe* mit Helmut Lohner (Ferdinand) und Christiane Hörbiger (Luise). An die Tourneeproduktion von Fritz Kortners eigenem Theaterstück *Zwiesprache* (1966) schloß sich die Uraufführung der *Zimmerschlacht* von Martin Walser (1967) an.

In Wien rief sich Hortense Raky erst 1972 wieder ins Gedächtnis. Gustav Manker holte sie in der Spielzeit 1971/72 ans Volkstheater. Sie spielte in *Der Teufelsschüler* von George Bernard Shaw die Rolle der Frau Dudgeon. Die nächsten Jahre pendelte Hortense Raky zwischen Wien und München. 1973 inszenierte Otto Schenk am Residenztheater in München Shakespeares *Romeo und Julia*, mit Hortense Raky als Amme. Ein Zwischenspiel in Wiesbaden, 1975, sei mehr der Begleitumstände wegen erwähnt. Hortense Raky erinnert sich: »Es war ein Stück um die IRA, wir haben Bombendrohungen bekommen von irgendwelchen Terroristen. Aber wir haben gespielt und Gott sei Dank ist nichts passiert. Eine Vorstellung mußten wir wegen dieser Vorgänge aber doch absagen.«[7]

Das Residenztheater München holt Karl Paryla als Regisseur für *Michael Kramer* von Gerhart Hauptmann. Premiere ist am 4. Juli 1976, Hortense Raky spielt Frau Kramer und Sohn Nikolaus den jungen Kramer. In der Spielzeit 1978/79 taucht Hortense Raky im Spielplan des Volkstheaters in Wien gleich zweimal auf. Karl Paryla inszeniert Richard Duschinskys Drama *Kaiser Franz Josef I. von Österreich*, in dem Hortense Raky die Frau Schratt spielt. Ebenfalls in der Inszenierung von Karl Paryla feierte sie einen großen Erfolg als Wassa Schelesnowa im gleichnamigen Stück von Maxim Gorki. 1979 wurde sie für die Darstellung dieser Figur mit der Kainz-Medaille ausgezeichnet. Am 5. Dezember 1980 inszeniert Hans Lietzau *Der Vater* von August Strindberg am Münchner Residenztheater, mit Hortense Raky in der Rolle der Amme.

Erst am 7. April 1983 sieht man sie wieder in Wien auf der Bühne des Volkstheaters. In Tschechows *Onkel Wanja* spielt sie die alte Kinderfrau Njanja. Am 30. Oktober desselben Jahres nimmt sie mit der Kinderfrau Fedossja in Fritz Zechas Inszenierung von Maxim Gorkis *Die Letzten* Abschied von der Bühne. Hier bricht ihre bemerkenswerte Karriere ab, es folgen keine weiteren Produktionen. Sie lebt heute in einem schönen, alten Weinbauernhaus in Wien-Mauer, in dessen weitläufigen Flügeln sich die verschiedenen Mitglieder der Familie (Karl

Paryla verstarb 1996) arrangiert haben. Sie verläßt das Haus nicht mehr und wünscht in Frieden gelassen zu werden: »Ich habe kein Interesse mehr am Theater – es ist ja auch nicht mehr schön. Wenn man mal mit Kortner gearbeitet hat .... Das Thema ist für mich abgehakt.«[8] Das ist das bittere Fazit, das sie aus ihrem Leben zieht.

Erika Pelikowsky

Im Ensemble der »Scala« stand Erika Pelikowsky als starke schauspielerische Kraft Hortense Raky gegenüber.

Wenn zuvor darüber gesprochen wurde, daß die schauspielerischen Leistungen Hortense Rakys in der kommunistischen Presse gewürdigt wurden, so ist dies durchaus ambivalent zu sehen. Die Zustimmung wurde mit Argumenten untermauert, in denen keine Frauenklischees ausgelassen waren. So geriert sich Ernst Fischer noch in seinen Erinnerungen als Galan:

Die schöne Hortense Raky, eine Schauspielerin, die an sich die höchsten Anforderungen stellt und ihnen gerecht wurde, der Bühne bedürftig, um sie selbst zu sein, im Zauber der Metamorphose. [...] Die vielseitige, temperamentvolle Erika Pelikowsky, im Komischen überzeugender als im Tragischen.[9]

Diese beiden Frauen gemeinsam auf der Bühne zu sehen, muß allerdings ein Erlebnis gewesen sein, sie waren Partnerinnen in Lessings *Minna von Barnhelm* und Schillers *Maria Stuart.*[10] Peter Loos schrieb im *Abend:* »Gibt es ein zweites Wiener Ensemble, das eine Minna wie Erika Pelikowsky und eine Franziska wie Hortense Raky besitzt?«[11]

Hortense Raky äußert sich in einem Zeitungsinterview über ihr Rollenverständnis als Elisabeth von England:

Da geht es um Dinge, die man sich in wochenlanger Arbeit mühselig abringt, Dinge, die so subtil und auch so intim sind, daß man nicht so einfach darüber reden kann ... ich zumindest nicht! Um einen ganzen lebenden Menschen zu gestalten und keine papierene Figur, muß man in die Rolle förmlich hineinwachsen.[12]

Aber nun zu Erika Pelikowsky, ihre Maria Stuart war keine

Dulderin, keine schwache Frau, sondern eine bewußt handelnde politische Strategin. Ernst Fischer sieht die Begabung von Erika Pelikowsky zu einseitig. Ihre künstlerische Spannbreite geht weit über das komische Fach hinaus. Im *Österreichischen Tagebuch* liest man über sie:

Erika Pelikowsky als Maria Stuart erreichte einen Höhepunkt ihrer Darstellungskunst bereits im ersten Akt, als sie durch ihre edle, langem Leiden abgerungene Ruhe Freunde und Feinde überstrahlte. Der Ausbruch an Lebensfreude unmittelbar vor der verhängnisvollen Begegnung im Garten, ihr erschütternder Abschied vom Gefolge waren neue Offenbarungen ihrer größten Stärke, tiefen innigen Fühlens.[13]

In *Die lustigen Weiber von Windsor* begegnet man den beiden jungen Schauspielerinnen als Frau Page und Frau Fluth. Hier können beide ihr Kapital an Schlagfertigkeit, Witz und Ausgelassenheit anbringen. »Anmutig und schelmisch, verführend und abkühlend, zwei lustige Weiber nach des Dichters Maß.«[14] Ein Jahr später liegen die weiblichen Hauptrollen von *Was ihr wollt* in ihren Händen. Erika Pelikowsky ist Viola und Hortense Raky die Olivia. Die dritte im Bunde, die Lach-Marie, ist Hella Ferstl.

Erika Pelikowsky, 1916 in Wien geboren, besucht nach der Schule zwei Jahre das Reinhardt-Seminar. 1937 tritt sie in Linz, dann in Innsbruck auf. Ab 1939 gehört sie dem Ensemble des Burgtheaters an und spielt hier unter anderem *Das Käthchen von Heilbronn.* Von 1943–1944 ist sie Ensemblemitglied des Berliner Schillertheaters. Sie ist das Gretchen im *Urfaust* und die Eve im *Zerbrochnen Krug*. In den Jahren 1946–1948 wechselte sie zwischen Burgtheater, Volkstheater und dem Schauspielhaus Zürich. Ein Ereignis greift tief in ihr Leben ein: 1946 spielt sie am Volkstheater *Antigone* von Jean Anouilh. Als Kreon ist Wolfgang Heinz ihr Gegenspieler, und er beginnt nachzuforschen, mit wem er es da als Partnerin zu tun hat. Die heimgekehrten Exilanten hatten natürlich Vorbehalte gegen Kollegen, die im Dritten Reich an großen Bühnen gearbeitet hatten. Sehr viel später versucht Erika Pelikowsky ihre Situation zu erklären:

Ich bin aus einer sozialdemokratischen Familie, ich hatte immer viele jüdische Freunde, und als bei uns in Österreich

1938 der Faschismus kam, hatte ich schon viel über das Naziregime gelesen – von Feuchtwanger und anderen –, sodaß ich gegen die Nazis eingestellt war. Ich habe Glück gehabt. Ich bin nie damit konfrontiert worden, in einem richtigen Nazistück spielen zu müssen. Wie am Schillertheater habe ich auch am Burgtheater fast nur klassische Rollen gespielt, Luise, Käthchen von Heilbronn, Stücke von Grillparzer, von Shakespeare und am Akademietheater Possen von Nestroy etc. Am Schillertheater und am Burgtheater gab es natürlich Nazis. Man kannte sie, und manche haben mächtige Reden geschwungen. Aber es waren auch Kollegen da, mit denen man sehr offen über alles sprechen konnte.[15]

Mit der Volkstheaterinszenierung begann die lebenslange Beziehung dieser beiden starken Theaterpersönlichkeiten. Von 1948 bis zur Schließung ist Erika Pelikowsky Mitglied des Neuen Theaters in der Scala. Wie viele andere »Scala«-Schauspieler war sie nie Mitglied der KPÖ. Wieder ein Beispiel dafür, wie unqualifiziert das Theater oft als »kommunistisches Partei-Theater« diffamiert wurde.

Während der »Scala«-Zeit gastiert Erika Pelikowsky in Düsseldorf als Alkmene in Kleists *Amphitryon* und am Deutschen Theater in Berlin. Ein Jahr lang müssen sie die Freunde des »Scala«-Theaters entbehren, denn sie spielt bei Wolfgang Langhoff das Klärchen in Goethes *Egmont*, die Katharina in Ostrowskis *Gewitter* und die Gusti in Burjakowskis *Julius Fučik.* Über Korrespondenten-Berichte erfahren die Wiener:

Diese Berliner Aufführung (»Gewitter« von Ostrowski) eines russischen Klassikers ist für uns besonders interessant, weil sie von einer Reihe Wiener Schauspieler getragen wird. Erika Pelikowsky trat mit der Rolle der Katharina ihr Engagement am Deutschen Theater an. Die »Neue Zeit« schrieb über sie in einer ausführlichen Kritik: »... eine sehr schlanke Gestalt in hochgeschlossenem grauen Kleid, so steht diese Katharina anfangs auf der Bühne; sieht kaum ihre Partner, während sie spricht. Ihr geistiger Blick geht ganz nach innen. Jedes Wort scheint Selbstgespräch. Diese Gestalt wirkt nicht allein durch das, was sie macht, sondern schon durch ihr Sein. Eine Künstlerin von unglaublicher Variabilität des Ausdrucks [...].«[16]

Wie schwer es für Erika Pelikowsky war, nach diesem Jahr wieder nach Wien zurückzukehren, schildert sie in einem Gespräch mit der Zeitung *Der Abend:*

Es hätte nicht viel gefehlt, und ich wäre an den Ufern der Spree geblieben. Mein Gatte, der sich zuerst gleichfalls mit dem Gedanken trug, den Boden ewigwährender Theaterkrisen zu verlassen, hatte in Berlin einfach tolle Angebote: Theaterregie, die Leitung einer neu errichteten Schauspielschule und fünf oder sechs Filmangebote; alles mußte ausgeschlagen werden. Auch für mich hätte es dort eine Reihe wirklich schöner Aufgaben gegeben. Aber jetzt sind wir hier und Berlin gehört der Vergangenheit an.[17]

Man muß davon ausgehen, daß die »Scala« mit ihren Protagonisten langfristige Verabredungen getroffen hatte. Und daran hielt man sich, trotz anderer verlockender Angebote.

Erika Pelikowsky schildert in begeisterten Tönen die Arbeit an den Theatern in der DDR, keine Geldsorgen, drei bis vier Monate Probenzeit – das war sicher eine große Verführung für jemanden, der aus den knappen Verhältnissen der »Scala« kam, wo jeder Schilling dreimal umgedreht werden mußte. Sie schildert auch ihre persönliche Gage als so hoch, daß sie sich ein Auto kaufen konnte, ein gebrauchtes zwar, aber ein unvorstellbarer Besitz in dieser Zeit, und daß sie nun von den Kollegen als Autonärrin gehänselt wurde, die mit dem Auto sogar ins Badezimmer führe. Dieses Auto, ein alter EMW (das war eine Zweigfirma der BMW) wurde Buxi genannt und war aus seltsamen Nachkriegsmaterialien gefertigt. Es wurde an eine Kollegin weitergegeben, die an einem Vormittag das Vehikel auf der Straße vor dem Theater geparkt hatte. Ein aufgeregter Mensch kam auf die Probe gestürzt und rief: »Da frißt ein Pferd Ihr Auto!« Tatsächlich hatte ein hungriger Droschkengaul, der hinter dem Auto geparkt war, das alte Auto, dessen Bestandteile nicht nur aus unverdaulichem Metall waren, angefangen zu vertilgen.[18]

Es finden sich jedoch auch einige Ungereimtheiten in diesem Interview, die zeigen, wie blind Menschen sein können, wenn es um den eigenen Vorteil geht:

In Berlin und der ganzen DDR natürlich ist die Anschaffung eines Autos kein unlösbares Problem. Die allgemeine wirtschaftliche Lage des Landes bietet jedem arbeitenden Menschen eine ausreichende und sichere Zukunft. Im Verlaufe der letzten drei Monate meines Aufenthaltes waren in der DDR zwei Preissenkungen. Dabei hat es sich jedoch nicht um Groschenbeträge gehandelt, sondern die Preise wurden um 20 bis 50% tatsächlich heruntergesetzt, [...] und man weiß, daß es immer besser und besser wird. Man kennt keine Angst vor dem morgigen Tag. Bestimmt – gearbeitet wird viel; doch die Leistungen werden auch entsprechend bezahlt. Die Zukunft gehört dem Volk und gehört der Jugend.[19]

Die enthusiastischen Äußerungen dürfen uns vor allem deshalb nicht verwundern, da sie für den kommunistischen *Abend* gegeben wurden. Die Jahre an der »Scala« brachten für Erika Pelikowsky eine Reihe wunderbarer künstlerischer Aufgaben. Die *Presse* zollte ihr anläßlich der Premiere von Clifford Odets' *Weekend in New York* Anerkennung: »Eine feine Seelenschauspielerin, bei der Geist und Gefühl stets sublimiert Menschliches wird.«[20]

Nach der Schließung der »Scala« gingen Erika Pelikowsky und Wolfgang Heinz mit ihrer kleinen Tochter Gabriele in die DDR. Das Ende der »Scala« bedeutete den endgültigen Abschied von Wien. In Wien zurück blieb auch Erika Pelikowskys Mutter, die ihr während der »Scala«-Jahre eine ungewöhnliche Hilfe im Alltag gewesen war. Erika Pelikowsky hat nie wieder in Wien gearbeitet.

1957 bis 1970 ist Erika Pelikowsky am Deutschen Theater in Berlin engagiert. Sie spielt unter anderem im *Kirschgarten* von Tschechow, in *Geliebter Lügner* von Shaw/Kilty, in den *Troerinnen* des Euripides.

Im Ostteil Deutschlands bot sich für diese vielseitige Schauspielerin eine Unzahl großer und kleinerer Aufgaben bei Film und Fernsehen. Sie schafft den Übergang von der jungen Frau zur reifen Charakterdarstellerin mit Bravour. Bei der DEFA spielt sie zum Beispiel in *Der geteilte Himmel, Die Abenteuer des Werner Holt* und in *Schau heimwärts, Engel.*

1964 erhält sie den Nationalpreis der DDR für ihre großen schauspielerischen Leistungen in Film, Funk und auf der Bühne, gleichzeitig mit der Schriftstellerin Christa Wolf. 1970 bis 1986 ist sie Mitglied des Berliner Ensembles. Neben vielen Theaterrollen arbeitet sie bei Film und Fernsehen.

Anläßlich der Fernseharbeiten zu *Schau heimwärts, Engel* (die Rolle der Eliza in diesem Stück hat sie 1964 am Deutschen Theater gespielt) äußert sie sich in einem Zeitungsinterview:

> *Ich bin selten mit einer Leistung rundum einverstanden. Aber da hatte ich auch das Gefühl, einen Schritt vorwärts getan zu haben. Nun wird die Arbeit in einem solchen Fall auch einfacher. Man findet, auch unter anderer Regie und anderen Bedingungen leichteren Zugang zur Rolle. Wenn man sich nicht an eine einmal gefundene Spielweise klammert! Aber weiß ich denn in meinem Metier ein für allemal, was richtig ist? Jede Rolle sollte mit einem wachsen, und den Blick muß man sich frei halten für alles Neue.*[21]

Diese Aussagen, die sie 1983 über ihre Arbeit macht, zeigen, wie jung, beweglich und progressiv diese Schauspielerin zeitlebens gewesen ist. Ein ausgefülltes Theaterleben, das offensichtlich auch in dem herrschenden Staatsgefüge seinen Platz fand. Ohne selbst je Mitglied einer kommunistischen Partei gewesen zu sein, ist ihre politische Haltung sicher sehr durch die Begegnung mit dem Kommunisten Wolfgang Heinz geprägt worden. Diese Haltung hat auch Einfluß auf Rollengestaltungen gehabt. Nicht Perfektion oder Verwandlungskunst war die Triebfeder, immer verband sich Theater für sie mit weltanschaulichen Interessen, mit gesellschaftlichen Aufgaben. Und in diesen Punkten stimmte sie mit Wolfgang Heinz überein.

Nach Aussagen der Tochter Gabriele war das Verhältnis dieser starken Theatermenschen in der Arbeit nie ohne Spannung: »Sicher war meine Mutter nie die Unterdrückte und mein Vater der Despot, aber sie haben sich oft gekracht. Auf den Proben, und dann zu Hause weiter.«[22] Als Erika Pelikowsky nach dem Tod von Wolfgang Heinz (1984) allein bleibt, umgibt sie eine große Leere. Der Lebensinhalt, das Gespräch mit dem Partner, auf den sie sehr fixiert war, die Auseinandersetzung in der Diskussion über das Theater, über Politik, das alles stirbt für sie mit dem vertrauten Partner.

Seit ich das ältere und das alte »Fach« spiele, interessiert mich das Theaterspielen eigentlich noch mehr. Im Lauf des Lebens macht man Erfahrungen, man beobachtet Verhaltensweisen, man stellt sich Fragen, und man entdeckt auch bei sich selbst Fähigkeiten, von denen man noch nichts gewußt hat. – Früher dachte ich immer, daß ich nur sehr tragische, gefühlvolle Rollen spielen könnte, daß ich keinen Sinn für Humor habe. Als ob man das Tiefe und Ernste nicht auch mit Humor spielen müßte! Na ja! Heute würde ich natürlich vieles anders machen: Die Widersprüche in Menschen darzustellen, das Progressive und das Alte, das Gute und das Schlechte und aus welchen Wurzeln es entsteht, das heraus zu finden, reizt mich heute am meisten. In der letzten Zeit habe ich eigentlich alle meine großen Rollen im Fernsehen gespielt. Ich mache gern Fernsehen. Ich filme auch gern. Aber natürlich: Theater bleibt Theater. Das ist mein Zuhause.[23]

Erika Pelikowsky stirbt am 1. März 1990 in Berlin.

Trude Bechmann

Eine sehr ungewöhnliche Erscheinung an der »Scala« war sicher Trude Bechmann. 1904 als Tochter gutbürgerlicher Eltern in Wien geboren, genoß sie eine Erziehung, die auf dem Begriff der Humanität aufgebaut war. In der Schule bekommt sie Kontakt zur sozialdemokratischen Jugendbewegung und tritt ihr mit 19 Jahren bei. Diese Entscheidung war prägend für ihr weiteres Leben. Sie löste sich vom bürgerlichen Elternhaus und beginnt an der Universität Wien Geschichte, Kunstgeschichte und Germanistik zu studieren. Die junge Studentin nimmt an Demonstrationen gegen antisemitische Ausschreitungen teil und wird wegen politischer Aktivitäten von allen österreichischen Hochschulen relegiert. Sie bemüht sich um eine Einreiseerlaubnis nach Palästina, ihr Traum ist es, dort am Aufbau eines sozialistischen Gesellschaftsmodells mitzuarbeiten.

Ich trat […] zum Judentum über, um eine billige Reise zu bekommen. Ich wurde Jüdin – das kostete nur 10 Schilling – dann mußte ich ein Tauchbad nehmen, in einem kleinen Bassin mit Jordanwasser gefüllt, in dem die Taufe abgewaschen wurde. Zu dieser Zeit war ein Zionistenkongreß in Wien. Da kam ein Junge von diesem Kibbuz, der gab mich als seine Verlobte aus. Man glaubte, daß wir in Palästina heiraten würden. Außerdem herrschte da Mädchenmangel ... Also, ich bekam das Visum ziemlich bald und fuhr dann im November 1925 nach Palästina.[24]

Da fiel ihr ein Buch in die Hände: *Das entfesselte Theater* von Alexander Tairow. Dieses Buch läßt sie zwar zu der Erkenntnis kommen, daß auch Kunst revolutionär sein kann, doch Tairows »Überschauspieler« mußte sein Handwerk von Grund auf beherrschen. Sie entschließt sich daher, nach Wien zurückzukehren, wo sie sich allerdings mit einer traditionellen Ausbildung am Konservatorium begnügen muß. Für diesen Schritt fand sie bei ihren Eltern die notwendige Unterstützung. Nach zweijährigem Schauspielunterricht debütiert sie in St. Pölten. Die nächste Station ist Reichenberg (1931), wo ein intensiver Kontakt zu Genossen der KPČ beginnt. Trude Bechmann rezitiert bei Veranstaltungen der internationalen Arbeiterhilfe, wird 1932 Mitglied der KPČ, lernt bei dieser intensiven politischen Arbeit Oscar Karafiat, einen Redakteur des *Vorwärts*, kennen und heiratet ihn 1933.

In den folgenden Jahren gibt es für Trude Bechmann viele Auftritte als Rezitatorin in der ČSR. Sie gründet Spielgruppen, schreibt satirische Texte für Frauengruppen und versucht auf diese Weise politisches Bewußtsein zu erzeugen. Das Ehepaar läßt sich in Brünn nieder, wo Trude Bechmann für den demokratischen Sender Brünn arbeitet. Nach der Okkupation flüchten die Karafiats 1939 nach Jugoslawien, wo die Familie des Mannes zu Hause war.

Durch Vermittlung ihrer Familie erhält Trude Bechmann die Möglichkeit, 1942 einen Vertrag mit dem Theater in Troppau abzuschließen. Während sich ihr Ehemann und ihr Bruder den jugoslawischen Partisanen anschlossen, war Trude Bechmann in Hitlerdeutschland im Widerstand aktiv. Ihre Schwester Lisa gehörte zu den Überlebenden von Ravensbrück.

Trude Bechmann erlebte die Befreiung durch die Alliierten in Wien. Die lange Trennung hatte sie ihrem Mann entfremdet, sodaß sich die Eheleute 1946 scheiden ließen. Bis 1950 war

Trude Bechmann Mitglied des Theaters in der Josefstadt. Danach wurde sie an das Neue Theater in der Scala engagiert, dem sie bis zur Schließung angehörte, und an dem sie auch in kleinen und kleinsten Rollen durch ihre prägnante Gestaltung ein unverzichtbares Ensemblemitglied war. Sie spielte unter anderem in Maxim Gorkis *Kinder der Sonne*, den *Kleinbürgern* und im *Nachtasyl.*

Trude Bechmann verstand sich als politische Künstlerin, sie schrieb Gedichte und Kurzgeschichten, Sketche und Sprechchöre für politische Veranstaltungen. Sie wandte sich auch der bildenden Kunst zu und ihre Portraits, Landschaftsbilder und Blumenstilleben fanden Anerkennung. Darüberhinaus war sie als freie Mitarbeiterin für verschiedene Zeitungen tätig und begann nach Schließung der »Scala«, als sie nach Berlin (DDR) übersiedelt war, mit dem Schreiben ihres ersten Romans. Als Schauspielerin wirkte sie in der DDR zunächst, 1956, am Berliner Ensemble, danach am Deutschen Theater. Über ihre Arbeit am Theater und insbesondere über die Rolle der Frau am Theater hat sie sich 1984 in einem Interview mit Karin Berger im Rückblick auf ihr erstes Engagement in St. Pölten geäußert:

Die Ausbeutung beim Theater war ja ziemlich kraß, besonders für die Frauen. Es begann schon damit, daß du dir sämtliche Kleider hast selber kaufen müssen, nicht die historischen natürlich, aber damals war eine Zeit, wo hauptsächlich englische und französische Salonstücke, Boulevardstücke gegeben worden sind. Die meisten spielten in vornehmen Kreisen. Du hast kleine Gagen gehabt und hast dir selber die Abendkleider und alles, was dazu gehört, kaufen müssen. Und was hat das für Folgen gehabt? Das hat geheißen, daß man hungert. Du hast auf der Bühne die High Society vortäuschen müssen und Zuhause hast du dir einen Grießmatsch auf dem Spirituskocher gemacht. Ich hab für mich zum Beispiel auch kein Sommerkleid gehabt, kein normales, was zu meinem Alter gepaßt hätte. Ich hab oft viel reifere Frauen gespielt und mußte irgendwelche braune oder dunkelblaue Cocktailkleider tragen, weil ich eine Lady oder Comtesse gespielt hab'. Diese Kleider gingen meist bis zum Knöchel, obwohl kurz modern war. Ich hab buchstäblich im

Sommer nichts zum Anziehen gehabt für mich persönlich. Wenn ich zu einem Agenten vorsprechen gegangen bin, hab ich so ein Cocktailkleid anziehen müssen.[25]

Die von Trude Bechmann geschilderten Arbeitsverhältnisse am Theater sind heute kaum noch vorstellbar:

Wenn man die Rolle bekam, ging man als erstes das Stück durch und schaute: »Um Gottes willen, wie oft zieht diese Gans sich um?« Das war ja furchtbar: Man hat eine Woche Proben gehabt. Und während dieser Woche mußte man sich noch um die Klamotten kümmern, irgendeine billige Schneiderin auftreiben, die einem was änderte ... Im Kollektivvertrag stand ja nur: zwei Abendkleider, zwei Straßenkleider usw.[26]

Trude Bechmann starb im Alter von 83 Jahren in Budapest.

Lilly Schmuck

Lilly Schmuck wurde 1930 in Wien geboren. Ihr Vater, Sozialdemokrat und gelernter Bäcker, war aus Ungarn zugewandert. Die Familie mußte zunächst in einem umgebauten Stall außerhalb Wiens wohnen, in dem auch noch eine Kuh untergebracht war. Später fand der Vater in seinem Beruf ein gutes Auskommen, sodaß er seine Frau und die vier Kinder ausreichend ernähren konnte. Die Schulzeit Lilly Schmucks verlief, bedingt durch den Krieg, eher unregelmäßig. So oft es irgendwie möglich war, ging sie ins Kino und träumte von einer Filmkarriere. Berühmt sein und noch dazu viel Geld verdienen! Doch Schauspielunterricht war teuer, kurz entschlossen wagte sie sich in die sowjetische Kommandatur und trug ihr Anliegen vor. Tatsächlich entdeckte der sowjetische Stadtkommandant sein Herz für die kleine Wienerin. Es wurde vereinbart, daß sie sich regelmäßig im Hotel Imperial Geld für den Unterricht abholen könne. Damit nahm sie ein paar Stunden Schauspielunterricht bei einer Privatlehrerin, hier studierte sie die Maria Stuart und andere klassische Rollen. Nicht unbedingt das Metier, das für Lilly Schmuck in Frage kam. Schließlich fand sie eine passendere Lehrerin und konnte ihre Ausbildung erfolgreich abschließen. Nun war sie zwar geprüfte Schauspielerin, aber erst nach einigen Vorsprechterminen bekam sie ein Engagement bei Stella Kadmon am Theater der Courage. Auf eine Annonce hin bewirbt sie sich als Kindermädchen in der Schweiz. Aber es sollte doch anders kommen. Als die Dame aus der Schweiz nach Wien kommt, um sie in Augenschein zu nehmen, hat Lilly Schmuck bereits einen Vertrag mit der »Scala« in der Tasche.

Ich hatte keine Ahnung, auf was ich mich da einließ. Ich kannte niemand und hatte auch keine Vorstellung dort gesehen. Ich bin vorbeigegangen und hab gesagt: ich bin arbeitslos, und man hat gesagt, wir werden Sie verständigen. Und dann hat man mich engagiert und dann hab ich dieser Schweizer Dame alles erzählt und sie hat gesagt, ich wünsche Ihnen alles Gute. Und so bin ich an der »Scala« gelandet.[27]

Wie ein Geschenk des Himmels muß das gewesen sein! Ein Engagement, gute Rollen, sie debütierte in Nestroys *Das Mädl aus der Vorstadt*. Sie hatte, was sie selbst überraschte, großen Erfolg – und sie lernte ihren künftigen Ehemann Otto Tausig kennen.

Den Otto hab ich zum erstenmal im »Eingebildeten Kranken« auf der Bühne gesehen. Ich war mit meiner Schwester in der Vorstellung, hab mich schief gelacht und meiner Schwester immer gesagt: »Schau, ist der komisch, der Mann!«

Trotz guter Rollen trauert sie noch immer dem Film nach, und als ihr tatsächlich zwei Filmrollen angeboten werden, bedauert sie, daß sie die Chance nicht wahrnehmen kann. Die »Scala« gewährt ihr keinen Urlaub für Dreharbeiten. Dafür versichern ihr alle Kollegen und Kolleginnen immer wieder, wie begabt sie sei, »und da dachte ich, dann bleibe ich halt beim Theater.« Allerdings fehlte ihr der Ehrgeiz, sich in den Vordergrund zu spielen. Die schwierige Position des »Scala«-Theaters im Wiener Kulturleben hat sie nicht sehr belastet.

Ich war nie so informiert, ich hatte auch keinen Kontakt zu den Protagonisten. Ich habe wenig mitgekriegt von dieser Intrigenwirtschaft. Ich habe meine Proben gemacht und bin wieder nach Hause gegangen. Zu den Demonstrationen bin ich auch nicht gegangen. Ich hatte nie so eine tiefe Beziehung zu diesem Theater.

Die Arbeit mit dem Ehemann Otto Tausig war für sie wie die mit anderen Regisseuren auch. Er hat sie nur ein »bisserl genervt, weil er so genau war«. In Goldonis *Der Diener zweier Herren* standen sie als Partner auf der Bühne. Eine Produktion, die großen Erfolg hatte, auch Lilly Schmuck erntete großes Lob.[28] Von Anfang an brillierte sie vor allem in Nestroy-Stücken. In *Einen Jux will er sich machen* spielte sie an der Seite von Karl Paryla das Christopherl.

Viel geholfen hat bei ihrer schauspielerischen Entwicklung auch die Arbeit im Studio der »Scala«, wo Wolfgang Heinz und später Otto Tausig als Lehrer tätig waren. Rückblickend beurteilt sie sich selbst und ihre Arbeit am Theater sehr kritisch:

> *Ich habe mich wirklich entwickelt mit den guten Regisseuren Paryla, Heinz und auch Otto [Tausig]. Das waren sehr genaue Arbeiter und sie wollten Ergebnisse sehen. Ich habe dann schon angefangen, mich mit den Figuren, den Rollen auseinanderzusetzen. Es wurde sehr genau gearbeitet, auch wenn die Probenzeiten oft sehr kurz waren. Nein, man kann nicht sagen, daß die Frauen an der »Scala« benachteiligt waren. Allerdings wäre damals keine von den Frauen auf die Idee gekommen, Regie zu führen. Das war kein Thema. Mit einer Ausnahme: Hortense Raky. Sie war die Selbständigste und wollte Regie führen. Sie hat dann mit Otto zusammen »Der Weg ins Leben« inszeniert. Vermutlich hat man ihr eine selbständige Regie nicht zugetraut!*

Lilly Schmuck war nie Mitglied der KPÖ, ihr politisches Interesse hat sich erst viel später entwickelt. Die kulturpolitische Tragweite der Theaterschließung ist ihr 1956 nicht zu Bewußtsein gekommen. Damals stand für sie die Sorge um die nackte Existenz im Vordergrund. Auch sie wird ans Deutsche Theater engagiert; nach einigem Zögern nimmt sie das Angebot Wolfgang Langhoffs an. Ihr Mann Otto Tausig wollte eigentlich in Wien bleiben, um sich nicht dem Boykott, den man auf das Theater ausgeübt hatte, zu beugen. Aber den »Makel«, an der »Scala« gearbeitet zu haben, wurde er nicht los. Ein Jahr später folgte er seiner Frau nach Berlin. 1959 verließ Lilly Schmuck mit ihrem Mann die DDR, beide nahmen ein Engagement am

Stadttheater Münster an. Zwei Jahre später wechselte das Paar nach Zürich. Heute lebt Lilly Schmuck, die nur noch fallweise auftritt, mit ihrem Mann Otto Tausig in Wien und widmet sich vorrangig sozialen Projekten.

Erika Thomasberger

Eine besondere Rolle unter den Frauen der »Scala« spielte Erika Thomasberger. Die Bühnen- und Kostümbildnerin gehörte von Beginn an zum »Scala«-Team und blieb bis zur Schließung eine feste Stütze.[29] Am 17. September 1921 in Wien geboren, begann sie nach der Matura an der Universität Wien mit dem Studium der Geographie. Das war nicht unbedingt ihr Herzenswunsch, aber es gab während des Krieges eine Bestimmung, daß man vom Arbeitsdienst freigestellt werden konnte, wenn man sich für ein naturwissenschaftliches Studium entschied. Erika Thomasberger entschied sich also für Geographie. Aber daneben konnte sie an der Akademie der bildenden Künste inskribieren. Sie absolvierte sechs Semester Malerei und anschließend sechs Semester in der Meisterklasse für Bühnenbild bei Emil Pirchan.

Ihre ersten Engagements als Bühnenbildnerin bekam sie an der Staatsoper und am Volkstheater.

Aber die Ausbildung, die ich an der Akademie bekommen hatte, war eine theoretische. Heute arbeitet man als Hospitant oder Eleve neben dem Studium an den Theatern. Damals kam man völlig unbeleckt von jeglicher Praxis in den Theaterbetrieb. Am Volkstheater habe ich sehr viel von Gustav Manker gelernt. Er war ja nicht nur Regisseur, sondern auch Bühnenbildner. Ich mußte bei den Proben immer dabei sein, was sehr wichtig und gut war. Man sieht, wie eine Sache sich entwickelt, man beobachtet die Schauspieler, wie sie sich bewegen, welche Anforderungen an ihr Kostüm gestellt werden, und kann auf die Besonderheiten eingehen. Das war später bei der »Scala« aus Zeitmangel gar nicht mehr möglich.[30]

Der Übergang vom Volkstheater zur »Scala« verlief für Erika Thomasberger fließend. Einige der Gründungsmitglieder der

»Scala« waren am Volkstheater engagiert. Auch Gustav Manker war ursprünglich entschlossen, mit den Remigranten aus Zürich in die Leitung des neu zu gründenden Theaters einzutreten, zog sich jedoch noch vor der Eröffnung zurück. Gemeinsam mit Wolfgang Heinz, Günther Haenel und Karl Paryla wechselte Erika Thomasberger an die »Scala«, wo sich der jungen Bühnenbildnerin die Chance auf eine leitende Position bot.

Es gab zu der Zeit sehr wenige Bühnenbildnerinnen. Klara Kiss kam auch ganz jung an die »Scala«, hat aber nur ein paar Ausstattungen gemacht und bald zur Architektur gewechselt. Es gab Erni Kniepert am Burgtheater, die wenig Bühnenbilder, aber oft Kostüme gemacht hat. Weiters gab es Maxi Tschunko am Volkstheater, wir waren Kolleginnen von der Akademie. Aber auch sie hat mehr Kostüme als Bühnenbilder gemacht. Nein, es gab nicht viele Bühnenbildnerinnen. Mit den Bühnenarbeitern bin ich immer sehr gut ausgekommen. Man hat mich respektiert, wichtig war für mich immer nur, daß zum Schluß alles zusammenpaßte, die Regisseure zufrieden waren, und das Ergebnis den Vorstellungen, die man von der bildlichen Verwirklichung eines Stückes hatte, entsprach. Das war ja nicht immer der Fall. Mit Karl Paryla gab es oft heftige Auseinandersetzungen, wenn etwas nicht nach seinem Kopf ging. Es war auch so wenig Geld da, daß man schon sehr erfinderisch sein mußte.

Die Werkstätten waren in der ehemaligen Winterreitschule des Theresianums untergebracht. Das ungefähr 100 Meter lange Gebäude barg genug Platz für die Tischlerei und den Malersaal. Neben der Arbeit an den Dekorationen betreute Erika Thomasberger die Kostümabteilung. Da Stoffe und Materialien schwer zu beschaffen waren, mußten Kostüme häufig ausgeliehen werden. Die Arbeitszeit im Kostümatelier dauerte von 8 bis 12 und von 13 bis 18 Uhr, auch Sonntag vormittags waren dort Leute anzutreffen. Und ganz sicher war auch Frau Thomasberger dabei. Bescheiden und ohne Koketterie schildert Erika Thomasberger heute ihre Arbeit an der »Scala«:

Mein Platz war überall, in der Maskenabteilung und im Kostümatelier, in der Deko-Werkstatt und auf der Bühne. Was die Lichtführung betraf, da war ich eine totale Niete. Ich konnte nur sagen, wie es aussehen sollte, aber ich wußte nicht, wie es gemacht wurde. Da habe ich mich immer auf die Beleuchter verlassen müssen.

Heute wird die Arbeit eines Bühnenbildners von vielen Assistenten und Hospitanten begleitet, die sich um die praktischen Umsetzungen im Werkstättenbereich kümmern. Erika Thomasberger hatte diesen großen Aufgabenbereich allein abzudecken. Die Maskenbildner unterstanden ihr genauso wie die Maler, die Tischler und die Schlosser. In der Kostümabteilung waren der Fundus zu betreuen und die Schneiderinnen anzuleiten. Auf die Frage, ob sie sich den männlichen Kollegen gegenüber benachteiligt gefühlt habe, meint sie:

Zu der Zeit hat man gar nicht darüber nachgedacht. Es war so selbstverständlich, daß die Männer das Sagen hatten. Ich muß gestehen, ich habe mir darüber nicht den Kopf zerbrochen. Ich habe mir oft gedacht, wenn ich ein Kind hätte, wo könnte ich das unterbringen, bei dem Beruf! Das hab ich mir schon oft überlegt. Aber es war halt so, daß man verzichten mußte in dieser Zeit. Privatleben gab es gar nicht, bei dem Arbeitspensum.

Erika Thomasberger gibt nicht nur einen ausgezeichneten Einblick in ihr damaliges Tätigkeitsfeld, zu dessen Bewältigung fraglos gute Nerven und viel Improvisationstalent nötig waren. Sie erweist sich darüberhinaus als sensible Beobachterin der Situation der Frauen an der »Scala«:

Die Raky war eine Frau, die sich unheimlich gewehrt hat. Das hab ich immer sehr bewundert. Immer in höflicher Form, aber beinhart. Sie hat sich nichts gefallen lassen von den Männern. Das ist natürlich Charaktersache, wie man auf massive Angriffe reagiert. Und die gab es schon, vor allem, wenn ihr Mann, Karl Paryla, inszeniert hat. Sie waren häufig verschiedener Meinung, und es hat oft nicht so richtig harmoniert, dann hat es Krach gegeben, richtige Krachs. Die Pelikowsky war emotionaler, aber sie konnte sich auch stark engagieren, wenn ihr was nicht paßte.

Während der Probenarbeit zu *Der Weg ins Leben* hatte Erika Thomasberger, die die Kostüme machte, ausführlich Gelegenheit, die Regisseurin Hortense Raky zu beobachten:

Hortense Raky war sehr angenehm in der Arbeit als Regisseurin. Sie war nie aggressiv und immer verständnisvoll. Es wurde zwar viel diskutiert, aber sie war sehr behutsam mit den jungen Leuten, es waren ja eine ganze Reihe junger, unerfahrener Menschen dabei. Aber es gab nie ein lautes Wort. Ob diese Inszenierung erfolgreich war, kann ich nicht sagen. Was heißt das schon. Erfolgreich war ein Stück, wenn ein paar Zeitungen mehr geschrieben haben, oder wenn das Stück länger gelaufen ist. Ich weiß nur, daß Emil Stöhr in der Rolle des Lehrers sehr gut war. Trude Bechmann war auch in dieser Produktion. Sie war eine sehr begrenzt einsetzbare Schauspielerin, weil sie so ein herbes Aussehen hatte, sie war nicht sehr weiblich. Sie hat ihre Rollen immer gut erfüllt. Besonders gut aber war sie in solchen Stücken wie »Nachtasyl«, in Rollen, in denen sie ihr soziales und politisches Engagement einbringen konnte. Leidvolle, gequälte Figuren. Aber sie war sehr zurückgezogen, ich hatte wenig Kontakt zu ihr. Lilly Schmuck war sehr herzerfrischend unbelastet. Über Hortense habe ich viel nachgedacht. Auch später. Man war ja durch die acht Jahre sehr verbunden miteinander. Es tut mir leid, daß sie sich so von allem zurückgezogen hat. Hortense ist ein Mensch, der alles sehr ernst nimmt, und wenn man mit einem Mann drei Kinder hat, sind Treuebrüche kaum zu verzeihen.

Die Schließung des Theaters war für alle furchtbar. Aber besonders die kleinen Schauspieler hingen in der Luft. Diese Ungerechtigkeit, auch der Makel, den man den Schauspielern anhängte, daß sie in einem kommunistischen Theater gearbeitet hatten, war schlimm. Die Protagonisten waren versorgt, sie gingen ans Deutsche Theater zu Wolfgang Langhoff.

Erika Thomasberger hat nach dem Ende der »Scala« am Theater der Jugend gearbeitet. Bald folgten Angebote von Fernsehen und Film. Michael Kehlmann holt sie für *Radetzkymarsch* und *Hiob*, Bernhard Wicki für *Das falsche Gewicht*. Bei *Maria Theresia,* von Axel Corti inszeniert, ist sie dabei, und in Hamburg stattet sie eine hanseatische Familienserie aus. Aber ihr Zuhause ist Wien, 1981 geht sie in Pension. Ihren Mann hatte sie bei der Arbeit an der »Scala« kennengelernt, er war dort

Bühnenarbeiter. Heute lebt Erika Thomasberger mit ihm am Stadtrand von Wien. Sie betrachtet die »Scala«-Zeit als ihre wichtigste und fruchtbarste Arbeitsperiode.

Es hat immer Diskussionen gegeben. Oft kam die Frage, ob man in die Partei eintreten sollte. Es wurde viel darüber geredet, aber es war kein Zwang. Es war ein politisches Theater, eine gute Schule. Man hat ein Ohr für Politik bekommen, man konnte sich der Welt draußen und den Vorgängen, die in diesen Nachkriegsjahren unser Leben bestimmten, nicht entziehen.

Es ist allen sehr dreckig gegangen mit den kleinen Gagen und den Kindern an der Hand. Es ist gut, daß man alle diese Erinnerungen aufschreibt. Bald ist niemand mehr da, der berichten kann. Man wird sich nicht mehr vorstellen können, wie das war nach dem Krieg. Welcher Aufbauwille in den Leuten war, wie man gehungert hat nach Unterhaltung und ein bißchen Luxus.

ANMERKUNGEN

1 Zur Geschichte der »Scala« vgl. Wilhelm Pellert: Roter Vorhang. Rotes Tuch. Das Neue Theater in der Scala (1948-1956). – Wien 1979; Carmen Renate Köper: Ein unheiliges Experiment. Das Neue Theater in der Scala. (1948-1956). – Wien 1995.

2 Tagblatt am Abend, 14.5.1947 (gez. -op-).

3 Vgl. Weltpresse, 23.12.1948 (Franz Tassié); Österreichische Zeitung, 23.12.1948 (Hugo Huppert).

4 Otto Tausig in einem Gespräch mit der Autorin, März 1996.

5 Österreichische Volksstimme, 14.11.1954.

6 Der Abend, 19.2.1950 (gez. Fall-).

7 Hortense Raky in einem Gespräch mit der Autorin, März 1996.

8 Hortense Raky in einem Gespräch mit der Autorin, Jänner 1996.

9 Ernst Fischer: Das Ende einer Illusion. Erinnerungen 1945-55. – Wien, München, Zürich 1973, S. 262.

10 Die Premiere von *Minna von Barnhelm* war am 3.9.1952, die Premiere von *Maria Stuart* am 25.2.1955.

11 Der Abend, 4.9.1952.

12 Österreichische Volksstimme, 24.2.1955.

13 Tagebuch, 12.3.1955 (Vera Wander).

14 Der neue Vorwärts, 1.2.1954.

15 Zit.n. Ingeborg Pietzsch (Hg.): In der Garderobe erzählt. – Berlin (DDR) 1986, S. 137.

16 Der Abend, 12.3.1951 (Willi A. Kleinau).

17 Der Abend, 15.2.1952.
18 Gabriele Heinz in einem Gespräch mit der Autorin, März 1996.
19 Der Abend (Anm. 17).
20 Die Presse, 19.4.1952 (Rudolf Holzer).
21 Neues Deutschland, 3./4. 9.1983 (Gespräch mit Ursula Meves).
22 Gabriele Heinz in einem Gespräch mit der Autorin, Februar 1996.
23 Zit.n. Pietzsch (Anm. 15), S. 141.
24 Zit.n. Ingeborg Pietzsch (Hg.): Garderobengespräche. – Berlin (DDR) 1982, S. 10.
25 Volksstimme, 22.1.1984 (Karin Berger).
26 Zit.n. Pietzsch (Anm. 24), S. 15.
27 Lilly Schmuck in einem Gespräch mit der Autorin, Februar 1996 (die folgenden Zitate von L.S. sind hieraus).
28 Vgl. Der Abend, 20.6.1951 (Peter Loos).
29 Vgl. Köper (Anm. 1), S. 95ff.
30 Erika Thomasberger in einem Gespräch mit der Autorin, März 1996 (alle Zitate in der Folge v. E.Th.).

REGINA MARIA JONACH

Ausharren auf einer Insel

Leon Epps konkrete Utopie von einem »Theater der Dichtung«

I.

In den Aufzeichnungen Leon und Elisabeth Epps rund um die Neu- bzw. Erstgründung des Theaters »Die Insel in der Komödie« 1945 ist etwas von emphatischem Neubeginn spürbar.[1] Das Haus in der Johannesgasse, jahrelang begehrtes Objekt zur Verwirklichung des eigenen Theaterhimmels, ist frei, wenn auch durch einen gezielten Angriff der Alliierten, der das dort untergebrachte »kriegswichtige Bureau« der Flugzeugwerke Wiener Neustadt treffen wollte, im Bereich des Zuschauerraumes stark beschädigt.[2] Das Betriebskapital zur Führung eines Privattheaters ist nicht groß, jedoch vorhanden. Der Alptraum des Nazi-Regimes, daß die Epps mit einem Rückzug in die Innere Emigration überdauert hatten, ist endlich vorbei.[3]

Die Zerstörung des Gebäudes bedeutete für die Mieter einer Liegenschaft der Gemeinde Wien eine beträchtliche finanzielle und organisatorische Mehrbelastung, darüberhinaus jedoch auch die keineswegs sarkastisch gemeinte Hoffnung für Leon Epp, daß »unter dem Schutt der eingestürzten Decke endgültig und für immer der Begriff des Amüsier- und Boulevardtheaters begraben« liegen würde.[4] Seit den dreißiger Jahren arbeiteten die Epps besessen an der Verwirklichung eines eigenen Theaters, als Gegenentwurf zum nur auf kommerziellen Gewinn hin orientierten Unterhaltungstheater, mit gelegentlich konfliktreicher Arbeitsteilung: »Der Prinzipal macht das Geistige, die Prinzipalin die praktischen Dinge. Hie und da hat es sich auch ein bißl überschnitten.«[5] Eine »Insel« der ernsthaftesten Arbeit und konzentriertesten Begegnung sollte es sein, auch abgehoben aus dem Meer der nur als veräußerlicht wahrgenommenen politischen Auseinandersetzungen. Das Konzept überschrieb man mit »Theater der Dichtung«, wie Karl Kraus ab Mitte der zwanziger Jahre seine Vorlesungen benannt hatte, der in jenem Jahr starb, als diese »Insel« erstmals Wirklichkeit werden sollte.[6] »Theater der Dichtung«, das hieß hier vom Text und also vom Dichter/Schriftsteller-Individuum auszugehen, es hieß weiters, innerhalb des Textes dem Menschen auf der Spur zu sein, unter eigenartiger Außerachtlassung der historischen Determinanten, und es hieß im Kern, dem Dialog, der jeweils spezifischen Sprache, ihrer Melodie, ihren Schwingungen nachzuhören. Eine Faszination für die Sprache, die sich auf die Epps zu Beginn der dreißiger Jahre in der Zusammenarbeit mit Hans Schlesinger und Cilli Wang übertragen hatte.[7] Beim Schriftsteller Schlesinger hatte man gelernt, »Sprache als etwas, das von innen heraus kommt«[8], zu begreifen. »Musik des Wortes – Dichtung. Es ist das tiefste Ziel meines Theaters, der eigentliche Sinn meiner Inszenierungen«, erläuterte Epp dann 1946, »alles ist Musik in unserem Leben und – Rhythmus.«[9] Das war dem Zuschauer in aufklärerischer Tradition aus einer geradezu moralischen Verpflichtung heraus mitzuteilen, darin lag für Epp das Mensch-Sein und das wollte er herüberretten in die proklamierte neue Zeit. »Theater der Dichtung«, das meinte ein Gegenwartstheater, das klassische und zeitgenössische – ihm relevante – Dramatik, endlich wieder Weltliteratur, präsentieren sollte, der alten Wiener Theatertradition, einer Weltstadt würdig. Und »Theater der Dichtung« bedurfte eines gut aufeinander eingestimmten Ensembles, unabdingbar auch, um den Regisseur Epp aus dem mechanistischen Inszenierungskonzept zu erlösen und in gemeinsamer Arbeit jenes ihm eigentlich Undefinierbare auf der Bühne zu entwickeln. So wollte er auch erst im dritten Jahr mit seinem Theater einer wirklichen Kritik unterzogen werden, weil das erste der Repertoirebildung, das zweite der Ensemblebildung gewidmet sein sollte, und erst im dritten eine »Abstimmung zwischen den dichterischen Zielen und den künstlerischen Grenzen des Theaters eindeutig vorgenommen« werden könne.[10] Im dritten Jahr jedoch brach eine erste Sturzflut über die »Insel« herein (das heißt Währungsreform und damit Besucherschwund durch Kaufkraftverlust bzw. auch geändertes Konsumverhalten), der weitere folgten (das heißt Verhärtung der Fronten im Kalten Krieg und damit die »Notwendigkeit« der eindeutigen politischen Einschätzbarkeit des Direktors) und das Eiland im sechsten Jahr schließlich ganz überschwemmten (das heißt »Gesundung« der Wiener Privattheater durch Schließung einiger Spielstätten[11]).

II.

In das erste Programmheft der »Insel in der Komödie« hat Epp ein Goethe-Zitat aufgenommen, das schon im ersten Heft der »Kleinen Insel« 1936 dem Unternehmen vorangestellt worden war.[12] Eine Goethesche Reflexion über die Notwendigkeit eines Gegenübers bei jeder kreativen Höherentwicklung, die darin gipfelt, daß »der zur Ausführung eines Werkes nötige Mut [...] aus dem Anteil geschöpft werden [müsse], den das Unternehmen bei anderen weckt.« Epp hatte ein Empfinden dafür, was Dichtung für ihn bedeutete, aber er wollte das dem Publikum nicht oberlehrerhaft eindrillen und – er war kein Purist, der, nur seinem eigenen Geschmack folgend, sozusagen »am Markt vorbeiproduzierte«, sondern realistischer Prinzipal, der seine »Insel« über die Zeit zu retten hatte.

Mit einem Paukenschlag von drei kurz aufeinanderfolgenden Premieren sollte das Wiener Publikum im Oktober 1945, in Zeiten, in denen aufgrund der Papierknappheit »Programm und Ankündigungen [...] das Ausmaß von 42 mal 30 cm«[13] nicht überschreiten durften, auf die »Insel in der Komödie« neugierig gemacht werden. Epp behielt dieses Konzept der »Dreier-Eröffnung« einer jeweiligen Saison auch später bei. Die für die ersten drei Premieren gewählten Stücke sollten schon die Gestaltung des Spielplans der jeweiligen Saison erkennen lassen. Im Jahr 1945 waren es Tschechows *Onkel Wanja*, Shaws *Zu wahr, um schön zu sein* (ÖE) und Zweigs *Legende eines Lebens*, die Epp mit »Weltschauspiel, Weltkomödie, Österreichisches Kammerspiel« umschrieb. 2/3 Schauspiel, 1/3 Komödie könnte man auch lesen oder 1/3 Welttheater, 1/3 österreichische Dramatik und 1/3 Ur- bzw. Erstaufführungen. Das Projekt eines Welt- und Ur- bzw. Erstaufführungstheaters stieß in der österreichischen Nachkriegswirklichkeit jedoch mehrfach auf Grenzen: in den ersten Monaten erschwerte der Zusammenbruch der Infrastruktur den Zugriff auf die moderne oder modernste (Welt-)Dramatik, mit zunehmender weltpolitischer Polarisierung schob sich ein Filter in Form von alliierten Kulturoffizieren[14] dazwischen. Beim Verfügbaren – wobei Epp erstaunt feststellen mußte, daß sich während der Nazi-Zeit in Österreich keine Stücke angestaut hatten, um jetzt präsentiert zu werden[15] – hatte das Burgtheater »Optionsrecht«. Das große Haus bot für Verleger und Autor weit lukrativere Aussichten, trotz der Ungewißheit, ob das Stück je herausgebracht werden würde. Zum anderen verhinderten Devisenvorschriften oder finanziell nicht tragbare Kautionen eine Aufführung.[16] Und dann gab es noch die konkurrierenden Privattheater. Was Ur- und Erstaufführungen betrifft, ist es Epp dennoch gelungen, in der gesamten »Inselzeit« ein Drittel des Spielplanes mit deutschsprachigen, österreichischen oder Wiener Ur- und Erstaufführungen zu bestreiten. Acht dieser Werke haben, zum Teil unter falschen Angaben, was ihre deutschsprachige Erstaufführung betrifft, Jahrzehnte später in den Kanon von Kindlers Literaturlexikon Eingang gefunden[17], darunter *Die kleinen Füchse* der sozialkritischen US-Autorin Lillian Hellman, die, wie der ebenfalls bei Epp erstaufgeführte Clifford Odets, in Deutschland seit November 1947 mit Aufführungsverbot belegt worden war[18], in der »Insel« jedoch unter dem Ehrenschutz der »Österreichisch-Amerikanischen Gesellschaft« in der Übersetzung und Regie von Walter Firner im November 1950 auf die Bühne gebracht werden konnte. Bei Leon und Elisabeth Epp war aber auch schon 1946 Pirandello (*Man weiß nicht wie*, ÖE) zu sehen, 1947 Schnitzlers *Weites Land* und jährlich wiederholt: Strindbergs Jahresfestspiel *Ostern*.

Neben einem interessanten hielt Epp einen abwechslungsreichen Repertoirebetrieb für unerläßlich, nicht nur um sein Stammpublikum zu gewinnen. Solange er es sich leisten konnte, zog er es vor, ein Stück nicht bis zur gänzlichen finanziellen Ausreizung im Spielplan zu belassen, wobei das »gehobene

Lustspiel«, wie Epp es ausdrückte, nicht nur aus finanziellen Gründen sperrige Stücke stützen, sondern auch dem Publikum zur wohlverdienten Atempause verhelfen sollte.

Mit einem ständigen Ensemble, das nie aus mehr als dreißig Personen bestand, unterstützt von Externisten, bestritt man um die 15 Premieren im Jahr (zum Vergleich: in der Spielzeit 46/47 gab es bei den Epps 15, im Burgtheater – das heißt Ronacher und Akademietheater – 19 Premieren), dazu kamen noch Kindertheateraufführungen, mit denen Epp schon in der »Kleinen Insel« den Weg zu einem zeitgemäßen Kindertheater gesucht hatte, Matinéen, in denen manche der gespielten Dramatiker dem Publikum auch als Erzähler oder Lyriker nahe gebracht werden sollten oder Autoren wiederentdeckt wurden (wie im Februar 1946 Wladimir Majakowski,[19] im November 1946 Peter Altenberg), und ab 1947 Leseaufführungen, in denen zeitkritische Werke »getestet« werden sollten, um sie später ohne allzu großes finanzielles Risiko auf die Bühne zu bringen. Dieses Verfahren wird Epp später als Direktor des Volkstheaters, und mit ganz anderen budgetären Möglichkeiten ausgestattet, im vielbedankten Sonderabonnement weiterentwickeln.[20] In der »Insel« hat diesen Test keines der Werke bestanden, obwohl es etwa der Aufführung von Paul Barnays (ab 1948 Direktor des Volkstheaters) *Narr des Genarrten*, das sich mit dem nazistischen Rassenwahn auseinandersetzte, dringend bedurft hätte.

Wenn Quantität auch nicht gleich Qualität bedeutet, so läßt sich doch an dem Arbeitspensum der »Insulaner« (im März 1946 wurden beispielsweise durch Nachmittagsvorstellungen für das »Theater der Jugend« insgesamt 63 Vorstellungen gegeben[21]) der ungeheure Elan Epps ablesen, mit dem er sein Ensemble forderte und überforderte. Bewußt überforderte, nicht nur in der Zahl der Aufführungen, sondern auch durch Stücke wie Lessings *Emilia Galotti*, denen die Gruppe (noch) nicht gewachsen war. Das schien ihm notwendig, um ein Ensemble zusammenzuschweißen, das fähig wäre, in der Wiener Nachkriegsdepression jenen »bestimmten Pulsschlag und Rhythmus durchlebten Theaters«[22] zu vermitteln – und hatte eine seiner Wurzeln in einem Schuldsyndrom als Überlebender des Infernos:

Wir müssen uns alle aber bewußt sein, daß wir nach der Katastrophe des Krieges nur dann das Geschenk und die Gnade des Lebens wirklich verdienen, wenn wir aus dem Erlebnis des Grauens heraus, reif genug geworden sind, um wirklich bewußt und glücklich jeden Tag und jede Stunde genießen zu können. [...] Wie quälend und schrecklich der Gedanke, daß dann der heutige Tag nicht bis zur ganzen Größe erfüllt ist.[23]

Wer diese Roßkur überstand, war ganz der Eppschen Aufmerksamkeit anvertraut, konnte sich in größeren und großen Rollen erproben. In den Aufzeichnungen aus der Zeit, als die »Insel« noch ein virtuelles Projekt war, finden sich immer wieder Überlegungen zu einer dem Theater angeschlossenen Schauspielschule, deren Korpus aus den von Epp zusammengeführten und geleiteten Schauspielern bestehen sollte.[24] Daß dieses Projekt nie verwirklicht werden konnte, lag nicht am künstlerischen Personal der »Insel«, sondern vor allem an der ab 1948 einsetzenden und fortschreitenden finanziellen Krise, die den allmählichen Zerfall der Gruppe mit sich brachte. Hier seien nur einige Namen angeführt: der spätere Iffland-Ring-Träger Josef Meinrad, der schon zum Ensemble der »Kleinen Insel« gehört hatte, ging ans Burgtheater, ebenso Helmuth Janatsch, Judith Holzmeister (hier als Externistin), die von Epp in Graz entdeckte Eva Zilcher und der von Epp aus Linz geholte Veit Relin. Erich Ziegel, der noch bei den Meiningern debütiert und seit 1918 die Hamburger und 1934–1936 die Wiener Kammerspiele mit einem Epp verwandten Konzept geleitet hatte, war in der »Insel« Oberspielleiter gewesen und starb 1950 unerwartet auf dem Rückweg nach Deutschland. Seine jüdische Frau Mirjam Horwitz, die während der Nazi-Zeit »in geschützter Ehe« mit dem bei Gründgens engagierten Ziegel überlebt hatte, konnte erst wieder in der »Insel« als Schauspielerin und Regisseurin künstlerisch tätig werden[25] und ging anschließend nach Westdeutschland zurück. Heinrich Trimbur, von Epp aus Graz nach Wien geholt, war später am Volkstheater tätig. Mit dem künftigen Volkstheater-Direktor Gustav Manker (hier als Gastbühnenbildner) hatte Epp schon seit der »Kleinen Insel« zusammengearbeitet.

III.

Mit 19. März 1945 – Epp ist zu diesem Zeitpunkt kurzfristig und halboffiziell von Chrudim nach Wien abkommandiert[26] – datiert ein für die Zeitschrift der Schriftstellerin Stefa Berg geschriebener Artikel. Epp nimmt darin – schon im Bewußtsein des Zusammenbruchs des Hitler-Regimes – unter anderem auf die künstlerische Freiheit Bezug, die allein beschränkt sein dürfe »durch die Grenzen des eigenen Gewissens und des künstlerischen Taktes.«[27] Ein großer Anspruch, der sich, wie schon angedeutet, nicht halten und immer weniger durchhalten ließ.

Was zum Beispiel auszuhalten war: Daß die »Insel« unter der von den Sowjets eingesetzten provisorischen Regierung mit Tschechow eröffnet wurde, statt wie geplant mit einem Stück, das in der »Kleinen Insel« nicht mehr verwirklicht werden konnte – Stefan Zweigs *Legende eines Lebens*. Oder daß er einem Autor – Paul Claudel –, an dem ihn vor allem die »Schönheit seiner Sprache«[28] interessierte, nicht mehr Platz in seinem Spielplan einräumen konnte. Er hatte Claudels *Der Bürge* als ersten Teil der Trilogie (*Der Bürge/Das harte Brot/Der erniedrigte Vater*) in der kleinen wie der großen »Insel« herausgebracht. Und obwohl er selbst unsicher war, ob der zweite Teil in bezug auf die jüdische Thematik nicht zu Mißverständnissen führen könnte, brachte er das Gesamtprojekt wenigstens bei einem Presseempfang ins Gespräch, um sich von der Wiener Theaterkritik über eine Aufführung beraten zu lassen.[29] Da ging bei ihm im Denken damals noch »Theater der Dichtung« vor und er übersah, daß damit jene bestärkt worden wären, die er keinesfalls bestärken wollte. Die Trilogie wurde nicht verwirklicht.

Was zum Beispiel durchzuhalten war: Daß die Inszenierung von Ostrowskis *Braut ohne Mitgift* (DE), Regie: Erich Ziegel, im Juni 1946 einer – im Programmzettel deutlichst ausgewiesenen russischen – Beratung durch die Schauspielerin Elena Polewitzkaja-Schmith bedurfte. Sie war, seit sie beim »Festabend russischer Musik und Dichtung«, der im Burgtheater (Ronacher) kurz vor den Wahlen im November 1945 stattgefunden hatte, »auf Wunsch der russischen Stellen«[30] mitgewirkt hatte, auch dort bis 1953 in dieser Funktion tätig. Ihre

Mitarbeit in der »Insel« wurde von der Wiener Theaterkritik größtenteils gar nicht zur Kenntnis genommen. Nur Richard Hoffmann bemerkte erfreut, »daß einmal in einem Wiener Theater die russischen Namen nicht falsch ausgesprochen wurden,«[31] während ein sich hinter den Initialen R. Sp. verbergender Kritiker des *Wiener Kurier* gar nicht anders konnte, als gereizt anzumerken:

> *Der Regieeinfall, Frau Horwitz in einem russischen Stück mit russischem Akzent sprechen zu lassen, verdient Beachtung und empfiehlt sich zum Ausbau. […] Wie kommt es eigentlich, daß bisher noch kein Darsteller des Hamlet auf die naheliegende Idee kam, den Dänenprinzen mit dänischem Akzent zu spielen? Der Wallenstein müßte von rechtswegen böhmakeln, für die Partie der Afrikanerin sollte, dem Beispiel der »Insel« folgend, eine Beraterin aus dem Busch herangezogen werden.*[32]

Was weiters durchzuhalten war: Daß die aufeinander eingestimmten »Insulaner« durch Aufführungsverträge, die gleich auch Besetzung und Regie bestimmten, an die Wand gedrängt wurden. Die Vermittlung von Stück und Besetzung von Mary Chases *Harvey* (DE) ist auf den amerikanischen Kulturoffizier Ernst Lothar zurückzuführen.[33] Für die Rolle des liebenswerten Verrückten Elwood P. Dowd, der sich von einem 1,80 m großen Hasen begleitet wähnt, wurde der emigrierte Oskar Karlweis aus New York eingeflogen, der die ostentative Anwesenheit von Renner und Hurdes bei der Premiere mit sich brachte und damit doch nur den tatsächlich beschämenden Umgang mit den vertriebenen jüdischen Exilanten kaschierte. Seine Schwester wurde von Lothars Frau Adrienne Gessner verkörpert, den Psychiater gab der auch mit der Regie betraute Hans Thimig. Im Renaissancetheater, das Epp kurzfristig leitete, waren Karlweis und Thimig als Publikumsmagneten engagiert worden.[34] Was in der Zweigstelle der »Insel« – mit der Epp sein Finanzierungskonzept (gehobenes Unterhaltungstheater stützt Experiment) weiter ausbauen wollte, um den erstmals in der Spielzeit 47/48 negativen finanziellen Erfolg seines Theaters in der Johannesgasse auszugleichen – zum Konzept gehörte, stand seinen Intentionen im »Haupthaus« jedoch diametral entgegen.

Was er dennoch durchzustehen bereit gewesen wäre: Die Hinnahme von weit größeren Eingriffen in die künstlerische Freiheit, die eine parteipolitische, organisatorische und finanzielle Unterstützung mit sich gebracht hätte. Sein Finanzierungskonzept mit dem Renaissancetheater war nicht nur nicht aufgegangen, es hatte die »Insel« mit einer noch weit bedrängenderen Schuldenlast beschwert. Selbst durch die hochgespannteste Eigenleistung[35] und den ebenfalls nicht aufgegangenen und im nachhinein verurteilten Versuch, die Qualität des Spielplans zum Teil abzusenken[36], konnte sich das Unternehmen aus eigener Kraft nicht erholen. Die politische Antwort auf die Krise der Privattheater hieß zunächst »Kulturgroschen«, unter dem konservativen Unterrichtsminister Hurdes zu lange hinausgezögert[37] und vom sozialistischen Wiener Kulturstadtrat Mandl nur schleppend ausbezahlt. Der Betrag für die »Insel« war in der Höhe von »Anerkennung privater Leistungen« gehalten. Ein anderer aus der Zeit des Austrofaschismus und Nationalsozialismus gut bekannter Lösungsvorschlag nach Schaffung einer »Gesamtpublikumsorganisation«, jetzt vom Kommunisten Ernst Fischer vorgebracht,[38] war von Stadtrat Mandl unter dem Titel »Kunstgemeinde« letztlich erfolglos in Angriff genommen worden.[39] Damit hätten die Mittel aus dem Kulturgroschen[40], wohl effizienter – indem man die Wiener Privattheater in »künstlerischer und wirtschaftlicher Hinsicht« der Supervision des Amtes für Kultur und Volksbildung unterstellen wollte[41] – eingesetzt werden sollen.

Epp versuchte vergeblich, den Bildungsreferenten Franz Senghofer vom Österreichischen Gewerkschaftsbund – Shaw war der meistgespielte Autor an seinem Theater! – für die »Insel« zu interessieren, noch konnte er Stadtrat Mandl durch die Bekanntgabe seiner Spielplandispositionen[42] zur tatsächlich effizienten Unterstützung bewegen. (Dem Privatunternehmer Epp war aber mit der Konzessionserteilung auch die Verpflichtung auferlegt worden, jeweils »bis 10 Uhr vormittags [...] je eine Loge für den Bürgermeister und für die Polizeidirektion zur unentgeltlichen Benützung für alle Vorstellungen dieses Tages bereitzuhalten«[43]). Und es war ihm weder durch die Offenlegung seiner Betriebsführung gegenüber dem Unterrichtsministerium [!], noch durch das Angebot des Ausbaues eines »volkstümlichen Abonnements«[44] möglich, konservative Kreise wirklich für sein Unternehmen zu gewinnen.[45] (Diesem Angebot ist die Aufführung des im Austrofaschismus und Nationalsozialismus groß gewordenen Hermann Heinz Ortner[46] im Jänner 1949 zuzurechnen; Heinrich Trimbur, der hier Regie führte, ließ die acht Bilder des *Paradiesgärtleins* vor einem groß ausgestellten immer gleich bleibenden Kalendertag spielen, was die Kritik als inszenatorische Fehlleistung wertete.[47]) Claudel *und* Shaw – dieses »Theater der Dichtung« war am Burgtheater auch das Ergebnis einer für das Überleben Österreichs für notwendig erachteten politischen Hochzeit und bedurfte keiner Duplikation auf »lokaler« Ebene, noch sah man im Ur- und Erstaufführungskonzept den förderungswürdigen Beitrag zur Wiener Theaterszene. Epps letztes Argument, daß dann doch immerhin seine »Insel« als Talenteschmiede erhaltenswert sei, stieß auf taube Ohren. Traurig nur, daß Stadtrat Mandl, als die letztlich entscheidende Instanz, eines schäbigen Winkelzugs bedurfte, um sich der unerwünschten Klientel, sozusagen moralisch abgesichert, zu entledigen: Epp hatte zu Sylvester 1951 eine Komödie angesetzt – Mons' *Herr Klein kann nichts dafür* –, in der ein Provinzschneider durch Zufall und Mißverständnisse zum Ministerpräsidenten gemacht wird. Das Stück, das aus finanziellen Erwägungen zur Aufführung kam, wurde von der gesamten Wiener Theaterkritik als zu seicht, bzw. sogar als demokratieschädigend aufgefaßt und gab Anlaß zu der Überlegung, ob so ein Theater noch kulturgroschenwürdig wäre. Mandl, der die Aufführung noch vor dem letzten Akt ungehalten verlassen hatte und über das ganze Ausmaß der finanziellen Misere Epps orientiert war, schloß sich dieser Auffassung an, mit der unverhohlenen Drohung, das »Stück so rasch als möglich vom Spielplan zu nehmen, denn jede weitere Aufführung wird Ihnen nicht Nutzen, sondern nur Schaden bringen«[48]. Im Februar 1951 wurden erste, noch unverbindliche Gespräche mit der Kiba[49] aufgenommen, der er – so hoffte Epp immer noch – nur dann das Haus überlassen würde, wenn das für einen Ausgleich seines Unternehmens notwendige Kapital nicht via Kulturgroschen oder privatem Sponsoring aufgebracht werden könnte.[50] Dieser Überlegung konnte Mandl nichts abgewinnen, im Gegenteil – von seiten des Magistrats und der Kiba versuchte man den Ausgleich hinauszuzögern, um sich auch noch die Ablöse zu ersparen.[51] Im Mai 1951, als der Auszug der Epps bereits fixiert war, beschließt Mandl die Causa mit den Worten:

> *Sie selbst aber wissen genau, […] daß es keinen andern Ausweg gab, um einerseits das Theater zu retten, andererseits auch Sie freizumachen. Daß mir beides gelungen ist, befriedigt mich selbst. Ich hoffe, daß auch meine anderen Wünsche, die ich mit der »Insel« habe, in Erfüllung gehen und vielleicht wird gerade dieses Theater zu einem Experimentierboden für Wien.*[52]

Die »Komödie« wurde in das noch heute als solches bestehende »Metro-Kino« verwandelt.

ANMERKUNGEN

1 Nachlaß Leon Epp (in der Folge NLE).

2 Laut Deutschem Bühnenjahrbuch wurde das Haus im November 1905 als »Kleines Theater in Wien« eröffnet, 1906 umgebaut und als »Kleines Schauspielhaus« bespielt. 1924 neu erbaut und im Dezember 1925 als »Modernes Theater« wiedereröffnet, 1927 schließlich als »Komödie« bespielt. 1936 und 1941-1944 war das Haus dem Deutschen Volkstheater als zweite Bühne angeschlossen.

3 Nachdem die »Kleine Insel« im März 1938 von der SS besetzt, das Arbeitskollektiv als kulturbolschewistisch deklariert und das Theater im Juni 1938 geschlossen wurde, war Leon Epp kurzfristig am zum KdF-Theater erklärten Deutschen Volkstheater tätig. Von 1939-1941 konnte er erstmals in einer jedoch konfliktreichen Doppeldirektion mit dem »politisch lupenreinen« Haybach der »Komödie« in leitender Funktion vorstehen, um, nach einem Wehrmachtstournee-Intermezzo, von 1941-1944 als Oberspielleiter an den Städtischen Bühnen in Bochum zu wirken. Im Sommer 1944 nahm er ein Engagement als Schauspieldirektor in Graz an, das er wegen der allgemeinen Theatersperre abbrechen mußte. Elisabeth Epp – im Oktober 1939 kam ihr erstes, im April 1944 das zweite Kind zur Welt – war die ganze Zeit über in Wien geblieben. Vgl. Elisabeth Epp: Glück auf einer Insel. – Wien 1974.

4 Vortrag Leon Epps am 29.3.1946 am Institut für Theaterwissenschaft, Wien. NLE.

5 Stimmen der Erinnerung: Elisabeth Epp. – In: Verspielte Zeit. Österreichisches Theater der dreißiger Jahre. Hg. Hilde Haider-Pregler u. Beate Reiterer. Wien 1997, S. 149.

6 Herzlichen Dank für die Anregung an Hilde Haider-Pregler. – Die »Kleine Insel« war als Schauspielerkollektiv im Mai 1936 erstmals im »Theater für 49« an die Öffentlichkeit getreten. Die darauffolgende Spielzeit konnte im eigenen Haus mit 49 Plätzen, der ehemaligen Sattelkammer im Prinz-Eugen-Palais, Parkring 8, eröffnet werden. Vgl. Epp (Anm. 3); Antje Reisinger: Die kleine Insel. – Wien, Dipl.-Arb. 1993; Ulrike Mayer: Theater für 49 in Wien 1934-1938. – Wien, Diss. 1994.

7 Hans Schlesinger wurde 1896 in Breslau geboren, Soldat im Ersten Weltkrieg, Studium der Philosophie an der Universität Breslau (Promotion 1921), ab 1924 Theaterarbeit in Teplitz-Schönau, ab 1930 Schriftsteller und Regisseur in Wien. 1932 Heirat mit der Schauspielerin und Tänzerin Cilli Wang, für die er zahlreiche Texte verfaßte. Leitung des Theaterstudios »Die Beispiele«, an dem auch Leon und Elisabeth Epp spielten. Inszenierungen am Volksheim Ottakring (Gogol, Hauptmann u.a.). Schrieb das Libretto zu Joseph Matthias Hauers Zwölftonkomposition *Die schwarze Spinne*, Dramen und Essays. Befand sich 1938 mit Cilli Wang auf einer Tournee im Ausland, beide kehrten nicht mehr in das annektierte Österreich zurück. Exil in den Niederlanden, ab 1941 im Untergrund. Hans Schlesinger starb am 10.4.1945 kurz vor der Befreiung in Den Haag. Nachlaß Hans Schlesingers in der Österreichischen Exilbibliothek (Literaturhaus).
Cilli Wang wurde in Wien geboren, absolvierte eine Tanzausbildung an der Akademie für Musik und darstellende Kunst, zahlreiche Engagements an Wiener Kleinkunstbühnen und Kabaretts (Der Liebe Augustin). 1939-1940 deutschsprachiges Kabarett im niederländischen Exil. 1947 Tournee nach Indonesien, Neu Guinea, Wien, Prag, Holland usw. Lebt seit 1970 wieder in Wien. Vgl. Stimmen der Erinnerung: Cilli Wang. – In: Verspielte Zeit (Anm. 5), S. 28f. u. 255.

8 Diskussionsbeitrag Elisabeth Epps bei dem von Hilde Haider-Pregler geleiteten Symposion »Verspielte Zeit. Österreichisches Theater der dreißiger Jahre« (Wiener Festwochen 1996).

9 Leon Epp (Anm. 4).

10 Ebd.

11 Vgl. den Beitrag von Angela Eder im vorliegenden Band.

12 Reisinger (Anm. 6), Anhang 1.

13 Konzession, 19.7.1945. NLE.

14 Vgl. den Beitrag von Oliver Rathkolb im vorliegenden Band.

15 Rundfunkgespräch mit Rudolf Weys (vermutlich 1951). Manuskript im NLE.

16 Epp (Anm. 3), S. 118.

17 Clifford Odets: Awake and Sing! (unter dem Titel: Die Zeit drängt, 27.11.1946); Noël Coward: Design for Living (Unter uns Vieren, 21.12.1947); Jan de Hartog: Schipper naast God (Schiffer nächst Gott, 21.4.1949); Maxim Gorki: Vassa Zeleznova (Die Mutter, 23.1.1948); Lillian Hellman: The Little Foxes (Die kleinen Füchse, 21.11.1950); Alan Alexander Milne: The Dover Road (Die Straße nach Dover, 7.2.1950); Alexander N. Ostrowski: Bednaja Nevesta (Die arme Braut, 24.6.1946); Emmanuel Roblès: Montserrat (Im Namen des Königs, 13.10.1949).

18 Wigand Lange: Theater in Deutschland nach 1945. – Frankfurt a.M., Bern, Cirencester/U.K. 1980, S. 493.

19 Wobei es im Programmheft hieß, daß Majakowski 1930 gestorben wäre

und nicht, daß sich der parteilose Kommunist aus Verzweiflung über die im neuen Sowjetstaat nicht eingelösten Erwartungen eine Kugel ins Herz geschossen hatte. Vgl. Jürgen Rühle: Literatur und Revolution. – Köln 1988, S. 44ff.

20 Vgl. Hilde Haider-Pregler: Direktion Leon Epp: »Das tapferste Theater von Wien«. – In: 100 Jahre Volkstheater. Hg. Evelyn Schreiner. Wien, München 1989, S. 204ff.

21 Leon Epp (Anm. 4).

22 Ebd.

23 Vortrag vor dem Ensemble, 10.10.1946. NLE.

24 Epp (Anm. 3), S. 89; Brief Leon Epps an den Grazer Bürgermeister Eduard Speck, 23.5.1945. NLE.

25 Hilde Haider-Pregler: Exilland Österreich? (Arbeitstitel). – In: Handbuch des Exiltheaters. Hg. Forschungsstelle für Exilliteratur. Unter der Leitung von Frithjof Trapp. Hamburg (im Erscheinen).

26 Epp war am 2.9.1944 zur Wehrmacht einberufen worden. Vgl. Epp (Anm. 3), S. 100ff.

27 NLE.

28 Leon Epp (Anm. 4).

29 Vortrag für Presseempfang, 5.9.1946. NLE.

30 Archiv der Republik/BMf.Unterricht/Bundestheaterverwaltung/Personalakt Elena Polewitzkaja. Brief Raoul Aslans an die Staatstheaterverwaltung, 27.11.1945.

31 Neues Österreich, 26.6.1946.

32 Wiener Kurier, 25.6.1946.

33 Vgl. den Beitrag von Oliver Rathkolb im vorliegenden Band.

34 Epp (Anm. 3), S. 116.

35 19 Produktionen in der Saison 49/50; das ebenfalls gescheiterte Experiment mit einem durch die Bundesländer tourenden Ensemble; ein verkleinertes Ensemble, dem die Gagen größtenteils schuldig geblieben werden mußten.

36 Rundfunkgespräch (Anm. 15). NLE.

37 Viktor Matejka, der als Kulturstadtrat die ersten engagierten Akzente im Wien der Nachkriegszeit setzte, war noch Jahre später darüber erzürnt, »[...] daß die Gesinnungsfreunde Mandls im Parlament im Verein mit ihren ÖVP-Koalitionskollegen drei bittere Jahre brauchten, um das Gesetz über den Kulturgroschen parlamentarisch zu verabschieden. [...] Das hätte nicht so spät sein müssen, wäre in Österreich jenes Kulturbewußtsein auch bei den politischen Köpfen der Mehrheitspartei wach gewesen, das viele kleine Leute auszeichnete und zu Höchstleistungen in bitterster Not anspornte«. Viktor Matejka: Widerstand ist alles. – Wien ^{3}1993, S. 186.

38 Stenographische Protokolle zum Nationalrat. Spezialdebatte zum Bundesvoranschlag 1950. 19. Sitzung, 15.3.1950, S. 563.

39 Protokoll einer Besprechung im Rathaus, 28.7.1950. NLE.

40 AdR/BMfU/BTV/GZ 4537/50 Theaterkrise; Abhilfe durch Erreichung einer Beihilfe von 1 Million Schillingen [!] pro Jahr aus dem Kulturgroschen. – In die Gesamtpublikumsorganisation wären, worauf der Name schon hinweist, auch die Bundesbühnen – als »Anreiz«, wie es hieß – einbezogen gewesen. Das wäre einer verdeckten Subvention gleich gekommen, denn die Mittel aus dem Kulturgroschengesetz durften ausdrücklich nicht zur Finanzierung von Bundesbühnen herangezogen werden.

41 Protokoll (Anm. 39).
42 Brief Leon Epps an Mandl, 21.8.1950. NLE.
43 Konzession (Anm. 13).
44 Brief Leon Epps an Hurdes, 15.10.1950. NLE.
45 Kontakte in diese Richtung gab es gezwungenermaßen seit der Begründung der »Kleinen Insel«. Nach 1945 wurde die »Insel« in das Programm der niederösterreichischen Sektion der vom ehemaligen austrofaschistischen Unterrichtsminister Dr. Hans Pernter im September 1945 gegründeten »Österreichischen Kulturvereinigung« einbezogen, die u.a. Gastspiele von Wiener Theatern nach St. Pölten, Baden oder Krems organisierte, bzw. niederösterreichisches Publikum in die Theater der Bundeshauptstadt brachte.
46 Vgl. Julia Danielczyk: Ästhetik und Selbstinszenierung Hermann Heinz Ortners. – In: Verspielte Zeit (Anm. 5), S. 79ff.
47 Wiener Bühne, 1950, Nr .1.
48 Brief Mandls an Leon Epp, 9.1.1951. NLE.
49 Kino-Betriebsges.m.b.H., 1926 von der sozialistischen Partei gegründet mit der Zielsetzung des Erwerbs von Kinosälen und der Verbesserung des Kinoangebotes aus politischer Sicht.
50 Protokoll der Besprechung mit einem Vertreter der Kiba am 7.2.1951, Brief Leon Epps an Mandl (undatiert), Leon Epp an Industriellenverband 27.3.1951. NLE.
51 Epp (Anm. 3), S. 123.
52 Brief Mandls an Leon Epp, 28.5.1951. NLE.

BIRGIT PETER

Stella Kadmons Courage

Stationen einer Theaterdirektorin

Stella Kadmons Rückkehr

Am 29. April 1947 kommt am Wiener Aspangbahnhof ein Transport mit 173 österreichischen Exilanten aus Palästina an, empfangen mit einer warmen Mahlzeit und begrüßt von Vertretern der Israelitischen Kultusgemeinde, des Innenministeriums und der Wiener Gemeindeverwaltung. Stella Kadmon gilt als Lokalberühmtheit, ebensowenig vergessen wie der Fußballer Kestler und der Naschmarkthändler Feigelstock. Die Berichterstattung über den »Heimkehrerzug« verschweigt die einstige Vertreibung und Verfolgung, nach Meinung des Journalisten tauschen die Remigranten »gute Lebensbedingungen und hervorragende Existenzen« gegen die triste österreichische Nachkriegswirklichkeit ein.[1] Daß Exil, ob für eine Künstlerin wie Stella Kadmon oder den Fußballer Kestler und die namenlosen anderen, weder eine Gelegenheit war, sich materiell zu sanieren, noch ein fröhlicher Ausflug ins sonnige Palästina, dürfte diesem Vertreter der Presse entgangen sein.

Am 3. Oktober desselben Jahres eröffnet Stella Kadmon im Souterrain des Café Prückel, Wien 1, Biberstraße 2, wieder ihren »Lieben Augustin«, der am 10. März 1938 hatte schließen müssen. Dem äußeren Schein nach knüpfte die Kabarettdirektorin problemlos an die Zwischenkriegszeit an, in Wirklichkeit mußte sie ihre Existenz neugründen, eine Wohnung suchen, ein neues Ensemble zusammenstellen. Bis zu ihrer Vertreibung hatte Stella Kadmon mit ihrer Mutter, Malvine Kadmon, in der Blumauergasse 25, im 2. Bezirk, gelebt. Das Haus wurde im Krieg zerstört. Nach ihrer Rückkehr werden die beiden Frauen zunächst von der Gemeinde Wien in einem

»Stundenhotel mit Wanzen«[2] untergebracht, da nach Auskunft des Wohnungsamtes vorrangig »Heimkehrer« Anspruch auf freie Wohnungen hätten. Eine Logik, die zurückgekehrte Exilanten nicht als »Heimkehrer« gelten läßt. Nicht das offizielle Österreich hilft ihr, sondern ein ehemaliger Zuschauer, den Kadmon zufällig auf der Straße trifft. Er vermittelt ihr die Wohnung eines Nazis, der nun in Glasenbach interniert ist.

Der Wiedereröffnung des »Lieben Augustin« ist ein bürokratischer Hürdenlauf zwischen Tel Aviv und Wien vorangegangen. Fritz Eckhardt, zwischen 1934 und 1935 Mitwirkender in der Biberstraße, hatte bereits nach Kriegsende den »Lieben Augustin« eröffnet und genießt als Leiter vorerst das Vertrauen Kadmons. Die ehemalige Konzessionärin telegraphiert aus Tel Aviv, daß sie sobald als möglich zurückkehren werde. Doch Eckhardt reagiert nicht. So schreibt die Magistratsabteilung 7 am 11. Mai 1946 an Stella Kadmon, wohnhaft in der Bialik Straße, Tel Aviv, daß »über die genannte Kleinkunstbühne noch vor Einlangung Ihrer Bewerbung bereits anderweitig verfügt wurde«.[3] Den »Lieben Augustin« leitet zu dieser Zeit schon Carl Merz, der die Konzession von Fritz Eckhardt um 20.000 Schilling[4] erworben hatte. Letztendlich erfolgt, durch Intervention des Kulturstadtrates Viktor Matejka und dank der Kooperation von Carl Merz, die Rückgabe der Konzession an Stella Kadmon.

> *Gleichwohl wurde rechtlich beim neuen Konzessionsbescheid vorgesorgt, daß Sie bei der Rückkehr nach Wien [...] alsbald die Möglichkeit haben, den Betrieb zu übernehmen. [...] und es wird das Bestreben des Wiener Magistrats sein, zu gegebener Zeit alle sich aus dem Argument ihrer Abwesenheit von Wien ergebenden Fragen im Einvernehmen mit Ihnen und dem derzeitigen Konzessionsträger zur beiderseitigen Zufriedenheit zu lösen.*[5]

All diese Schwierigkeiten erwähnt Stella Kadmon nie in der Öffentlichkeit, vielmehr betont sie ihr Vorhaben vom Wiederaufbau der Wiener Kleinkunst, noch im Glauben, daß ein ungebrochenes Fortführen des »Lieben Augustin« der dreißiger Jahre möglich ist. Mit einem Ensemble aus jungen Schauspielerinnen und Schauspielern sowie dem neuen Hauskomponisten

Erich H. Waldmann beginnt sie. Bemerkenswert ist, daß die Vertreibung aus Österreich, das Exil in Palästina und ihre dortige Arbeit als Sängerin, Schauspielerin und Kabarettleiterin nichts an ihrem Optimismus gegenüber Wien und den Wienern verändert haben. Auch für Stella Kadmon, wie einst für Fritz Grünbaum, ist die Stadt Wien durch die mimetische Kraft der Erinnerung noch immer »wie ein umgekehrter Mikado, sie sucht nicht ›den Humor in jedem Fall hervor‹, sondern spioniert nach dem Ärgerlichen in allen Dingen«[6].

Rückblick aufs Exil

Am 10. März 1938 findet die letzte Vorstellung statt, eine Kleinkunstrevue mit dem beziehungsvollen Namen *Der Durchschnittsmensch* von Curt Bry, mit Musik von Franz Eugen Klein.[7] Die beiden Brüder Stella Kadmons werden sofort nach der Annexion Österreichs verhaftet. Schwester und Mutter bemühen sich erfolgreich um deren Befreiung und um Ausreisevisa. Der bei der Roten Hilfe tätig gewesene jüngere Bruder Otto Kadmon emigriert über Frankreich in die USA. Der ältere Bruder Richard, die Mutter und Stella Kadmon flüchten zunächst zu Verwandten nach Belgrad. Da die Familie zuwenig Geld für drei Visa nach Palästina hat, können zuerst nur Mutter und Sohn ausreisen. Stella Kadmon wird mit einem Cousin verheiratet, um während der Wartezeit auf das Geld für ihr Visum unter dem Schutz der jugoslawischen Staatsbürgerschaft zu stehen. Der Vater – Moriz Kadmon – und fast alle Verwandten kommen in Auschwitz um. Die meisten Mitwirkenden des »Lieben Augustin« werden ins Exil getrieben oder ermordet.[8]

Stella Kadmon selbst glückt im Sommer 1939 die Einreise nach Palästina. Gleich nach ihrer Ankunft in Tel Aviv verdingt sie sich als Masseuse und Kindermädchen, unternimmt aber alles, um wieder ihren Beruf als Künstlerin aufnehmen zu können. Hilfe wird ihr durch Sammy Gronemann zuteil, den sie über einen ehemaligen Zuschauer des »Lieben Augustin« kennenlernt.[9] Er verschafft ihr einen Hebräisch-Lehrer und gibt ihr den Rat, um die Spielerlaubnis für ein hebräisches Kabarett anzusuchen. Gronemann ist schließlich auch in der ersten Produktion des am 8. April 1940[10] eröffneten Miniaturtheaters »Papillon« Textdichter und Conférencier.

Von Stella Kadmon wird Widersprüchliches erwartet: Soll sie doch einerseits mit »Wiener Charme« am Aufbau einer hebräischen Kultur mitarbeiten, während sich das vorwiegend aus deutschsprachigen Exilanten bestehende Publikum Erinnerung und Weiterführung seiner Kultur erwartet. Außerdem muß sie sich mit ihrem hebräischen Kabarett gegen die Konkurrenz behaupten, denn das Unterhaltungsangebot in Tel Aviv umfaßt unter anderem Liederabende, Theater, Ballett und politische Informationsabende wie die »gesprochene Zeitung«[11]. Deutsch ist verpönt, »the famous Viennese Star«[12] muß daher spezifisch österreichische Kunst auf hebräisch und englisch präsentieren. Das Experiment der »Wiener Kleinkunst auf hebräisch«[13] scheitert letztendlich am Sprachproblem. Das Miniaturtheater hat nur kurzen Bestand. Seit 1940 tritt Stella Kadmon auch mit Chanson-Abenden in Iwrith, Englisch und Deutsch in Tel Aviv, Jerusalem, Haifa, englischen Camps, für Frauenvereine, Wahlkämpfe etc. auf.

Ihre Konsequenz aus dem Scheitern eines wienerisch-hebräischen Kabaretts ist die Gestaltung von Programmen in der Sprache des jeweiligen Publikums. Stella Kadmon will kein neues hebräisches Bühnengenre schaffen, sondern Kabarett für Exilanten machen, das einerseits an die Vergangenheit erinnert und andererseits das neue Leben in Palästina zum Thema hat. Für die einen bringt sie »die positiven Kulturwerke aus den Ländern der ehemaligen Assimilation nach Erez Israel«[14], für die anderen ist sie Symbol für eine Kultur, deren Sprache nicht nur die Sprache der Mörder, sondern auch die der Opfer ist. Sie wird zur Mittlerin zwischen dem Aufbau einer neuen hebräischen Kultur und der Erinnerung und des Weiterlebens der verlorenen »Unbeschwertheit Wiens, sein[es] Lachen[s] und sein[es] Tanzen[s].«[15]

Mit dem vollen Wissen um die Shoah nach Ende des Krieges scheint Kadmon die distanzierende Kunst des Lachens nicht mehr angebracht. In der Folge bricht sie mit der kabarettistischen Form und bringt im Rahmen des »Kreises der Kunstfreunde«, den sie mit Arnold Czempin gegründet hat,[16] szenische Lesungen. Der »Kreis der Kunstfreunde« setzt sich die Aufgabe, »Schöpfungen jüdischer Dichter [...] dem hiesigen Publikum näherzubringen, hebräische Übersetzungen solcher Stücke anzuregen.«[17] Die erste Produktion am 30. Juni 1945 wird in einer Zeitungsnotiz als eine »inscenierte Vorlesung der Emigranten-Komödie von Franz Werfels ›Jackobowsky [!] und der Oberst‹«[18] angekündigt. Regie führt Arnold Czempin, 1931 gemeinsam mit Gustav von Wangenheim Begründer des Sozialistischen Schauspielerkollektivs in Berlin, der aus Galizien stammende Schauspieler Karl Guttmann vom Cameri Theater spielt die Titelrolle. Der Erfolg der Darbietung in der »Originalsprache« ist so groß, daß es sieben Wiederholungen gibt.

Gemeinsam mit dem von Walter Grab, Ernst Kuttner und Leo Teuchsler gegründeten »Kreis für fortschrittliche Kultur«[19], einem deutschsprachigen, politisch interessierten Literaturzirkel, führt Stella Kadmon Arnold Zweigs *Bonaparte in Jaffa* auf. Der Dichter ist bei der vor über hundert Zuschauern stattfindenden Aufführung anwesend. Auch Brechts *Furcht und Elend des Dritten Reiches* wird in der Originalsprache präsentiert. Arnold Czempin und Stella Kadmon zeigen ihre szenische Lesung im April 1946 in der Jarkonstraße und im Juni am Dachgarten von Kadmons Wohnhaus. Neben den darstellerischen Leistungen der Mitwirkenden Czempin, Kadmon, Walter Woog und Romi Friedling werden seitens der Kritik die Entdeckung Brechts für Palästina und seine »furchteinflößende Naturtreue«[20] hervorgehoben. Stella Kadmon schafft somit in ihrer Wohnung ein Kulturzentrum, wo wesentliche Werke deutschsprachiger Exildramatik aufgeführt werden. In Wien wird sie diesen Weg vorerst nicht weitergehen, sondern versuchen, den bereits vollzogenen Bruch mit dem Kabarett wieder rückgängig zu machen.

Mit dem Ende des Krieges findet der Kampf um den Staat Israel mit größerer Vehemenz statt. Nach einer Bombendrohung gegen den Dachgarten mit seinen deutschsprachigen Aufführungen beendet Kadmon ihre künstlerische Karriere in Palästina. Als eine der ersten kehrt sie 1947 mit ihrer Familie nach Wien zurück.

Vom neuen »Lieben Augustin« zum »Theater der Courage«

Wieder in Wien, macht Kadmon ihren in Palästina erfolgten Bruch mit der kabarettistischen Form rückgängig und knüpft direkt an die Tradition der dreißiger Jahre an. Damit kommt sie den bereits vor ihrer Rückkehr formulierten Anforderungen der Wiener Kritik an die Kabarettkunst entgegen. Daß sich Stella Kadmon in eine schon definierte Position begeben soll, ist keine Ausnahmeerscheinung, denn ähnlich wie bei einem berühmten Kollegen, liegt das Hauptaugenmerk auf dem moralischen Kredit, der Opfern des NS-Regimes im kulturellen Bereich anfangs eingeräumt wird.

> *Herbei mit dir, Karl Farkas! Wir brauchen dich und dein »mustergültiges« Theater, wir brauchen etwas Neues zum Lachen, denn deinen alten, in Wien noch immer stark forcierten Witzen sind während deiner Abwesenheit lange Bärte gewachsen […].*[21]

In der ersten Vorstellung des »Simpl« 1945 wird zwar seines in Dachau ermordeten Doppelconférence-Partners Fritz Grünbaum gedacht, dennoch soll direkt an die goldenen Zwanziger und Dreißiger angeknüpft werden, als hätte Wien während Austro- und Nazifaschismus bloß geschlafen, um nun mit Witzen von Karl Farkas in einen wärmenden Dämmer versetzt zu werden. Der »Liebe Augustin« muß scheitern, da seine Dichter wie Hammerschlag, Königsgarten und Mostar, seine Musiker und viele Darsteller, die jene unverwechselbare Mischung von Parodie und Politik schufen, vertrieben und ermordet wurden. Das Gleiche gilt für den Großteil des Publikums. Karl Farkas kann hingegen ein Unterhaltungskabarett mit politischen Sticheleien erfolgreich weiterführen, da es mehr an seine Person gebunden ist als an die Zusammenarbeit eines Ensembles. 1947 ist es für den »Lieben Augustin« schon zu spät, seinen Platz in Österreich zu finden. Nationalsozialismus und der Beginn des Kalten Krieges lassen ihn nicht mehr wohlbehalten und optimistisch aus der Pestgrube steigen.

Doch Stella Kadmon versucht ihrem Anspruch treu zu bleiben, »politisch aktuelles kämpferisches Kabarett gegen Faschismus«[22] mit einer humorvollen Alltagsbewältigung zu verbinden. Das Eröffnungsprogramm *Wir pflanzen* mit Texten von Heinrich Heine, Jura Soyfer, Kurt Tucholsky, François Villon und einem Chanson von Oscar Straus sowie den Schöpfungen neuer Autoren wie unter anderen Wilhelm Pribil und Herbert Lenobel kann als Brückenschlag zwischen vergangener und neuer Kleinkunst interpretiert werden. Die siebzehn Nummern des Programms sind ein Streifzug durch Kabarettgenres vom Chansonwettbewerb hin zur Alltagssatire und literarischen Parodie. Von äußerster Geschmacklosigkeit ist eine Kritik: »Stella Kadmon hat eine Schlacht verloren. Nach neunjähriger Emigration ist sie auf den Kriegsschauplatz der Wiener Kleinkunst zurückgekehrt, ohne die strategische Gesamtlage richtig einzuschätzen.«[23] Es stellt sich die Frage, gegen wen, nach Meinung des Kritikers, Stella Kadmon kämpfen muß: gegen das Publikum, die Kritiker oder die strategische Gesamtlage des kulturpolitischen Klimas? Außerdem erfordert dieser Kampf besonders erprobte Soldaten, denn »mit Anfängern das Rennen zu machen«, scheint dem Kritiker von 1947 »billig, erschreckend billig.«[24] Daß die Könner von einst ermordet wurden, wird Kadmon hier zum Vorwurf gemacht.

Als einer der wenigen zurückgekehrten Exilanten hatte Hans Weigel die Ehre, die Eröffnungsrede am 3. Oktober 1947 zu halten, da er bei einigen Programmen des »Lieben Augustin« in den dreißiger Jahren als Texter und Regisseur mitgewirkt hatte. Sogar Hugo Huppert, aus dem sowjetischen Exil als Kulturoffizier zurückgekehrt, wünscht sich via *Österreichische Zeitung* Weigel als Hausautor. Die politischen Positionen sind noch nicht so verhärtet, wie einige Jahre später anläßlich des Brecht-Boykotts. Stella Kadmon wird als »Initiativträgerin« gewürdigt, aber bloß in der Zusammenstellung ihres Ensembles, das Huppert als ein »gesundes Etwas«[25] beschreibt. Allgemein wird die Wiedereröffnung gelobt, doch Wahl und Präsentation der Texte lösen Unverständnis aus, und für den Kritiker der *Volksstimme* ist sogar »die Musik Unkraut«[26].

Mit dem zweiten Programm im November 1947 versucht Kadmon direkt an die dreißiger Jahre anzuknüpfen. Vorlage ist die schon erwähnte letzte Produktion des »Lieben Augustin«

aus dem Jahr 1938, *Der Durchschnittsmensch.* Das Remake nennt sich *Der goldene Ball. Eine bunte Revue um ein Menschenleben in 22 Bildern,* als Autoren fungieren Erwin Klein-Reithoffer, Herbert Lenobel und Wilhelm Pribil, nach einer Idee von Curt Bry, Musik Erich H. Waldmann. Trotz des offensichtlichen Rekonstruktionsversuches der ehemals berühmten Wiener Kleinkunst läßt sich für die Kritik nichts Programmatisches erkennen, aber der Ruf nach Textdichtern vom Schlage eines Hammerschlag und Königsgarten wird laut, womit eher eine nostalgische Vorstellung von zeitkritischer Unterhaltung heraufbeschworen wird. Der Kritiker der von den Sowjets herausgegebenen *Österreichischen Zeitung* definiert seine Anforderung an das Kabarett: »Kleinkunst wie wir sie verstehen und wie allein sie eine Berechtigung hat, muß kämpfen, muß eine Stimme haben – die der Zeit, und wenn diese Stimme sich nicht Gehör verschaffen kann ›is alles hin‹.«[27]

Jeder Versuch, mit neuen jungen Autoren ein Programm auf Basis der Tradition zu gestalten, stößt auf mangelnde Sensibilität der Kritik. Indem die Gegenwart des »Lieben Augustin« an seiner Vergangenheit gemessen wird, bleibt der Anspruch, was dieses Kabarett leisten soll, nichts als Nostalgie. Kadmon versucht weiter zu vermitteln. Mit dem dritten Programm *Reflexe. Ein Kleinlustspiel in 12 Spiegelbildern* führt sie Jura Soyfers *Astoria*, das *Zeitporträt* von Erich Kästner und ein Chanson von Ralph Benatzky gemeinsam mit Texten ihrer neuen Autoren Bruno Haller und Wilhelm Pribil auf. Bei der *Arbeiter-Zeitung* und der *Volksstimme* wird dies auch als Weg zu einem neuen/alten Kabarett gewürdigt, woran vor allem »der fortschrittliche Teil des Wiener Publikums an diesem vielversprechenden Abend seine Freude hat.«[28] Die *Wiener Revue* empfiehlt der »reizende[n] Directrice«, sich am »kleinen Brettl« von Rudolf Weys und seiner Produktion *Was wäre wenn …* zu orientieren, denn hier fände sie die geglückte Mischung von Heiterem und Ernstem. [29]

Sei es, daß sich Stella Kadmon diese Ratschläge zu Herzen genommen hat oder einfach auf das Ausbleiben des fortschrittlichen Publikums reagierte, im März 1948 bringt der »Liebe Augustin« *Sie oder Sie. Eine lustige Episode* von Wolfgang

Horst. Die Aufführung der Verwechslungskomödie ist aber schon der Tribut an das Scheitern der von Kadmon angestrebten Wiedererweckung der Kleinkunst. Sie muß erkennen, daß das Publikum vom Kabarett vor allem Ablenkung, Spaß und Banal-Bekanntes erwartet, diese Bedürfnisse sind aber vom »Simpl«, schräg gegenüber der Biberstraße, und anderen Komödienhäusern bereits abgedeckt. Für die spezifische Mischung von Zeitkritik, politischer Stellungnahme und Witz gibt es kaum mehr ein Publikum.

Stella Kadmon macht eine radikale Kehrtwendung und greift auf ein im Exil erprobtes Stück zurück. Unter dem Titel *Schaut her* bringt sie als letzte Produktion des »Lieben Augustin« 1948 *Furcht und Elend des Dritten Reiches* als österreichische Erstaufführung. Bemerkenswert ist, daß bürgerliche Kritiker bemüht sind, die Aufführung von »irgendeiner Richtung parteipolitischer Tendenzen«[30] abzugrenzen, sie würdigen zwar den Mut, Brecht zu spielen, begründen aber das Ausbleiben des Publikums mit der »propagandistischen« Inszenierung August Riegers, die unzumutbar wäre. Irritation ist nicht erwünscht und *Furcht und Elend* erscheint im Spiegel der Kritik wie ein Bilderbogen aus Deutschland, der mit Österreich nichts zu tun hat. Stella Kadmon nimmt mit dieser Szenenfolge Abschied vom Kabarett. Das spärlich erscheinende Publikum und einige Kritiker sind allerdings so beeindruckt, daß Kadmon unter dem neuen Namen »Theater der Courage« weiterarbeitet. Ausschlaggebend dürften neben der Kritik von Felix Hubalek in der *Arbeiter-Zeitung* (»wie eine Insel der Courage inmitten der Abwässer des Wiener Amüsierbetriebs«[31]) auch Briefe von Zuschauern gewesen sein, zum Beispiel: »Eine Bitte – vor allem im Namen derer, die erst begreifen werden – verlieren Sie und die Ihren den Mut nicht!«[32]

Von der Legendenschreibung wird das Scheitern eines Kabaretts, wie es der »Liebe Augustin« repräsentierte, kaum bemerkt, sondern die Gründung des »Theaters der Courage« euphorisch hervorgehoben. Der Fauxpas der ersten Produktion, *Das kleine Weltwirtshaus* von Siegfried Freiberg, wird übersehen. Stella Kadmon konnte kaum wissen, daß dieser Autor zu »den großen und kleinen Schwätzern [gehörte], die dem ›Aufbruch der Nation‹ und dem daraus sich entwickelnden Blutrausch Hymnen, Oden, Päane, Dithyramben und andere Lyrik-Kränze gewunden haben«.[33] Ihr kann nicht der Vorwurf einer unsensiblen Stückauswahl gemacht werden, ganz im Gegensatz zu den Journalisten, die die Ankündigung des *Kleinen Weltwirtshauses* bloß als Zeitstück kommentieren.

Erst die zweite Produktion, die österreichische Erstaufführung von Wolfgang Borcherts *Draußen vor der Tür*, deutet die Linie des Theaters an. Interessant ist zu beobachten, wie das Durchhaltevermögen von Stella Kadmon zutiefst konservative Kritiker zu Verfechtern des »Zeitstückes« macht. Als Beispiel sei Friedrich Schreyvogl, der noch 1946 auf der Liste der gesperrten Autoren steht,[34] mit einer Kritik in der *Wiener Tageszeitung* zitiert. Ihre irrationalistische Note ist trotz des vorauseilenden Gehorsams eines frisch Entnazifizierten zu erkennen. Neben dem »totalen Theatererlebnis« konstatiert Schreyvogl ein christliches Grundbedürfnis des schon verstorbenen Autors, eine »aus Abgründen steigende genialische Vision eines Dichters von der abgründigen und blasphemischen Glaubenslosigkeit einer Zeit, die immer wieder die Menschlichkeit verfolgt und zuletzt Gott aus ihrer Seele verloren hat.« Schreyvogl beginnt darüber zu philosophieren, was geschähe, wenn

> *Adam Kadmon auf die Szene tritt, der Urvater, das erste Ebenbild Gottes und damit Schöpfer der Menschheit, über den schon vor abertausend Jahren die altjüdische Philosophie spekulierte, der göttliche Mensch, den manche an Gottes Stelle sehen wollten.*[35]

Warum Schreyvogl einen kabbalistischen Adam Kadmon[36] anruft, ist nicht nachvollziehbar. Die Botschaft, die dieser Kritiker aus Borcherts Stück herausliest, beschränkt sich darauf, daß man den Menschen wieder zeigen müsse, wo Gott wohnt, und reduziert damit die Barbarei des Nationalsozialismus auf ein apokalyptisches Szenario, das den Gottverlassenen anzulasten sei.

Eine Stimme von außen bringt das Unbehagen, welches sich hinter solchen Kritiken verbirgt, auf den Punkt und erklärt zugleich das Scheitern eines ungemütlichen, auf antifaschistische Satire gerichteten Kabaretts:

Um es gleich vorwegzunehmen: es [»Draußen vor der Tür«] wurde in Wien kein Erfolg im üblichen Sinn. Das Stück ist die gnadenlose, dabei dichterisch erfühlte Gestaltung des deutschen Heimkehrerproblems. Es wirkt wie ein einziger gequälter Aufschrei. Diese brutale Art der Erschütterung behagt dem Wiener nicht, ebensowenig wie die entnervende der modernen Franzosen. Er verträgt die Wahrheit, zieht es aber vor, sie in der wärmenden Hülle des Humors an sich herantragen zu lassen.[37]

Theater, das durch Herz zum Verstand spricht

Seit drei Jahren sind wir unserer Gesinnung treu geblieben, unserer Aufgabe bewußt, keine Stätte der Unterhaltung zu sein, sondern Theater der Belehrung, der Aufrüttelung des Geistes, Theater, das zum Nachdenken anregt, das durch Herz zum Verstand spricht.[38]

Diesen Anspruch verwirklicht Stella Kadmon unter den gleichbleibenden Bedingungen des Souterrainlokals im Café Prückel. Kunst und Konsumation bilden weiterhin den Rahmen der Theaterabende, das Publikum sitzt wie zu den Zeiten des Kabaretts an Tischen, wo während der Vorstellung geraucht, gegessen und getrunken werden kann. In der ersten Saison 1948/49 bringt das »Theater der Courage« neun Uraufführungen bzw. österreichische Erstaufführungen, darunter das von Georg Kaiser im Exil geschriebene *Floß der Medusa*. Das Drama bezieht sich auf eine Zeitungsnotiz aus dem Jahre 1940. Ein Schiff mit Kindern, die aus bombardierten englischen Städten nach Kanada evakuiert werden, wird von deutschen U-Booten torpediert. Dreizehn Kinder und Jugendliche treiben in einem Rettungsboot bis zu ihrer Bergung sieben Tage auf dem Meer. Um die Rettung zu ermöglichen, soll die magische Zahl 13 durch die Opferung des jüngsten, noch dazu rothaarigen Kindes durchbrochen werden. Vernunft und Irrationalität sind im Dialog eines jungen Liebespaares präsent, es trifft den Zeitgeschmack, daß das Mädchen die verführende Macht der Irrationalität verkörpert. Die Darstellung des Zusammenhangs von Angst,

Aberglauben und mörderischer Hysterie wird von der Kritik nicht hervorgehoben. Rudolf Weys nimmt in der *Presse* die Handlung als Beleg für ein dem Menschen vorgegebenes Schicksal:

Was immer wir erleiden und erleben, Liebe und Mord, den fanatischen Schrei »Kreuzigt ihn!« und auch das ewige Opfer, alles wird mit dem Kind geboren, ist da, längst ehe es Eltern ahnen und wahrhaben wollen.[39]

Ähnliches, allerdings voll Empörung, wird Georg Kaiser in der *Volksstimme* unterschoben, indem man das Werk als Aufforderung zu einer fatalistischen Haltung interpretiert, es verführe dazu, »die Hände in den Schoß zu legen und auf den Weltuntergang zu warten.«[40]

Nach *Furcht und Elend* und dem *Floß der Medusa* kommt mit der österreichischen Erstaufführung von Ferdinand Bruckners *Die Rassen* im November 1951 ein drittes Exilstück heraus. Franz Theodor Csokor unterstützt Stella Kadmons Vorhaben, indem er ihr seine Korrespondenz mit Ferdinand Bruckner zukommen läßt. Die Wahl des Stückes wird von Edwin Rollett in der amtlichen *Wiener Zeitung* als »literarisch bedeutender und tiefgründiger Beitrag« zum »Niemals vergessen« gewertet.[41]

Verärgert hingegen reagiert die *Volksstimme*, die keine »wirklich antifaschistische Gesinnung« erkennen kann und das Stück als überholt bezeichnet. Diese Vorwürfe richten sich auch gegen Stella Kadmon. Nicht nur, daß sie die weibliche Hauptrolle unzulänglich spiele, zeige auch ihr Spielplan zu wenig Gesinnung und noch weniger Courage.[42] Das ÖVP-nahe *Kleine Volksblatt* glaubt nicht an die Notwendigkeit einer öffentlichen Thematisierung von Antisemitismus und Nationalsozialismus, denn »wer die Erschütterung nicht aus dem eigenen Erinnern zu holen vermag, wird Zweifel an der künstlerischen Potenz der kleinen Bühne empfinden.«[43] In seltener Einigkeit erklären *Arbeiter-Zeitung* und *Tagebuch* Bruckners Drama als überholt.[44] Keine der genannten Zeitungen findet es der Mühe wert, der Aufführungsgeschichte des frühen Exildramas nachzugehen[45] und somit auch der Bedeutung des Stückes gerecht zu werden.

Neben Exildramatik bringt Stella Kadmon vor allem bis dahin ignorierte Dramatiker oder Stücke nach Wien: In der Saison 1950/51 die Erstaufführungen von Jean-Paul Sartres *Ehrbarer Dirne*, Max Frischs *Chinesischer Mauer* und Günther Weisenborns *Ballade des Eulenspiegels* sowie 1952 die Uraufführung von Ödön von Horváths *Don Juan kommt aus dem Krieg* (unter dem Titel: *Don Juan kommt zurück*). Die zweite Hälfte der fünfziger Jahre steht im Zeichen der französischen, amerikanischen und italienischen Gegenwartsdramatik: Genet, Cocteau, Sartre, Anouilh, Arnaud, Steinbeck und Pirandello.[46]

Daneben fordert Kadmon wiederholt die Erinnerung an die Kabarettkultur ihrer Generation ein. So tritt sie selbst, wie einst im Exil, mit Chanson-Abenden, nicht nur im eigenen Haus, sondern auch bei verschiedenen Veranstaltungen vors Publikum. Curt Bry, Gerhart Herrmann Mostar, Jura Soyfer, Franz Eugen Klein und Ralph Benatzky werden von ihr und dem Pianisten Walter Schlager präsentiert. Und mit einer Aristophanes-Bearbeitung von Carl Merz, *Die Frauendiktatur* (1954), soll die von Peter Hammerschlag begründete literarische Tradition der Biberstraße fortgeführt werden. Jahre, nachdem der »Liebe Augustin« aufgehört hat zu existieren, gesteht man Stella Kadmon wieder gerne zu, eine »Vollblutchansonette, die in Wien kaum eine Konkurrenz haben dürfte«[47], zu sein.

»Theater der Courage« im neuen Haus

1960 übersiedelt das Theater der Courage in den Seitenstettenhof am Franz-Josefs-Kai. Stella Kadmon hat sich damit in einer neuen Weise etabliert, sie ist nicht mehr die ehemalige Kabarettleiterin, die unter improvisierten Bedingungen engagiertes Theater macht. Sie wird zur »echten« Theaterdirektorin, der man anders begegnet. Die Zeitungsartikel zur Eröffnung der Bühne am Kai zeichnen ein neues Bild von Stella Kadmon:

> *Dieser Wiener Neuberin, die seit Jahrzehnten ihr avantgardistisches Theater führt, […] wurde nun als schöner Lohn ihres Mutes das neue, eigene Heim beschieden, in das sie mit ihrer Bühne aus dem von ihr seit ihren Anfängen als Directrice beherrschten Souterrain des Café Prückl [!] übersiedelt ist.*[48]

Die Eröffnungsvorstellung am 7. November 1960, genau 29 Jahre nach der Gründung des »Lieben Augustin«, bringt John B. Priestleys sozialkritische Gesellschaftskomödie *Die Folter*. Das Programmheft trägt den Titel *Theater der Courage. Die Schaubühne als moralische Anstalt.*

In diesem Sinne forciert Stella Kadmon ihre schon in den fünfziger Jahren ausgeschriebenen Dramatikerwettbewerbe, um junge österreichische Autoren für ihre Bühne zu gewinnen. 1961 ist der österreichische Widerstand Thema des Wettbewerbes. Arthur West wird mit *Frühling. Eine heroische Romanze* zum Preisträger. Der Widerwille, sich mit antifaschistischer Literatur auseinanderzusetzen, dokumentiert sich beispielhaft an der Kritik von Franz Konrad in *Heute:*

> *Arthur Wests Schauspiel »Frühling« hat das fachkundigste Publikum der Welt: Wiener, die das, was auf der Bühne gezeigt wird, den Wiener Frühling von 1942, selbst miterlebt haben – zum Unterschied vom Autor [...] und schmiert er uns Schmalz in unsere Wunden, dann wird ihm nicht verziehen.*[49]

Der Verfasser dieser Kritik vergißt zu bemerken, daß Arthur West, als aus Österreich vertriebener Jude, 1942 im Exil in England lebte. Er war in der Exilorganisation Young Austrian Movement organisiert und ab 1943 Soldat der britischen Armee. Der Kritiker des *Neuen Kurier* macht Arthur West das Exil zum Vorwurf und entzieht ihm jegliche Berechtigung, sich mit der NS-Vergangenheit auseinanderzusetzen. »Aber nicht die Stimmung im damaligen Wien wird geschildert, sondern des Autors Stimmung angesichts des damaligen Wien, das er übrigens selbst zu jener Zeit nicht gekannt hat.«[50]

Stella Kadmons Spielplan ist auch in den sechziger Jahren zum Teil der »Vergangenheitsbewältigung« gewidmet: Sie konfrontiert Wien mit Stücken wie *Die Affäre Blum* von Erich Engel und Robert A. Stemmle (1964), worin es um eine Dreyfus-Affäre in Deutschland 1926 geht. *Furcht und Elend des Dritten Reiches* wird 1965 wiederaufgeführt, »daß wenigstens ein Theater in Österreich den zwanzigjährigen Gedenktag des Endes einer katastrophalen Epoche dem Publikum in Erinnerung bringt.«[51] Ein weiterer Grund für die Reprise sind die zunehmenden rechtsradikalen Äußerungen in der österreichischen

Öffentlichkeit. Im Programmheft zu Brechts Szenenfolge werden neonazistische Leserbriefe aus der *Nationalzeitung* unter der Überschrift zitiert: »Warum die Aufführung dieses Stückes heute nicht überflüssig und nicht unaktuell ist.« Die Wiederaufführung steht aber auch unter dem Zeichen der Ermordung Ernst Kirchwegers. Am 31. März 1965 wird der ehemalige KZ-Häftling von einem Rechtsradikalen auf einer antifaschistischen Kundgebung erschlagen. Auslöser der Demonstration waren die antisemitischen und deutschnationalen Vorlesungen des Professors Borodajkewycz an der Hochschule für Welthandel in Wien.

Ein Jahr später kommt es im »Theater der Courage« zur Neuinszenierung der *Rassen*. Durch das Festhalten an den Themen Faschismus, Antisemitismus und Rassismus stellt Stella Kadmon die von den Zeitungskritikern so gerne benutzte Formel der »couragierten Direktorin« unter Beweis. Courage bedeutet für sie aber auch »Normaltheater« zu machen; damit meint sie

> *ein Theater, das eine Story braucht und Figuren, die sich den aus der Story sich ergebenden Situationen entsprechend verhalten und damit eine Handlung verwirklichen, – ein Theater, das für das Publikum geschrieben wird und nicht für diese oder jene Freikartenbenützer, die gerne die Uppertens der Nation sein möchten, zumeist aber nur Snobs zu gesenkten Preisen sind.*[52]

Der Spielraum für Kriminalkomödien, Lustspiele und Kabarettabende ist ebenso gegeben wie für »engagiertes Theater«.

Das »Theater der Courage« wird wie einst der »Liebe Augustin« zur Institution, denn auch an dieser gut ausgestatteten Kellerbühne beginnen viele junge Schauspieler und Regisseure ihre Karrieren. Ernst Meister, Elisabeth Orth, Joachim Bißmeier, Lotte Tobisch, Karlheinz Hackl, Emmy Werner und viele andere spielten am »Theater der Courage«.

Mit der Gründung eines Kollektivs durch Dieter Berner, Werner Prinz, Wolfgang Quetes und Stella Kadmon erfolgt Anfang der siebziger Jahre ein Bruch in der Geschichte der Bühne. Die Zusammenarbeit ist zunächst sehr erfolgreich. Franz Xaver Kroetz und Rainer Werner Fassbinder werden ebenso gespielt wie – neu für Wien – ein Stück des um 1968 vieldiskutierten emanzipatorischen Kindertheaters; übrigens das erste Kinderstück in der nunmehr vierzigjährigen Direktorinnenlaufbahn Stella Kadmons. Nach zwei Jahren kollektiver Leitung kommt es zum Eklat, der das Ende dieses Experiments bedeutet. In ungewöhnlicher Einigkeit empören sich die Medien über Stella Kadmon, die den Ansatz, »progressives« Mitbestimmungs-Theater in Wien zu machen, zerstört hätte. Jung wird gegen Alt ausgespielt, Stella Kadmon, sonst gerne als »Mutter Courage« bezeichnet, wird mit 72 zur »betagten Chefin«[53], der es »[…] im Alter wie vielen Menschen geht. Die Dinge wuchsen ihr über den Kopf, der Wunsch ihrer Mitarbeiter nach einem Theater größeren Stils als bisher dünkte sie unrealistisch.«[54]

So offen wurde Stella Kadmon noch nie angegriffen. Doch der Beginn der Saison 1973/74 wird für die wieder allein entscheidende Direktorin mit einem Stück über Jugendkriminalität, *Amo, amas, amat* von Peter Slavik, zu einem großen Erfolg, der 1979 von Heinz R. Ungers *Lysistrate*-Bearbeitung noch übertroffen werden sollte, das Musical wird drei Monate vor ausverkauftem Haus gespielt. In Stella Kadmons Erinnerung ist allerdings ein vom Publikum kaum wahrgenommenes Stück besonders wichtig: *Golems* von Liliane Atlan (1975) erzählt die Geschichte jüdischer Kinder aus dem Ghetto von Warschau auf ihrem Weg in den Tod.[55]

Mit den Worten »Bringt mich nicht in Rage, sonst zahl' ich keine Gage,«[56] begeht Stella Kadmon 1976 ihren Abschied als Schauspielerin in Grabbes *Scherz, Satire, Ironie und tiefere Bedeutung*, ihre Rolle ist die der Großmutter des Teufels. Ihre Karriere als Theaterdirektorin beendet sie 1981, nach genau fünfzig Jahren. Der Vertrag mit dem Eigentümer, dem Stift Seitenstetten, läuft aus, das Theater wird geschlossen. Daß Stella Kadmon noch zu Lebzeiten Legende geworden ist, läßt sich an den ihr zu Teil werdenden üblichen Ehrungen, wie Verleihung des Professorentitels, Ehrenmedaillen usw., ablesen; was dabei verloren geht, ist die Geschichte einer Frau, die mit allen Mitteln ihre Leidenschaft verfolgte, mit Kabarett oder Theater »die Wahrheit zu sagen – aber wir bemühen uns, sie so charmant zu sagen, daß sie auch gefällt.«[57]

ANMKERUNGEN

1 Vgl. nicht identifizierter Zeitungsausschnitt, 30.4.1947. Nachlaß Stella Kadmons bei Anna Neumann (NL/AN). Zu Stella Kadmon vgl. Siglinde Bolbecher: Vom »Lieben Augustin« zum »Theater der Courage«. Erinnerungen an Stella Kadmon. – In: Die Welt des Jura Soyfer. Zwischenwelt. Bd. 2. Hg. Jura Soyfer Gesellschaft in Zusammenarbeit mit der Theodor Kramer Gesellschaft. Wien 1991, S. 99-114; Birgit Peter: Gewitzt. Stella Kadmons Kabarett »Der liebe Augustin«. Ein Beitrag zur Wiener Unterhaltungskultur der dreißiger Jahre. – Wien, Dipl.-Arb. 1996; dies.: Geschichte schreiben und Geschichtsschreibung. Stella Kadmon – eine Wiener Legende. – In: Verspielte Zeit. Österreichisches Theater der dreißiger Jahre. Hg. Hilde Haider-Pregler u. Beate Reiterer. Wien 1997, S. 247-254.

2 Interview Henriette Mandl mit Stella Kadmon. Henriette Mandl verarbeitete die Interviews (1987-1989, 8 Kassetten) zu ihrem Buch: Cabaret und Courage. Stella Kadmon – Eine Biographie. – Wien 1993. (Das erwähnte Hotel befand sich in der Kleinen Stadtgutgasse.)

3 Brief Magistratsabteilung 7 an Stella Kadmon, 11.5.1946. NL/AN.

4 Vgl. Interview (Anm. 2).

5 Brief Viktor Matejkas an Stella Kadmon, 16.8.1946. Nachlaß Stella Kadmons am Institut für Theaterwissenschaft (NL/THW).

6 Fritz Grünbaum: Die Pest und das Lachen. – In: Programmheft »Eine kleine Herbstmusik« (September 1935). Nachlaß Stella Kadmons im Österreichischen Theatermuseum. Fritz Grünbaum war vor 1933 in Berlin und Wien erfolgreicher Conférencier, Komiker und Kabarettist, nach 1933 kehrt er gezwungenermaßen nach Wien zurück und gehört bis zu seiner Deportation 1938 zu den Unterhaltungsstars dieser Stadt. Grünbaum stirbt am 14.1.1941 im KZ-Dachau.

7 Der Spielplan findet sich bei Ingeborg Reisner: Kabarett als Werkstatt des Theaters. – Wien, Diss. 1962; bei Mandl (Anm. 2) und Peter: Gewitzt (Anm. 1).

8 Peter Hammerschlag geht ebenfalls ins Exil nach Jugoslawien, bemüht sich dort erfolglos um ein Permit nach Übersee und wird von den jugoslawischen Behörden nach Ungarn abgeschoben, von dort nach Wien ausgewiesen. 1942 wird er in Auschwitz ermordet. (Vgl. Monika Griensteidl: Peter Hammerschlag und das Kabarett der dreißiger Jahre. – Wien, Dipl.-Arb. 1994.) Franz Eugen Klein wird 1942 nach Theresienstadt und am 16.10.1944 nach Auschwitz deportiert, wo er ermordet wird. Curt Bry flieht 1938 über die grüne Grenze in die Schweiz und schreibt dort Texte für das Kabarett Cornichon. Hugo F. Königsgarten (Koenigsgarten) geht ins Exil nach London, schreibt dort für das »Laterndl« und das BBC-Kabarett. Gerhart Herrmann Mostar flüchtet 1938 nach Zagreb, die weiteren Stationen des Exils sind Belgrad, Sofia, Istanbul und Bukarest. Fritz Spielmann geht nach Frankreich, er arbeitet dort für den französischen »singer-comedian« Henry Laverne, 1939 kommt er über Kuba in die USA. Peter Preses geht ins Exil nach Großbritannien und wirkt beim »Laterndl« mit. Martin Wagner emigriert 1938 in die Tschechoslowakei, dann nach New York. Herbert Berghof emigriert in die USA, wo er an der »Österreichischen Bühne« von Ernst Lothar arbeitet.

9 Der 1875 geborene Sohn des Rabbiners von Hannover Selig Gronemann, seit 1901 Mitglied des zionistischen Aktionskomitees und des zionisti-

schen Kongresses, zählt zu den bekannten Persönlichkeiten Tel Avivs. Seine 1942 erschienene Komödie *Der Weise und der Narr. König Salomo und der Schuster* wird von Nathan Alterman ins Hebräische übersetzt und in der Produktion des Cameri Theaters 1965 eines der erfolgreichsten Musicals Israels. Vgl. Interview und International Biographic Dictionary of Central European Emigrés 1933-1945. Hg. Institut für Zeitgeschichte, München u. Research Foundation for Jewish Immigration, Inc. New York. – München, New York, London, Paris 1980ff.

10 Vgl. Wiener Kleinkunst auf hebräisch. Nicht identifizierter Zeitungsartikel. NL/THW. Das Schwarze Notizbuch Stella Kadmons (NL/THW) bezeichnet den 7.11.1940 als ersten Abend.

11 Politiker und Journalisten teilen ihre politischen Prognosen in Kinosälen dem Publikum mit. Vgl. Walter Grab: Der Kreis für fortschrittliche Kultur in Tel Aviv (1942-1946). – In: Conditio Judaica. Judentum, Antisemitismus und deutschsprachige Literatur vom ersten Weltkrieg bis 1933/1938. Interdisziplinäres Symposion der Werner-Reimers-Stiftung Bad Homburg v.d.H. Teil 3. Hg. Hans Otto Horch u. Horst Denkler. Tübingen 1993, S. 398-414.

12 Plakat. »We are here, because we are here«. NL/THW

13 Vgl. Wiener Kleinkunst (Anm. 10).

14 Hitachduth olej Germania we olej Austria Tel Aviv 19. April 1940, Jg. 4, Nr. 16/17, S. 3. NL/AN.

15 Blumenthals Nachrichten, 5.3.1943. NL/AN.

16 Vgl. nicht identifizierter Zeitungsausschnitt. Sammlung *Jacobowsky und der Oberst*. NL/AN.

17 Nicht identifizierter Zeitungsausschnitt. Sammlung *Bonaparte in Jaffa*. NL/AN.

18 Nicht identifizierter Zeitungsausschnitt. Sammlung *Jacobowsky und der Oberst*. NL/AN.

19 Vgl. Walter Grab (Anm. 11), S. 398-414.

20 Nicht identifizierte Zeitungsausschnitte. Sammlung *Furcht und Elend*. NL/AN.

21 Weltpresse, 17.6.1946.

22 Interview (Anm. 2).

23 Wiener Wochenausgabe, 18.10.1947.

24 Ebd.

25 Österreichische Zeitung, 9.10.1947.

26 Österreichische Volksstimme, 12.10.1947.

27 Österreichische Zeitung, 20.11.1947.

28 Österreichische Volksstimme, 8.2.1948.

29 Vgl. Wiener Revue, November 1947.

30 Wiener Kurier, 12.8.1948.

31 Arbeiter-Zeitung, 18.4.1948.

32 Dr. Patzner an Stella Kadmon, 18.5.1948. NL/AN.

33 Otto Basil: Vom österreichischen NS-Parnaß. – In: Plan. Literatur. Kunst. Kultur, Jg. 1 (1945), H. 1, S. 72.

34 Vgl. den Beitrag von Karl Müller in diesem Band.

35 Wiener Tageszeitung, 5.12.1948.

36 Kadmon bedeutet in der Kabbala der erste Mensch. Mitteilung Brigitte Stemberger.

37 Austria, 1949, H. 2, Niederlande (Walter Schlager).

38 Manuskript einer Rede von Stella Kadmon, 1951. NL/AN.
39 Die Presse, 18.11.1949.
40 Österreichische Volksstimme, 18.11.1949.
41 Wiener Zeitung, 18.11.1951.
42 Österreichische Volksstimme, 18.11.1951.
43 Kleines Volksblatt, 20.11.1951.
44 Arbeiter-Zeitung, 20.11.1951 und Tagebuch, 5.1.1952.
45 Stella Kadmon löste damit ein, was Otto Preminger 1934 als Direktor des Theaters in der Josefstadt in einem Brief an Ferdinand Bruckner erhofft hatte: »Aber ich gebe die ›Rassen‹ nicht auf. Auch wenn es noch Jahre dauern wird; sie müssen in Wien gespielt werden.« (Zit. n. Peter Roessler u. Konstantin Kaiser (Hg.): Dramaturgie der Demokratie. Theaterkonzeptionen des österreichischen Exils. – Wien 1989, S. 132). Die Uraufführung erfolgte 1933 am Zürcher Schauspielhaus, 1942 arrangierte Berthold Viertel in der »Tribüne für freie deutsche Literatur und Kunst in Amerika« eine Leseaufführung.
46 Zum Spielplan vgl. Mounier Joukhadar: Theater der Courage. – Wien, Diss. 1981.
47 Neues Österreich, 20.3.1951.
48 Neues Österreich, 11.11.1960.
49 Heute, 17.6.1961 (Franz Konrad).
50 Neuer Kurier, 9.6.1961.
51 Programmheft im NL/AN.
52 Vorrede von Stella Kadmon im Programmheft »Teufelsstunde« (Februar 1965).
53 Triersche Landeszeitung, 17.5.1973.
54 Kurier, 4.5.1973 (Rudolf John).
55 Vgl. Interview (Anm. 2).
56 Die Presse, 8.3.1976.
57 Redemanuskript Stella Kadmons (1950). NL/AN.

WOLFGANG GREISENEGGER

»Denn das ist nicht vergeblich, was wir tun ...«

Franz Theodor Csokor – der ungehörte Humanist

Aus einem kleinen Café in der Leopoldstadt [...] schreibe ich Dir plötzlich in Todesangst um Dich und Betka – denn vor mir liegt die noch druckfeuchte Sonderausgabe des »Abend«, daß Adolf Hitler Reichskanzler geworden ist. [...] Ich notiere auf dem Briefumschlag »nachsenden« – denn insgeheim hoffe ich, daß Ihr nicht mehr im Herrenstöckl des Charlottenburger Schlosses haust, sondern Euch schon nach dem Anhalter Bahnhof zur Fahrt nach Wien aufgemacht habt, [...] oder noch besser vom Bahnhof Zoo aus nach Paris! Es ist nämlich einfach unvorstellbar, wohin das noch alles führen kann, was heute in Berlin begonnen hat. Die Leute sind gründlich. [...] ich habe mir geschworen, für die Dauer dieses Tausendjährigen Reiches meinen Fuß nicht mehr auf deutschen Boden zu setzen – und ich fühle dabei, daß ich das Ende dieser tausend Jahre erleben werde! Folge mir! Auf Wiedersehen überall in der Welt – nur nicht mehr in Deutschland![1]

Der Brief Franz Theodor Csokors an Ferdinand Bruckner ist mit 30. Jänner 1933 datiert, ein für die Persönlichkeit des Dichters bezeichnendes zeitgeschichtliches Dokument: ein illusionslos klarer Blick auf Zeit und Zeitgenossen. Und doch spricht aus ihm ein erstaunlich selbstbewußter Optimismus, der nicht als Sendungsbewußtsein mißverstanden werden sollte. (Bruckner hat den Rat befolgt: schon bald gehen die Briefe aus Wien nach Zürich – hauptpostlagernd – und bald darauf nach Paris.) Csokor hat die Rolle, die man ihm zuteilte, angenommen und ist entschlossen, sie zu spielen, ohne Heroismus, aber nicht ohne ein gewisses Pathos. Ein Brief an Ödön von Horváth aus Nizza, datiert mit 2. Juli 1934, demonstriert dieses kritische

Gegenüber des Dichters zur Welt, die er als gegebene Schicksalsmacht aus skeptischer Distanz akzeptiert. In Nizza, zu Gast bei Bruckner, erlebt er die Emigration deutscher – literarischer – Prominenz als eine auch ihm bevorstehende Wirklichkeit.

Du gibst einem ja so viel Mut zur Arbeit, auch ins scheinbar Vergebliche hinein. Denn das ist nicht vergeblich, was wir tun, jeder auf seine Art, wir zwei. Wir nehmen darin Stellung zu einer Zeit, in der in unserer Generation – und Dich rechne ich trotz Deiner 34 Jahre zu uns – die Humanisten sind und in einer einst für revolutionär geltenden Jugend die Reaktionäre. Unsere Rolle wird also auf jeden Ausgang hin die bessere bleiben, selbst wenn man sie uns daheim nicht mehr zu Ende spielen lassen wird.[2]

Csokors Briefe, er war ein eifriger und gewandter Schreiber, enthalten oft zeitgeschichtliche Analysen, die nicht als prophetische Fähigkeiten mißverstanden werden sollten. Das Werden und Erstarken des Nationalsozialismus wird – wie bei Horváth – schon in den zwanziger Jahren beobachtet und in seiner menschenverachtenden Gefährlichkeit erkannt. Dem italienischen und österreichischen Faschismus mißt Csokor die Funktion eines Damms gegen die braunen Fluten zu, ohne mit dem einen oder dem anderen zu sympathisieren. Er ist allerdings davon überzeugt, daß der Putsch, der Dollfuß das Leben kostete, nicht unterdrückt hätte werden können, »wäre Mussolinis blitzschnelle Intervention nicht gewesen.«[3] Briefe – deren Konzepte er penibel bewahrt – sind für ihn aber auch, wenn nicht sogar in erster Linie, Arbeitsmaterial, ein Sichern von Fakten, Überlegungen, Formulierungen, ja Mahnungen an sich selbst. So sichert Csokor in »Einem Brief von mir an mich im Rückblick aus 1938« historische Erinnerungen, damit sie von der heraufkommenden Weltkatastrophe nicht verschüttet werden können. Der Dichter erscheint als Archivar der Weltgeschichte, der etwas niederschreibt, »damit es nicht vergessen werde oder gar geleugnet von den Nachgeborenen.«[4]

Er notiert Fakten, fixiert Richtigstellungen, Jahre der Propaganda in ihrer Wirkung beobachtend. Er erinnert sich an Bürgerkrieg und Dollfußmord und an wenige Gerechte. Ursache und Wirkung auseinanderzuhalten, erscheint ihm nicht zuletzt als moralische Pflicht. Und er interveniert, wenn er Kunst und Künstler durch politische Engstirnigkeit oder Bosheit gefährdet weiß. Mit dem Selbstbewußtsein der gerechten Sache mischt er sich ein: »Ich habe es mir zum Grundsatz gemacht, mich stets um Dinge zu kümmern, die mich im bürgerlichen Sinne nichts angehen – ja, ich glaube, Wesen und Pflicht eines Künstlers liegen eben darin!«[5]

Csokor hat mit seinen engagierten Interventionen in seiner Funktion als Präsident der österreichischen Sektion des P.E.N.-Clubs viel Menschlichkeit aktiviert; letztlich verfolgt aber sein Gesamtwerk die gleichen Ziele, es ist Instrumentarium einer umfassenden Intervention. Auch in Künstlerbriefen pulsiert, bei aller Skepsis gegenüber der Veränderungskraft der Kunst, das Bewußtsein einer Berufung, sich einzumischen. Im Winter 1936 schreibt er an Ferdinand Bruckner, der inzwischen mit seiner Familie nach Amerika weitergewandert ist:

> *Ich glaube, auf uns alle warten ganz andere Aufgaben, besonders auch auf Dich und auf mich! In Deinem Stück »Die Rassen« gehst Du uns voran. Horváth gehört zu uns mit seinem gesamten Schaffen über den Herzenswinter dieser Zeit, die damit schuldig wird an ihrem Untergang. Und wenn ich in meinem »Dritten November« im Ende des alten Österreich das Ende einer Welt sehe, darin sich Menschenrecht und Menschenwürde noch behaupten durften, so suche ich einen ähnlichen Weg. Die Straße, auf der man uns wieder zur Humanität zurückbringt, wird uns erst noch durch Meere von Blut führen müssen – jenseits davon geht unsere Arbeit, immer wieder neue Fragen durch unsere Stücke in die Welt zu werfen, die kein tausendjähriges Reich braucht, um sich zu ändern, sondern nur das Wissen, daß wir auf ihr für einander da sind und nicht gegen einander.*[6]

Wenig mehr als ein Jahr später begannen, wie er es vorhergesehen hatte, auch für Csokor Flucht und Emigration. Sich treu geblieben, hat er allen Anfechtungen widerstanden. Er hat sich zu keinem Arrangement mit den Machthabern in Deutschland überreden lassen, um seinen Stücken wieder die deutschen Bühnen zu öffnen, die seit dem P.E.N.-Kongreß von Dubrovnik für ihn versperrt blieben.

Aus Kattowitz schreibt er an Ödön von Horváth, der Wien ebenfalls verlassen hat, nach Budapest – zutiefst angeekelt von den Erlebnissen der ersten Tage der Naziherrschaft in Österreich:

Mit dem Auto ging es dann über versteppte Kohlenhalden hierher. Mein Gott – wie sauber fühle ich den Kohlenstaub, der mir Gesicht und Wäsche überzieht, mit dem verglichen, was hinter mir geblieben ist in meiner sogenannten Heimat! Wie köstlich schmeckt mir diese schwefelige Luft, die keine Lüge mehr verpestet![7]

Die Flucht wird zur bewußt auf sich genommenen Emigration, zum Versuch, sich dem Schuldigwerden zu entziehen. Mitte Mai bekennt er Felix Braun, der als Lektor an der Universität Padua lehrt:

Lieber, ich werde freilich meine Vaterstadt nicht mehr sehen, wenn es nur irgendwie nach meinem Willen geht. Ich habe sie in der Verwandlung erlebt, ich erfuhr noch dort die öffentlichen Schändungen der Menschenwürde, den Selbstmord Egon Friedells und andere Scheußlichkeiten. Ich selbst war ja nie bei einer Partei, ich gehöre der verstatteten Rasse an – aber das eben ist es: Ich fühle mich dadurch mitverantwortlich für alles, was nun dort geschehen wird. Ich hege keinen unfruchtbaren Emigrantenhaß. Ich habe mich einfach entfernt. »Wo man nicht lieben kann, soll man vorübergehen«, sagt der Philosoph, auf den die sich berufen, Friedrich Nietzsche. Und Gott weiß es, daß ich da nicht lieben kann. Nun habe ich die Haltung zu bewahren, die mir mein bisheriges Leben auferlegt. Man bleibt sich darin noch über den eigenen Tod hinaus verpflichtet.[8]

Diese Verpflichtung bestimmt den Lebensweg Csokors, er versucht sie immer wieder neu zu fassen, in seinem Werk und in seinem Leben. Die Penetranz der Wiederkehr des Themas signalisiert freilich auch seine Unsicherheit, provoziert die Frage, ob er nicht einer Chimäre nachlaufe, einer – lebenserhaltenden – Fiktion. Seiner Mutter schreibt er aus dem polnischen Exil:

Ich glaube heute eine größere Verantwortung zu tragen als in der Heimat, eine, die über meine Lebensdauer hinausreicht. [...] Denn der Mensch ist in jedem Augenblick dieses seines Lebens nicht der Zeitlichkeit, sondern der Ewigkeit verantwortlich![9]

Die Verantwortung, durch die sich Csokor gebunden weiß, ist nicht bloß die des Künstlers seiner Begabung gegenüber. György Sebestyén erfaßt ihr Wesen, wenn er paradox formuliert, daß Csokor, zeit seines Lebens, ein unliterarischer Schriftsteller gewesen sei.

Er war stets ein Mann, der schrieb, um durch die Formulierung seiner Botschaft das Publikum zu erlösen, denn nur Form gibt geistigen Dingen Existenz und nur Erkenntnis macht Menschen erlösbar. Das Thema wechselte, die Botschaft aber hatte immer denselben Ausgangspunkt: humanitas und virtus. Csokor war ein Verkünder seiner selbst und ist es geblieben. Das ist das Wunderliche und das Wunderbare seines Werkes. Es ist aus einem Guß: eine in sich geschlossene Welt des Ethos, ein Koordinatensystem der Menschlichkeit […].[10]

Das Humanum, bedrängt von Ideologien, ist Csokor immer neu zentrales Thema. Er bedient sich der Welt – vor allem aber der Zeitgeschichte, um diese streitbare Diskussion zu führen, in der er freilich auch dem Gegner zuzuhören bereit ist, dessen Beweggründe zu verstehen versucht. In seinem ersten, 1930 bei Zsolnay erschienenen, auf die unmittelbare Gegenwart reagierenden »Historischen Stück aus der Gegenwart«, *Besetztes Gebiet*, wird die Annexion des Ruhrgebietes durch Franzosen und Belgier und der von Freikorps getragene Kampf gegen die Besatzer thematisiert. Das Drama, von einigen deutschen Bühnen mit Erfolg in den Spielplan genommen, stellt nicht, was in der historischen Situation nahegelegen wäre, die Gestalt des zum Poeten, Freiheitskämpfer und Blutzeugen der nationalsozialistischen Bewegung stilisierten Albert Leo Schlageter, wie wenig später Hanns Johst in seinem Schauspiel *Schlageter*, ins Zentrum, sondern den liberalen Bürgermeister einer Kleinstadt, der die Würde des Einzelnen gegen die Absolutheitsansprüche der Ideologen von rechts wie von links unter Einsatz seines Lebens zu bewahren versucht. Und – notgedrungen – scheitert! Vom kommunistischen Arbeiterrat muß er sich deshalb warnen lassen: »Nur Romantiker halten verlorene Posten zwischen den

Feuern von links und rechts.« Er bleibt trotzdem auf dem Posten, weil nur so das Humanum zu bewahren ist. Harald Klauhs bezichtigt Csokor in seiner umfang- und materialreichen Untersuchung deshalb des Neutralismus, da er nur Sachverhalte registriere, statt Stellung zu beziehen. Er habe sich dem Kulturkampf zwischen dem »linken« Theater der Republik und dem der »rechten« Reaktion aus berechnenden Gründen verweigert.[11] Klauhs greift damit entschieden zu kurz, weil er überdies die Formfrage mit Csokors antifaschistischer Grundhaltung vermischt und die konservative Technik als Indiz für seine politische Inkonsequenz zu orten meint. Im Nachlaß Csokors findet sich ein Brief des Berliner Regisseurs und Intendanten Leopold Jessner, der von den Nazis seit den frühen zwanziger Jahren als Sozialist und Jude wütend bekämpft worden war, der Klauhs' These zu stützen scheint, wenn man an die Interpretation dieses Dramas mit einer gehörigen Portion Geschichtsverweigerung herangeht.

> *Wenn mich dieses Werk an sich schon außerordentlich interessierte, so schien mir interessanter noch die Psyche des Dichters, der in seiner Gestaltungskraft dem politisch feindlichen Helden eine Liebe zukommen ließ, daß es republikanischen Bühnenleitungen nicht opportun erscheint, das Werk aufzuführen. Da, mein lieber Herr Csokor, spricht nicht etwa die Treue zu einer Weltanschauung. Es ist eben doch der dichterische Gestalter, der im Prozeß des Schaffens alle Liebe dem Kinde gibt, das er ins Leben setzt.*[12]

Jessner spricht es aus: republikanische Bühnen wagten das Stück nicht aufzuführen, da sie Beifall von der falschen Seite befürchteten – und den wenigen Theatern, die den Nazis nahestanden, war das humane Werk zutiefst zuwider. Wohin sollte also Csokor geschielt haben? Jessner trifft den Kern des Gesamtwerks Csokors, indem er ihn verfehlt. Der Wiener Dichter verweigert sich Ideologien, er sucht aber in jeder seiner Figuren nach Beweggründen ihres Handelns. Eine Sympathie für die faschistischen Freischärler findet der heutige Leser nirgendwo. Im Theater der zwanziger und dreißiger Jahre konnte auf der Bühne, vor allem aber im Publikum, manches aus ideologischen Gründen bewußt mißverstanden und als Agitationsmaterial verwendet werden. Mag sein, daß Jessner davor in einem persönlichen Gespräch, das er vorschlägt, warnen wollte. Was Klauhs, der immer wieder die Aussagen der Figuren mit der Weltanschauung Csokors in unbillig verkürzter Weise in Beziehung setzt, übersieht, ist, daß Csokor dem historischen Einzelfall geringe Bedeutung beimißt. Ja, er verändert Ortsbezeichnungen und Namen des historischen Ereignisses, um es zum Gleichnis weiten zu können und nicht durch das Dokumentarische in seiner Nachfrage beengt zu werden. Heinz Wetzel sieht dies aus einer Perspektive, die der historischen Situation, in der das Werk entstand, ebenso Gerechtigkeit widerfahren läßt wie der schöpferischen Persönlichkeit des Dichters. Er versteht es, den historischen Hintergrund gleichermaßen aufzuhellen, wie Csokors Arbeitsweise mit historischem Material.

> *Csokor hat die Schlageter-Episode zur Grundlage eines Dramas gemacht, in dem die zerstörerische Symbiose von skrupelloser Gewaltsamkeit und Zynismus auf der Seite der Provokateure mit der ideologischen Verblendung der Massen wie an einem Modell gezeigt wird. Zwar stützt er sich dabei auf die konkreten historischen Bedingungen der frühen zwanziger Jahre, aber in der Darstellung des Verhältnisses von Gewalt und Gegengewalt, von der Lust an der Brutalität im Einzelnen und dem Ressentiment der Menge, von wirtschaftlichem Gewinnstreben und der ideologischen Verführung liegt das Hauptgewicht schließlich doch auf den abstrahierbaren und übertragbaren Kausalitäten.*[13]

Wetzel stellt schließlich die rhetorische Frage, »warum die deutliche Warnung nicht gehört wurde, zumal ja das Stück in mehreren mittleren Städten mit unerwartetem Erfolg gespielt wurde.« Und er gibt sich sogleich die Antwort. »Vielleicht lag es daran, daß der an Sternheim und Kaiser geschulte expressionistische Stil [...] schon allzu literarisch und realitätsfern wirkte.« Er beobachtet, daß das hohle Pathos der Freikorpisten noch nicht voll erkannt werden konnte, daß der Schatten der mitgedachten historischen Vorbilder die Bühnengestalten so sehr verdunkelte, daß sie ihr eigenes Profil nicht voll entfalten konnten.[14]

Besetztes Gebiet, »der Erinnerung an den Dichter Arthur

Schnitzler, der dieses Stück sehr liebte«, gewidmet, wurde, einmal durch die politischen Ereignisse von der Bühne gedrängt, vom Theater vergessen. Zu Unrecht! Denn es ist ein Schulbeispiel für das Entstehen eines faschistischen Myzels und eine klare Analyse der politischen Entwicklung in den zwanziger Jahren. Das Stück ist so interessant, weil es eine Entwicklungsphase zeigt, in der die Weichen noch nicht gestellt sind, die Richtung noch nicht festgelegt ist. Das Scheitern des liberalen Bildungsbürgertums wird ebenso gestaltet wie das von Kommunisten, die sich im Verlauf der Handlung mit den Nationalsozialisten in einer antikapitalistischen Einheitsfront verbünden zu müssen glauben. Nach dem Krieg meinte man Faschismus und Nationalsozialismus für immer in den Verliesen der Geschichte, für deren Vorgeschichte sich niemand mehr interessieren zu müssen wähnte, man hatte mit der Aufarbeitung ihrer Folgen genug zu tun. Und heute?

Am 9. Oktober 1933 schreibt Csokor an Ferdinand Bruckner nach Paris: »Die neuen Herren in Berlin gleichen immer mehr meinen Wiedertäufern – jetzt weiß ich, wie ich gerade auf diesen Stoff in dieser Zeit verfallen bin!«[15] Diesem mehr erschrockenen als besserwisserischen Reflektieren der eigenen Intuition begegnen wir bei Csokor immer wieder und vor allem dort, wo es um die Vorwegnahme von zeitgeschichtlichen Entwicklungen geht. Diese Distanz zum eigenen Werk ist so glaubhaft, da Csokor kaum kommentiert; er überläßt die Deutung des Geschehens den jeweiligen Zeitgenossen, den handelnden Figuren, in all ihrer Widersprüchlichkeit. Das hat Klauhs übersehen. Csokor schrieb, zum 400. Jahrestag des Tausendjährigen Reiches von Münster, sein Drama *Der tausendjährige Traum*, beschrieb, wie einige wenige Charismatiker der Macht mit großer krimineller Energie in einer besonderen sozialen und geistesgeschichtlichen Konstellation es fertig bringen, die Massen zu mobilisieren und damit ihren Willen mit diktatorischer Unbedingtheit allen aufzuzwingen. Erstaunt beobachtet Csokor die Parallelen in den beiden Tausendjährigen Reichen.

»In der Schrift« verkündet Jan, ein vazierender Schneider und Gelegenheitsdichter aus Leyden, »steht ohnehin alles.« Deshalb – welches Vorbild unserer Bücherscheiterhaufen,

die Goebbels errichtet – läßt er die kostbare Münsterer Bibliothek vor dem Rathaus verbrennen, unterstützt von zwei Münsterer Ratsherrn, Krechting und Knipperdolling, einem hageren Fanatiker und einem prachtliebenden Pfeffersack […]. Und dieses Mal sind es ja wieder drei, die aber nun mit ihrem chiliastischen Wahn nicht eine Stadt, sondern ganz Deutschland mit sich reißen wollen. Wie geht es mit ihnen zu Ende – und wann?[16]

Es ist faszinierend mitzuverfolgen, wie früh Csokor schon die Vernichtungsenergien des Dritten Reiches und die Todessehnsucht seiner Führer erkennt und nicht nur in der Wiedertäufertragödie in großen Bildern des Grauens Gestalt gibt. Es verdiente die besondere Aufmerksamkeit der Interpreten, daß Csokor schon bald nach Fertigstellung der Wiedertäufertragödie – auf Wunsch Zsolnays – einen Roman zum selben Thema plant, in der Art von De Costers *Ulenspiegel*. Da ihm die deutschen Bühnen so gut wie verschlossen sind, glaubt er das Projekt vorantreiben zu müssen und läßt es dann doch liegen. Er greift es wieder auf, als ihm – Krieg, Flucht und Exil haben ein Ende gefunden – die Theater des deutschen Sprachraumes wieder offenstehen sollten. Die Erfahrung der Weltkatastrophe verändert notwendig das Konzept. Die peinigende Frage, die auch das Drama bestimmte, wird nur verschärft: Wie konnte Münster geschehen, wo war der letzte Punkt der Umkehr? Wer versäumte rechtzeitig Einhalt zu gebieten?

Als Csokor noch an dem Wiedertäuferdrama arbeitet, konzipiert er am 8. Juli 1933 einen Brief an den holländischen Schriftsteller Jan Fabricius, in dem er berichtet, daß er ein neues Stück plane, »eine Art Requiem des letzten Restes des Heiligen Römischen Reiches, das wir bis 1918 waren.«[17] Dieses Datum hat für die Interpretation der Genese des *3. November 1918* nicht zu unterschätzende Bedeutung, da es das immer wieder behauptete Naheverhältnis des Werkes zum Austrofaschismus relativiert. Zoran Konstantinovič konnte nachweisen, daß erste Pläne schon auf 1918 zurückgehen und ein erster fragmentarischer Entwurf auf das Jahr 1923.[18] Am 4. Juli 1936 berichtet Csokor an Bruckner: »Das neue Stück habe ich so gut wie abgeschlossen.«[19] Bis dieser Abgesang auf Österreich – ursprünglich plante Csokor die drei Akte »Grablegung« zu nennen – auf die Bühne kam, bedurfte es politischer Interventionen von höchster Seite, da der Direktor des Burgtheaters, Röbbeling, der rückwärtsgewandten Utopie dieses Soldatenstückes nur wenig abgewinnen konnte und überdies Störaktionen vor allem von seiten der Nationalsozialisten befürchtete. Selbst der unbestrittene durchschlagende Erfolg der Premiere am 10. März 1937 hinderte Röbbeling nicht daran, die Rolle des jüdischen Regimentsarztes Dr. Grün um den entscheidenden Satz »Erde aus Österreich« zu kürzen. Man hatte Angst, die Treue des Judentums zur Dynastie zu betonen und fürchtete Störungen. Allerdings, in keiner der 24 Aufführungen kam es zu Mißfallenskundgebungen, was verwundert, denn dieses Requiem auf das alte Österreich warnt ein letztes Mal vor Nationalismus und Rassenhaß und sucht ein Reich, »das aus Menschen gebaut wird und nicht aus Nationen und Grenzen.« Dieser größte Erfolg Csokors, der ihm zu hohen Ehren des sterbenden Regimes verhalf – Grillparzerpreis und Burgtheaterring – wurde zum theatralen Requiem der Ersten Republik, zu einem künstlerischen Ereignis, mit dem sich die Mehrheit identifizieren konnte.

Es ist bezeichnend, daß sich das Burgtheater nach der Befreiung nicht entschließen konnte, das Werk in den Spielplan zu heben, wohl nicht nur, weil einige der Darsteller mit Berufsverbot belegt waren und deshalb nicht zur Verfügung standen. Bezeichnend deshalb, weil man mit anderen emigrierten Autoren kaum anders verfuhr. Man hob lieber die alten Inszenierungen aus der Zeit des Dritten Reiches aus dem Fundus. Diese Berührungsängste lassen sich nicht nur am Burgtheater feststellen, sondern in nahezu allen Theatern, nur da und dort, etwa am Volkstheater, wurde gewagt, den Blick nach außen zu richten. Csokors erste Premiere fand erst am 4. Juni 1946 am Burgtheater statt. Seine Dichtung *Kalypso*, 1941/42 auf der letzten Station einer langen Flucht in Dalmatien entstanden, erlebte eine großartige, hochbesetzte Aufführung, die freilich wenig Nachwirkungen zeigte, da es nur zu sechs Alibi-Aufführungen in Wien kam. Mit anderen Werken Csokors, die nach und nach in die Spielpläne gelangten, mit dem *Verlorenen Sohn* (UA 1947) oder mit *Cäsars Witwe* (UA 1955), verfuhr man kaum anders.

Man wollte den unbequemen Mahner nicht hören, man wollte die eigene Blindheit und Taubheit nicht bestätigt erhalten, man wollte nicht erinnert werden.

So ist das Verhalten gegenüber Franz Theodor Csokor als großes Versäumnis zu werten, das zu seinem paradoxen Nicht-Heim-Gekehrt-Sein führte: Ein Jahrzehnte regierender P.E.N.-Präsident, ein Burgtheaterautor, mit gelegentlichen Ehrungen bedacht, dessen Dramatik der dreißiger Jahre und des Exils im Nachkriegsösterreich nicht annähernd in ihren Möglichkeiten nutzbar gemacht wurde. Von solch versäumten Möglichkeiten war hier zu sprechen.

ANMERKUNGEN

1 Franz Theodor Csokor: Auch heute noch nicht an Land. Briefe und Gedichte aus dem Exil. Dokumente, Berichte, Analysen. Hg. Franz Richard Reiter. – Wien 1993, S. 17.

2 Ebd., S. 75.

3 Ebd., S. 77.

4 Ebd., S. 49.

5 Ebd., S. 126.

6 Ebd., S. 129f.

7 Ebd., S. 167.

8 Ebd., S. 182.

9 Ebd., S. 207.

10 György Sebestyén: Wut und Gelächter. Der Dramatiker Franz Theodor Csokor. – In: Immer ist Anfang. Der Dichter Franz Theodor Csokor. Hg. Joseph P. Strelka. Bern u.a. 1990, S. 15.

11 Harald Klauhs: Franz Theodor Csokor. Leben und Werk. – Stuttgart 1988, S. 350ff.

12 Zit. n. Paul Wimmer: Der Dramatiker Franz Theodor Csokor. – Innsbruck 1981, S. 132.

13 Heinz Wetzel: »Wanderer ins Nichts«. Franz Theodor Csokors Nationalismuskritik in seinem Drama »Besetztes Gebiet«. – In: Strelka (Anm. 10), S. 62f.

14 Ebd.

15 Csokor (Anm. 1), S. 33.

16 Ebd., S. 23f.

17 Ebd., S. 25.

18 Zoran Konstantinovič: Franz Theodor Csokors Stück »Der 3. November 1918«. Vom Wandel des historischen Verständnisses der Habsburger Monarchie. – In: Strelka (Anm. 10), S. 65.

19 Csokor (Anm. 1), S. 123.

KARL MÜLLER

Christlich-deutsches Abendland – goldenes Wienertum

Zum dramatischen Schaffen Max Mells und Friedrich Schreyvogls

Max Mell (1882–1971) und Friedrich Schreyvogl (1899–1976) wurden nach 1945 von einer anti-modernen und im wesentlichen von ehemaligen NS-»Kunstbetrachtern« getragenen Theaterkritik als auf der Höhe der Zeit befindlich, als künstlerisch außerordentlich wertvoll und typisch österreichisch beurteilt. Ihre wichtigsten Theaterstücke wurden während der restaurativen Nachkriegsphase in den Kanon österreich-ideologisch geprägter Theaterhistorie aufgenommen. Eine kritische Auseinandersetzung mit den beiden Autoren macht heute hingegen die ästhetischen und ideologischen Anachronismen sowie die gegenaufklärerischen Potentiale ihrer Werke offensichtlich. Einige wache Zeitgenossen hatten dies schon früh erkannt. Aber auch die Unterschiede der beiden Autoren müssen herausgearbeitet werden.

Max Mell und Friedrich Schreyvogl – Zwillingsbrüder?

Das Theaterschaffen Mells und Schreyvogls zeichnet sich durch ein hohes, an vielen Aspekten feststellbares Maß an Kontinuität aus, das jeweils bis in die zwanziger Jahre zurückreicht. Bei Mell dokumentieren hauptsächlich zwei Formen diese Kontinuität, nämlich das Legendenspiel sowie die

Neubearbeitung mythischer und historischer Stoffe. Beide Gattungen durchdringt Mell konstant mit seiner christlich-deutsch-abendländischen Perspektive. Stellvertretend seien *Das Apostelspiel* (UA 1924, Graz), *Der Nibelunge Not* (Teil I: UA 1944, Burgtheater – Teil II *Kriemhilds Rache*: UA 1951, Burgtheater) und *Jeanne d'Arc* (UA 1956, Bregenz-Burgtheater) genannt.[1] Das Kontinuitätsprofil von Mells Theaterstücken und Szenen zeigt, daß nach dem Zweiten Weltkrieg von den vor 1945 uraufgeführten Stücken nur fünf erneut auf die Bühnen kamen oder in Lesungen präsentiert wurden, nämlich *Das Apostelspiel*, *Das Schutzengelspiel* (UA 1923), *Das Nachfolge-Christi-Spiel* (UA 1928), *Die Sieben gegen Theben* (UA 1931) sowie *Der Nibelunge Not*.[2] Die Nachkriegsproduktion Mells umfaßt *Kriemhilds Rache*, *Jeanne d'Arc* und *Paracelsus und der Lorbeer* (UA 1964/ *Der Garten des Paracelsus* 1974).[3]

Schreyvogls Dramatik umfaßt im wesentlichen drei Genres. Sein Legenden- und Volksstückschaffen[4], das im Kontext der katholischen Laienspielbewegung der zwanziger Jahre entstanden war, bewegt sich in den Bahnen Max Mells. Aber im Unterschied zu den Legendenspielen Mells wurden diese Stücke Schreyvogls nach dem Zweiten Weltkrieg nicht mehr aufgeführt.[5] Anders als sein Schriftstellerkollege profilierte sich Schreyvogl seit den dreißiger Jahren als ein Dramatiker, der sich österreichspezifischer Themen unter verklärender Perspektive annahm.[6] Dies brachte ihm den Ruf ein, »das alte, versunkene und das neue Österreich« par excellence zu verkörpern und die Fähigkeit zu besitzen, »das österreichische Wesen« darzustellen und zu deuten.[7] Zugleich beschäftigte sich Schreyvogl mit aktuellen Fragen der Zeitgeschichte sowie mit Beziehungs- und Eheproblemen, oft in boulevardesk-oberflächlicher Manier.[8] Das Kontinuitätsprofil des dramatischen Schaffens Schreyvogls ergibt, daß nur sechs Stücke, die vor 1945 uraufgeführt worden waren, auch nach 1945 auf die Bühnen kamen oder als Fernseh- oder Hörspiele gesendet wurden. Am häufigsten spielte man *Die kluge Wienerin* (zwischen 1951 und 1975 achtmal) und *Titania* (nur zwischen 1950 und 1953).[9] Beide Stücke hatten ihre größten Erfolge während der NS-Zeit gehabt. Allein *Die kluge Wienerin* soll nach Angaben Schreyvogls zwischen 1941 und dem Ende des Krieges 579 Aufführungen an 46 Bühnen erlebt haben. Weitere Stücke, die auch nach 1945 zu sehen und zu hören waren, sind: *Reiterattacke* (1935) als Fernsehspiel in den Jahren 1968 und 1981 und *Der Mann in den Wolken* (1937) sowie *Das Liebespaar* (1940) als Hörspiele im Jahre 1951, *Der Gott im Kreml* (1937) sechs Jahre später. Schreyvogls Dramenproduktion nach 1945 umfaßte weit mehr, als zur Uraufführung gelangte. Nur drei Stücke, *Der Liebhaber* (UA 1951, Konstanz), *Der weiße Mantel* (UA 1952, Salzburg) und *Die Versuchung des Tasso* (UA 1957, Klagenfurt), wurden auf Länderbühnen aufgeführt.[10] Schreyvogl war sehr stolz auf seine immense Präsenz auf den deutschsprachigen Bühnen. Insgesamt soll es »ein paar tausend Aufführungen« seiner Stücke gegeben haben.[11]

Max Mell: Die Stille, das Volkstum und das Heilige

»Er bindet seine Kunst ans Volkstum und er erlöst sein Volkstum in seiner Kunst.« (Adalbert Schmidt, 1935)
»Max Mell liebte die Stille, und das Stille ist um ihn. [...] Ein fünffaches ›Heilig‹ meint man aus seinem gesamten Werk herauszuhören als die Summe seines Fühlens und Singens und Sagens.« (O. M. Fontana, 1942)
»Er ist Österreicher in den ganz kleinen Faserungen.« (Piero Rismondo, 1962)

Wie schaut Mells »eigenes Gesicht« aus, das in seinen Stücken »zum Vorschein« komme, wie Mell selbst einmal anläßlich der Burgtheaterpremiere des Stückes *Die Sieben gegen Theben* sagte?[12] Im folgenden soll insbesondere am Beispiel von *Kriemhilds Rache* und *Jeanne d'Arc* sowie von nach 1945 stattgefundenen Wiederaufführungen des *Apostelspiels* und der *Sieben gegen Theben* das Phänomen Max Mell im Theater- und Geistesleben nach dem Zweiten Weltkrieg untersucht werden. Sowohl Kontinuitäten als auch Diskontinuitäten von Produktion und Rezeption sollen dabei thematisiert sowie Antworten auf die Frage gegeben werden, welche Bedürfnisse Mells Theaterstücke auch noch nach dem Zweiten Weltkrieg befriedigten, sodaß die Anerkennung dieses Autors seit den zwanziger Jahren ungebrochen war.

Max Mell hatte sich seit den zwanziger Jahren zu einem der bekanntesten und insbesondere von deutsch-christlichen und deutsch-völkischen Kreisen außergewöhnlich geschätzten Autor aus Österreich emporgearbeitet, der schließlich – über alle politischen Zäsuren hinweg – zum österreichischen Dichter-Establishment gehörte. Er war jener »Dichtertypus, der sich als Identifikationsgegenstand offizieller Kulturhuldigungen famos«[13] eignete. Dies läßt sich auch an den Preisen, die Mell verliehen wurden, an den Ehrungen, die ihm zuteil wurden, und an den Funktionen, die er im Literaturbetrieb innehatte, generell an der Kontinuität seiner Präsenz im literarischen und theatralen Leben ablesen.[14] Die Kontinuität von Mells Wertschätzung im Nachkriegsösterreich wird dokumentiert durch die Wiederauflage vieler Buchtitel aus der Zeit vor 1945, insbesondere durch die Veröffentlichung seiner »Gesammelten Werke« (1962) und deren Überreichung an alle Allgemeinbildenden Höheren Schulen Österreichs anläßlich des 85. Geburtstages Mells im Jahre 1967. Darüber hinaus stieg Mell zum Schulbuch- und Anthologie-Klassiker nach 1945 auf und firmierte als poeta laureatus bei offiziellen Feierstunden und als Dichter-Autorität in Fragen der Kunst. Das war nach 1945 der Kontext, in dem auch wieder Mells alte Theaterstücke und seine neuen Stücke auf die Bühnen des deutschsprachigen Raumes kamen.

Der erste Anlaß, nach 1945 intensiv und kontrovers über Max Mell, seine ästhetische Leistung und ideologische Haltung zu diskutieren, war die Uraufführung des zweiten Teils seiner Nibelungen-Bearbeitung mit dem Titel *Kriemhilds Rache*, die am 8. Jänner 1951 in der Regie von Adolf Rott am Burgtheater stattfand. Die kritischen Stimmen thematisierten damals insbesondere Mells NS-Vergangenheit in Erinnerung an die bejubelte Inszenierung der *Nibelunge Not* (1. Teil) am selben Hause im Jahre 1944, die als insensibel erachtete Spielplangestaltung des Burgtheaters[15], weiters die ästhetische Durchschnittlichkeit des Stückes, aber auch – im Kontext des Kalten Krieges – die bedenkliche Inszenierung Adolf Rotts. In dieser beherrschten angeblich »aufrechtgehende, brüllende, blonde Nibelungen und die wie Gnomen mit schiefer Körperhaltung über die Bühne watschelnden, untermenschenhaften Mongolen König Etzels«[16] das Bild. Die öffentliche Auseinandersetzung war im Kern jedoch eine höchst spannende Kontroverse um die geistige Modernität und Zeitgemäßheit oder die anachronistische Irrelevanz des Nibelungen-Mythos nach 1945.

Ästhetisches spielte angesichts der seit den zwanziger Jahren von Mell verwendeten traditionalistischen sprachlichen Mittel eine marginale Rolle. Nur Otto Basil im *Neuen Österreich* und ein Theaterkritiker der *Furche* wollten sich nicht einreden lassen, daß es sich hier um meisterhafte Verse, um besonderen künstlerischen Takt oder edelste Schönheit von Poesie handle, wie Kurt Frieberger, Robert Mühlher und Rudolf Holzer meinten, sondern sprachen von einer nachreimenden Gymnasiasten- und Schulmeistertragödie, »schönredender Neoromantik« und einer »altertümelnden Rede (besser: Schreibe)«, die so klinge, »wie wenn mit Prackern auf muffelnden Barchent geschlagen würde, so daß Staub und Motten herausfliegen.«[17]

Im Zentrum der Modernitäts- und Ideologiedebatte stand der Versuch Mells, den Nibelungen-Mythos nach seinem christlichen Verständnis zu humanisieren, indem er Dietrich von Bern als positive Gegenfigur zur Rachemoral Kriemhilds auftreten und den christlichen Wandlungs-Appell verkünden läßt. Dies war freilich bei Mell seit seinen Legendenspielen nichts Neues, wurde darüber hinaus auch in seine Gestaltung des Ödipus- und Antigone-Mythos *Die Sieben gegen Theben* als zentrale Kategorie eingebaut. Es sollte nicht das letzte Beispiel bleiben, denn seine *Jeanne d'Arc* entpuppt sich als Passions-Spiel, das in vielen Elementen die biblisch überlieferte Gerichtsverhandlung gegen Jesus von Nazareth durchscheinen läßt, gemäß der von Mell schon früh vertretenen Auffassung, daß er es für unvertretbar halte, »die Gestalt Christi sichtbar in den Mittelpunkt eines Theaterstückes zu stellen.«[18] Die geistige Klammer für fast alle Stücke, sowohl für die Legendenspiele als auch die Mythos- und historischen Stoffbearbeitungen, wird exemplarisch von Dietrich von Bern formuliert:

Suche das Antlitz des Heilands! […] Es ist einer da, der es bemerkt, was du auf dich nimmst. […] Wer nicht zum Ursprung zu kehren weiß, verdirbt! […] Es ruft mich in den Sturm, meinen Atem zu verbinden dem größeren. Ordnung über uns, gegrüßt! O Mensch, Ihr Gesetz geht mitten durch das Herz!«[19]

Antigone hatte schon in *Die Sieben gegen Theben* gemeint, daß sie »mitlieben muß und nicht mithassen«.[20]

Die Mell gegenüber freundlich eingestellte Kritik, wie sie am besten und vehementesten von Friedrich Schreyvogl, Rudolf Holzer, Kurt Frieberger und Ernst Scheibelreiter, allen voran aber – schäumend und zynisch – von Siegfried Melchinger gegen »unsere sogenannte Intelligenz, standpunktlos, überfüllt mit Ressentiments, ohne Kontakt untereinander oder mit den Strömungen der Zeit« vorgetragen wurde, wollte Mells Denk- und Schreibweise, wie sie in *Kriemhilds Rache* zum Ausdruck komme, als eine »mitten in einer Bewegung der Zeit« stehende verbreiten, die »seinen Kritikern noch nicht zur Kenntnis gelangt« sei, da sie gegen das »rationalisierte Jahrhundert« gerichtet sei. Gemeint war das angeblich absolut auf der Höhe der modernen Zeit stehende »Wiedereinströmen des Mythischen in unser Zeitbewußtsein« und die Behauptung, hier sei ein vorzüglicher Dichter »dem hierin sich meldenden Metaphysischen auf der Spur«, so wie auch schon Thomas Mann, Franz Werfel oder Ernst Jünger! Mell erspüre als moderner Dichter »das Heraufkommen eines neuen Weltgefühls«, seine Haltung sei sogar Hölderlinscher Hymnik vergleichbar: »Das Ressentiment, auch gegen das Germanische […], wird sich von selbst zersetzen. Die neuen Zeichen sind schon aufgerichtet.«[21] Ähnlich, hymnischer, aber weniger präzise, fielen die Stellungnahmen Schreyvogls, Holzers und Scheibelreiters aus.[22]

Mell vermittle die das Chaos überwindende »Weisheit des Abendlandes« und sei trostreicher Garant dafür, daß »das ›Reine‹ nur erlöst zu werden [vermag], wenn Umkehr erfolgt, durch Opfer und Gnade.« Denn »Dietrich […] wählt den christlichen Weg nach aller Schrecken Ende, den einzigen, der aus der Schuld in die Freiheit führt.«[23] Rudolf Holzer formulierte:

Es ordnen sich in dieser Dichtung Schuld, Sühne, Vergeltung und Verklärung zum Ausdruck edelster Schönheit von Poesie, von tiefer Gedanklichkeit, von hymnischer Verklärung. […] Darstellern und *Publikum wird ein erzieherisches Werk geboten, eines, das nach den Quellen, aber auch nach dem letzten Zweck wirklicher Dichtung hinanführt: zur Sammlung und Besinnung absoluten Geistes.*[24]

Woher kamen jene großen Worte und die spürbar große Emotionalität derjenigen – es waren 1951 schon wieder die herrschenden Meinungsträger –, die vor 1945 im NS-Kulturbetrieb eingebunden waren und jetzt in Mells Versöhnungsverkündigung die Grundlage für ein neues »Reich« beschworen, aber zugleich alle jene, die dieser Botschaft Mells skeptisch oder ablehnend gegenüberstanden, als orientierungs- und standpunktlose »Dummköpfe«[25] und Ahasvers denunzierten? War hier nicht schlechtes Gewissen und psychische Projektion im Spiel? Denn Mell kam sicher gerade denen entgegen, die nach ihrer NS-Verstrickung nach neuer weltanschaulicher Orientierung verlangten und dabei die alt-neuen Mythenaneignungen Mells, noch dazu in dessen verchristlichter Form, für tiefgründiger und wirklichkeits-adäquater hielten als nicht-metaphysizierende und nicht-irrationalistische Konzepte. Mell brauchte nichts an seinem deutsch-abendländischen Konzept aus der Zeit vor 1945 verändern, konnte sich so selbst treu bleiben und bediente zugleich die Gefühls- und Bewußtseinslage derjenigen, die es anscheinend bitter notwendig hatten, Versöhnung und Verzeihen, Liebe, Rachsuchts-Überwindung und Erlösung zu verkünden, ja dies sogar stolz und präpotent einzufordern. Dies macht den Hautgout dieser Rezeption aus.

Daß zugleich in der »flachen Versöhnlichkeit des Schlusses« von *Kriemhilds Rache* – Konsequenz aus der Tatsache, daß »die Geschichte […] zum begriffslosen Fatum erklärt« wird – »die Affinität zu jenen Reden der Nachkriegszeit [abgebildet ist], in denen der Faschismus in scheinbarer Abgeklärtheit und Versöhnlichkeit mit Schicksalskategorien umschrieben wurde«[26], mag das Publikum zusätzlich zu jenen »stürmischen Ovationen«[27] hingerissen haben, über die einige Zeitungen berichten. Diese Hingerissenheit empörte die Skeptiker besonders. Von einer mißgeleiteten Jugend und ihrem »bübischen Gelärme«[28] war die Rede.

Ernst Scheibelreiter gelang es hingegen in seinem Artikel zum »Buch der Woche« anläßlich des Erscheinens *Der Nibelunge Not* im Otto-Müller-Verlag (Salzburg), Mells Leistung endgültig zu austrifizieren: »Abermals hat die helldunkle Sage [...] ein Österreicher seherhaft groß auferweckt aus ihrer magischen Versunkenheit. Wahrhaftig ein erfreuliches Sinnbild für jeden, der es richtig zu deuten weiß!«[29]

Wie »erfreulich« war Mells Text wirklich? Und: In welcher Tradition stand jene Rezeption, die Mell als Modernen verherrlichte und es sogar zustande brachte, Mells *Kriemhilds Rache* gegen Fritz Hochwälders *Öffentlichen Ankläger* auszuspielen, dessen Aufführung ein Jahr zuvor bei den Grazer Sommerfestspielen im Unterschied zu Adolf Rotts Freiluft-Inszenierung von *Kriemhilds Rache* im Jahre 1951 unpassend gewesen wäre. Ein ehemaliger »Kunstbetrachter« geriet denn auch angesichts der von Adolf Rott anscheinend herübergeretteten, während der NS-Zeit entwickelten Inszenierungspraxis »illusionistischer Irrealität«, der Herstellung von »Eindrücken der Unbegrenztheit des Raumes« und der »monumentalen Form« ins Schwärmen.[30]

Mehrere Fassungen von *Kriemhilds Rache* sind publiziert. Wer sich an die in den *Gesammelten Werken* (1962) veröffentlichte Fassung hält, wird nichts Aufregendes entdecken, denn es handelt sich dabei um die geglättete und »gereinigte« Fassung, die nichts mehr von jenen antijüdischen Stellen enthält, die noch 1950 in der Zeitschrift *Wort und Wahrheit* publiziert wurde. Dort allerdings wird offenbar, wen Mells christliches Versöhnungspathos ausschloß, nämlich ausgerechnet die Juden. In der genannten Fassung von 1950 steht ein Dialog zwischen Kriemhild und Dietrich von Bern, in dem Mells christliche Liebespropaganda als in der Tradition herkömmlichen katholischen Antisemitismus stehend offen zutage tritt. Es ist die Identifikationsfigur Dietrich von Bern, der Kriemhild auf ihre anscheinend bibelfest gemeinten Einwände, sie habe nie gehört, daß Jesus dem Judas Ischariot verziehen habe – »träte der zu dir und wäre dir nah, was tätest du? Es gäbe nur eines: austilgen ihn wie Ungeziefer« –, recht gibt, indem er plötzlich sagt: »Ich gebe dir recht, Herrin Kriemhild. Es gilt zu wachen, leidenschaftlich zu wachen. Es gilt zu wehren, wo Gier wie vom Raubtier herüber ins Menschenherz einbricht, dräuend zu wehren und leidenschaftslos Recht zu sprechen.«[31] Dann fährt er mit seiner Liebesverkündigung fort und spricht weiter sein Plädoyer für das Recht, sodaß die Schuld der Juden – 1950/1951 – als unbestritten und deswegen als strafwürdig, wenn auch nicht der Vergeltung und der Rache zu unterwerfen, erscheint! Wer aber maßt sich hier an zu sprechen – fünf Jahre nach der Befreiung von Auschwitz?

Die skandalösen Passagen aus *Kriemhilds Rache* (1950 bis 1951), aber auch die affirmative und offen ideologisierende Betrachtungsweise der ehemals mit dem NS-Regime verbundenen Kritiker lenken den Blick auf den ersten Teil *Der Nibelunge Not* (UA 1944). Wer sich aber von diesem Text einen offenen »völkischen Vorstoß« oder gar eine »faschistische Provokation«[32] erwartet, wie es *Kriemhilds Rache* (1951) für einen Teil der Kritik darstellte, wird enttäuscht. Zwar bediente Mell auch in diesem Stück ein mythisches Geschichts- und Menschenbild, herkömmliche Frauenbilder, Vorstellungen des angeblich weibisch Unheroischen und gewinnt nicht zuletzt Brunhild in ihrem Reden über das »Wehe, wenn eins aus dem Blute verliert«[33] sympathische Züge ab, aber es gibt auch Stellen, die der Inneren Emigration verpflichtet sein könnten, wenn zum Beispiel Hagens Treueauffassung einer nicht ausschließlich heroischen Optik unterworfen wird, Alberich einige kritische Sätze gegen das Menschengeschlecht sagen darf und Volker sich vom Vorgehen seines Hauses distanziert: »Dort wo Vergeltung selber Untat wird, wendet sich der freie Mann.«[34]

Mells Dramentext des Jahres 1944 konnte nach 1945 dementsprechend sogar als antinazistisch-»österreichische« Leistung Mells gelobt werden, was aber zumindest die NS-»Kunstbetrachter« des Jahres 1944 nicht bestätigen. Das Burgtheater-Publikum soll 1944 gejubelt haben – über das aufsässige Stück?[35]

Das Jahr 1944 war ein Mell-Jahr, denn nicht nur das Burgtheater brachte sein neuestes Stück, auch in München und Graz, sogar im besetzten niederländischen Den Haag kam es zur Aufführung, und seine *Sieben gegen Theben* spielte das Theater in der Josefstadt.[36]

Zwar hielten sich zum Beispiel Eduard von Danszky und Zeno von Liebl in ihren Betrachtungen zum Nibelungen-Drama eigentümlich zurück, als sie ihre üblichen Topoi formulierten: Vom »Hohelied der deutschen Treue«[37] war die Rede, die Mell gestaltet hätte, und von der »einzigartigen Erbauung«[38], die dem Publikum zuteil geworden sei. Zugleich aber gab es eine hochideologische Beschäftigung durch Karl Pawek in der Zeitschrift *pause*, die dem Stück eine einzigartige deutsche Modernität zuschrieb und sich als jener Prätext entpuppt, aus dem das Nachkriegs-Gerede über den modernen Mell des Jahres 1951 schöpfte. Denn Pawek entdeckte im Jahre 1944 den Kern von Mells *Nibelungen* in folgender rassenmystischer Botschaft:

Das Wissen Siegfrieds und Brunhilds gründet sich auf ein Ich-Bewußtsein besonderer Art. Sie erfassen das Metaphysische ihrer Herkunft in einem inneren Bewußtsein, das ihnen die Besonderheit ihres Wesens erlebbar macht. Geheimnis funkelt in ihren Herzen. Sie spüren, daß im Schatten ihres Blutes Götter und Riesen mitschreiten.[39] *[…] Nur in ihrem Bewußtsein halten sie – gleich modernsten Geistern – die Realität ihres Seins fest. Indem Brunhild und Siegfried als Wesen mit einem besonderen, das heißt, mit einem metaphysischen Ich-Bewußtsein vor uns stehen, offenbaren sie uns den Mythos von der Metaphysik des Ichs überhaupt. [...] Damit hat Max Mell die Nibelungendichtung zur höchsten Bedeutung erhoben: zum Drama der deutschen Seele. […] Max Mell hat mit seiner Dichtung in der geistigen Situation der Gegenwart Richtungsweisendes ausgesprochen oder doch angedeutet. Vor allem dies: daß es nicht um neue Bilder, sondern um den Inhalt, nicht um den Mythos, sondern um das Mythische geht. Dichter und Denker müssen heute dem Einen dienen: einer Stärkung der geistigen Erfahrung der Menschheit. Diese Menschheit hat im Abendlande und scheinbar schon auf der ganzen Erde eine Periode des »kritischen Denkens« hinter sich. Das schafft neue Voraussetzungen für die Bewußtwerdung des Metaphysischen, des Absoluten und des Mythischen.*[40]

Nach 1945 blieb von der rassenmystisch grundierten Ich-Bewußtseins-Metaphysik des Jahres 1944 – unmittelbar nach Stalingrad und auf dem Höhepunkt der Judenvernichtung im besetzten Europa – nur mehr das Geraune von der orientierenden mythischen Seherkraft Mells übrig, dessen *Kriemhilds Rache* (1950/1951) mit seinen antijüdischen Anteilen im nachhinein die rassenmystischen Abstrusitäten des Jahres 1944 in ein neues Licht rücken und Fragen nach der geistigen Rolle Mells vor 1945 aufkommen läßt.

Um die Vehemenz zu verstehen, mit der Mells Theaterstücke in der Zweiten Republik von einem Teil der schon wieder führenden Kritiker als Inbegriff moderner österreichischer Dichtung bejubelt wurden – führende Repräsentanten des Staates zeichneten die Uraufführungen seiner Werke sogar durch ihre Anwesenheit aus –, ist ein kurzer Rückblick erforderlich.

Die Rolle, die Mell im literarischen Leben vor 1945 und für die NS-Bewegung vor und nach 1938 spielte, sind weitgehend bekannt.[41] Mell hatte sich schon 1933 als Mitglied der Deutschen Akademie der Dichtung (seit 1932) dem NS-Regime gefügig gezeigt, indem er einen Aufruf mitunterzeichnete, in dem versprochen wurde, »gerade die Politik des Volkskanzlers Adolf Hitler [zu stärken].«[42] Im September 1933 trat Mell nach einigem Zögern aus Protest gegen die kritische Haltung des Wiener P.E.N.-Zentrums gegenüber der NS-Kulturpolitik, insbesondere gegen die Bücherverbrennungen in Deutschland, aus dem P.E.N.-Club aus. Die »Betont-Nationalen«, wie zum Beispiel Mirko Jelusich, Wladimir von Hartlieb, Robert Hohlbaum oder Bruno Brehm, hatten den Club schon früher verlassen. Schließlich konnte Mell als Vorsitzender des »Bundes deutscher Schriftsteller Österreichs« (BdSÖ) gewonnen werden, der als »arischer« Verband österreichischer Autoren seit 1936/1937 die »nationalen« Schriftsteller organisierte, um nach der Annexion Österreichs im Jahre 1938 gemeinschaftlich in die NS-Reichsschrifttumskammer integriert zu werden. Als Vorsitzender des BdSÖ war Mell hauptverantwortlich für jenes »Feierliche Bekenntnis der deutschen Dichter Österreichs«, in dem es »auch die Dichter des Landes für ihre Pflicht [erachteten], einmütig ihr leidenschaftliches Bekenntnis zum Deutschland Adolf Hitlers auszusprechen«, und den »Nationalsozialismus [als] eine schöpferische geistige Bewegung« bezeichneten.[43] Das Bekenntnis Max Mells anläßlich der von Hitler veranlaßten Volksabstimmung am 10. April 1938 enthielt in konzentrierter Form jene Elemente, die Mells Identität im Jahre 1938 ausmachten. Das lyrische »Wir« bekennt sich mit »ganzem Herzen«, lobt die »Heimkehr« ins »Reich, dem [unserer Heimatlande lichter Reigen] von je zu eigen« gewesen wäre. Es verweist auf die hilfreiche Rolle der Dichtung für die »Heimkehr« und bedankt sich bei dem »gewaltigen Mann«, dem Führer. Es feiert die angeblich neue Einheit und heiligt das dienende »Volk«, verherrlicht das angeblich wiederhergestellte Recht und erinnert an die NS-Märtyrer und die Ahnen, die ihre Enkel jetzt auf den richtigen Bahnen sehen könnten. »Die Widermächte, kehren sie nie wieder?/Die Einigkeit ist's, die sie bannt. Seid Brüder!/Wir treten an, Bekenntnis abzulegen. Wir wollen eins sein. Herr, gib du den Segen!«[44]

Schon im Juli 1938 wurde Mell als einer der »repräsentativsten Dichter der Ostmark«, der sich »in der illegalen Zeit auch auf berufsständischem Gebiet Verdienste erworben hatte«, gemeinsam mit den »Betont-Nationalen« Karl Hans Strobl, Robert Hohlbaum, Hans Kloepfer, Bruno Brehm und Max Stebich sowie mit einigen reichsdeutschen Autoren zur Berufung in den »Reichskultur-Senat« empfohlen.[45]

Zwischen Juli 1938 und August 1940 war Mell NSDAP-»Parteianwärter«. Am 20. Februar 1940 schließlich stellte er den schriftlichen Antrag um Aufnahme in die NSDAP und erhielt im Februar 1942 seine Mitgliedsnummer zugeteilt (7,680.130). Noch vor der Aushändigung seiner Mitgliedskarte hatte Mell aber seinen Antrag zurückgezogen, sodaß die österreichische Entnazifizierungs-Kommission des Jahres 1945 mit gutem Gewissen Mells »Ersuchen um Nachsicht der Registrierung« vom 4. Juli 1945 akzeptieren konnte. Die Begründung dafür lautete: »Aus kulturpolitischen Gründen und antinazistischer Einstellung.«[46]

Wie aber ist zu verstehen, daß ein deutsch-katholischer Autor wie Mell auch bei den Nationalsozialisten Fuß fassen, trotz seiner seit 1940 zunehmenden Distanzierung vom NS-Regime bis Kriegsende im kulturellen Leben präsent sein und sogar von

NS-Behörden geehrt werden konnte? Dabei rückt Mells Dichter- und Dichtungs- sowie sein Selbstverständnis ins Zentrum des Interesses.

Seinen literarischen Antworten auf das Jahr 1918, das Mell als eine über Europa hereingebrochene Katastrophe verstand, gab er unter anderem in seinem Aufsatz »Dichtkunst in unserer Zeit« (1935) ein bemerkenswertes theoretisches Fundament. Die Dichtung dürfe nicht als eine »schöngeistige Angelegenheit [behandelt werden], welche zerstreuen und amüsieren soll.« Die Dichter müßten »der Nachwelt [...] unser Menschenbild« überliefern, und zwar in Verantwortung ihrer im »Volksganzen« verankerten »schöpferischen Kräfte«, deren Besitz sie autorisiere, eine Sendungsaufgabe zu erfüllen. 1935 ist Mell – man könnte sagen, auf der modischen Höhe der Zeit – davon überzeugt, daß der Dichter »selbst autonome volkhafte Tätigkeit« sei. Den »Einklang seiner Gaben [trage] der Genius in wenige, in die Überragenden, die großen Einzelnen, und die vollbringen die Zeit.« Mell fühlt sich dabei als Wahrer der klassisch-romantischen Tradition, so daß er schreiben kann:

> *Was solche Beschaffenheit ist, das konnten wir in bedürftigeren Tagen und können wir immer an dem messen, was wir als Erbe der Zeit Goethes und der Romantik in Händen hatten, und von all dem, was wir heute unter der Bezeichnung »deutsche Bewegung« zusammenfassen.*[47]

Angesichts seiner Mitte der dreißiger Jahre schon erreichten literarischen Anerkennungen und Erfolge glaubt Mell 1935 – zwei Jahre nach den Bücherverbrennungen und während der gerade stattfindenden Gleichschaltung des kulturellen Lebens in Hitlerdeutschland sowie der Vereinheitlichungs-Bestrebungen[48] im österreichischen Ständestaat – an »das Erwachen günstiger Voraussetzungen für die Dichtung, sowohl das Vergangene zu bewältigen als den Zeitläuften vorauszueilen und neue Bindungen an Erde und Leben vorauszugründen.«[49] Daß der deutsch-katholische Österreicher Mell deswegen auch im Deutschen Reich von der herrschenden Literaturwissenschaft als einer jener Autoren gefeiert wurde, deren Werke »am eindeutigsten den Gang und die Wandlung des deutschen Schrifttums« offenbaren würden und gemeinsam mit Erwin Guido Kolbenheyer, Rudolf

G. Binding, Hans Grimm, Hans Carossa, Will Vesper, Ina Seidel, Hans Friedrich Blunck und Hanns Johst zu den repräsentativsten »Kündern und Gestaltern einer deutschen Gemeinschaft«, zu den »uneitlen, selbstlosen Mitarbeitern am neuen deutschen Gesicht« gehören würde, liegt nahe. Albert Soergel hatte in seinem Werk *Dichtung und Dichter der Zeit. Dichter aus deutschem Volkstum* (1934) auf jene drei Aspekte von Mells literarischer Erscheinung hingewiesen, die Mell für die Aufnahme in den deutsch-völkischen Literaturkanon qualifizierten: die Appelle an »Wandlungen nur noch innerer Art« – Mell selbst sprach vom »Aufruhr« des Inneren, des Herzens –, von seinem Antreten gegen die »zuchtlosen Horden«, gegen die »Bolschewiken«, und schließlich seine Appelle an das Sich-Einordnen in die »über uns thronenden unfaßbaren Gewalten.«[50]

Insofern paßte Mell in die »deutsche Bewegung« der Zeit und stand sowohl für den deutsch-völkischen Volkstums- und Mythosdiskurs als auch für den deutsch-katholischen Metaphysikdiskurs zur Verfügung. Verankerung im deutschen Volkstum und zugleich in der Erlösungsbotschaft Jesu – »Herr, gib du den Segen!« hatte Mell in seinem Bekenntnis für Hitler 1938 formuliert – waren keine Widersprüche für ihn. Franz Karl Ginzkey feierte den Autor in seinem *Sonett an Max Mell* im Jahre 1942 anläßlich von Mells 60. Geburtstag ob dessen Leben »in deines Volkes Tiefen« und zugleich in des »Himmels Bläue«.[51]

Daß Mell trotz seiner ab 1940 zunehmenden Distanzierung vom Hitler-Regime von Baldur von Schirach dennoch nicht aus dem Wiener Kulturleben verbannt, ja sogar an prominenter Stelle zum Beispiel in die Grillparzer-Woche (1941) eingebunden wurde[52], mag mit Schirachs herrschaftsstabilisierendem Kalkül zu tun haben, konnte aber zugleich auf ein weiteres konstitutives Identitätsmerkmal Mells zurückgreifen, nämlich auf dessen katholisch-deutsch-völkische Reichsgläubigkeit. Die katholisch-nationale Variante der Reichsidee – Kölner Dom und Wiener Stephansdom: »Welcher Spannungsweite ist deutsches Wesen fähig?«[53] – war für Mell ein unverdächtiger ideologischer Rückzug nach Beginn seines Distanzierungsprozesses vom NS-Staat, zugleich aber diente sie der NS-Kulturpolitik als Bindemittel zwischen dem sogenannten Altreich und der Ostmark.[54]

Nach 1945 war also sowohl der Mythenbearbeiter Mell als auch der christliche Gleichnisdichter im Theaterleben präsent, ganz besonders jedoch das *Apostelspiel* (UA 1924). Es avancierte erst nach 1945 zu dem Klassiker des christlichen Bekenner- und Wandlungsspiels schlechthin, der bis heute auf diversen Spielplänen steht und anscheinend »zu Herzen« geht, so wie es der Spielansager zu Beginn erhofft und am Ende angesichts des positiven Ausgangs des Stücks erfreut verkünden darf: »Die Botschaft ist da und ist ein Pfeil, wie ein junger Adler stößt sie nieder, das Morgenrot auf dem Gefieder, und Euere Herzen sind das Ziel!«[55] Von einem »tröstend Gleichnis«[56] ist die Rede, das dem Publikum »vorgesetzt« werde. Worin besteht dieses? Daß die Rettung der Welt keine Chimäre und dem »großen Tier, das in Frevel gemästet haben wir«[57], Paroli zu bieten sei. Denn die erfolgreiche »Menschwerdung«[58] des bösen, aber in seinem Kern guten und deswegen von Heiligem anrührbaren Johannes sei durch unablässige christliche Beschwörung der Liebe, weitab von Stadt und Zivilisation, mädchenreine Gläubigkeit, gesunde, volkstümliche Naivität und weibliche Opferbereitschaft, demutsvolle weibliche Gewissenserforschung und Nachfolge-Christi-Bereitschaft zu bewerkstelligen, so daß das »Auferstehen«, das »an uns« gelegen sei und das wir uns »ergraben« müssen, das »Reich« »anheben« lasse, »das uns gebricht«?[59]

Aber welche Botschaften hat das Spiel noch im Gepäck oder womit wurde das Genre von Mell noch angereichert? Es ist kein Zufall, daß Albert Soergel das *Apostelspiel* wegen seiner antibolschewistischen und antirevolutionären Ausrichtung schätzte und Mells Antreten gegen die »zuchtlosen Horden«[60] hervorhob. In der Tat trägt einer der beiden männlichen Eindringlinge einen »gelbbraunen russischen Militärmantel«[61] und entpuppt sich als Proletarisierter, der die anarchistische Revolution und nihilistische Gewalt predigt.[62]

Das *Apostelspiel* ist ein Stück und ein Genre für Nachkriegszeiten.[63] Es konnte nach 1945 anscheinend seelisch-geistige

Ordnungs- und Entlastungsbedürfnisse bedienen, insbesondere die beruhigende humanistische Erbauung vermitteln, daß nämlich die Magdalens/Marias alle »Bösen«, nämlich die nihilistischen Aufrührer, zu Guten wandeln werden. Die Mehrheit der Rezensenten lobte denn auch in oft wortwörtlicher Übereinstimmung die natürliche Schlichtheit, die Stille und Innigkeit, das kindlich Reine usw. des Stückes.[64]

Die Bösen – in »abgenutztem Sportanzug und kurzem Pelz« und »russischem Militärmantel und Wickelgamaschen«, die nur rauben oder ihre Revolution machen wollen – hat das Nachkriegspublikum, im Kontext des Kalten Krieges, vermutlich eindeutig identifiziert, auch wenn nur die der KPÖ und der SPÖ nahestehende Presse an das »antibolschewistische« Potential des Stückes explizit erinnerte oder die rhetorische Hohlheit der Botschaft beklagte.[65] Otto Basil, dem Kritiker des *Neuen Österreich*, gelingt es aber, entgegen dem Mellschen Dramentext die beiden revolutionären »bolschewistischen« Buben als frühe Vertreter des nazistischen »Aufbruchs der Nation« zu identifizieren.[66] Das blieb berechtigterweise eine einsame Stimme. Das hatte Mell nie gemeint. Von SS-Stiefeln oder braunen Arisierungskommandos konnte im Text von 1924 noch nicht gesprochen werden.

Warum das Publikum aber angesichts der »Einfältigkeit« und der »Schlichtheit« des Stückes und des Spiels »rasend« zu klatschen, zu trampeln begann, sich Hoch-Rufe leistete und »auch härtere Burschen verräterisch glänzende Augen« bekamen, war dem damaligen Berichterstatter anscheinend nicht klar.[67] »Martin Rathsprechers Theaterbrief« machte sich hingegen folgende Gedanken, die – auf ihre polemische Weise – die Sache im ideologischen Kern trafen. Aber Mells christliche Wandlungsappelle schrieben sich aus anderen Voraussetzungen her, die zum Schluß noch zu erläutern sein werden. In dem »Theaterbrief« hieß es:

Dem Bibelwort, wonach man seine Feinde lieben soll, gibt Max Mell [...] eine sehr konkrete Deutung, die man etwa in die Worte fassen könnte: Liebet eure Strolche, eure Wegelagerer und Brandstifter, eure Mörder und Mädchenhändler. Dies bietet uns der Dichter als christlich und katholisch an, als das höhere Prinzip der »Gnade«, der »Läuterung« gegenüber dem niedrigeren, heutzutage unliterarischen, für mystische Schaustücke gänzlich unverwendbaren, banalen Prinzip der Gerechtigkeit. Und die Kriegsverbrecher, die Stangenhalter und Nutznießer, sie hören es gerne.[68]

Entscheidend ist: Das Spiel ließ keinen erhellenden oder analytischen Blick auf eine vergangene Kriegswirklichkeit und ihre Folgen zu, die aber im Stück explizit angesprochen wird: Magdalen ist eine Kriegswaise, deren einziges Problem ist, daß sie nicht den Taufnamen der Gottesmutter Maria erhalten hat! Freudig nimmt sie ihn in einer adaptierten Taufzeremonie vom gewandelten Johannes entgegen. Das ist der Höhe- und Endpunkt des *Apostelspiels*.

Die oftmaligen Aufführungen des *Apostelspiels* nach 1945 prägten das Bild des Theaterautors Mell in der Öffentlichkeit. Weniger der Autor der *Nibelunge Not*, *Kriemhilds Rache*, der *Sieben gegen Theben* oder gar der Verfasser des *Spiels von den deutschen Ahnen* (UA 1936),[69] das nach 1945 nicht mehr gespielt wurde, konstituierten das Bild Mells, sondern die christlichen Erbauungsstücke der zwanziger Jahre. Mells Ödipus- und Antigone-Bearbeitung *Die Sieben gegen Theben* wurde ein einziges Mal nach 1945 – am Salzburger Landestheater im Jahre 1958 – wieder gespielt. Aus den Reaktionen der Kritik gewinnt man den Eindruck, als ob es sich bei dieser Aufführung bloß um eine Pflichtübung gehandelt habe, um die bildungsbürgerlichen Bedürfnisse eines Provinzpublikums zu erfüllen. Der Kritiker des *Linzer Tagblatts* sprach zwar respektvoll von einem »Ausdruck österreichischer Humanität«, aber zugleich offen von der überholten, unmodernen Schwächlichkeit des Stückes, indem er es unter anderem mit den Stoffbearbeitungen Walter Hasenclevers und Gerhart Hauptmanns verglich.[70] Die Grundsatz-Frage, die anläßlich der Uraufführung der *Sieben gegen Theben* 1934 noch im Mittelpunkt gestanden war, nämlich ob Mell das den Mythos durchdringende Weltgefühl der Antike in die zeitgenössische christliche Welt versetzen könne, spielte nach 1945 keine Rolle mehr. 1934 war sie kontrovers beantwortet worden.[71] Mells eigene Position lief darauf hinaus, am Beispiel der Ödipus-Tragödie seine erlösungs- und entsühnungsmystischen Ideen durch Antigone, die Lichtbringerin, umzusetzen, und das »im tiefsten Sinne Freudige des tragischen Geschehens«, »die Einsicht in die Erlösbarkeit von aller Schuld« zu zeigen.[72]

Magdalen-Maria, Antigone und Dietrich von Bern sind die schuldbefreienden Erlöser- und Erlöserinnenfiguren Mells. Mit *Jeanne d'Arc*, die von Mitgliedern des Burgtheaters bei den Bregenzer Festspielen 1956 (Regie: Josef Gielen) unter Anwesenheit des österreichischen Bundespräsidenten uraufgeführt wurde, schuf Mell Mitte der fünfziger Jahre die verdichtetste Fassung dieser Figuren. Mell bleibt zwar seiner Überzeugung treu, keine Christus-Figur auf die Bühne zu stellen, aber das Spiel ist unübersehbar als Passionsspiel konzipiert, in dem die Gerichtsverhandlung gegen Jesus von Nazareth, wie sie in den Evangelien als Prätext vorliegt, nachgestellt wird. Jeanne-Jesus ist von der Besatzungsmacht (Engländer-Römer) als Gefangene(r) festgehalten, aber noch der geistlichen Gerichtsbarkeit des Bischofs Cauchon (Hohepriester) unterworfen, Jeanne wird den Besatzern durch Herrn von Ligny buchstäblich verkauft, wiederholt wird über die Auslieferung Jeannes aus den Händen des Bischofs Cauchon in die der Engländer gesprochen, sie fürchtet sich nicht, man verdient an ihr »dreißig Silberlinge«, man würfelt um ihr Gewand und verhöhnt sie, und sie wird aufgefordert, sie möge doch ihre Lästerung als Irrtum bekennen, um von der Hinrichtung gerettet werden zu können, schließlich wird sie ausgeliefert. Jeanne-Jesus macht auf einen skeptischen Gottfernen in den Diensten des Königs einen tiefen Eindruck, aus einem Saulus wird ein Paulus. Jeanne ist mehr als die kindlich-naive Magdalen-Maria aus dem *Apostelspiel*, sie ist die Christus-Nachfolge selbst. Über »das Ereignis des christlichen Theaters«, wie die Uraufführung genannt wurde, konnte man in der Presse in der Tradition der Modernitäts-Behauptungen über Mells Theaterstücke zum Teil Erstaunliches lesen:

> *Dieses Drama steht nur scheinbar abseits der Entwicklung des Welttheaters. […] Es ist nahezu die gleiche Sprache, die Brecht [!] spricht. Etwas wie »Verfremdung« müßte herangezogen werden, um den doppelten Boden der Geschehnisse*

und Dialoge bemerkbar zu machen. [...] Das Parabolische ist eklatant, daß wir von einem christlichen Lehrstück sprechen können. Die Struktur hat die fugenlose Strenge und Regelhaftigkeit des Spiels. So weist das Drama in die Zukunft, die allenthalben begonnen hat: in die des anti-illusionistischen Theaters, in die des Bei-Spiels.[73]

Rudolf Holzer hat die Dramatisierung des christlichen Evangeliums im Gewande eines historischen Stückes »mit der reinen, stillen Kraft seines [Mells] seelisch-dichterischen Ingeniums« durch die Inszenierung Gielens folgendermaßen beschrieben: »Geist ward zur Form und Art«[74]. Friedrich Torberg hingegen lobte anläßlich der Wiederaufnahme des Stückes am Burgtheater im Herbst 1956 die »noblen Motive« Mells, kam dann aber auf die künstlerische Leistung zu sprechen, der er nur »Informationszwecke für die reifere Jugend, zumal für die katholische« zusprach.[75]

Bei der gründenden Festsitzung des Österreichischen Kunstsenates am 13. Dezember 1954 hielt Max Mell eine Rede »Über die Kunst«[76], die die wichtigsten Elemente seiner Denkweise und Kunstauffassung zusammenfaßt. Es heißt beispielsweise:

Nein, ich will vor allem als Kind unseres Landes, als Kind unserer Zeit sprechen, als Zeitgenosse, der mit Ihnen erlebt und fragt, sich sorgt und sich freut, geduldig ist und ungeduldig. [...] Ich spreche von der Kunst, und da kann es nur um eines gehen: um das Schöne. [...] Jedem bleibe seine Vorliebe und seine Einschätzung gewahrt, über die vornehmlichsten Punkte aber gibt es nur Einigkeit: daß Schönheit untrennbar verbunden ist mit dem organisch Gewachsenen und dem Beseelten; daß es keine Schönheit gibt, die nicht von innerem Geschehen her bestimmt ist. [...] Ein Stoffliches wird in ihnen [den Künsten] zusammengerafft und zu neuer Ordnung im Kunstwerk genötigt, es geht in das Mittel ein, das der Künstler gebraucht, und dazu wird es entkörpert und von dem ungebärdig Beherrschenden, das die Materie sich immer anmaßt, zum Dienen gebracht. [...] Die nicht erreichte Harmonie hierin ist ihm [dem Werk] tödlich; die erreichte macht es zeitlos: und eben die Zeitlosigkeit ist es, die das Kunstwerk anstrebt. [...] Ja, die Kunst ist dazu da, uns in

Aufruhr zu bringen, in den, der uns von allem Lastenden, Beengenden und Eintönigen frei macht und uns die Räume des inneren Fühlens eröffnet […]. Nun ist die Welt voller Gräber und voll Ruinen, nicht auszutilgen ist es in den Augen, daß sie Hingemordete sahen und daß sie Ruinen spiegelten, und welche eine Glücksfügung vor dem unmittelbaren Erleben bewahrte, denen sind die Vorstellungen nachgegangen und sie haben ihrem Entsetzen nicht ausweichen können. Spreche ich von den Möglichkeiten und den Bedingungen der Kunst in unserer Zeit, muß ich davon sprechen. Weder das Gewissen noch die Phantasie der geistigen Menschen kommt um das herum. […] Ein Tröstliches dürfen wir aus dem nehmen, daß mit allen Trauernden eben die Künstler in diesem Gleichen verbleiben: von dem Gedanken an die Toten, die Geopferten, nicht zu lassen […]. Was aus allen den Prüfungen der Menschen in die Kunst eingeht, legt ihr Kraft zu und Bereicherung eben zur Erfüllung ihrer Sendung. Die aber ist dieselbe, die sie ewig war, Freude zu bringen, und sie wird es wieder tun. […] Vertrauen wir diesen Heilkräften [der Kunst]. Sie quellen aus inneren Gesetzen und diese Gesetze spiegeln höhere. Denn wirklich bauen kann nur der Gereifte. Es war immer österreichische Art, dem Empfangenen und Übernommenen aus eigener Kraft eine harmonische Form zu gewinnen: immer sind es die Harmonischen und die Unabhängigen, die den Besitz dieses Landes ausmachen.[77]

Mell schließt seine bemerkenswerte Rede mit einem griechischen Zitat aus der *Ilias* und bietet folgende Übersetzung: »Auf denn, genesen wir schneller! Die Herzen der Edlen sind heilbar.«[78]

Als Mell 1962 anläßlich seines 80. Geburtstages zum Ehrenmitglied der Österreichischen Akademie der Wissenschaften ernannt wurde, hielten unter anderen Moriz Enzinger und Heinz Kindermann die Festreden, exemplarisch »noch einmal Katholisches und Nationales«[79] und die vorherrschende Rezeptionssituation Nachkriegsösterreichs zu Max Mell dokumentierend. In enger Anschmiegung an die Haltung und Sprachgebung Mells selbst heben die beiden Laudatoren noch einmal die konstitutiven Säulen von Mells Welt-, Geschichts-, Menschen- und Kunstauffassung hervor.[80] Formale wie inhaltliche

»Ordnung« verbürgte »Heilung«. Ein solches Kunst- und Literaturverständnis stand nach 1945 weiterhin und erneut in hohem Kurs: Vor 1945 war es verbürgtes Zeichen deutschen Kunstsinns, nach dem Krieg vornehmlich Beweis humanistisch-abendländischen Geistes, geläuterter Gesundheit nach Zeiten der Prüfung und Ausdruck österreichischer Art. Ohne Probleme boten sich auch die Theaterstücke Mells an, ihnen Zeitlosigkeit, Harmonie, Schönheit, »Aufruhr«, Maß usw. zuzuschreiben, was die Kritik unablässig formulierte.[81]

Mells Stücke befriedigten in der österreichischen Nachkriegskultur nicht nur vertraute Formbedürfnisse, sondern auch Bedürfnisse nach Läuterung und Entsühnung sowie nach bekannten Sinnangeboten metaphysischer Verankerung, nach »Liebe« in Zeiten, in denen zu wenig Liebe sei,[82] und nach österreichisch-abendländischer Selbstverständigung. Die Moderne blieb lange Zeit aber eine »Verbannte« in Österreich: »Rezepte für die Seligkeit bringen Religionen und Philosophie, Rezepte für diesseitiges Wohlergehen Wirtschaftstheorien und politische Doktrinen. All dies ist nicht Aufgabe der Literatur.«[83]

Friedrich Schreyvogl und der Modernismus

»Es kommt nur darauf an, daß man bei der Stange bleibt.«
(Friedrich Schreyvogl, 1970)

Den Spannungsreichtum, mit dem man sich bei der Beschäftigung mit Friedrich Schreyvogl konfrontiert sieht, mögen die folgenden Textpassagen Schreyvogls illustrieren. Sie dokumentieren einige wichtige, sowohl konstante als auch dem teilweisen Wandel unterworfene Konstituenten seines Denkens und Beurteilens, die sein literarisches Schaffen bestimmen und uns zugleich einen Maßstab an die Hand geben, sein eigenes Werk daran zu messen und die Gründe für seine weitere und erneute Präsenz im literarischen Leben nach 1945 zu verstehen.

Als Lehrer für Literatur und Dramaturgie an der Akademie für Musik und darstellende Kunst in Wien seit 1927, als Dozent am Reinhardt-Seminar seit 1930, als Konsulent der Bundestheaterverwaltung seit 1933 und Mitarbeiter der »Österreichischen Länderbühne« seit 1935[84] – im Mai 1934 wurde Schreyvogl illegaler österreichischer Nationalsozialist[85] – schrieb er Mitte der dreißiger Jahre in der *Österreichischen Rundschau* »Grundsätzliches zum österreichischen Theater von heute« und in demselben Organ den Artikel »Die Verzauberung der Welt«.

In ihnen formulierte Schreyvogl unter anderem sein Verständnis des deutsch-österreichischen Wesens, der künstlerischen Arbeit im allgemeinen und der Funktion des Burgtheaters im besonderen. Dazu brachte er – in seinem Aufsatz »Die Verzauberung der Welt« – sein metaphysisch fundiertes, durch Thomas von Aquin, die christliche Geschichtsphilosophie der Romantik, Othmar Spann und Ignaz Seipel geschultes Geschichts- und Gesellschaftsbild auf den Begriff, wobei er sich besonders fasziniert zeigte von den zeitgenössischen biologischen Diskursen, um darauf seine Kunst- und Theaterauffassung aufzubauen und in seine christlich-metaphysischen und zugleich in die aktuellen biologischen Überlegungen einzuordnen. Wie also las sich Schreyvogls »Modernität« in den dreißiger Jahren?

Die Grundlage des »österreichischen Theaters« besteht für Schreyvogl in folgendem:

> *So viel enger der österreichische Raum […] das deutsche Landschaftserlebnis zusammenfaßt, um so beweglicher ist hier [in Österreich] das deutsche Wesen geblieben, das auch auf kleinem Raum für alles eine einzige Formel finden muß. Die eigentliche Bezauberung, die vom österreichischen Wesen ausgeht, ist nicht […] die Gabe deutscher Sonderart oder grenzdeutscher oder gar außerdeutscher Art. Sie ist eine* Sammlung *aller wesentlichen deutschen Eigenschaften […]. Der Österreicher kann im Ausdruck überaus rasch wechseln; er greift ja so leicht immer nach einem anderen Teil seines Wesens. Das gibt unseren Menschen Leichtigkeit, Fülle des Einfalls und die Fähigkeit der Wandlung. Kurzum: Der Österreicher kann den Deutschen am leichtesten darstellen. Er ist der geborene Schauspieler der Deutschen.*[86]

Dementsprechend sprach Schreyvogl damals vom »Burgtheater« als von einem »deutschen Weltspiegel«, der, getragen vom deutschen Österreicher als »Spielführer« und »Regisseur Europas«, das Wesen der europäischen Völker am besten darzustellen in der Lage sei. Das Burgtheater dürfe sich dabei der »reinigenden Deutung des Geistes und der immerwährenden Belebung aus dem Volk« nicht verschließen, um so als »Führer« »unser Theater über den Theatern« zu sein, das »stets deutlich das letzte Ziel« kenne.

In seinem schon erwähnten Grundsatzartikel »Die Verzauberung der Welt« (1937) kann man schließlich nachlesen, worin dieses »letzte Ziel« bestünde und unter welchen Bedingungen der Künstler und damit das Theater ihre modernen politischen [!] Aufgaben zu erfüllen hätten. Schreyvogl holt sehr weit aus, indem er, hauptsächlich gerichtet gegen den »materialistischen Sozialismus«, der vom »höheren Leben« des Menschen nichts verstehe, gemäß seiner christlich-metaphysischen Naturphilosophie das moderne biologische Denken in seine metaphysischen Überlegungen einbezieht. Von dieser Basis aus definiert er die neue politische Rolle der Kunst und deren «letzte Ziele«.

Es geht ihm zuerst darum, jene Ideen und künstlerischen Kräfte zu benennen, die heute dafür verantwortlich seien, das naturhaft »höhere Leben« des Menschen, die »Gewißheit eines eigenen ewigen Lebens« zu bewahren und wieder zu stärken. Jenseits des individuellen Todes gebe es ein überindividuelles Leben, dessen sich der Mensch gewiß sein könne. Deswegen heißt es: »Gerade in der Nähe des Todes erwacht die Gewißheit eines eigenen ewigen Lebens.« Es geht Schreyvogl darum, eine Philosophie der »Überwindung des Todes« bzw. des »Traumes von der Unsterblichkeit des Menschen« zu schreiben. Die Kunst leiste dazu einen entscheidenden Beitrag, nämlich »den Menschen in ihre Wesenstiefe« zu schauen und zugleich »die neue unsichtbar-feste Ordnung im Menschen« zu festigen und »in den Grenzen ihres Wertes«[87] zu halten.

Seine Abhandlung läuft darauf hinaus, dem Menschen in Zeiten »großer Erschütterungen« ein festes und geschlossenes Weltbild zu vermitteln, in dem dieser sein Glück im Wissen um die Eingebettetheit in überindividuelle metaphysische und biologische Kategorien gewinnen soll und so den »Tod« überwinden kann.

Schreyvogl jongliert dabei ideologisch und diskursmäßig sehr geschickt, so daß er einerseits die offiziöse *Österreichische Rundschau* nicht abschreckt, diesen Text zu publizieren, andererseits aber auch die sogenannten nationalen Kräfte beruhigt. Schreyvogl schreibt 1937:

> *Die große Bedeutung, die heute Blut und Boden als Begriff der Zeit haben, ist eine notwendige Folge der großen Erschütterung, die das Leben neben dem Tod seit 1914 erfuhr. […] Immer sucht sich der Mensch in bewegter Zeit das Weltbild* naturhaft *und damit in Gesetz und Ordnung unzerstörbaren Lebens eingebettet zu formen […]. Dem Unsterblichkeitswillen des Menschen waren sie [der nicht metaphysisch durchdrungene Biologismus und der materialistische Sozialismus] nicht naturhaft genug – erst der Begriff des Volks, das Blut und Heimat natürlich einigt, gab dem Gedanken der sozialen Gemeinschaft die Kraft und die Schönheit eines Naturgesetzes. […] Nun wird eben auch eine biologische Planwirtschaft verlangt, ja, der Planungswille drängt bis in die persönliche Sphäre vor. Die Familiengesetze, Rassengesetze und Bodengesetze, die überall jetzt im Norden, Süden und Osten entstehen, werden von den allgemeinen Zeitgedanken der Planung gelenkt, auch wenn es sich jetzt um Bereiche handelt, die vordem jeder Berechnung und äußeren Lenkung entrückt schienen. Daraus ergibt sich für uns eine Seelenlage, die gewiß gefährlich, aber auch einzigartig und großartig ist. […] Man wird es das Jahrhundert der menschlichen Neuordnung nennen. […] Die ganze ungeheure Weltveränderung hat offenbar nur einen Zweck gehabt: die Wiedereinsetzung des Menschen auf seinem großen, schwierigen, aber doch nur naturhaften Platz in der Mitte der Welt und ihrer Formen.*[88]

Die Leserinnen und Leser konnten sich je nach politisch-ideologischem Standort aussuchen, wo sie meinten, daß der »naturhafte Platz« in der »Mitte der Welt« des Menschen besser aufgehoben und beheimatet und von wem er besser beschützt sei, von jenen, die seit 1933/34 die »menschliche Neuordnung« in der Tradition des ehemaligen Kanzlers Ignaz Seipel autoritär durch eine »Seelensanierung« durchführten oder bei jenen, die die »menschliche Neuordnung« für die nächsten tausend Jahre anstrebten, was zwar auf einer »gefährlichen« »Seelenlage« beruhe, die aber auch »einzigartig und großartig« wäre.

Auf dieser Basis gewinnt die Kunst für Schreyvogl eine neue geistig-seelische und damit entscheidende politische Rolle. Er spricht sogar von einer modernen »Weltstunde der Künstler«, die jetzt anbreche. Der wahre Künstler in allen Fächern sei ein »Menschenkundiger, der Erklärer, Deuter, Führer der Seelen« und wichtiger denn je, denn es gehe darum, bis zum »Gefühlsgrund des Volkes« vorzustoßen und das »tiefere Gefühl« des heutigen Menschen »aufzuschließen«. Dies trage zur »innigeren Selbstentdeckung der Menschen« bei. Der wahre Künstler habe dabei die hochpolitische und unverzichtbare Aufgabe, »Einsicht in moralische Vorgänge« und die »sittlichen Entscheidungen einer Seele« zu geben. Nur so könne man »in die innerste Mitte der Schöpfung« schauen, nur so erlange die Kunst das »Maß wirklicher Größe«, wenn sie »in die Höhenluft der moralischen Welt reicht«. Deswegen sei dem »wahren Kunstwerk heute, in Zeiten allgemeiner Verwandlung und Entscheidung, noch mehr als je vorher Raum und Wirkung sicher.« Die außergewöhnliche Wichtigkeit und moderne Wirkkraft der Kunst habe letztlich die Aufgabe, sich der »zeitlosen Wurzel seines [des Menschen] Lebens bewußt [zu bleiben]«, denn nur ein solch bewußter Mensch »kann wahrhaft aufrecht stehen im Sturm der Zeit.«[89]

Schreyvogls wichtigstes Anliegen ist es also, die Kunst als moralische Instanz höchsten Grades, als Seelenführerin in Zeiten des allumfassenden gesellschaftlichen Umbruchs, der Formierung einer »menschlichen Neuordnung«, die eine lebendige und lebensvoll-glückhafte Ordnung wäre, zu installieren. Die Kunst und die Künstler hätten den Menschen nach Schreyvogl im sittlichen Entscheidungskampf zwischen naturhaft-metaphysischer Bewußtwerdung, biologischer Rückbindung an das »Volk« und das »Volkstum« sowie materialistisch-sozialistischer Verblendung im Sinne der beiden ersten Weltbilder zu führen.

Was Schreyvogl in den dreißiger Jahren für moralisch, naturhaft und für notwendig erachtete, daß es durch die Kunst als »unsichtbar-feste Ordnung im Menschen gefestigt und in den

Grenzen ihres Wertes gehalten werde«[90], läßt sich am besten an seinen eigenen literarischen und essayistischen Texten aus der Zeit vor und nach 1938 zeigen.

Schreyvogls eigene »sittliche Entscheidungen einer Seele« hatten ihre unmittelbare Funktion im aktuellen politischen Zeitgeschehen. So bedient sein Stück *Der Tod in Genf* (1933) geistig den Kampf Hitlers gegen den »internationalistischen« Völkerbund. *Der Tod in Genf* sei, so Schreyvogl anläßlich der Uraufführung am Stadttheater Dresden im Oktober 1933, im »Kampf um geistige Erneuerung« und in Überwindung »aller Schwäche vor dem Tod [...] im Glauben an das ewige Dasein des Volkes«[91] entstanden. Es zeigt den Kampf der lebensvollen Jugend gegen den »Tod«, der auch als Vorsitzender der Bevölkerungskommission des Völkerbundes auftritt und verblendeterweise über eine Geburtenbeschränkung um vierzig Prozent berät. Zugleich wird aus romantisch-antikapitalistischem Antrieb heraus eine Attacke gegen das maschinelle Zeitalter geritten. »Aber man kann dem Völkerbund doch wahrhaftig nicht zur Last legen, daß er eine menschenverachtende Politik hervorbringt«, so lautete das Erstaunen der *Neuen Freien Presse*.[92]

Was Schreyvogls so vergeistigt klingendes Gesamtkonzept – künstlerischer Kampf um geistige Erneuerung, Überwindung aller Schwäche vor dem Tod, Vermittlung eines moralischen Entscheidungskampfes und Unterstützung des »geistigen Umsturzes«[93] usw. – handfest politisch macht, wird spätestens klar, als dieselben Formeln in seinen Huldigungsadressen an Hitler und die NS-Bewegung anläßlich der Annexion Österreichs durch Hitlerdeutschland wieder auftauchen. Seine »Todesgemeinschaft der Nation« (1938) aus dem *Langemarckbuch der deutschen Studentenschaft* (1933) und der fiktive »Brief an einen Freund in Amerika« als Nachtrag zur Hitlerschen Volksabstimmung vom 10. April 1933, der unter dem Titel *Ein Sieg des Geistes* 1938 publiziert wurde, sprechen eine deutliche Sprache.

> *Wer als Deutscher die Augen aufschlug [nach dem deutsch-französischen Krieg von 1870/1871], war auch schon unweigerlich in die Kampf- und Todesgemeinschaft der Deutschen hineingeboren. Ein Tatbestand von neuer, beispielloser Größe.*

Man erkannte ihn nicht richtig, bevor er seine Beispiele gab. 1914 begannen sie. 1933 und 1938 wurden sie vollendet im Reiche Adolf Hitlers.[94]

Die bekannten Diskurs-Versatzstücke bekommen plötzlich, gemäß dem immer schon politisierenden Selbstverständnis des katholisch-abendländischen Essayisten Schreyvogl, eine aktuelle politische Dimension und sollten in seinem *Sieg des Geistes* in noch geballterer Form vorkommen. Dieser Text ist eine Hitler-Huldigung und zugleich in fast allen Punkten die Weiterführung von Schreyvogls Denkkonzept. Der Text belegt nicht nur die deterministisch erscheinende Gewalt von Schreyvogls Terminologie und des mit ihm verbundenen Vorstellungsgebäudes, sondern auch den im gesamten Philosophieraum Schreyvogls angelegten Formalismus, der es erlaubt, Heterogenstes über eine Formel zu identifizieren. Daß dadurch den Aussagen Schreyvogls die Glaubwürdigkeitsbasis entzogen wird, hat Schreyvogl nicht reflektiert. Besonders drastisch, aber auch schmerzlich läßt sich dieses nicht nur an seinen Aussagen des Jahres 1938, sondern auch an jenen der Jahre nach 1945 feststellen.

1938 hieß es also: Die Sehnsucht nach dem Reich habe sich jetzt erfüllt, eine »Wendung der Geschichte« habe stattgefunden. Jetzt hätten sich im weltgeschichtlichen Prozeß der »Auseinandersetzungen des Geistes« »die unreinen Teile von dem edlen Metall« getrennt, Hitler sei der Seher und Tatmensch, der schöpferische Gestalter und der »große und folgerichtige Denker«, der auf allen Feldern des Lebens (Wirtschaft, Kunst, Erziehung, Gesundheitswesen, Sport, Staatsaufbau) »die ganze Ordnung« neu schaffen wolle. »Ganz von innen her« sei Deutschland krank gewesen, jetzt seien die Voraussetzungen für eine »innere Auferstehung« geschaffen. Man müsse jetzt im Ausland den »deutschen Menschen ganz erkennen«. Und Schreyvogl fügt in Abänderung seiner bisherigen metaphysisch fundierten Reserve gegenüber biologistischen Vorstellungen hinzu, wie er »aus deutschem Blut und deutscher Rasse erwachsen« sei. Schreyvogl bedient sich des neuen völkischen Wir-Gefühls und erklärt die neue Identität aus den »mythischen Wurzeln unserer völkischen Kraft«. Zudem paraphrasiert er die

Lebensraumvorstellungen der Nationalsozialisten, die aus »natürlichem Recht« erwüchsen und »die keine Macht der Welt uns je abdingen« könne. Mit den neu »Erweckten« sei »eine neue Industrie, eine neue Landwirtschaft, neuer Handel, zugleich mit einer neuen Jugend und einer neuen Kunst, neuer Malerei und neuer Musik« zu schaffen. »Welches hinreißende Bild einer vollkommenen Verwandlung!«

Für die Gläubigen der katholischen Kirche seien der nationalsozialistische Antikapitalismus, die »menschliche Zucht«, die »alles bestimmende Pflichttreue« und die »praktischen Glaubenstaten« der Nationalsozialisten überwältigende Beweise des neuen Geistes. Auch der »bewußte Österreicher« müsse deswegen folgern: »sein Ziel ist erreicht. Durch Adolf Hitler als Gründer des neuen Reiches.« Ein »neuer, dauernder Friede« sei der Welt verheißen, weil der Nationalsozialismus für das »Leben« sei. Die anderen Völker könnten sich sicher fühlen, »denn Deutschland wird ja auch einen Krieg nur führen, wenn er nach seinem neuen Lebensziel unabwendbar ist.«[95]

Schlagen wir den Bogen in die Zeit nach 1945, nachdem Schreyvogl bis 1945 zwar nie das volle Vertrauen der prononciert nationalsozialistischen Parteigänger hatte gewinnen können, aber im kulturellen Leben Wiens und des Deutschen Reiches bis 1945 dadurch präsent gewesen war, daß seine Bücher erschienen und seine Theaterstücke zum Teil mit großem Erfolg aufgeführt worden waren[96], und nachdem seit 1945 gegen ihn das Entnazifizierungsverfahren gelaufen war, das nach einem eingereichten »Gnadengesuch« an den österreichischen Bundespräsidenten im Jahre 1947 positiv beschieden worden war.[97] Schreyvogl hatte in seinem Gesuch darauf verwiesen, daß er »bei allen Irrungen nie sein Wienertum« verraten habe und deswegen um die Möglichkeit zur »Rückkehr zur geistigen Aufbauarbeit«[98] bitte.

Neuerlich in den P.E.N.-Club aufgenommen[99], als prominenter Schauspielkritiker (*Wiener Zeitung*, *Österreichische Neue Tageszeitung*), als Chefdramaturg des Theaters in der Josefstadt seit 1954 und schließlich Vizedirektor des Burgtheaters seit 1955 war Schreyvogl naturgemäß weiterhin und erneut in das literarische und theatrale Leben fest eingebunden[100] und beschäftigte sich mit jenen Fragen, die ihn schon seit seinen Anfängen begeisterten: die Kunst generell, der Sinn und die Aufgabe des Theaters, insbesondere des Burgtheaters, und Fragen der Geschichts-, Staats- und Gesellschaftsphilosophie. Aufschlußreich ist es deswegen, den Äußerungen Schreyvogls zum Beispiel über das (Burg)Theater aus der Zeit vor 1945 jene nach 1945 gegenüberzustellen, um die Art seines geistigen Beitrages zur österreichischen »Aufbauarbeit« festzustellen.

Als Vizedirektor des Burgtheaters publizierte er 1955 seinen großen Essay »Der Weg des Burgtheaters«. Dort heißt es in einer Diktion, die wiederum von einer Art expressionistischem Aufbruchspathos durchzogen ist, aber erst seit den dreißiger Jahren zur festen Formel geworden war:

> *Welches sonderbare Bild bietet also unsere Zeit: der Mensch leidet an nichts so sehr als an den Fesseln, mit denen er sich selbst gebunden hat. Nun führt aber aus jeder Dunkelheit und Unfreiheit nur eben jener innere Fortschritt, jene moralische Revolution, jener geistige Umsturz heraus, der den großen »Zeitstücken« der Vergangenheit, weil ihn ihre Helden als Beispiel vorlebten, ihre Bedeutung gegeben haben. […] Revolutionär ist heute, wer die Menschen endlich wieder zur Bejahung der Welt und der Aufgabe der Menschen in ihr hinreißt, jenes Menschen, den wir meist mit einem Teil seines Wesens, dem schwächsten, auf der Bühne sehen. Zeigen wir ihnen endlich wieder den* ganzen, *lassen wir uns nicht von jenen Millionen überflügeln, die, was sie auch erlebt haben, während wir in den Stücken grübeln und klagen, in der Wirklichkeit schon wieder eine große Welt – und wir in Wien zum Beispiel unser Burgtheater – aufgebaut haben.*[101]

Schreyvogl bemühte in diesem Zusammenhang sogar Friedrich Schiller »in tyrannos«, um zu erläutern, was nottue, um aber zugleich das Theater sozusagen als geistig-seelisches Wiederaufbau-Instrument der Nachkriegszeit zu definieren. Hinter den Sätzen lugen die Vorstellungen Schreyvogls aus dem Jahre 1937 hervor, als er über die Notwendigkeit der Kunst und des Theaters gesprochen hatte, einen »Einblick in die sittlichen Entscheidungen der Seele« zu bieten und das »Miterleben ihres moralischen Kampfes« zu ermöglichen. Um »Aufbau« und

»menschliche Neuordnung« durch »moralische Revolution« ging es schon damals, sogar für die »Ordnung« der Nationalsozialisten, jetzt für den österreichischen Wiederaufbau. Damals, 1938, wären in einem revolutionären welthistorischen Verwandlungsakt die »Fesseln« entbunden worden, heute, 1955, gehe es um den »inneren Fortschritt«, um Positives und Optimismus, nicht um Grübelei und Klage. Denn »die eigentliche Befreiungstat auch unserer Gegenwart« sei die »Aufweckung des größeren Menschen aus der verkümmerten Existenz unserer Zeit«, das heißt die »Erweckung des Drittelmenschen zum ganzen Menschen«.[102] Hatte Schreyvogl noch in den dreißiger Jahren, ganz in der Diktion deutsch-ideologischer Vorstellungswelten über Österreich vom Burgtheater als »deutschem Weltspiegel« und vom »deutschen Weltgeist«, der hier herrschen möge, gesprochen, so hat Schreyvogl seit 1945 seine österreichische Wende vollzogen, indem er seinen Burgtheater-Essay aus 1955 mit dem Hinweis auf sein Stück *Habsburgerlegende* (1932/1933) übergipfelt: »Deutsch« ist nach dem Zweiten Weltkrieg und Holocaust verpönt, nun werden Befreiung, Fortschritt, Optimismus und Aufbruch, die die »nationalen« Aufgaben des Burgtheaters seien, im Zeichen des »unendlichen Österreich«, das unsterblich sei, weil es immer »in uns« gelebt habe und immer nur »dahinter war«, austrifiziert und verwienert.[103] Deswegen kann Schreyvogl 1955 folgende Sätze schreiben:

> *[...] im Kunsterlebnis entsteht am raschesten die Gemeinsamkeit. Wenn je, so haben sich die Österreicher und Wiener in ihrem Nationaltheater, der Burg, als Nation empfunden. [...] Wir werden kein starres Programm haben, aber in unserem modernen Spielplan der Einsicht zustreben, daß es eigentlich großartig ist, in dieser Zeit zu leben, in der aber doch, trotz aller Not und Zerstörung ohne Beispiel, immer wieder das Unzerstörbare, neu Erweckte vor uns steht. Was auch geschieht und uns ängstigt, das, was uns verbindet, wächst, das was uns trennte, zerfällt. [...] Wiederholen wir noch einmal die Aufzählung des alten Hofrats Dürrmoser: was denn in Wahrheit unsterblich sei, nämlich etwas, das nie sterben kann. Die Liebe, der Geist, sagt er, sei so etwas, auch Österreich.*[104]

Auch dann, wenn sich Schreyvogl nach 1945 zu anderen Themen als dem Burgtheater und in anderen als essayistischen Formen äußerte, fühlte er sich gedrängt, auf sein Sprechen als »aus der geistigen Erfahrung des Österreichers«[105] stammend explizit hinzuweisen. Die entleerte Fortschritts- und Erneuerungsideologie grundiert dabei konstant seine Texte und bekommt – im Kontext der Zeit nach dem Holocaust und der Shoah, was Schreyvogl ausblendet –, eine bedrängende Dimension.[106]

Würde man bei der Lektüre der meisten nach 1945 erschienenen Darstellungen und Würdigungen des geistigen und literarischen Profils Friedrich Schreyvogls nicht wissen, daß es sich um Schreyvogl handelt, könnte man meinen, es gehe um Max Mell, denn die meisten der konstitutiven Elemente der Zuschreibungen stimmen mit denen überein, die auch auf Mell angewandt wurden: »Gestalter des Göttlichen und Menschlichen«, »Bildnis eines österreichischen Dichters«, »christliches Lebensgefühl auf grundkatholischem Boden«, »ein Österreicher von Geblüt«, »der modern aufgeschlossene österreichische Katholik«, der »dem Spiegel des Zerfalls der menschlichen Beziehungen zueinander seinen unerschütterlichen Glauben an den Menschen und dessen sieghafte positive Kräfte« entgegenhält und aus einem »ordnungsbereiten Chaos in ein glauben- und friederfülltes neues Leben eine versöhnende Brücke schlägt.« Sogar das, so hätte man meinen können, für Mell reservierte Reden über »ein Menschentum der stillen Selbstbescheidung, der nicht auftrumpfenden inneren Kraft« wird aufgeboten.

Das war alles nicht falsch, aber nur halb richtig. Auf den ersten Blick gibt es eine Reihe von Übereinstimmungen, zum Beispiel die frühe Beschäftigung mit dem christlichen Legenden- und Mysterienspiel, die Adaptierungen des Nibelungen-Mythos während der NS-Zeit, aber auch Ansätze Innerer Emigration gegen Ende der NS-Herrschaft[107], das Interesse der beiden am Gleichnis und an innerer Wandlung sowie speziell am Leben Jesu[108] oder ihre kontinuierliche Eingebundenheit in das literarische Leben seit den zwanziger Jahren über alle politischen Zäsuren hinweg. Aber die Unterschiede sind größer als die Übereinstimmungen.

Der stärkere Hang zum Literaturbetrieblichen, zur österreich-ideologischen Durchdringung nach 1945 und seine ausgeprägte Neigung zum weit ausholenden, immer auf der Höhe des modernistischen und deswegen leicht instrumentalisierbaren Diskurses befindlichen Philosophieren hebt Schreyvogl von Mell ab. Dazu kommt, daß Mells Denken stärker vom Schuld- und Sühne- sowie Erlösungsgedanken geprägt war und die wandelnde Kraft der vorgelebten Jesus-Nachfolge im Auge hatte. Schreyvogls Denken war hingegen stärker politisierend, indem er seine Befreiungs- und Erneuerungs-Ideologie jeweils mit jenen Inhalten auflud, die gerade opportun waren.

Das Stück, mit dem Schreyvogl am meisten reüssierte, war zweifellos die Komödie *Die kluge Wienerin*. Sie wurde während der Jubiläums-Festwoche des Alten Theaters Leipzig am 14. Oktober 1941 in der Inszenierung von Sigurd Baller uraufgeführt und erlebte sowohl vor als auch nach 1945 die meisten Aufführungen auf deutschsprachigen Bühnen. Sie soll insgesamt an ca. 100 Theatern an ca. 1500 Abenden gespielt worden sein.[109] Nach dem Krieg wurde das Stück bis in die siebziger Jahre vom Wiener Akademietheater ebenso gespielt wie zum Beispiel vom Salzburger Landestheater, den Städtischen Bühnen in Flensburg und Bern, vom Wiener Raimundtheater ebenso wie vom Wiener Volkstheater.

Sowohl in bezug auf dieses Stück als auch auf seine *Titania* (1943) hoffte Schreyvogl, daß die Komödien vom »innersten Wesen der Wienerin, ihrer Liebeskraft, ihrem Lebensmut und der Klugheit«[110] belebt seien und daß seine »Helden« »einen Abglanz seiner Wiener Heimat und ihres Wesens mit auf den Weg erhalten haben möchten.«[111]

Als *Die kluge Wienerin* 1942 am Deutschen Volkstheater aufgeführt wurde, lobte die Kunstkritik zwar hauptsächlich das »anmutige« und »geistreiche« Werk, die »tänzerische Leichtigkeit« und »die Aura geistiger Unterhaltung«, nicht ohne in einem Satz auf eine Dimension des Stückes hinzuweisen, die niemals später mehr angesprochen wurde, weil nach 1945 entweder nur mehr das angeblich reizend Wienerische des Stückes oder sein Anachronismus – trotz seiner Beliebtheit bei den Spielplangestaltern – im Vordergrund der Kritik stand.

1942 hatte es im *Wiener Mittag* plötzlich geheißen:

Der Autor versteht es, auf einem Gebiet, auf dem sich die Sphären höchst privater Gefühle und die staatlicher Interessen recht gefährlich schneiden, schwerelos plaudernd auch nachdenklichere Dinge, ja fast Probleme zur Sprache zu bringen.[112]

Edwin Rollett sah 1951 nur die »freundliche[n] Scherze« und die »leise ironischen, wienerischen Selbstschmeicheleien«, während es dem *Kleinen Volksblatt* eigenartig vorkam, daß die typische Wienerin justament die »Lebensgefährtin eines geschiedenen Besatzungsoffiziers« sein müsse, aber von der Grazie und dem »Scharm« der Susi Nicoletti, die die markomannische Daswina spielte, hingerissen war. Die *Arbeiter-Zeitung* fragte 1961 nur, ob nicht aus der Musical-Fassung des Stückes durch Hugo Wiener/Juan Delgada (Inszenierung: Karl Farkas), die 1961 im Raimundtheater gespielt wurde, lange Passagen zwecks Verhinderung von Langeweile gestrichen werden könnten.

Als schließlich das Volkstheater Mitte der siebziger Jahre das Schreyvogl-Stück noch einmal aufnahm, stieß sich sogar Viktor Reimann daran, daß die kluge Wienerin nur »nett« und »liab« sei und daran, daß die römischen Offiziere nicht Herrschaft und Krieg, sondern nur Liebe und Wein im Kopf hätten. Die *Kluge Wienerin* falle zu wohlwollend aus. Dies richtete sich wohl gegen die Inszenierung von Jürgen Wilke. 1941 mag das Stück »eine ganz kleine Demonstration gegen die reichsdeutsche Überfremdung«[113] gewesen sein, so Reimann in Erinnerung an die Legende vom wienerisch-österreichischen Widerstand des Theaters gegen die reichsdeutschen, unkünstlerischen Nationalsozialisten.[114]

Hugo Huppert schließlich betrachtete das gesamte Volkstheater-Unternehmen bloß als »Theaterdienst am ›Jahr der Frau‹«. Aber auch Huppert trifft nicht den Punkt des Stückes, wenn er die »nicht heilvoll inspirierte« Textvorlage Schreyvogls für die »antike Urmutter der schönen, gescheiten Weanerin« auf folgende Problematik fixieren will: »Die eigentliche Problematik einer auf Sklavenausbeutung und Militarismus gegründeten Scheinprosperität geht dabei verkannt vor die Hunde.«[115]

Aber *Die Kluge Wienerin* ist weder ein Stück der wienerischen Demonstration gegen die »Überfremdung« noch antimilitaristisch. Der Kritiker des *Wiener Mittag* aus dem Jahre 1942 hatte es schon angedeutet: Im Gewand eines »reizvollen Lustspiels«[116] bringt Schreyvogl »schwerelos plaudernd« »fast Probleme zur Sprache.«[117]

Das Geschehen um die Markomannin Daswina aus dem Jahre 175 n. Chr., die mit dem geschiedenen Chef der römischen Besatzer, Pallas, zwei gesunde, uneheliche Kinder hat, läuft darauf hinaus, dem in Vindobona auf Besuch weilenden Kaiser Marc Aurel mit weiblichem Charme eine Änderung der gültigen römischen Erbgesetze zugunsten der unehelichen Kinder Daswinas/Pallas' abzuringen. Dies gelingt ihr auch per »legitimatio per rescriptum principis.« Denn auf die »besten Früchte der Wildnis«[118] könne nicht verzichtet werden.

In der Tat stehen in dem Stück Sätze, die sich – im Kontext der aktuell gültigen Nürnberger Rassengesetze seit 1935 – wie widerständige anhören. Der kaiserliche Rechtsgelehrte Orphitianus, ein bornierter Pflichterfüller, sagt zum Beispiel: »In Rom wächst das Leben nur, wie das Recht es zuläßt. Was daneben wuchert, wird abgetrennt.«[119] Aber mit Aufmüpfigem hat das nichts zu tun. Denn letztlich ist es sogar der römische Kaiser selbst, der per höchster Weisung angesichts des Vorliegens ehelicher Unfruchtbarkeit (Pallas/Acilia Vera), aber unehelichem Kindersegen, noch dazu mit einer Markomannin, in die der oberste Besatzungsoffizier überdies verliebt ist, eine Ausnahmeregelung trifft. Der römische Kaiser, dessen Besatzungstruppen von allem Anfang ganz friedlich sind und erst in Vindobona zu wirklichen Menschen veredelt werden,[120] handelt aus jenen Motiven, die im »kleinen Prolog« des Stückes genannt werden und im Wien der Gegenwart spielen: »Man holt sich die neuen Römer von dort her, wo die Herren Roms das gesündeste Blut erkennen. Man sichtet die Ernte der Liebesfrucht nach ihrem Wert.«[121] Außerdem hat Daswina erreicht, was sie erhoffte, nämlich, daß die Gesetze sogar dem römischen Kaiser ähnlich sehen!

Angesichts solcher Textpassagen fällt es schwer, hier von Innerer Emigration zu sprechen. Vielmehr lenken sie davon ab, daß in Wien seit 1938 »auf der Basis der Nürnberger Rassegesetze die systematische Ausgliederung der Juden aus der Gesellschaft« bis hin zur »Abschiebung aus dem Wahrnehmungsfeld und Vernichtung«[122] stattfand. Das gesamte Stück handelt ausschließlich von dem Konflikt zwischen gültigem Erbrecht für eheliche Kinder und Erbmöglichkeiten für uneheliche, aber «blutsmäßig« gesundem Nachwuchs, also zwischen herkömmlicher Moral und notwendiger völkischer Blutauffrischung, wie es die Nationalsozialisten zum Beispiel im rassistisch fundierten Projekt »Lebensborn« institutionalisierten. Daß es Schreyvogl gelang, diesen aktuellen Konflikt in einem Gewand zu präsentieren, das dem Publikum noch dazu vorgaukelte, es seien die Frauen, insbesondere die klugen Wienerinnen, die in Erbrechtsfragen das Sagen hätten[123], mag man als seine »künstlerische« Leistung betrachten. Das Publikum damals unterhielt sich anscheinend blendend: »Der Dichter wurde begeistert gefeiert« ob des »ungemein unterhaltenden, gedankenreichen und scharmanten [!] Stückes«; einer »Komödie der Heiterkeit, des Herzens und des Geistes.«[124]

Daß man nach 1945 auf solche Heiterkeit nicht verzichten wollte, liegt in der Natur der Nachkriegszeit.

ANMERKUNGEN

1 Die Dramen-, Szenen- und Pantomimenproduktion von Max Mell (M.M.) beginnt schon im Jahre 1900. Vgl. Christoph Heinrich Binder: M.M. Beiträge zu seinem Leben und Werk. – Graz 1978, S. 147ff. (Bibliographie der Werke M.M.s).

2 Am häufigsten kam *Das Apostelspiel* zur Wiederaufführung, und zwar in den Jahren 1948, 1952, 1953, 1955, 1957, 1958, 1960, 1962, 1966, 1972, 1979, 1983, 1986, 1991 in Graz, Wien, Feldkirch, Salzburg, Baden, Bregenz, Arnfels, Regensburg und Innsbruck. Diverse Tournee-Produktionen sind nicht berücksichtigt. Das Akademietheater (Regie: Walter Davy) spielte es ebenso wie das »Feldkircher Studio« (Aufführung gemeinsam mit Rudolf Henz' *Wächterspiel*), das »Salzburger Schauspielseminar« im Studio St. Peter, das Burgtheater, das Theater für Vorarlberg, die Volksbühne Blaas oder die Österreichische Länderbühne. Das Stück wurde zudem zu einem Schulbuch- und Anthologie-Klassiker der Nachkriegszeit.
Das Schutzengelspiel wurde 1958 bei den Grazer Sommerspielen im Stephaniesaal und im Hof des Grazer Landhauses gespielt. *Das Nachfolge-Christi-Spiel* kam 1953 im Theater in der Josefstadt (Regie: Rudolf Steinboeck) zur Aufführung sowie 1960 im Rahmen der Wiener Festwochen im Arkadenhof der Stallburg (Regie: Adolf Rott). *Ein altes deutsches Weihnachtsspiel* (mehrfach zwischen 1920 und 1931 publiziert) wurde 1958

vom Schönbrunner Schloßtheater durch Mitglieder des Reinhardt-Seminars (Regie: Otto Ambros) gegeben, erneut im Jahre 1960. *Die Sieben gegen Theben* wurden in einer Neufassung 1958 vom Salzburger Landestheater gespielt (Regie: Fritz Klingenbeck) und 1982 als Lesung im Redoutensaal vorgetragen. *Der Nibelunge Not* (1. Teil) wurde 1964 auf das Programm der Burgenländischen Landesbühne (Direktion Otto Kery) gesetzt. Vom *Spiel von den deutschen Ahnen* (UA Burgtheater, 1936) konnte nach 1945 keine Aufführung eruiert werden.

3 Im Jahr der Uraufführung von *Kriemhilds Rache* gastierte das Burgtheater mit dem Stück bei den Grazer Festspielen in einer Freilichtaufführung. Obwohl auch Mells zweiter Teil seiner Nibelungen-Bearbeitung zu einem beliebten Lesebuchstück wurde, blieben diese Aufführungen des Jahres 1951 die einzigen bisher feststellbaren. *Jeanne d'Arc* erlebte die Uraufführung im Juli 1956 bei den Bregenzer Festspielen als Gastspiel des Burgtheaters (Regie: Josef Gielen). Im September 1956 wurde das Stück auch in Wien gespielt. 1969 übernahm in Graz der junge Gerald Szyszkowitz für den erkrankten Klaus Gmeiner die Regie. 1981 gab es am Grazer Schauspielhaus eine Lesung. *Paracelsus und der Lorbeer* erlebte seine Fest-Uraufführung anläßlich der Wiedereröffnung des Grazer Schauspielhauses im Jahre 1964. 1981 gab es eine Lesung aus diesem Text am selben Ort.

4 Z.B. *Karfreitag* (UA 1920, Wiener Komödienhaus); *Auferstehung. Eine dramatische Legende* (UA 1923, Stadttheater Gotha); *Der zerrissene Vorhang. Ein dramatischer Zyklus* (UA 1920, Stadttheater Klagenfurt); *Das Mariazeller Muttergottesspiel.* Volksstück für die Laienbühne (UA 1924, Festspielhaus Mariazell), Neufassung unter dem Titel *Die heilige Familie* in Innsbruck 1931, »Spielleute Gottes« der Laienspielbewegung »Christlich-deutsche Volksbühne« führen das Stück in der Regie von Friedrich Schreyvogl (F.S.) auf; *Legende in Mazedonien* (UA 1930).

5 Jedenfalls konnten Aufführungen dieser Kategorie der Stücke F.S.s nach 1945 nicht eruiert werden.

6 Z.B. *Johann Orth* (UA 1928, Deutsches Volkstheater Wien), Neufassung unter dem Titel *Habsburgerlegende* (UA 1932, Burgtheater); *Reiterattacke* (UA 1935, Deutsches Volkstheater Wien, Festvorstellung zugunsten der unter dem Ehrenschutze des Bundeskanzlers Dr. Kurt Schuschnigg stehenden Aktion »Weihnachten der Heimat«; Die Autorschaft F.S.s ist, obwohl der Autor sie nie in Abrede stellte, umstritten: vgl. Hans Weigel: November 1918 – März 1938. – In: Das Neue Volkstheater. Festschrift. Hg. Volkstheater GmbH. Wien 1980, S. 37. (Weigel deutet an, daß F.S. in Zeiten ständestaatlicher Zensur seinen Namen hergegeben habe, um das Stück auf die Bühne bringen zu dürfen. Wer der wirkliche Verfasser gewesen sei, sagt Weigel nicht. F.S.s Stück ist die habsburgisch verklärende Fassung des Prinz-von-Homburg-Motivs); *Die kluge Wienerin* (UA 1941, Leipzig).

7 Viktor Suchy: Worte am Grabe F.S.s. – In: Wiener Bücherbriefe, April 1976.

8 Z.B. *Das brennende Schiff* (UA 1927, Prag); *Der dunkle Kaiser* (UA 1929, Godesberg); *Der Tod in Genf* (UA 1933, Dresden); *Der Mann in den Wolken* (UA 1937, Deutsches Volkstheater Wien); *Das Liebespaar* (UA 1940, Stadttheater Leipzig; weitere Aufführungen am Akademietheater 1940 unter der Regie von Adolf Rott); *Titania* (UA 1943, Leipzig); *Der Liebhaber*

(UA 1951, Konstanz); *Der weiße Mantel* (UA 1952, Salzburg). F.S. adaptierte darüber hinaus eine Vielzahl von fremdsprachigen Stücken (u.a. von Maxwell Anderson 1935, Emmet Lavery 1936, Nikolaus Asztalos 1940, Zsigmund Moricz 1945, Thornton Wilder 1951, Julien Green und Carlo Goldoni), arbeitete einige seiner Stücke zu Hörspielen um und schrieb seit den dreißiger Jahren ca. 15 Film-Treatments, die bekanntesten davon zu den Filmen *Unsterblicher Walzer* (1939), *Der Tanz mit dem Kaiser* (1942), *Das vierte Gebot* (1950), *Der Kaiserwalzer* (1952), *Ewiger Walzer* (1954) und *Echo der Berge* (1954).

9 *Die kluge Wienerin* wurde 1950 am Landestheater Wittenberg (Regie: Fritz Herterich), 1951 am Akademietheater (Regie: Ulrich Bettac) und am Salzburger Landestheater aufgeführt, 1951 und 1957 als Hörspiel im österreichischen Rundfunk gesendet (Regie: Hans Nüchtern), 1954 an den Städtischen Bühnen in Flensburg und 1959 am Berner Stadttheater, 1961 als Musical am Wiener Raimundtheater und 1975 am Volkstheater gespielt. Weitere Aufführungen konnten nicht eruiert werden.
Die »märchenhafte Komödie« *Titania* (UA 1943 als Auftragswerk im Rahmen der dritten Leipziger Uraufführungswoche, veranstaltet vom Reichsministerium für Volksaufklärung und Propaganda im Städtischen Schauspielhaus Leipzig, Regie: Sigurd Baller) liegt auch als »Entwurf zu einem Film« (geschrieben von Georg Jacoby und F.S.) für die Ufa aus dem Jahre 1944 vor (vgl. Berlin Document Center, Akte F.S.). Das Stück wurde 1944 am Akademietheater 25mal gespielt, 1950 als Hörspiel gesendet und kam zwischen 1950 und 1953 in Konstanz, Graz und Celle zur Aufführung. Weitere Daten konnten nicht eruiert werden.

10 Vgl. F.S.: (geb. 17. Juli 1899). Bibliographie 1917-1957. – In: Wort in der Zeit, 1957, H. 10, S. 632-634.

11 Vgl. F.S.: Nachwort. – In: ders.: Die große und die kleine Welt. Wien 1970, S. 311.

12 c.m. (= Carl Marilaun): Bei M.M. vor seiner Burgtheaterpremiere. Der Dichter der »Sieben gegen Theben« über sein Schaffen. – In: Neues Wiener Journal, 22.2.1934.

13 Walter Titz: Der »unpolitische« Schriftsteller als offiziöse »Andachtsfigur«. – In: Neue Zeit, 9.11.1982.

14 Zu den deutschen und österreichischen Preisen, Ehrungen und Funktionen M.M.s vgl. Karl Müller: Zäsuren ohne Folgen. Das lange Leben der literarischen Antimoderne Österreichs seit den dreißiger Jahren. – Salzburg 1990, S. 287.

15 Z.B.: G.K.B(ienek).: Germanischer Abend im Burgtheater. – In: Weltpresse, o.D; Dr. Herta Singer: Zeitbombe 1943 [!] im Burgtheater. Eines Konjunkturdramas zweiter Teil. – In: Der Abend, 9.1.1951; Jen.: Völkischer Vorstoß im Burgtheater. – In: Volksstimme, Wien, 9.1.1951; Richard Hoffmann: Faschistische Provokation im Burgtheater. – In: Österreichische Zeitung, 9.1.1951; Elisabeth Lanzer (= Elisabeth Freundlich): Unsere liebe Not – und kein Ende. In: Tagebuch, Jg. 6 (1951), Nr. 2: »Kein Weg zur Humanität. [...] Tut uns nicht vor allem der nüchterne Geist der Aufklärung not? [...] Kein künstlerisches Argument ist so stark, daß es der kulturpolitischen Frage nach dem Warum dieser Aufführung entgegengestellt werden kann.«

16 Jen. (Anm. 15). Ein Kritiker des *Südkurier* (Konstanz) bestätigt die auf den ersten Blick unglaublichen Behauptungen des kommunistischen Kritikers

auf seine Weise: »Auch die Steppe, die unendliche, drohende, und ihre wilden unabsehbaren Horden jagen dem Zuschauer keine Schauer über den Rücken, – obwohl das Thema wahrlich aktuell wäre!«

17 O.B. (= Otto Basil): Burgtheater: »Kriemhilds Rache«. – In: Neues Österreich, 9.1.1951; vgl. auch: Kurt Frieberger: Der Nibelunge Not. – In: Salzburger Nachrichten (?), o.D.; Robert Mühlher: Der Nibelunge Not. – In: Die Warte, 11.4.1953; Rudolf Holzer: M.s zweites Nibelungen-Drama. – In: Die Presse, 9.1.1951.

18 c.m. (Anm. 12).

19 M.M.: Aus der dramatischen Dichtung »Der Nibelunge Not«. Zweiter Teil. – In: Wort und Wahrheit 5 (1950), S. 909-917.

20 M.M: Die Sieben gegen Theben. – In: ders.: Gesammelte Werke. Bd. 2. Wien 1962, S. 77.

21 Siegfried Melchinger: Nibelungen-Komplex. – In: Wort und Wahrheit 1951, S. 159f.

22 F.S.: Kriemhilds Rache. – In: Neue Wiener Tageszeitung, 9.1.1951; Rudolf Holzer: M.M.s zweites Nibelungen-Drama. – In: Die Presse, 9.1.1951; Ernst Scheibelreiter: M.M.s Nibelungen. – In: Wiener Tageszeitung, 2.3.1952.

23 Kurt Frieberger: Der Nibelunge Not. – In: Salzburger Nachrichten (?), o.D.; Melchinger (Anm. 21), S. 159f.

24 Holzer (Anm. 17).

25 Scheibelreiter (Anm. 22).

26 Peter Roessler: Studien zur Auseinandersetzung mit Faschismus und Krieg im österreichischen Drama der Nachkriegszeit und der fünfziger Jahre. – Köln 1987, S. 211 u. 209ff.

27 -g-: M.M.s »Kriemhilds Rache«. – In: Salzburger Nachrichten, 9.1.1951.

28 Hoffmann (Anm. 15).

29 Scheibelreiter (Anm. 22).

30 Rudolf Holzer: M.s »Nibelungen« auf dem Schloßberg. – In: Die Presse, o.D. (Juli 1951). Über Rotts Inszenierungspraxis während der NS-Zeit vgl. Evelyn Deutsch-Schreiner: Theater im Reichskanzleistil. – In: Macht Literatur Krieg. Hg. Uwe Baur u.a. (im Druck).

31 M.M. (Anm. 19), S. 913.

32 Jen.; Hoffmann (Anm. 15).

33 M.M.: Kriemhilds Rache. – In: Gesammelte Werke (Anm. 20). Bd. 2, S. 230.

34 Ebd., S. 250.

35 Eduard von Danszky: Wie Liebe zujüngst mit Leide lohnt. – In: Volkszeitung, 25.1.1944; Zeno von Liebl: M.M.: »Der Nibelunge Not«. – In: Neues Wiener Tagblatt, 25.1.1944.

36 M.M.s *Die Sieben gegen Theben* waren schon im Frühjahr 1943 von Schauspielschülern des Burgtheaters als 300. Aufführung des »Schönbrunner Seminars« im Schloßtheater gespielt worden (vgl. Ilse Nerber: »Die Sieben gegen Theben«. – In: Volkszeitung, 1.4.1943). Seit dem Herbst 1943 wurde das Stück in der Josefstadt gegeben (vgl. Liebl [Anm. 35]).

37 Danszky (Anm. 35). Zum politisch-ideologischen Kontext dieser Uraufführung: Rede Görings vom 30.1.1944 über die Stärkung des Wehrwillens der deutschen Soldaten durch die Erinnerung an die »Nibelungentreue« vgl. Roessler (Anm. 26), S. 204.

38 Danszky (Anm. 35).

39 Pawek bezieht sich dabei auf eine Stelle in der *Nibelunge Not*. Brunhilde sagt zu Siegfried: »Wehe, wenn eins aus dem Blute verliert, daß in ihm Schatten der Götter mitschreiten, daß in ihm Schatten der Riesen mitschreiten [...].« M.M. (Anm. 33), S. 230.

40 Dr. Karl Pawek: Der Nibelunge Not. – In: pause, Jg. 9 (1944), H. 1, S. 22.

41 Vgl. Müller (Anm. 14), S. 287ff.

42 Nach Inge Jens: Dichter zwischen rechts und links. – München 1971, S. 227.

43 Vgl. Gerhard Renner: Österreichische Schriftsteller und der Nationalsozialismus (1933-1940). Der »Bund der deutschen Schriftsteller Österreichs« und der Aufbau der Reichsschrifttumskammer in der »Ostmark«. – Frankfurt a.M. 1986, S. 291.

44 M.M.: Am Tage der Abstimmung. 10. April 1938. – In: Heimkehr ins Reich. Hg. Heinz Kindermann. Leipzig 1939, S. 360.

45 Akte M.M., Berlin Document Center.

46 Akte M.M., Wiener Stadt- und Landesarchiv.

47 M.M.: Dichtkunst unserer Zeit. In: pause, Jg. 1 (1935), H. 1, S. 20.

48 Vgl. Friedbert Aspetsberger: Literarisches Leben im Austrofaschismus. Der Staatspreis. – Königstein/Ts. 1980.

49 M.M. (Anm. 47).

50 Albert Soergel: Dichtung und Dichter der Zeit. Dritte Folge. 2. Aufl. – Leipzig 1935, S. 7 u. 107ff.

51 Franz Karl Ginzkey: Sonett an M.M. (1942). Nach: Hans Vogelsang: M.M. Wahrer des Maßes und der Ordnung. – In: Österreich in Geschichte und Literatur, 1957, H. 1, S. 14.

52 Zum 60. Geburtstag erhielt M.M. überdies den Ehrenring der Stadt Wien. Der NS-Gaudienst (Rathausnachrichten vom 9.11.1942) würdigte ihn als eine dichterische Persönlichkeit, die »alles aus einem tiefen Wissen um die Kräfte, aus denen Volkstum und Heimat unversiegliches Leben gewinnen«, schaffe. Der prononciert nazistische F. Stüber hingegen konnte sich verdeckter Satire nicht enthalten (vgl. Fritz Stüber: Legendenspiel ums Dichterherz. – In: Neues Wiener Tagblatt, 10.11.1942.) – Zur Grillparzer-Festwoche und zur Rolle des Gauleiters vgl. Evelyn Schreiner: Nationalsozialistische Kulturpolitik in Wien 1938-1945 unter spezieller Berücksichtigung der Wiener Theaterszene. – Wien, Diss. 1980, S. 219ff.

53 M.M.: Kölner Dom und Stephanskirche. – In: Kölnische Zeitung, 11.11.1942.

54 Vgl. Müller (Anm. 14), S. 298ff.

55 M.M.: Das Apostelspiel. – In: Gesammelte Werke (Anm. 20) Bd. 1, S. 166.

56 Ebd., S. 132.

57 Ebd., S. 131.

58 Ebd., S. 164.

59 Ebd., S. 132.

60 Soergel (Anm. 50). Bei der Uraufführung im Jahre 1924 scheute man sich noch nicht, das »Antibolschewistische« des Stückes und damit einen der zentralen ideologischen Kerne des *Apostelspiels* zu benennen: vgl. Dr. Viktor Lederer: Uraufführung in Prag. – In: Neues Wiener Journal, 7.5.1924. Vorsichtiger, aber dennoch irritiert reagierte der Kritiker der *Arbeiter-Zeitung*: »sonderbar wie unglücklich politisch sektiererisch« (Otto Koenig: Das Apostelspiel. – In: Arbeiter-Zeitung, 5.10.1924).

61 M.M. (Anm. 55), S. 137.

62 1922 hatte Hugo von Hofmannsthal eine ähnliche Figur, den Bettler, in seinem *Salzburger Großen Welttheater* auf die Bühne gestellt, der ebenfalls – plötzlich – gewandelt wird und damit das Gebäude einer tausendjährigen abendländischen Weltordnung rettet.

63 In der unmittelbaren Nachkriegszeit versuchte man, an die Passionsspieltradition anzuschließen. Vgl. z.B. Rudolf Henz: Die Erlösung. (UA durch die Stephansspieler 1949).

64 Z.B. Edwin Rollett: M.M.s »Apostelspiel«. – In: Wiener Zeitung, 6.1.1953; L-: Wiedersehen mit dem »Apostelspiel«. – In: Welt am Montag, 15.1.1953; Rudolf Kroyer: M.M.: »Das Apostelspiel«. – In: Neue Wege XIII (Jänner 1958), S. 34f.; Dr. J. (= Hedwig Jürg): Die Kraft des Großen und des Kleinen. – In: Kleines Volksblatt, 6.1.1953; Rudolf List: »Apostelspiel« als Gabe und Dank. – In: Süd-Ost-Tagespost, 11.11.1962.

65 Vgl. -H-: Zwei ungleiche Einakter im Akademietheater. – In: Österreichische Zeitung, 10.1.1953; Felix Hubalek: Zwei Apostel und ein Apollo. – In: Arbeiter-Zeitung, 6.1.1953.

66 O.B. (= Otto Basil): M. und Giraudoux im Akademietheater. – In: Neues Österreich, 6.1.1953.

67 Rudolf Bayr: Sensationeller Wiener Bühnenabend. – In: Salzburger Nachrichten, 5.11.1953.

68 Martin Rathsprechers Theaterbrief. – In: Tagebuch 8, 24.10.1953.

69 *Das Spiel von den deutschen Ahnen* wurde am 12.2.1936 am Burgtheater uraufgeführt. Weitere Inszenierungen gab es 1936 in der Regie von Josef Gielen am Staatstheater Dresden, in München, Graz (Gastspiel des Burgtheaters) und am Schönbrunner Schloßtheater (Februar 1938). Die bedrohte bäuerliche Familie, der bedrohte Hof, die bedrohte Sitte (durch Abtreibung), die Darstellung gesellschaftlicher Probleme in der Optik des Naturhaften, der Stadt-Land-Diskurs und die Rettung durch die Kraft der »jungen« Ahnen, die leibhaftig auftreten und sich »in ihrer Liebe zu deutscher Art und Wesenheit« mit ihren Nachfahren finden, sind Aspekte des volkstümlichen Heimatdiskurses der Zeit. Auf der Bühne sei das Drama »gleichsam zelebriert« worden. Vgl. Erwin Rieger: Burgtheater. »Das Spiel von den deutschen Ahnen«. – In: Neue Freie Presse, 13.2.1936; Otto Stoessl: M.M.s »Spiel von den deutschen Ahnen«. – In: Wiener Zeitung, 13.2.1936.

70 Dr. H.B.: »Die Sieben gegen Theben«. – In: Linzer Tagblatt, 17.5.1958.

71 Vgl. Hanns Saßmann: Burgtheater. – In: Neues Wiener Journal, 23.2.1934. Er kam zu folgendem Ergebnis: »M.s. Tragödie kann [...] auf uns nur eine ästhetische, also eine bedingte und keine ideologische, also keine unmittelbare Wirkung üben.« Dagegen schrieb *Der Stürmer* (Wien): »Der Mythos vom Sohn, der den Vater erschlug und die Mutter freite, von einer entarteten jüdischen Psychoanalyse – in Amerika allgemein ›the jewish science‹ genannt – in widerlichster Weise ausgeschrotet, wirkt hier in seiner ganzen unheimlichen Furchtbarkeit und Schicksalshaftigkeit. Es ist dem Burgtheater zu danken, daß es mitten unter einem Wust allgemeiner Theatermache einen deutschen und arischen Dichter hat zu Worte kommen lassen.« (O.V.: Bühne. – In: Der Stürmer, 3.3.1934.)

72 Louis Barcata: M.M. über »Die Sieben gegen Theben«. Gespräch mit dem Dichter. – In: Chronikbeilage der Neuen Freien Presse, 2.3.1934.

73 sm: Ein Ereignis des christlichen Theaters. – In: Salzburger Nachrichten (?), o.D.

74 Rudolf Holzer: Überzeitliches Jeanne d'Arc-Drama. – In: Die Presse (?), o.D.

75 Friedrich Torberg: Im Burgtheater. Reprise als Premiere. – In: Forum, Jg. 3 (1956), H. 34.

76 M.M.: Über die Kunst. – In: Wissenschaft und Weltbild, 1955, H. 8, S. 121-125. Unter dem Titel »Zur Lage der Kunst« auch in: Gesammelte Werke. Bd. 4 (Anm. 20), S. 203-210.

77 M.M.: »Zur Lage der Kunst« (Anm. 76), S. 203ff.

78 Ebd., S. 210.

79 Friedbert Aspetsberger: Versuchte Korrekturen. Ideologie und Politik im Drama um 1945. – In: Literatur der Nachkriegszeit und der fünfziger Jahre in Österreich. Hg. Friedbert Aspetsberger u.a. Wien 1984, S. 269.

80 Vgl. Müller (Anm. 14), S. 304ff.

81 Z.B. Alois Heinzel: M.M. – In: ders.: Aus Österreichs Gegenwartsdichtung. Graz, Wien 1952, S. 74-78; Siegfried Freiberg: M.M. – In: Buch und Bücherei 1953, S. 1-5; Vogelsang (Anm. 51), S. 228-239.

82 Viktor Reimann schrieb anläßlich einer Aufführung des *Nachfolge-Christi-Spiels* im Jahre 1953: »Es ist so wenig Liebe in unserer Welt, daß wir uns nur schwer in das ganze Geschehen des Schauspiels hineinleben können. [...] Trotzdem bleibt bei jedem etwas hängen.« (Viktor Reimann: »Nachfolge-Christi-Spiel«. – In: Die Neue Front, 24.10.1953.)

83 Milo Dor: Die ausgestochenen Augen des Ödipus. – In: ÖGB-Bildungsfunktionär, April 1951.

84 Zu den bibliographischen Angaben vgl. z.B.: F.S.: Bild und Sinnbild der Welt. Eingeleitet von Moriz Enzinger. – Graz, Wien 1959, S. 119ff. (Lebenstafel). Schreyvogl bekleidete das Amt eines Landestreuhänders für das Theater in Wien im Rahmen des Neuen Front Werkes »Neues Leben«.

85 Aus diversen Aktenbeständen (Akte F.S./Berlin Document Center; Akte F.S., Wiener Stadt- und Landesarchiv) ist folgendes zu rekonstruieren: Aufnahme in die illegale NSDAP im Mai 1934, provisorische Mitgliedsnummer: 23.085 (Bezirksgruppe Wieden) [nach eigenen Angaben F.S.s]; Bezahlung von 15 Monatsbeiträgen. »Durch Polizeiaktion unterbrochen. Neue Eingliederung September 1937 in die Nebenorganisation«; Erfassungsantrag vom 31.5.1938, NSDAP-Mitgliedsnummer 6,187.644. »Der Genannte hat im nationalen Sinn gehandelt.« (NSDAP-Gauleitung Wien vom 31.10.1938).

86 F.S.: Grundsätzliches zum österreichischen Theater von heute. – In: Österreichische Rundschau, 1935/36, H. 2, S. 17.

87 F.S.: Die Verzauberung der Welt. – In: Österreichische Rundschau, 1937, H. 3, S. 264 u. 266f.

88 Ebd., S. 265f.

89 Vgl. ebd., S. 268.

90 Ebd., S. 267.

91 F.S.: [Über *Der Tod in Genf,* 1933]. – In: Die Theaterstunde, Dresden, Jg. 3 (1933), H. 9 (Nach: Gerhard Niesner: Friedrich Schreyvogl. Eine Monographie. – Wien, Diss. 1959, S. 212). Das Stück wurde am 27.10.1933 in Dresden uraufgeführt (Regie: Rudolf Schröder). Im November 1933 kam es in einer Inszenierung von Martin Kerb an der Berliner Volksbühne zur Aufführung. Am 22.1.1934 wurde es in Innsbruck gespielt und in der Folge aus Sicherheitsgründen vom Spielplan abgesetzt, um weitere Demonstrationen von Nationalsozialisten für [!] das Stück zu verhindern (Vgl.

Reichspost, 27.1.1934; »Braune Kunst und österreichische Gagen.« – In: Arbeiter-Zeitung, 27.1.1934).

92 Der Öffentlichkeit blieb das künstlerische und politische Lavieren F.S.s zwischen Österreich und Deutschem Reich nicht verborgen. Vgl. Arbeiter-Zeitung (Anm. 91).

93 Vgl. F.S. (Anm. 87), S. 261.

94 F.S.: Die Todesgemeinschaft der Nation. – In: Bekenntnisbuch österreichischer Dichter. Hg. Bund der deutschen Schriftsteller Österreichs. Wien 1938, S. 92f.; ders.: Ein Sieg des Geistes. – In: Neues Wiener Tagblatt, 17.4.1938, S. 2ff.

95 Weitere Ausführungen zur Rolle F.S.s während der NS-Zeit vgl. Müller (Anm. 14), S. 200ff.

96 Zu F.S. als »unsicherem Kantonist[en]« vgl. Klaus Amann: Der »Anschluß« der österreichischen Schriftsteller an das Dritte Reich. – Klagenfurt, Habil. 1986. Über die Präsenz von F.S.s Werken auf dem Büchermarkt des Dritten Reiches vgl. Müller (Anm. 14), S. 200ff, 209f. Als es im Jahre 1944 darum ging, wie und wo F.S. am besten eingesetzt werden könne, als Autor an der Heimatfront oder im Felde, verweist er am 8.9.1944 in einem Brief an die Reichsschrifttumskammer darauf, daß er »innerhalb der Schrifttumskammer eine der umfangreichsten Kriegsleistungen aufzuweisen habe« und dementsprechend auf seine dichterische Leistung für die »kriegsgeordnete Tätigkeit des Gesamtvolkes.« (Dies sind freilich Angaben F.S.s, die unter dem Druck des geplanten Kriegsarbeits-Einsatzes in den Mayr-Melnhofschen Bergbaubetrieben entstanden.) 4000 Aufführungen seiner Theaterstücke und Dramen-Bearbeitungen seien zwischen 1940 und 1944 gegeben worden, er könne auf die Abfassung von zwei Großromanen, auf viele Neuauflagen, »auch Frontauflagen« (z.B. *Eine Schicksalssymphonie* 1941, auch 1942, 1944; bis 1945 80 Tsd.) verweisen und schließlich auf seine umfangreiche Drehbucharbeit. Folgende Romane wurden neu auf den Markt gebracht oder in Neuauflagen vorgelegt: *Eine Schicksalssymphonie. Roman der Wiener Jahrhundertwende* 1941, *Heerfahrt nach Osten* (Die Nibelungen 1938, 1941, 1943), *Der Friedländer. Roman um Wallenstein* 1943, *Der Mann in den Wolken* (Wilhelm-Kress-Novelle) 1944. F.S. besaß seit 1940 Verträge mit dem Berliner Zeitgeschichte-Verlag Wilhelm Andermann, der Tobis-Filmkunst GmbH., den Städtischen Bühnen Leipzig und der Ufa Filmkunst. F.S. hatten einen Vertrag über zwei neue Werke (Arbeitstitel: *Die Liebenden* und *Sophie*), die bis 1.9.1944 und 1.3.1946 fertiggestellt sein sollten. Die Tobis-Filmkunst bestätigte F.S. die Arbeit an drei Drehbüchern. Um F.S. vom Kriegsarbeitsdienst zu befreien, bestätigte ihm u.a. die Ufa seine kriegswichtige künstlerische Tätigkeit.

97 Dem Antrag F.S.s auf Ausnahme von den Sühnebestimmungen des Gesetzes wurde mit Wirksamkeit vom 18.2.1947 vom österreichischen Bundespräsidenten stattgegeben. Das Gesamtwerk F.S.s war 1946 mit Ausnahme des Grillparzer-Romans (1935) und des Gedichtbandes *Die geheime Gewalt* (1928) in die österreichische »Liste der gesperrten Autoren und Bücher« aufgenommen worden (Vgl. Karl Müller [Anm. 14], S. 217). Das sogenannte Entnazifizierungsverfahren gegen F.S. gibt einen guten Einblick in die Strategien der Selbstzuschreibungen und Deutungen des Autors. Es ermöglicht auch ein genaues Studium der literaturbetrieblichen Verhältnisse während der NS-Zeit und für die sogenannte »illegale« Zeit

davor. Eine besonders bedrängende Dimension der Aktenbestände F.S. und Hermann Heinz Ortner (Berlin Document Center und Wiener Stadt- und Landesarchiv) sind die antijüdischen Passagen (z.B. im Zusammenhang mit der Mitarbeit F.S.s im »Kulturbund« Wien und über die jüdische Wiener Presse). Es ist z.B. vom »Kampf gegen die damalige jüdische Meuchelpresse in Wien«, insbesondere von den »Wiener Judenzeitungen« *Der Tag, Die Stunde, Sechs-Uhr-Blatt, Der Morgen, Die Mittagszeitung, Das Journal* und *Volkszeitung* die Rede.

98 Akte F.S. (Wiener Stadt- und Landesarchiv).

99 Über die Schwierigkeiten beim Aufnahmeverfahren vgl. Klaus Amann: P.E.N. Politik. Emigration. Nationalsozialismus. Ein österreichischer Schriftstellerclub. – Wien, Köln, Graz 1984.

100 Darüber hinaus bekleidete F.S. folgende Funktionen und wurde auf vielfache Weise ausgezeichnet und geehrt: z.B. seit September 1959 Chefdramaturg des Burgtheaters, Leiter der »Dramaturgischen Werkstatt Salzburg«. Mitglied der Sektion Dichtkunst Berliner Akademie der Künste (1956), Mitglied des Präsidiums der Deutschen Akademie der Darstellenden Künste (Frankfurt, Hamburg, 1958). Ernennung zum Hofrat 1959, Großes Verdienstkreuz des Verdienstordens der BRD 1958 (Weitere Ehrungen vgl. Müller [Anm. 14], S. 223).

101 F.S.: Der Weg des Burgtheaters. – In: Maske und Kothurn, Jg. 1 (1955), H. 1/2, S. 73.

102 Ebd.

103 Es sei daran erinnert, daß F.S. in seinem Gnadengesuch an den österreichischen Bundespräsidenten im Zuge der sogenannten Entnazifizierung davon gesprochen hatte, daß er »bei allen Irrungen nie sein Wienertum« verraten habe. Viktor Suchy ließ seinen Aufsatz »F.S. Bildnis eines österreichischen Dichters«, in dem er insbesondere F.S.s philosophisches Gedankengebäude und dessen Quellen darstellte, mit der Frage enden: »Wird auch diesem Österreicher, der seit 1956 neben Ferdinand Bruckner, Heimito von Doderer und M.M. Österreichs Stimme in der ›Deutschen Akademie‹ zu Berlin vertritt, das Schicksal Grillparzers zuteil: *nicht* gehört zu werden?« (Viktor Suchy: F.S. Bildnis eines österreichischen Dichters. – In: Wort in der Zeit, Jg. 3 [1957], H. 10, S. 7).

104 F.S.: (Anm. 101), S. 78.

105 F.S.: Vom Leben der Sprache in dieser Zeit. – In: Welt und Wort, 1957, H. 12, S. 2.

106 Vgl. dazu den Roman *Das fremde Mädchen* (München 1955).

107 In *Titania* gibt es ein Gespräch zwischen Konrad Schürenberg, einem jungen, schon im ganzen Reich berühmten Professor der Physik, und Oberon, dem Elfenkönig, in dem Oberon plötzlich den Satz sagt: »Entgötterte Zeiten sind immer auch entmenschte Zeiten.« (Nach: Filmentwurf zu *Titania* von Georg Jacoby und F.S., Berlin Document Center, S. 44).

108 Vgl. F.S.: Der Sohn Gottes. – Graz 1948.

109 Die Angaben stammen von F.S. (Anm. 11), S. 156.

110 Marc Aurel und eine Wienerin. – In: Wiener Mittag, 4.2.1942. Vgl. auch: F.S.: »Die kluge Wienerin«. – In: Neues Wiener Tagblatt, 16.10.1941.

111 Vgl. Auftakt zur Leipziger Uraufführungswoche. – In: Donauzeitung (Belgrad), 29.10.1943.

112 Wien im Jahre 175 ... Erstaufführung im Deutschen Volkstheater: »Die kluge Wienerin«. – In: Wiener Mittag, 4.2.1942.

113 Viktor Reimann: Es plätschert dahin. – In: Kronenzeitung, 6.10.1975.

114 Vgl. Evelyn Deutsch-Schreiner: Theater im Schatten der Gewaltherrschaft. Innere Emigration an österreichischen Theatern. – In: Literatur der Inneren Emigration aus Österreich. Hg. Johann Holzner u. Karl Müller (in Vorbereitung).

115 Hugo Huppert: Ausgerechnet Römerkomödie. Volkstheater: S.s »Kluge Wienerin« für Außenbezirke. – In: Volksstimme, 10.9.1975.

116 Vgl. Ernst Metelmann: [Notizen]. – In: Die Neue Literatur, 1941, H. 42.

117 Wien im Jahre 175 ... (Anm. 112).

118 F.S.: Die kluge Wienerin. – In: Die große und die kleine Welt (Anm. 11), S. 232.

119 Ebd., S. 191.

120 Es gibt eine Reihe von Stellen, in denen der Gedanke des Menschwerdens in und durch Wien ausgesprochen wird: »Marc Aurel [...]: Der Mensch ist das Maß aller Dinge, Marcianus. Du zeigst uns, was für ein glückliches Maß Wien hat. (Zu allen.) Langt zu!« (F.S. [Anm. 118], S. 211). Auch andere Elemente des Wien-Mythos werden bemüht, so z.B. der »Wein, Weib und Gesang«-Komplex und Wien als theatraler Boden schlechthin.

121 Ebd., S. 160.

122 Gerhard Botz: Die Ausgliederung der Juden aus der Gesellschaft. Das Ende des Wiener Judentums unter der NS-Herrschaft (1938-1943). – In: Eine zerstörte Kultur. Jüdisches Leben und Antisemitismus in Wien seit dem 19. Jahrhundert. Hg. Gerhard Botz, Ivar Oxaal, Michael Pollak. Buchloe 1990, S. 285-311.

123 Vgl. F.S. (Anm. 118), S. 160.

124 Vgl. Neues Wiener Tagblatt, 16.10.1941.

GERT KERSCHBAUMER

Wiener Festwochen zwischen Restauration und Weltgeltungsanspruch

Wien: eine Ruinenstadt in vier Sektoren gespalten, eine Enklave innerhalb der sowjetischen Zone Niederösterreich, eine Bundeshauptstadt, die anders sein wollte als die prosperierende Festspielstadt Salzburg in der amerikanischen Zone. Dort spielte man wieder *Das Spiel vom Sterben des reichen Mannes*, 1937 letztmals unter dem Zauberschirm Max Reinhardts. Trefflich bemerkt Willi Schuh zu den nationalsozialistischen Festspielen ohne *Jedermann*: Die »neue« Aufgabe Salzburgs scheine sich darauf zu beschränken, die Festspielidee mit ausschließlich »arischen« Kräften zu konservieren. Die neuen Herren geben sich als Retter und Erneuerer, während sie in Wirklichkeit die Nutznießer derer sind, die sie beschimpfen oder totschweigen.[1] Mit Hugo von Hofmannsthals Programmatik und den Kernstücken *Jedermann* und *Das Salzburger große Welttheater* hatte sich Salzburg zum Ausstrahlungsort einer konservativ-katholischen Sinn- und Identitätsstiftung entwickelt – »goldener Mythos«, Hoch- und Volkskultur verschwistert, polyphon, universal, humanitas austriaca, ars amandi, vivendi und moriendi, angeblich im Barock wurzelnd, in der Fiktion vom österreichischen Menschen gipfelnd und bis zum »Anschluß« staatstragend.[2]

Nach Auschwitz lautete die offizielle Programmatik: Herüberretten der österreichischen Kultur und Wiederanknüpfen an die Glanzzeiten vor 1938. Die Witwe Helene Thimig setzte mit Reinhardts *Jedermann* die gebrochene Österreich-Tradition im »Goldenen Westen« des befreiten Kleinstaates fort. Man spielte mit Erfolg das gleiche Spiel so, als wäre nichts geschehen. Wien wollte anders sein, nicht wie Salzburg eine Luxusmischung aus Glockengeläut, Weihrauch, Dollars und himmlischer Erlösung in Sünd' ersoffener Jedermänner. Wien wagte im Jahre 1951 einen Neubeginn, wie es hieß. Doch aller Anfang ist von Gestern: Wiener Musikfest 1912 und 1920, Musik- und Theaterfest der Stadt Wien 1924, Beethoven-Feier 1927, Bundesfest des Deutschen Sängerbundes und Schubert-Zentenarfeier 1928, Mozart-Feier 1931, Haydn-Feier 1932, Wagner-Feier und Brahms-Fest 1933, Liszt-Feier und Internationales Bruckner-Fest 1936 sowie Festwochen in Wien und Niederösterreich von 1927 bis 1937, seit 1929 mit dem Attribut »Wiener«, 1932 verbunden mit dem 10. Internationalen Musikfest der Internationalen Gesellschaft für Neue Musik (IGNM).

Musik der »Tonheroen«, der Epoche vor dem »Ausschluß« Österreichs vom Deutschen Bund 1866, dominierte die Wiener Feste. Doch daneben war auch »Neues« in der »Weltstadt der Musik« zu hören, über die Rudolf Réti, Gründer der IGNM, im Sonderheft *Das neue Wien* räsoniert (1924):

> *Wien, die Stadt, der in der klassischen Periode zwei Drittel aller Großen angehörten – Gluck, Haydn, Mozart, Beethoven, Schubert, Bruckner, Brahms, Wolf, Mahler –, steht auch jetzt in vorderster Reihe, hat Schönberg und Schreker hervorgebracht. Und nach diesen eine starke junge Musikbewegung. Während aber in anderen, von keiner musikalischen Vergangenheit beschwerten Ländern, die Neuen sofort als die natürlichen Führer empfunden werden, wirkt in Wien die große Tradition wie ein Hemmnis aus Granit, ein Machtfaktor, der sich mit aller offiziellen Kraft, beinahe eine zweite Staatsgewalt, gegen das Kommende stellt. [...] Das Wiener Komitee der Internationalen Gesellschaft arbeitet lebhafter als irgend eine andere Sektion, kämpft einen Kampf mit den Wienern, daß denen allmählich die Ohren zu klingen beginnen.*[3]

Den Wiener Widerstreit zwischen großdeutsch-österreichischer Tradition und Neuem illustriert die Biographie des Vorstandes der Wiener akademischen Mozartgemeinde Heinrich Damisch: sowohl Mitbegründer der Salzburger Festspielhausgemeinde und der IGNM als auch Nationalsozialist und selbsterwählter Kämpfer gegen die »Verjudung« des österreichischen Kulturlebens.[4]

Vornehmlich Wiener hatten sowohl die Festspiele als auch die Internationale Gesellschaft für Neue Musik in Salzburg gegründet. Wien scheint ins politische und kulturelle Abseits gerutscht zu sein. 1927, kurz vor dem Justizpalast-Massaker, wurden »im Glanze des Frühlings« die »Festwochen des Volkes« von Wien und Niederösterreich ins Leben gerufen und auch in den folgenden Jahren von der Fremdenverkehrskommission der beiden Bundesländer – »rot« und »schwarz« – und vom Verein Wiener Festausschuß in der »Phäakenstadt« veranstaltet: »Immer war Wien eine Stadt lockenden Glanzes und genießerischer Daseinsfreude.«[5] Ein österreichisches Festspiel, spezifisch Österreichisches (= Wienerisches) aus dem selektierten Traditionsfundus, sollte geboten werden: Raimund, Nestroy, Grillparzer, Bahr, Schnitzler, Werfel und Wildgans im Burgtheater, »Festregenten« wie Schubert, Strauß und Haydn, Operetten, Praterbelustigung und Heurigenseligkeit, das alles durchdrungen vom »goldenen Mythos« des ewigen Volkscharakters und der kulturellen Sendung in der Welt, der seit dem Ende der verspielten Monarchie wieder grassierte und dann vom Austrofaschismus politisch instrumentalisiert wurde: Die Festwochen hatten der geistigen Mission Österreichs und seiner Geltung in der Welt zu dienen (Programm 1934). Im Arkadenhof des Wiener Rathauses – hier hatte 1929 Max Reinhardt Büchners *Dantons Tod* inszeniert – veranstaltete die »Vaterländische Front« im Rahmen der Festwochen 1935 das Legendenspiel *Der Spielmann* von Rudolf Henz, dem Autor der Weihespiele *St. Michael, führe uns* am Wiener »Allgemeinen Deutschen Katholikentag« (1933), *Kinderhuldigung* und *Huldigung der Stände* am Verkündigungstag der autoritären Verfassung (1934) im Wiener Stadion.

Das »Rote Wien« hatte zuvor seine eigenen Arbeiter- und Massenfestspiele im Stadion organisiert, so *Das große Festspiel* von Robert Ehrenzweig im Juli 1931. Mit roten Fahnen wird die Festung des Kapitals eingenommen – im Spiel. Im Februar 1934 fiel die rote Festung im Kanonenhagel. Die damals einsetzende und 1938 durch Vertreibung und Deportation tausender österreichischer Künstler beschleunigte Verödung des Wiener Kulturlebens verschwand gelegentlich hinter Glanzfassaden und Kulturparaden wie den Künstler- und Reichstheaterwochen – E. W. Möllers *Frankenburger Würfelspiel* im Arkadenhof –, den Raimund-, Grillparzer- und Mozart-Festwochen im Dienst der nationalsozialistischen Herren.

1944, als die Wiener auf dem Nestroyplatz in der Leopoldstadt lediglich einen Sockel zu sehen bekamen, von dem die Gestalt des Wiener Volksschauspielers und Dichters abgeschlagen worden war, die wie jedes »kriegswichtige« Stück Metall als Mordwaffe dienen sollte, aber dies durch glückliche Umstände nicht tat, veranstaltete die »Deutsche Gesellschaft für Wehrpolitik« eine Vortragsreihe. Heinz Kindermann, Leiter des Wiener Instituts für Theaterwissenschaft, pries Wiens historische Vorreiterrolle im Kampf theatralischer Mächte in Europa, rechtfertigte mit Wiens vermeintlicher kultureller Sendung den Eroberungs- und Vernichtungskrieg – die großdeutsche Variante des »goldenen Mythos«: Das Wiener Theater habe dem deutschen Theater eine jener unsterblichen Gestalten geschenkt, die noch bis Raimund und Nestroy, Grillparzer und Anzengruber hin lebendig geblieben seien. Stranitzkys Hans Wurst habe von Wien aus für das deutsche Theater und seine Gestaltungsmöglichkeit der improvisatorischen Komik die Gunst ganz Europas erobert. Das deutsche Theater sei in diesem Weltkrieg daran, ganz Europa auf die friedlichste Weise von der tiefen Menschlichkeit des deutschen Weltbildes und von der hohen Sittlichkeit des deutschen Lebensideals zu überzeugen.[6]

Im selben Jahr, allerdings im Exil, publizierte Ferdinand Bruckner seinen Essay »Nestroy und Österreich«, in dem er auf die Existenz eines wirklichen und eines fiktiven Österreich verweist. Nestroys Volksstücke schafften eine Sicht auf die sozialen und politischen Verhältnisse, seien jedoch auch geprägt vom Glauben an unüberwindbare typische Nationaleigenschaften, dem wir heute nicht folgen sollten.[7] Bruckners Nestroy-Analyse zu folgen, hieße wohl, sich von der Österreich-Ideologie selbst zu befreien, die Opfer-Rolle abzustreifen, sich der Verantwortung zu stellen und die Kulturpolitik von den realen Verhältnissen im Kleinstaat Österreich abzuleiten. Doch wenige Jahre nach der Befreiung hatten sich politische Atmosphäre und Rahmenbedingungen gewandelt: Verlagerung und Dezentralisierung des dezimierten europäischen Kulturpotentials, kommunistische Machtübernahme in osteuropäischen Staaten, Teilung Deutschlands, Gründung der BRD und DDR, Kalter Krieg, Auslagenfunktion der sich epidemisch vermehrenden Festivals, Säuberung und Instrumentalisierung der Demarkationskulturen in den Ost- und Westfrontstaaten, Krieg in Korea, der auch die Grabenkämpfe im exponierten Österreich mit seinen handfesten Demarkationslinien schürte. Alles Neue geriet unter Kommunismusverdacht. Nach hinten gewandte Sinn- und Identitätsstiftung, Ausschluß, Mythos und festlich angewandte Kunst waren wiederum gefragt und angesagt – »Idee Wien«.

Im Februar 1951 konstituierte sich der Verein Wiener Festausschuß mit einem Kuratorium: Vorsitzender Hans Mandl (SPÖ-Kulturpolitiker, Stadtrat für Kultur, Volksbildung und Schulwesen, später Vizebürgermeister), Egon Hilbert vom Unterrichtsministerium, Vertreter der beiden Kammern und des Gemeinderates, der Sozialpartner und Parteien. Die Wiener Festwochen sollten »das Volk von Wien« darstellen, seinen unbeugsamen Kulturwillen dokumentieren, ein Instrument der politischen Befriedung, der Sinn- und Identitätsgebung, Identität als kulturnationale Tradition und inszeniertes Erbe, »goldener Mythos« und Kulturrestauration.

Beim Eröffnungsakt am 26. Mai 1951, der wie vor 1933 auf dem Rathausplatz koalitionär abrollte, sagte der SPÖ-Kandidat der Bundespräsidentenwahl, Bürgermeister Theodor Körner, daß Wien schon oft während seiner tausendjährigen Geschichte vor einem Abgrund gestanden habe, zuletzt in den Kriegstagen 1945, daß aber wieder einmal die Lebenskraft gesiegt habe und die Lebensfreude wiederkehre.[8] Nach der Festrede des Bundeskanzlers Leopold Figl, der ebenfalls dem »unsterblichen Wien« huldigte, schmetterten Trompeten die Festmusik vom Rathausturm, die Richard Strauss der Stadt Wien gewidmet hatte – die Festfanfare für das Musik- und Theaterfest 1924 oder das 1943 uraufgeführte Jubiläumswerk für den »Führer«, der versprochen hatte, Wien in eine Perle zu verwandeln? Anschließend deklamierte Albin Skoda das Gedicht *An die Mutter Wien*. Effektvoll auch der Schluß des Eröffnungsaktes, der zeigen sollte, daß sich die Wiener vom Schatten des »Dritten Mannes« nicht unterkriegen lassen: Während das Scheinwerferlicht wellenartig am Rathaus emporflutete, erklang die offiziöse Bundeshymne, der *Donauwalzer*: »Donau so blau …«. Rot waren lediglich die Teppiche, die Wiener Arbeiter für ihre Festredner aufgerollt hatten, die kein Wort über das »Rote Wien« verloren.

Der Österreichische Gewerkschaftsbund veranstaltete auf dem Rathausplatz ein Großvarieté unter dem Motto »Die Solidarität ladet ein – Eintritt frei«. Der Arbeiter-Sängerbund gab ein Chorkonzert mit Werken von Mozart, Schubert, Viktor Korda und Hans Urbanek im Arkadenhof des Rathauses. Im Großen Saal des Musikvereins war das Oratorium *Vom Leben* des Sozialisten und Exilanten Erwin Weiß zu hören. Der Chor der Sozialistischen Jugend, geleitet von Erwin Weiß, sang im Mozart-Saal Volkslieder, Lieder nach Josef Luitpold Stern und Robert Fantas *Hymne an Wien* – »Gesang der Zukunft«. Darob ertönten die Parolen »Hinaus in die Höfe!« und »Der Kampf um die Peripherie« (Bezirksveranstaltungen). Mehr blieb vom »Roten Wien« nicht übrig, obwohl das sozialistische Wien die internationalen »proletarischen« Ruhrfestspiele in Recklinghausen als Vorbild hinstellte: »Recklinghausen und Wien«.[9]

Das Wiener Festprogramm 1951 offerierte vornehmlich Wiener Schmankerln: *Kultur und Mode zur Zeit Maria Theresias* im Schloß Hetzendorf; Wiener Eisrevue; Fußball, Radrennen, Paddeln, Billard und Galopp-Derby; Schau des Wiener Gewerbes; Volksfest der Slawen Österreichs mit Kirchtag, Trachtenschau und Volkstänzen; Filme im Forum-Kino: *Wen die Götter lieben* (Wien-Film, Uraufführung 1942 im Salzburger Festspielhaus), *Wiener Blut*, *Operette* und *Schrammeln* (ebenfalls aus der NS-Zeit), *Der Hofrat Geiger* und *Der Engel mit der Posaune* (Nachkriegsprodukte); Konzerte und Messen in der Hofburgkapelle, Franziskanerkirche, Augustinerkirche, Mödlinger Pfarrkirche St. Othmar, im Stephansdom, Haydn-Haus, Schubert-Haus, Hugo Wolf-Haus, Konzerthaus, Musikvereinshaus, Arkadenhof des Neuen Rathauses, Hof des Deutschen Ritterordens, Palais Pallavicini und auf dem Heiligenstädter Pfarrplatz, beispielsweise Haydns *Theresienmesse*; *Singendes, klingendes, tanzendes Wien* auf der Sommerbühne vor dem

Schloß Schönbrunn: *G'schichten aus Alt-Wien* mit den Wiener Sängerknaben, *Alt-Wiener Romanze* mit dem Ballett Grete Wiesenthal und *Huldigung an das ewige Wien* durch die Chorvereinigung Jung-Wien; Opern, Operetten und Ballette im Theater an der Wien und in der Volksoper (Staatsoper), im Wiener Bürgertheater und Wiener Stadttheater, etwa Johann Strauß' *Zigeunerbaron*, *Eine Nacht in Venedig*, *Tausendundeine Nacht*, *Wiener Blut* und *Die Fledermaus*, auch eine jüngere Produktion: Franz Salmhofers *Österreichische Bauernhochzeit*; Theater sowie Ausstellungen in der Secession und im Künstlerhaus (*Unsterbliches Wien*).

Unsterbliches Wien präsentierte Porträts und Büsten berühmter Wiener wie Victor Adler, Sigmund Freud, Karl Seitz und Anton Webern sowie Notenblätter von Haydn, Mozart, Schubert, Schönberg und Krenek – Hofkompositeure und »Entartete« in allerschönster Eintracht. Fast der gesamte musikalische Parnaß dreier Jahrhunderte war hier versammelt, ästhetisch inszeniert, konserviert, im Museum, und nur dort. Doch kein Fest ohne Außenseiter und Alibiprogrammpunkt: Die Internationale Gesellschaft für Neue Musik, Sektion Österreich, durfte ein Konzert im Mozartsaal beisteuern: Werke von Karl Schiske, Robert Schollum, Friedrich Wildgans und Arnold Schönberg mit den Symphonikern unter Herbert Häfner. Nicht wie ursprünglich vorgesehen Wien, sondern Frankfurt am Main beherbergte 1951 das Musikfest der IGNM, das zu Recht die Attribute »international« und »neu« trug und auch Brisanz und Aktualität bot. Das Zeitgenössische und Neue überragten in Wien Bruckners *Achte*, Mozarts *Jupitersymphonie* und Beethovens *Fidelio* mit den Philharmonikern unter Karl Böhm. Der Schwerpunkt der Wiener Festwochen lag wie in Salzburg auf der Musik der verspielten österreichischen Kulturgroßmacht und der »Tonheroen«, jedoch ohne Bindung an einen Genius loci und an einen Musentempel.

Wie es der Zufall wollte, gab das Max-Reinhardt-Seminar seine alljährliche Bewährungsprobe mit Horváths *Jüngstem Tag* zum Auftakt der Festwochen 1951, deren Programm die Spielpläne aller Theater auflistet. So gesehen müssen wie die Premieren (siehe unten) auch alle angebotenen Repertoirevorstellungen als Festwochenbeiträge gelten – »Änderungen vorbehalten«: *Cäsar und Cleopatra*, *König Richard II.*, *Hamlet*, *Emilia Galotti*, *Medea*, *König Ottokars Glück und Ende*, *Kriemhilds Rache* und *Der Gesang im Feuerofen* im Burgtheater (Notquartier Ronacher); *Die beiden Nachtwandler*, *Der Unmensch*, *Theophanes*, *Bis wir uns wiedersehen*, *Endstation Sehnsucht* und *Die Cocktail-Party* im Akademietheater; *Viktoria* im Volkstheater; *Bertha Suttner* im Theater in der Josefstadt; *Simone und der Friede* im Theater der Courage sowie die Revue *Rechts oder links* im »Kabarett Simpl«. Das Salzburger Landestheater gastierte mit *Dies irae* anläßlich des 70. Geburtstages von Anton Wildgans in den Kammerspielen. Das Neue Theater in der »Scala« spielte den *Zerrissenen* mit Karl Paryla – weder Premiere noch Gastspiel, obendrein ein unangekündigter Festwochenbeitrag im politisch zerrissenen Wien der Sektoren und Mächte.[10]

Den ersten expressis verbis gewürdigten Festwochenbeitrag leistete das Volkstheater mit Carl Zuckmayers *Katharina Knie*, dem 1928 Albert Bassermann gewidmeten Volksstück in rheinisch-hessischem Dialekt, von Felix Hubalek ins »Österreichische« übertragen, das heißt ins Wiener Milieu verlegt (Regie: Paul Barnay). »Wienerisches« zelebrierten auch die »Courage« und die Josefstadt, die mit drei Einaktern des jungen Wildgans (Uraufführungen) bzw. Bahrs *Wienerinnen* und *Der Selige*, Saltens *Schöne Seelen* und Wildgans' *In Ewigkeit Amen* unter dem Motto »Wiener Leut« eine versunkene und vertane Welt beschwören wollten, sowie das Akademietheater mit Nestroys *Zu ebener Erde und erster Stock* (Regie: Oscar Fritz Schuh) in der Bearbeitung von Hans Weigel. Dieser habe, wie es in der *Arbeiter-Zeitung* heißt, dem Satiriker die Zähne ausgebrochen. Das Salz der Erkenntnis sei im Munde der Publikumslieblinge Hermann Thimig, Josef Meinrad, Richard Eybner, Gusti Wolf und Lilly Stepanek verzuckert worden. Weigel habe Nestroy konserviert, Halbtotes mit Halblebendigem verbunden. »Kann Nestroy nicht mehr ganz auf eigenen Füßen stehen, im Heute?«[11]

Neubeginn? Im Programm der ersten Festwochen prunkt lediglich die Uraufführung eines Werkes, das auf der bruchlos in die Nachkriegszeit führenden Linie gegenwartsentrückter und zeitenthobener »Volksstücke« und abgetakelter Ästhetik liegt: *Traube in der Kelter*, das »neue Volksstück« des ehemaligen »Führer«-Huldigers Richard Billinger als letzte Premiere der Saison, gespielt vom Ensemble des Burgtheaters (Maria Eis, Ewald Balser, Albin Skoda und Fred Hennings). Als neu am alten Sujet entpuppt sich lediglich die Österreich-Gewandung (Margarete Maultasch, Gräfin von Tirol und spätere Herzogin von Österreich). *Die Presse*, die den Autor Billinger durch Abdruck des dramatischen Höhepunktes der Handlung ehrte, erkannte, daß das Thema die Handschrift des Dichters der Dramen *Rauhnacht* und *Der Gigant* zeige.[12] Der Kritiker der *Arbeiter-Zeitung* Hans H. Hahnl bemerkte bissig: Der Dämon des Erfolges habe den Dramatiker dazu verleitet, ein Panoptikum der bäuerlichen Götterwelt und ein Klingelbeutelbarock zu wohlfeilen Tantiemen zu verschleißen.[13] Schließlich soll nicht unerwähnt bleiben, daß Billingers *Traube in der Kelter* 1951 ein integrer und engagierter Regisseur inszenierte: Leon Epp, Leiter des Theaters »Die Insel« in der Johannesgasse, das im selben Jahr schließen mußte.

Die Festwochenbretter, die die Welt des »Volkes von Wien« bedeuten sollten, besaßen bei ihrem Wiederaufbau kein zentrales »Kernstück«. Im Jahre 1952 gesellte sich jedenfalls zu den Festplätzen der alte Universitätsplatz, allseits abgeschlossen, zentral liegend. Hier lag die 1944 zerstörte Gaststätte »Zur alten Universität«, von der 1848 Eduard Bauernfeld die Studenten vor das Landhaus führte, wo er den Wienern die Konstitution, die Pressefreiheit und Aufhebung der Zensur verkündete. Daran erinnerte das sozialdemokratische Wien, als vor der barocken Jesuitenkirche *Mord im Dom* von T. S. Eliot in Szene ging. Die eher für einen Katholikentag geeignete Freiluftaufführung inszenierte Burgtheaterdirektor Josef Gielen mit seinem Gast Ernst Deutsch als Thomas Becket, dem Märtyrer und Heiligen. Die geplante Serie beendete vorzeitig die himmlische Macht des Regens.[14]

Die Wiener Festwochen suchen, seit sie vor drei Jahren wiedererstanden sind, nach einem Signum, das die Verbundenheit zwischen Lebensfreude und Kunstübung, wie sie unserer

Stadt und ihrer Bevölkerung so gern nachgerühmt wird, sinnfällig macht. Stadtrat Mandl hat zu wiederholten Malen zur Schöpfung eines wienerischen Festspieles aufgerufen und auf die Gestalt des Augustin verwiesen. Dieser Saufaus und Liederjan aber wäre als Symbolfigur für Wien und die Wiener nur eine höchst zweifelhafte Ehrung, würde ihm nicht auch das Herz auf dem rechten Fleck sitzen und der Schnabel so gewachsen sein, daß er sich nicht scheut, auch bittere Wahrheiten auszusprechen. Daß ihm schließlich noch die Gabe in die Wiege gelegt wurde, ein »Weaner« zu sein, der, wie es im Lied heißt, »nicht untergeht«, macht ihn für den beabsichtigten Zweck vollends tauglich. Dieses Spiel ist bisher jedoch nicht geschrieben worden […].[15]

Der Pfeifer von Wien war von Ulrich Becher und Peter Preses bereits geschrieben und 1950 vom Volkstheater uraufgeführt worden. Für die Neubearbeitung des *Spiels vom lieben Augustin* komponierte Robert Stolz eine »ins Ohr gehende wienerisch getonte Musik«. Preses inszenierte mit dem Ensemble der Josefstadt das Festspiel, das den Herzkern der Festwochen 1953 bilden sollte, im Arkadenhof des Rathauses. »Wiener Festwochendebakel« bezeichnete Friedrich Heer das Spiel, dem Volk zu geben, was dem Volk gefalle, der Kultur zu nehmen, was sie billig hergebe, und aus allerlei Anleihen und Harlekinaden ein Volksschauspiel zu schaffen. Es müsse vielmehr mit den Mitteln und Perspektiven unserer Zeit dort ansetzen, wo Nestroy, Grillparzer und Raimund aufgehört haben.[16] Dem »Wiener Gustl«, von Paul Hörbiger mit dem Herz auf dem rechten Fleck verkörpert, fehlte jedenfalls der kritische Schnabel, der sich nicht scheut, auch bittere Wahrheiten über die sozialen Verhältnisse und die staatlich betriebene Verdrängung der NS-Vergangenheit auszusprechen.

An dieser Stelle ist ein kurzer Exkurs in die Politik angebracht. Während des »Festwochendebakels« protestierten kritische Österreicher vergeblich gegen die Aufnahme des Theaterwissenschaftlers Heinz Kindermann in den österreichischen P.E.N.-Club und, wie sich bald herausstellen sollte, auch gegen das Bestreben, dem 1945 abgesetzten und kompromittierten Leiter des Wiener Instituts für Theaterwissenschaft wieder zu einem Lehrstuhl an der Universität zu verhelfen. Am 13. März (!) 1954 gab Bundespräsident Körner sein Plazet zur Wiederberufung Kindermanns.[17]

Zur Eröffnung der Festwochen 1954 erklärte das Staatsoberhaupt: »Gebt den Musen das Wort, dann schweigt aller Streit!«, und Bürgermeister Jonas behauptete:

Anderswo in der Welt mag ein Fest nicht denkbar sein ohne Militärparade und Aufmarsch moderner Vernichtungswaffen. Bei uns paradieren Künstler, Musiker, Sänger, Schauspieler, Tänzer und Sportler, um mit dieser friedlichen Demonstration, mit dieser Kulturparade zu zeigen, was wir Wiener und Österreicher der Welt gegeben haben, als wir noch frei waren, und was wir ihr geben könnten, wenn wir die Freiheit wieder hätten.[18]

Eine im Zeichen des kulturellen Wiederaufbaus gefeierte Schau sollte zeigen, was »Wiener Avantgardebühnen« seit der Befreiung und in alliierter »Unfreiheit« geleistet haben, vorweg ein kritischer Blick auf einige Ereignisse und Konflikte. Nestroys *Freiheit in Krähwinkel*, »eine österreichische Neuentdeckung«, hatte das Studio der Hochschulen in der Kolingasse im Jahr 1947 gespielt. Die Studiobühne hatte im Befreiungsjahr mit Hofmannsthals *Der Tor und der Tod* »österreichisch« eröffnet, siebzig – teils experimentelle – Premieren gefeiert, darunter Aufführungen von sechs Nestroy-Stücken. Es hatte, denn just zu dem Zeitpunkt, als Stadtrat Hans Mandl das restaurierte Leopoldstädter Nestroy-Standbild im Vorgarten des Max-Reinhardt-Seminars enthüllte, war Wien um eine der wenigen Experimentalbühnen ärmer geworden, die als »Sauerteig des Wiener Theaterlebens« wirken sollten. Das Studio der Hochschulen mußte im November 1950, mitten in der erfolgreichen Aufführungsserie von Günther Weisenborns Widerstandsdrama *Die Illegalen*, schließen, weil der Hausherr auf die ausständige Miete – 15.000 Schilling – nicht mehr länger warten wollte und die Kulturbürokratie offensichtlich kein oder wenig Verständnis für eine Kunst als Herausforderung und riskantes Experiment zeigte.[19]

Noch konnte ein Zeitgenosse, der die Traditionslast meiden und zugleich ein Experiment oder Gegenwartsstück zu Gesicht und Gehör bekommen wollte, in ein Kellertheater steigen, das politische und materielle Gunst, Freiheit und Recht nicht verwirkt hatte. *Simone und der Frieden*, eine Satire des Wieners Georges Roland (Adolf Schütz) auf die Uneinigkeit der vier Großmächte, die 1947 den Kammerspielen die Spielerlaubnis knapp vor der Premiere verweigert hatten, getraute sich das Theater der Courage im Jänner 1951 herauszubringen (Regie: August Rieger). Das Kleine Theater im Konzerthaus, früher programmatisch »Experiment« genannt, das etliche Studio-Schauspieler absorbierte, konnte am 19. Juni 1951, unbesonnt von den Festwochen, mit Sartres *Huis clos – Bei geschlossenen Türen* brillieren (Wiener Erstaufführung, Regie: Peter Weihs).

Und dann steht man mitten unter ihnen, die dennoch spielen wollen: Unentwegte, die von den ihnen alles bedeutenden Brettern nicht lassen können, junge Menschen voll flammender Begeisterung, Fanatiker ihrer Kunst, die ihnen Lebensinhalt geworden ist. Sie, denen die Ausübung ihres Bühnenberufes nicht einmal mehr das Lebensminimum sichert, haben immerhin Wiens einzige ernsthafte Experimentierbühne zu errichten gewußt, das kleine Theater der Courage, das einmal sogar, in der Inszenierung von Georg Kaisers »Floß der Medusa«, sämtliche Spielpläne der großen Theater auf Wochen hinaus zu schlagen gewußt hat. Die Zukunft wird zeigen, ob dieser »Courage« in dem Kleinen Theater im Konzerthaus, das mit seiner letzten Sartre-Inszenierung einen erstaunlichen Erfolg errang, ein ebenbürtiger Partner erwachsen wird.[20]

1952 konnten die unrepräsentativen Kleinen, Theater der Courage und Kleines Theater im Konzerthaus, jeweils eine Aufführung zu den Festwochen beisteuern: André Birabeaus »düsteres Psycho-Drama« *Die Narbe* (Regie: Otto Löwe) und Horváths *Glaube, Liebe, Hoffnung* (Regie: Michael Kehlmann). Wien hatte jedoch unfestliche Theaterskandale, beispielsweise um Sartres antistalinistisches Stück *Les mains sales – Die Schmutzigen Hände*, das seit 1948 über viele Bühnen der »westlichen Welt« gegangen war, nur nicht in Wien, an diesem neuralgischen Punkt des Ost-West-Konfliktes. Zweimal soll die Erstaufführung verhindert worden sein, 1950 im Volkstheater und 1952 während des kommunistischen Weltfriedenskongresses im jungen Theater am Parkring (erst 1954 Premiere im Volkstheater, Regie: Leon Epp). Am 7. April 1953 meldete die *Weltpresse*, das Kleine Theater im Konzerthaus plane für die Wiener Festwochen die Aufführung des Stückes *Herr Puntila und sein Knecht Matti*.[21] Man sucht jedoch vergeblich nach einem Bericht über diese österreichische Erstaufführung, weil sie vermutlich wegen der Kampagne gegen Bertolt Brecht nicht realisiert werden konnte.

Eine im Festprogramm 1953 vergessene Uraufführung bot das Theater der Courage: Kurt Beneschs *Ein Boot will nach Abaduna* (Preis der Stadt Wien und Staatspreis-Anerkennung 1952, Regie: Edwin Zbonek). In diesem Spiel flüchten Menschen auf einem Schiff aus einer Diktatur, unter der sie nicht länger leben wollen. Um aber in das Land der idealen Freiheit »Abaduna« zu gelangen, müssen sie den systemloyalen Kapitän ermorden. Die biblische Frage nach Gewissen, Schuld und Sühne beherrscht nun angesichts des Paradieses die »armen Sünder« (Opfer und Täter!), die vom engelhaften Einwanderungskommissar begnadigt oder zum Fegefeuer verurteilt werden dürfen.[22]

»Die Kleinen experimentieren für die Großen«, hieß es lapidar anläßlich der Retrospektive »Wiener Avantgardebühnen seit 1945«, die das Amt für Kultur und Volksbildung für die Festwochen 1954 besorgte. Amtsleiter Stadtrat Hans Mandl scheint bemerkt zu haben, »wie spärlich gesät die erregenden Aufführungen moderner Dramen seit Kriegsende an den großen Theatern Wiens waren«. Die *Arbeiter-Zeitung* lobte die Kleinen für ihren Mut, Gegenwartsdramatik auf die Bühne zu stellen, und prophezeite sogar: Die Avantgarde der Nachkriegszeit werde in wenigen Jahren den Ton im Wiener Theaterleben angeben.[23] Das sozialdemokratische Wien problematisierte übrigens nie, daß ein Wiederanknüpfen an die Theaterarbeit der Kleinkunstbühnen vor 1938 und im Exil nicht realisiert werden konnte, sondern lediglich gewisse Impulse aufgenommen wurden. Die anfänglich auch von der bürgerlichen Öffentlichkeit abgesegnete Auseinandersetzung mit Faschismus, Krieg, politischen und sozialen Problemen im eigenen Land mußte zunehmend der Verdrängung, Verleugnung, Gleichsetzung von Opfer und Täter sowie der Auslagerung in ferne andere Länder und biblisch-himmlische Gefilde weichen.[24]

Fünf Premieren schmücken das Festprogramm 1954: August Defresnes *Das unbewohnte Eiland* im Kleinen Theater im Konzerthaus (Regie: Gandolf Buschbeck), Arthur Adamovs *Invasion* im »Kaleidoskop der Secession« (Regie: Heinz Röttinger), Schnitzlers *Liebelei* und *Komtesse Mizzi* im Akademietheater (Regie: Ernst Lothar), Aristophanes' *Lysistrata* im Volkstheater (Regie: Gustav Manker) und das Aposteldrama *Die große Entscheidung* von Rudolf Henz im Burgtheater (Ronacher), eine Weltpremiere, die im Blickpunkt der rot-weiß-roten Medien lag. Burgtheaterdirektor Josef Gielen inszenierte das Drama von Rudolf Henz über den »Revolutionär« Paulus, der kühnste Hoffnungen und bittere Enttäuschungen verbreite, Gehorsam lerne, sich in der Schlußszene dem Apostel Petrus unterwerfe, so gesehen und positiv rezipiert von Viktor Reimann, Chefredakteur der *Neuen Front* des »Verbandes der Unabhängigen«.[25] Die Kritik wollte an dieser Produktion eine Konfrontation mit dem Nationalsozialismus, wie Henz in seinen Erinnerungen schreibt, nicht erkennen. *Die große Entscheidung* des greisen Burgtheaterdebütanten mag allerdings lebensgeschichtlich grundiert sein: Henz, im »Ständestaat« Bundeskulturreferent der »Vaterländischen Front«, entschied sich nach der Annexion für ein unpolitisches Leben.[26]

Als Stadtrat Hans Mandl am Eröffnungstag der Wiener Festwochen im Staatsvertragsjahr 1955 sagte, wir seien zum ersten Mal, wenn wir den Ruf Wiens an die Welt aufklingen lassen, in einer freien Völkerfamilie Gleiche unter Gleichen, passierte ein Heimkehrerzug mit 250 Österreichern ohne Aufenthalt die Bundeshauptstadt; er traf in Wiener Neustadt ein, wie es die Sowjets bestimmt hatten.[27] Das Akademietheater spielte ein Drama über die Flucht alliierter Kriegsgefangener und Widerstandskämpfer von Frankreich nach England: *Die unsichtbare Kette* des Präsidenten des Internationalen P.E.N.-Clubs Charles Morgan (Regie: Ernst Lothar) zum Auftakt des P.E.N.-Weltkongresses in Wien, der die Themen »Totalitarismus« und »Theater als Ausdruck unserer Zeit« behandelte.[28] Daneben konnte das festliche Wien weitere Premieren goutieren: Carl

Zuckmayers *Ulla Winblad* im Volkstheater (Regie: Leon Epp), Hans Schuberts Historiendrama *Die Verlorenen* in der Josefstadt (Regie: Werner Kraut), Robert Nathans Komödie *Der Mann der Dame Jesabel* im Kleinen Theater im Konzerthaus (Regie: Otto Ambros) und Helmut Schwarz' *Seine letzte Berufung*, ein Richterstück nach Sartre-Vorbild, Uraufführung im Theater »Die Tribüne« (Regie: Peter Weihs).

Als die »Scala« am 9. Juni 1956 die »amerikanische« Fassung des *Galilei* auf die Bühne brachte, sollte es die letzte Inszenierung des »kommunistischen Fossils« sein. Nach diesem unerwünschten, laut Hans Weigel[29] unerfreulichen Stück der Festwochen 1956 mußte die »Scala« geschlossen werden (die Konzession für das Gebäude wurde durch den Magistrat nicht verlängert). Neben dem »Abschiednehmen« von ideologischen Gegnern hatte Wien einen Skandal, der ebenfalls die Grenzen der Toleranz überschritt. Nach antisemitischen und sonstigen aggressiven Tiraden ideologisch gut beleumundeter Wiener Künstler gegen Hans Weigel sagte der in München tätige Wiener Fritz Kortner seinen Gastauftritt als Darsteller in Tennesse Williams' *Die Katze auf dem heißen Blechdach* im Josefstädter Theater ab. 1957 schenkte Ernst Deutsch in einem Gastauftritt dem Festwochenpublikum einen »prachtvollen Nathan«, »das tiefe, dichterische Bekenntnis gegen den Rassen- und Nationalhaß, zur allumfassenden Humanität, Toleranz und Menschenliebe«.[30]

Erstmals im Staatsvertragsjahr 1955 und verstärkt in den folgenden Jahren bereicherten Gastspiele ausländischer Sprechtheater die Wiener Festwochen, die ihr gesuchtes »internationales Profil« jedoch vornehmlich durch Parallelveranstaltungen im musikalischen Sektor und durch den »Weltregenten« Mozart aufgesetzt bekamen; hierzu kursorisch einige Entwicklungsschritte vom Ausschluß hin zum kulturellen Anschluß an die »westliche« Welt:

1952: Internationaler Musikkongreß der Gesellschaft der Musikfreunde.

1953: Internationales Musikfest der Wiener Konzerthausgesellschaft (auch in den folgenden Jahren während der Festwochen), Zyklus »Internationale Solisten« der Gesellschaft der Musikfreunde.

1954: wachsender Tourismus nach Kontrollabbau an den Demarkationslinien, Festwochen-Routinebetrieb.

1955: Staatsvertrag, Internationaler P.E.N.-Weltkongreß, Gastspiele ausländischer Theaterbühnen.

1956: Mozart-Jahr, »Fest einer Weltstadt«, Begründung der Internationalität der Wiener Festwochen, Internationaler Musikwissenschaftlicher Kongreß und Internationales Mozartfest der Gesellschaft der Musikfreunde, Weltkraftkonferenz.

1957: Weltkongreß der Fédération Internationale des Jeunesses Musicales, Internationale Arbeiterfilmwoche, erstmals internationales Festwochentheater.

1955 gab Giorgio Strehlers Piccolo Teatro della Città di Milano im Burgtheater ein festliches Gastspiel: Goldonis *Arlecchino Servitore di due Padroni* und drei weitere Komödien, ein künstlerischer Höhepunkt der Wiener Festwochen. Im Mozartjahr 1956 brachten das Jugoslawische Nationaltheater die Komödie *Onkel Marojes Dukaten* von Marin Držić in serbokroatischer Sprache und das Darmstädter Landestheater Sophokles' *Elektra* auf die erste österreichische Staatsbühne – letzteres ein Experiment, nach dem man im Repertoire des Burgtheaters lange suchen müßte, meinte Felix Hubalek.[31] Das Burgtheater spielte die Posse *Einen Jux will er sich machen* (Regie: Leopold Lindtberg). Das Volkstheater und die Josefstadt wagten jeweils einen Ausländer: William Faulkners *Requiem für eine Nonne* (Regie: Günther Haenel) und Federico García Lorcas *Bernarda Albas Haus* (Regie: Lothar Müthel). Im Jahr des »Weltregenten« Mozart verhinderte der Wiener Lokalpatriotismus den Blick auf das verlorene Terrain mit bombastischer Selbstbeweihräucherung.

Das 57er-Programm – »Festival of Vienna/de Vienne/di Vienna« – präsentierte drei Wiener Neuinszenierungen: Raimunds *Der Alpenkönig und der Menschenfeind* im Burgtheater (Regie: Leopold Lindtberg), Strindbergs *Traumspiel* im Volkstheater (Regie: Günther Haenel) und Lessings *Nathan* in der Josefstadt (Regie: Karl Heinz Stroux). Wiens Bürgermeister würdigte die Kulturleistung seiner Stadt, die erstmals ein internationales Festwochentheater beherbergte, dessen Grenze allerdings zum Warschauer Pakt klar abgesteckt war: die Westberliner Barlog-Bühnen (Schiller- und Schloßparktheater) mit George Bernard Shaws *Major Barbara*, das Hamburger Schauspielhaus mit Thomas Wolfes *Das Herrenhaus* (Regie: Gustaf Gründgens), die Comédie Française mit Molières *Le bourgeois gentilhomme*, das Shakespeare-Memorial-Theatre mit *Titus Andronicus* in Starbesetzung (Laurence Olivier, Vivien Leigh und Anthony Quayle, Inszenierung Peter Brooks als phänomenale Theaterleistung gewürdigt), das Nationaltheater Helsinki mit Aleksis Kivis *Die sieben Brüder* und Euripides' *Iphigenie in Aulis*, das Ensemble emigrierter ungarischer Schauspieler Thalia Hungarica (subventioniert durch Ford- und Rockefeller-Stiftung) mit Lajos Zilahys *Die Musik-Clowns*.

Wiener Festwochen 1958: 1. Internationale Jugendfestwoche, 1. Europäisches Chorfest der Gesellschaft der Musikfreunde, 1. Europa-Gespräch im Wiener Rathaus.

Wiener Festwochen – Europas Festwochen

Wer die rund vierzig Seiten des Führers durch die Wiener Festwochen 1958 durchblättert, wird an der Fülle des Gebotenen vor allem eines erkennen: Die Wiener Festwochen sind nicht nur das große Kultur-Festival unserer Stadt, sie sind auch Europas große Festwochen. Nicht zufällig ist das große Europagespräch vom 18. bis 22. Juni als geistige Krönung der Festwochen gedacht. Gelehrte, Schriftsteller und Politiker aus Dänemark, Deutschland, England, Frankreich und Italien werden unter dem Vorsitz des Bürgermeisters von Wien als Wortführer eines geeinigten Europas die Fragen der europäischen Integration diskutieren. Aber auch das künstlerische Programm der Wiener Festwochen ist ein wahrhaft europäisches und auch hier manifestiert sich deutlich die Bestimmung unserer Stadt, zum Kristallisationspunkt der Entwicklung europäischer Kunst und Kultur zu werden.[32]

Durch das Europa-Gespräch wollte die Stadt Wien ihren Ruf bekräftigen, »Vorkämpferin der europäischen Einheit zu sein«. Während »Europas Fahne«, die Fahne des Europarates, auf dem Wiener »Europaplatz« vorm Westbahnhof flatterte, hielten erstmals Politiker, Diplomaten und Philosophen westeuropäischer Staaten und des neutralen Österreich unter dem Vorsitz von Bürgermeister Jonas Vorträge zum Generalthema »Die

Einheit Europas – Idee und Aufgabe«: »Die Entwicklung des Menschenbildes in der europäischen Geistesgeschichte«, »Das gemeinsame ideelle Erbe der Mitgliedsländer des Europarates«, »Die Einheit Westeuropas und die Zukunft Osteuropas«, »Europa und die Verteidigung des Westens«, »Die Europäische Gemeinschaft«, »Die Freihandelszone«, »Die Neutralität und die Integration Europas« (Staatssekretär Bruno Kreisky) und andere.

Der Festwochenspielplan wurde im Europa-Jahr 1958 überwiegend auf das österreichische Bühnenschaffen abgestellt, zu sehen waren folgende Neuinszenierungen und Uraufführungen: Grillparzers *Weh dem, der lügt* im Burgtheater (Regie: Leopold Lindtberg), Raimunds *Der Diamant des Geisterkönigs* im Volkstheater (Regie: Günther Haenel), Bahrs *Das Prinzip* in den Kammerspielen (Regie: Heinrich Schnitzler), Musils *Die Schwärmer* im Theater »Die Tribüne« (Regie: Norbert Kammil), Franz Hrastniks *Das Fräulein vom Kahlenberg* im Akademietheater (Regie: Rudolf Steinboeck), Werfels *Jacobowsky und der Oberst* in der Josefstadt (Regie: Franz Reichert), Julius Kretschmers *Justus Alva* im Kleinen Theater der Josefstadt (Regie: Friedrich Kallina) sowie Erika Mitterers *Verdunkelung*, ein moralisierendes Versdrama über Rassenhaß, im Theater der Courage (Regie: Edwin Zbonek) und Sartres *Tote ohne Begräbnis* im Ottakringer Studio im Settlement (Regie: Franz Ibaschitz), ein ungewöhnliches Theaterereignis am Rande der »Festwochen Europas«.

Im Burgtheater gaben sich 1958 wiederum ausländische Bühnen ein Rendezvous: Compagnia Vittorio Gassman mit Vittorio Alfieris *Oreste*, das Nationaltheater Mannheim mit Ernst Barlachs *Die Sündflut*, das Bayrische Staatsschauspiel mit Lope de Vegas *Tumult im Narrenhaus* sowie das Zürcher Schauspielhaus mit Max Frischs *Biedermann und die Brandstifter* und *Die große Wut des Philipp Hotz* – »Schweizer Bürgerschreck im Burgtheater«[33].

Als die Westberliner Festwochen den Bürgerschreck Brecht spielten, wetterte Hans Weigel im *Forum:*

Wenn die Berliner im Herbst 1958 wenigstens das Theater boykottiert oder den Abbruch der Vorstellung erzwungen hätten – ihr Widerstand wäre ein konstitutiver weltpoliti-

scher Akt gewesen und hätte die Entschlüsse beider Seiten beeinflußt. Aber sie boykottierten nicht und sie demonstrierten nicht. Sie waren zwar nach wie vor dagegen, aber sie waren müde.[34]

Friedrich Torberg las mit einjähriger Verspätung dem Westberliner Intendanten Boleslaw Barlog die Leviten, weil er für sein Gastspiel bei den Wiener Festwochen (1957) Shaws Stück *Major Barbara* ausgewählt hatte, mit dem er auf einer Reise durch die »deutsche Sowjetzone« einen »triumphalen Erfolg« erzielt habe.[35]

Wiener Festwochen 1959: Während für die Tourismusschau »275 Jahre Wiener Kaffeehaus« im großen Türkenzelt vor dem Rathaus Geigen schmeichelten, diskutierten im Rathaus westeuropäische und österreichische Politiker über »Die junge Generation und Europa« – Europa-Gespräch in Wien, einst Schnittstelle europäischer Kulturen, nun im Zeitalter des Wurlitzers exponierte »europäische« Tribüne und Auslage am »Eisernen Vorhang«.

Das Museum für Völkerkunde eröffnete die Schau »Das Theater in den außereuropäischen Kulturen« mit einführenden Worten des Theaterwissenschaftlers Heinz Kindermann, der, wie bereits zitiert, im letzten Weltkrieg Wiens historische Vorreiterrolle im Kampf theatralischer Mächte in Europa gepriesen hatte. Im Jahr 1959 konnte die »Europastadt« Wien zwar im Sektor Musik – »extreme Moderne« wie Anton Webern und Luigi Nono beim Internationalen Musikfest und »Tonheroen« unter Karajans Stabführung – wieder eine nachspielende Geige im Konzert der Völker führen, das Wiener Theater galt jedoch weiterhin als »Sorgenkind unserer Festwochengesinnung«.[36] Schon Jahre zuvor hatte selbst die Jubelpresse ernüchternd zur Kenntnis genommen, daß das Festprogramm der Bundestheater sein Versprechen nicht halte: viele Änderungen und abgesagte Vorstellungen, was den Festbesucher verärgerte. Wer lediglich auf Programmbasis über die Festwochen schreibt, den kann der Vorwurf treffen, eine Gespenstergeschichte zu erzählen.

Das Festprogramm 1959 verkündete einige österreichische Erst- und Uraufführungen auf Kleinbühnen, wovon offensichtlich nur zwei realisiert werden konnten: Peter Ustinovs *Romanoff und Julia* im Theater »Die Tribüne« (Regie: Emil Feldmar) und Hans Friedrich Kühnelts *Eusebius und die Nachtigall* im Nobeltheaterkeller der Josefstadt (Regie: Hermann Kutscher). Ignoriert und unberührt vom Festprogramm lief die Uraufführung von Brigitte Pichlers Komödie *Großer Bahnhof für kleines Leben* im Experiment am Lichtenwerd (Regie: Fritz Papst).

Im Programm, das Monate vor dem Fest in die Kulturwelt geschickt wird, finden sich freilich weder Umstellungen noch Verschiebungen. Davon scheinen vor allem angekündigte Vorstellungen von alten Inszenierungen betroffen gewesen zu sein, beispielsweise jene des Burgtheaters. Auch mühevolle Recherchen in verstaubten Akten werden die versprochenen »glanzvollen Inszenierungen« nicht ans Tageslicht ziehen können, denn laut Presseberichten feierte das Burgtheater im festlichen Rahmen lediglich die Premiere des Schauspiels *Der Trojanische Krieg findet nicht statt* von Jean Giraudoux (Regie: Josef Gielen). Kritiker vermißten im Schiller-Jahr 1959 vor allem den versprochenen Zyklus: Es habe am Burgtheater in diesen Wochen so gut wie überhaupt keinen Schiller gegeben.[37] Nur die Josefstadt fand sich festgemäß mit *Kabale und Liebe* ein (Regie: Franz Reichert). Volkstheater und Akademietheater spielten einen »makellosen« Molière bzw. »den allerschlimmsten, den Schwätzer und Bierschwefler« Hermann Bahr.[38]

Wiens Festwochen bekamen den erwarteten Repräsentationsglanz durch das Gastspiel des Pariser Théâtre National Populaire (Jean Vilar) am Burgtheater: Marivaux' *Le triomphe de l'amour*, Molières *L'école des femmes*, André Gides *Œdipe* und Prosper Merimées *Le carrosse du Saint Sacrement*.

Die Wiener Festwochen boten mit dem Pawlatschentheater ihre erste Eigenveranstaltung, die nach der bekannten Direktive »Kultur ins Volk« dem Wiener Publikum gewidmet war. Gandolf Buschbeck inszenierte die von Ruth Kerry bearbeitete Volkskomödie *Der Furchtsame* von Philipp Hafner, der ein Lebenskünstler, ein Hallodri gewesen sei, dem es nicht auf die Moral von der Geschicht' angekommen sei, sondern darauf, daß das Publikum lache.[39] Die Premiere vor dem illuminierten Hetzendorfer Schloß – »eine Kulisse ohnegleichen« – verlief allerdings ohne heitere Stimmung, sie mußte wegen eines Wolkenbruchs verschoben werden. Mitten hinein mischte sich der Lärm der Züge von der Südbahn und der Flugzeuge auf ihrer Bahn nach Schwechat.

Die Wiener Festwochen hatten in den Jahren 1958/59 erstmals einen – für das Programm jedoch nicht allein verantwortlichen – Intendanten, Rudolf Gamsjäger, der angeblich nach einem Zwist mit Stadtrat Mandl zurücktrat oder -treten mußte.

»Zehn Jahre Wiener Festwochen – Die ganze Stadt ist Schauplatz und Bühne des Festes. Ganz Wien feiert ein Fest.«[40] Intendant Egon Hilbert war für die Wiener Festwochen 1960 verantwortlich, die »ein reiches Füllhorn über Wien ausschütteten«: Festakt, Theater, Musik und Sport, Programmpunkte wie »Melodie aus Wien« und den Zyklus »Österreichische Musik von Schönberg bis zur Gegenwart« (Eigenveranstaltungen), konzertante Aufführung von Alban Bergs *Lulu* und Beethoven-Zyklus der Wiener Konzerthausgesellschaft bzw. der Gesellschaft der Musikfreunde, Konzerte des Ensembles »Die Reihe«, Internationale filmwissenschaftliche Woche »Film und Fernsehen«, Woche des französischen Films, Europa-Gespräch, Gauguin-Ausstellung und kulinarische Wochen »Klassisch Wienerisch in der Küche«[41].

Beim dritten Europa-Gespräch zum Thema »Die Funktion der Kunst in der modernen Gesellschaft« sollte laut Festprogramm erstmals auch ein Vertreter der Sowjetunion, Ilja Ehrenburg, referieren. Verifizierbar ist die Teilnahme von Sir Herbert Read, Arthur Koestler, Theodor W. Adorno, Franz Theodor Csokor, Friedrich Heer und anderen. Zur Eröffnung des Europa-Gesprächs im Rathaus durfte der ehemalige Kommunist Arthur Koestler sprechen, der meinte:

> *Die Förderung der Künste durch den Wohlfahrtsstaat und durch öffentliche Körperschaften hat gewiß seine Gefahren. Sie fördert eine gewisse Neigung zum Konformismus, zum Kunstbeamtentum. Doch scheint mir diese Gefahr ungleich geringer als die der Abhängigkeit des Künstlers von der Gunst eines Renaissanceprinzen oder seiner Entmündigung durch den totalitären Staat.* [42]

»Konformismus« war ein Grundzug der Festwochen seit ihrem Auftakt mit der »Idee Wien«.

Joseph Ferdinand Kringsteiners *Zwirnhändler aus Oberösterreich*, ein in der Reichshauptstadt Wien unter Kaiser Franz uraufgeführtes Volksstück über die zerplatzende »große Illusion« eines Schusters, wandelte 1960 über die Wiener Pawlatschenbühne (Schloß Hetzendorf, Schloß Liesing, Jugendgästehaus Pötzleinsdorf und Messepalast). Kulissenzauber sollte die Zeitprobleme vergessen oder zur Farce machen, wie Hans H. Hahnl 1960 in der *Arbeiter-Zeitung* bemerkte, als Max Mells *Nachfolge-Christi-Spiel* – »Mysterienoperette mit Waffengerassel« – im Reitschulhof Festwochenpremiere hatte (Freilichtaufführung des Burgtheaters, Regie: Adolf Rott).[43] Die Volksoper stellte Paul Claudels »raffiniert frommes Werk« *Jeanne d'Arc* (vertont von Arthur Honegger) auf die Freilichtbühne vor der Jesuitenkirche (Regie: Josef Gielen).

> *[U]nd so durfte sich, nachdem Jeannes Scheiterhaufen verglüht war, der Strom der Aufführung in makellosem Übergang in den dunklen Klang der Glocken der Universitätskirche stürzen, die den Epilog sangen und seinem ehrlich ergriffenen Publikum heimläuteten.*[44]

Die Josefstadt spielte eines der im Dritten Reich meist aufgeführten Werke, Richard Billingers »Volksstück« *Der Gigant* (Uraufführung 1937 in Berlin, Wiener Inszenierung 1941, antisemitische Umdeutung durch den Pogrom-Regisseur Veit Harlan im Film *Die goldene Stadt*). »In der Josefstädter Neuinszenierung verschwendete Heinz Hilpert viel Sorgfalt und Mühe daran, diese allzu balladesken Schollen- und Moorgestalten glaubhaft zu machen – aber doch nicht genug.«[45] Wiens Theater hatten sich 1960 allerdings auch anderes einfallen lassen: beispielsweise Lida Winiewicz' Drama *Das Leben meines Bruders* über amerikanische Rassenkonflikte mit einem »Neger«-Darsteller (Theater der Courage, Regie: Wolf Harnisch), das Revolutionsstück *Dantons Tod* (Volkstheater, Regie: Gustav Manker) und selbstredend Wienerisches: *Anatol* mit Robert Lindner, Wolf Albach-Retty, Paula Wessely, Käthe Gold und Johanna Matz (Akademietheater, Regie: Ernst Lothar). Die Comédie Française glänzte im Burgtheater mit Molières *Les femmes savantes* und Jean Giraudoux' *Electre*.

Bundespräsident Schärf eröffnete die 11. Wiener Festwochen

1961 als festlichen Auftakt zum Gipfeltreffen: »Zum erstenmal seit dem Wiener Kongreß vor anderthalb Jahrhunderten werden, wenn auch in einer völlig veränderten Welt, Männer einander in dieser Stadt begegnen, in deren Hände das Schicksal der Welt gelegt wurde.«[46] Die »Weltstadt« mit »Ausschluß«-Trauma (1866/1919/1945) konnte wieder gehörig auftrumpfen: Treffen Chruschtschows und Kennedys, 35. Weltmusikfest der IGNM, Welturaufführung des Oratoriums *Die Jakobsleiter* von Arnold Schönberg, 10. Internationales Musikfest der Wiener Konzerthausgesellschaft, 4. Europa-Gespräch, Gala-Abend des Presseclubs Concordia, Fest der Wiener Tafelfreuden und last but not least der Zyklus »Die Idee der Freiheit im Drama« mit internationaler Beteiligung. Intendant Egon Hilbert, der als Leiter der Bundestheaterverwaltung gemeinsam mit Stadtrat Viktor Matejka im Jahr 1946 Brecht nach Wien eingeladen hatte, um in der geistig verödeten Hauptstadt einen Kreis zu bilden, von dem Anregung und Produktivität ausgehen könnten, wollte sechzehn Jahre nach der Befreiung vom Faschismus das Wiener Theater auf eine Programmlinie bringen: Von den Brettern herab sollte »Die Idee der Freiheit im Drama« in antikem und modernem Gewand verkündet werden.

Im Vorfeld der Festwochen lief ein Dramatikerwettbewerb, dessen Ergebnis sich in einem Festwochen-Zyklus, Uraufführungen preisgekrönter Stücke auf mehreren Wiener Bühnen, manifestieren sollte. Weshalb lediglich eines der drei uraufgeführten Stücke explizit als prämiertes genannt wurde, nämlich das in der »Courage« aufgeführte, das allerdings im Festprogramm gar nicht aufscheint, kann nach den bisherigen Recherchen nicht festgestellt werden. Doch davon später. Am Ende der Festwochen mußte eingestanden werden, das Festprogramm habe zwar Glanz gehabt, sich aber der Devise »Die Idee der Freiheit im Drama«, der Doktrin eines übergeordneten Themas, nicht gefügt.[47] Außerdem vegetierte der Dramenzyklus im medialen Schatten des Gipfeltreffens, des Weltmusikfestes und seiner »Sensationen« wie Schönbergs *Jakobsleiter*, der »schwerverständlichen« Kompositionen des vergessenen Anton Webern und der Oper Leoš Janáčeks *Aus einem Totenhaus*, die das Fernsehen als Eigenproduktion ausstrahlte.

»Glanz« und Repräsentativität wurden auch den Gastspielen ausländischer Bühnen bescheinigt, die von der »Freiheitsdoktrin« wenig oder gar nicht bewegt waren. Das Athener Ensemble des Piraikon Theatron exportierte zwar eine »atemberaubende« Inszenierung von Aischylos' *Choephoroi* und *Eumenides* der *Oresteia* nach Wien, jedoch nicht die Idee der Freiheit im Drama, wie aufmerksam registriert wurde. Das Théâtre de la Cité (Villeurbanne bei Lyon), Gruppe Roger Planchon, setzte angeblich mit seinen *Drei Musketieren* den Blödelein keine Freiheitsgrenzen. Das Pariser Théâtre de l'Atelier demonstrierte mit Jean Anouilhs Tragödie *Antigone* auf Französisch »Die Freiheit, nein zu sagen«, was bei der Pariser Uraufführung im Jahr 1944 als Ablehnung des Vichy-Regimes gedeutet werden konnte. Das Düsseldorfer Schauspielhaus wollte mit Paul Claudels *Seidenem Schuh* die katholische Botschaft verkünden, es liege in der freien Entscheidung des Menschen, Gottes Werk zu verrichten. »Gott will's und Dummerchen muß!« spottet der Außenseiter in Joseph V. Widmanns *Maikäferkomödie*, die das Zürcher Schauspielhaus (Regie: Oskar Wälterlin) anscheinend bravourös in Szene gesetzt hatte.

Ein hausgemachtes »Schildbürgerstückchen« zur Freiheitsidee leistete sich Heinz Hilpert mit seiner Inszenierung vor der Fassade der Jesuitenkirche: In Hauptmanns neuromantischem Versdrama *Der arme Heinrich* (1902) wird ein aussätziger Ritter durch den Opfermut eines Mädchens geheilt. Die Premiere, wegen Schlechtwetters verschoben, soll unter empfindlicher Abendkühle gelitten haben. Krähwinkelei serviert Adolf Bäuerles Posse *Die falsche Primadonna*, eine Harlekinade im zensurgeschützten biedermeierlichen Wien (1818), die im Jahr 1961 Ruth Kerry und Gandolf Buschbeck für die Wiener Festpawlatschen gestalteten. Der österreichische Staatsklassiker und Raunzer Grillparzer habe mit seiner *Libussa* seherisch der Nachwelt den Sieg des Ostens und des autoritären Staates verkündet (»Und Freiheit wird sich nennen die Gemeinheit«), behauptete der Theaterkritiker des SPÖ-Zentralorgans.[48] Diese Sichtweise suggerierte möglicherweise die Volkstheater-Inszenierung Wolfgang Liebeneiners, der schon zur NS-Zeit systemkonform gewirkt hatte, beispielsweise mit *Ich klage an!*, einem

Spielfilm über Euthanasie, worüber »man« gemäß der österreichischen Politik der Befriedung und Normalisierung auch während des laufenden Eichmann-Prozesses öffentlich schwieg.

Das Theater in der Josefsgasse gedachte der Freiheit, offenbar in bester Absicht, mit Sartres *Les mouches – Die Fliegen* (Pariser Uraufführung 1943, Zürich 1944, Düsseldorf 1947, Wien 1948). Doch die 1961 inszenierte »Neubearbeitung« (Regie: Kelle Riedl) wollte man nicht als Drama der Freiheit, der Selbstverantwortung und des Widerstands gegen die Besatzungsmacht und das Vichy-Regime rezipieren – »Rachegöttinnen in der Josefsgasse«.[49] Die Josefstädter Bühnen produzierten zwei Uraufführungen von Stücken, die ebenfalls in einem anderen oder fernen Land spielen: George O'Briens *Er soll dein Herr sein* (Regie: Peter Preses), eine Komödie über Frauenemanzipation in England, und Helmut Schwarz' *Beförderung* (Regie: Werner Kraut), eine Tragödie über den Fall von einer Unfreiheit in eine andere, der im Kniefall vor einem Repräsentanten der alten Macht mündet.

Nur das Theater der Courage hatte sich in seinem Wettbewerb für Dramatiker sowohl der Festwochen-Devise als auch dem Thema Faschismus und Widerstand im eigenen Land gestellt. Georg Lhotzky inszenierte das Wiener Widerstandsdrama *Frühling* des Preisträgers Arthur West, das zwar in gekürzter Fassung und somit nicht der Intention des Autors entsprechend aufgeführt, dennoch oder vielleicht deshalb vom Kritiker der *Arbeiter-Zeitung,* Fritz Walden, überschwenglich gelobt wurde: »[Das Stück] verwandelte das Kellertheater zur großen Theaterbühne und diente der Idee der Freiheit im Drama mehr als ein halbes Dutzend glanzvoller Festwocheninszenierungen.«[50]

Von der chronikalischen Darstellung und der Beurteilung der Beiträge Wiener Bühnen, einiger bemerkenswerter Uraufführungen und vieler Repertoirevorstellungen und Neuinszenierungen mit identitätsstiftender, kalmierender und retardierender Tendenz sowie mit Weltgeltungsanspruch im repräsentativen Rahmen, darf nicht auf die Gesamtentwicklung des Wiener Theaterlebens geschlossen werden. Denn Wien erlebte ungezähmt vom dekretierten Glanz der Festwochen bedeutsame Inszenierungen wie *Der Herr Karl* von Carl Merz und Helmut Qualtinger am 30. November 1961 im Kleinen Theater der Josefstadt im Konzerthaus (Regie: Friedrich Kallina).

Im europäischen Wandel des politischen Klimas realisierten die Festwochen-Intendanten, Egon Hilbert und seit 1965 der Regisseur und Dramaturg Ulrich Baumgartner, nach und nach die fällige Kurskorrektur: »Tradition und Moderne«, teils relativ gewagte Eigenproduktionen im neuen »Festspielhaus« Theater an der Wien: Werke von Alban Berg, Arnold Schönberg, Josef Matthias Hauer, Gottfried von Einem und Alfred Uhl sowie *Die letzten Tage der Menschheit* von Karl Kraus (1964). Darüber hinaus gab es das »Nachtstudio« für Experimente, das »Kulturvolksfest«, den Zyklus »Komödianten Europas« und das Avantgardefestival »Arena 70«.

Leopold Lindtbergs Produktion des Dramas *Die letzten Tage der Menschheit* durfte ein Echo ohne ideologische Grenzen genießen, von der konservativ-bürgerlichen *Presse* über *Kronen-Zeitung* und *Arbeiter-Zeitung* bis hin zur kommunistischen *Volksstimme*.[51] Überwunden oder gebrochen scheinen Kleinmut, Ignoranz und Ausgrenzung im Sinne des Hofmannsthal-Diktums, Festspiele haben das Finstere ohne Hoffnung und Aufschwung, das innerlich Gewöhnliche, das völlig Weihelose, somit den »schwarzen Mythos« auszuschließen. Der machtgeschützte gegenaufklärerische »goldene Mythos«, der seit 1945 vereint mit dem Opfermythos, verstärkt durch das Element »immerwährende Neutralität«, das Fundament der österreichischen Identität bildet, war politisch und mental verzahnt sowohl mit Ausblendung und Verdrängung unterdrückter Bedürfnisse, die in Augenblicken der Triebenthemmung und kollektiv in Kriegen an die Oberfläche dringen, als auch mit zynischer antisemitischer Diffamierung jedweder Kritik – »Selbsthaß« – und katholisch-restaurativer Mythisierung der Vernichtung – »unerschütterliches kulturelles Sendungsbewußtsein« –, hiezu raffend eine Manifestation, verfaßt mitten im Ersten Weltkrieg, Hofmannsthals offener Brief *Krieg und Kultur*. Grillparzers Befürchtung »Von der Humanität durch Nationalität zur Bestialität« sei in diesem Krieg keineswegs Wirklichkeit geworden, er, Hofmannsthal, sei hoffnungsvoll, denn durch den Krieg werde die Erde umgeackert für die Saat eines neuen Europa, in dem es darum gehe, daß sich neue Autorität verkörpere in rein geistigen Formen, dem Wiedererwachen des religiösen Geistes und dem in den Massen latenten Ehrfurchtssinne gemäß.[52]

Während Wien sein allseits akzeptiertes »Kulturvolksfest« und den Zyklus »Komödianten Europas« zelebrierte, gaben sich Wiener Aktivisten ein turbulentes »Happening« (7. Juni 1968): Exzeß, Tempelschändung, Obrigkeitsbeschimpfung, sadomasochistisches Ritual auf hehrem Universitätspodium (gedacht für das Burgtheater). Falls das gegen verkrustete Machtstrukturen, gegen Traditionsbeschwörung in optisch-akustisch geschönter Welt, gegen verlogenen Kult mit Opfer- und Märtyrergebärden der Vätergeneration zielte, war es spiegelbildlich verhaftet mit Österreichs »goldenem Mythos«, dem ästhetischen Fortsatz des Macht- und Traditionsbündnisses von Thron und Altar.[53]

ANMKERUNGEN

1 Neue Zürcher Zeitung, 8.8.1938.

2 Vgl. u.a. Friedrich Heer: Der Kampf um die österreichische Identität. – Wien 1981; Gert Kerschbaumer: Faszination Drittes Reich. Kunst und Alltag der Kulturmetropole Salzburg. – Salzburg 1988; ders. (mit Karl Müller): Begnadet für das Schöne. Der rot-weiß-rote Kulturkampf gegen die Moderne. – Wien 1992.

3 Rudolf Réti: Die Internationale Gesellschaft für neue Musik und Wien. – In: Das Kunstblatt. Hg. Paul Westheim. Sonderheft »Das neue Wien«, April 1924, H. 4, S. 125f.

4 Heinrich Damisch: Die Verjudung des österreichischen Musiklebens. – In: Der Weltkampf, München, Juni 1938, S. 15-21. Schon zuvor einschlägige Artikel in der *Ostdeutschen Rundschau* und in der *Deutsch-Österreichischen Tageszeitung* (dort z.B. am 19.6.1932). Personalakte H. Damisch, Bundesarchiv Berlin-Zehlendorf: NSDAP-Mitglied seit 1.5.1932.

5 Vgl. Festprogramm 1927. Eine Sammlung der Programme befindet sich im Österreichischen Theatermuseum; vgl. Regina Wagner: Die Eigenproduktionen der Wiener Festwochen. – Wien, Dipl.-Arb. 1989.

6 Vgl. Heinz Kindermann: Europäischer Führungsanspruch des deutschen Theaters. – In: Salzburger Zeitung, 4.2.1944; sowie ders.: Die europäische Sendung des deutschen Theaters. – Wien 1944.

7 Ferdinand Bruckner: Nestroy und Österreich. Wiederabdruck in: Peter

Roessler u. Konstantin Kaiser (Hg.): Dramaturgie der Demokratie. Theaterkonzeptionen des österreichischen Exils. – Wien 1989, S. 85-91.
8 Vgl. Arbeiter-Zeitung, 27.5.1951.
9 Arbeiter-Zeitung, 16. u. 18.7.1950, 6.6. u. 28.8.1951.
10 Die österreichische Furche, 9.6.1951.
11 Vgl. Arbeiter-Zeitung, 3., 12. u. 13.6.1951; Die österreichische Furche, 23.6.1951.
12 Vgl. Die Presse, 18. u. 19.6.1951.
13 Vgl. Arbeiter-Zeitung, 19.6.1951.
14 Vgl. Arbeiter-Zeitung, 24.5. u. 10.6.1952.
15 Arbeiter-Zeitung, 3.6.1953.
16 Vgl. Die österreichische Furche, 13.6.1953.
17 Vgl. Neues Österreich, 21.3.1954.
18 Arbeiter-Zeitung, 30.5.1954.
19 Vgl. Hans H. Hahnl: Nachruf auf das Hochschulstudio. – In: Arbeiter-Zeitung, 6.1.1951; Friedrich Langer: Die Studiobühnen hierzulande. – In: Die österreichische Furche, 16.6.1951.
20 Arbeiter-Zeitung, 28.10.1951.
21 Vgl. Weltpresse, 7.4.1953.
22 Vgl. Arbeiter-Zeitung, 10.6.1953.
23 Vgl. Arbeiter-Zeitung, 13.6.1954.
24 Vgl. Roessler u. Kaiser (Anm. 7), S. 36f.
25 Vgl. Die neue Front, 26.6.1954.
26 Zum Stück vgl. Peter Roessler: Studien zur Auseinandersetzung mit Faschismus und Krieg im österreichischen Drama der Nachkriegszeit und der fünfziger Jahre. – Köln 1987, S. 225-229.
27 Vgl. Arbeiter-Zeitung, 5.6.1955.
28 Arbeiter-Zeitung, 14. u. 19.6.1955.
29 Vgl. Hans Weigel: 1001 Premiere. Hymnen und Verrisse. Bd. 1: Von Aischylos bis Molière. – Graz 1983, S. 83.
30 Arbeiter-Zeitung, 7.6.1957.
31 Vgl. Arbeiter-Zeitung, 16.6.1956.
32 Arbeiter-Zeitung, 1.6.1958.
33 Arbeiter-Zeitung, 10.6.1958.
34 Hans Weigel: Vorsorglicher Nachruf auf Berlin. – In: Forum, 1959, H. 6, S. 59.
35 Vgl. Friedrich Torberg: Vom armen B. B. oder Boleslaw Barlog berichtigt. – In: Forum (Anm. 34), S. 181.
36 Arbeiter-Zeitung, 21.6.1959.
37 Vgl. ebd.
38 Vgl. Arbeiter-Zeitung, 4.6.1959.
39 Vgl. Arbeiter-Zeitung, 5.6.1959.
40 Arbeiter-Zeitung, 29.5.1960. Vgl. auch Jubiläumsschrift 10 Jahre Wiener Festwochen. – Wien 1960.
41 Festprogramm 1960.
42 Arbeiter-Zeitung, 23.6.1960.
43 Vgl. Arbeiter-Zeitung, 8.6.1960.
44 Arbeiter-Zeitung, 19.6.1960.
45 Arbeiter-Zeitung, 3.6.1960.
46 Arbeiter-Zeitung, 28.5.1961.
47 Vgl. Arbeiter-Zeitung, 25.6.1961.

48 Vgl. Arbeiter-Zeitung, 30.5.1961.

49 Arbeiter-Zeitung, 28.5.1961.

50 Arbeiter-Zeitung, 10.6.1961.

51 Vgl. die Ausgaben der Zeitungen vom 16.6.1964.

52 Vgl. Hugo von Hofmannsthal: »Krieg und Kultur«. – In: Gesammelte Werke. Reden und Aufsätze II. Hg. Bernd Schoeller u. Rudolf Hirsch. Frankfurt a.M. 1979, S. 417-420.

53 Vgl. Werner Hofmann: Die Wiener Aktionisten. – In: Prinzip Realismus. Hg. Galerie Eva Poll. Berlin 1987, S. 202-209.

ULF BIRBAUMER

Die Wiener Gruppe und das Theatralische

Voraussetzungen

Das Österreich der Nachkriegszeit hat nur eine gestandene literarische Avantgarde hervorgebracht (ja, ja – Peter Bürger zum Trotz – eine *echte* Avantgarde[1]): die sogenannte »Wiener Gruppe«. Bekanntlich keine wirkliche Dichtergruppe, sondern ein mehr oder weniger enger Freundeskreis frecher Postsurrealisten oder Neodadaisten, aktionistisch inspirierte, kreative junge Sprachexperimentatoren, die nichts mit der restaurativen Identitätsfindung im Kulturellen, die nichts mit dem alten neuen Österreich, das sich in der Wiedereröffnung von Burg und Oper repräsentativ manifestierte, zu tun haben wollten. Einige Jungrevolutionäre der ersten Stunde und ihre Freunde leisteten Widerstand im Ästhetischen und nicht im Politischen. Ihr Widerstand wurde erst politisch durch die nachkriegsgesellschaftliche Reaktion auf ihre Kunst. (Einzige politische Aktion: ihr Aufruf und ihre mißglückte Demonstration eines Häufchens von Aufrechten gegen die Wiedereinführung eines österreichischen Bundesheeres). Friedrich Achleitner, H. C. Artmann, Konrad Bayer, Gerhard Rühm und Oswald Wiener widersetzten sich dem Diktat der Restaurativ- und Repräsentativkultur durch Stör- und Zerstörungsversuche – aus Verstörung. Es soll die Nachkriegsmuse und Doderer-Freundin Dorothea Zeemann gewesen sein, die ihnen das Etikett »Wiener Gruppe« verpaßte. Ihr Ordnungssinn trug Früchte, und ganz zurecht hat der Biennale-Kurator Peter Weibel sie mit einem Berg von riesigen Buchkatalogen 1997 in Venedig präsentiert. In der wiederentdeckten Kommunikationsform *Buch*.[2]

Der »artclub« und später dann der »neue artclub«, »Strohkoffer« genannt und unter der Loos-Bar gelegen, waren die Versammlungsorte der jungen Künstler, primär von den Malern dominiert. Vor allem Artmann war es, der die lange Zeit verschüttete oder verbotene Primär- und Sekundärliteratur anschleppte: Albert Soergels expressionistische Literaturgeschichte[3] etwa, August Stramm, der Dadaismus, Kurt Schwitters und Raoul Hausmann wurden studiert, eine verketzerte »Tradition« wiederentdeckt. Dazu kam Artmanns Vorliebe für das Alt-Wiener Zaubertheater, für die »schwarze Romantik« und vor allem für den Surrealismus, wie Rühm berichtet. Und bereits 1953 war es, als Artmann seine erste »Literaturtheorie« verkündete: Die »acht-punkte-proklamation des poetischen actes«, die mit einem radikalen Satz beginnt:

es gibt einen satz, der unangreifbar ist, nämlich der, dass man dichter sein kann, ohne auch irgendjemals ein wort geschrieben oder gesprochen zu haben.

Die konsequente Kleinschreibung sollte fortan zum rein formalen Radikalismus der Dichtergruppe gehören. Was für Artmann zählte, war der Wunsch, poetisch handeln zu wollen. Dieser Proklamation zufolge wurde im Frühherbst des nämlichen Jahres auch zur ersten poetischen Demonstration aufgerufen, die sich »une soirée aux amants funèbres« nannte. Demonstrationskunst oder Prozessionskunst und nicht Funktionskunst, wie sie die späten sechziger Jahre propagieren werden, war angesagt. An einem Sommerabend im August zog die Prozession vom Goethe-Denkmal los, bewegte sich feierlich zur Oper, über den Stephansplatz zur Urania und über die Hauptallee in den Prater, wo man sie sinnigerweise bei der sogenannten Illusionsbahn beenden wollte. Das »décor« war stark ritualisiert: die Teilnehmer waren zu schwarzer Kleidung verpflichtet (Artmann bezeichnete sie als »altfränkisch«) und trugen schwarze Florschleifen. Sie schmückten sich dazu mit weißen Astern und Chrysanthemen (im August ein teurer Spaß!). Räucherwerk wurde angezündet, Lampions und versilberte Kandelaber vervollständigten den Umzug, der offensichtlich barockes Trionfo-

Gepränge mit der Morbidität festlicher »pompes funèbres« verbinden sollte. Zu zeremoniellem Flötenspiel wurden Poe, Nerval, Baudelaire und andere im Original deklamiert. Eine bald entstehende Verkehrsstörung beendete das Spektakel vorzeitig und man landete im »Strohkoffer«. Weiteren Prozessionen erging es ähnlich. So kam die Silvesterprozession 1954, die die walzerselige Duliöh-Stimmung am Stephansplatz mit New Orleans-Rhythmen störte, mit der Polizei in Berührung und endete schließlich lautstark an der Mölkerbastei. Ein aggressives »épater les bourgeois« war unverkennbar, eine »Aggressionstendenz gegen die bürgerliche Tradition«, die einen »nicht unbedeutenden politischen Kern« in sich trug, wie Rüdiger Engerth feststellt.[4]

Unter anderem wurden auch schwarze Messen in einem schmutzigen, tiefen Kellergewölbe in der Ballgasse 10 inszeniert, die – wiewohl für einen geladenen Freundeskreis mit Clubcharakter veranstaltet – sich am Rande des Delikts der Religionsstörung bewegten (ein neugieriger Polizist hatte Licht gesehen und sich unbemerkt einschleichen können).

Am bisher Beschriebenen ist bereits die Vielfältigkeit der Veranstaltungsformen der »Wiener Gruppe« abzulesen: Demonstration, Prozession, schwarze Kellermessen. Dazu kam etwas später in Zusammenarbeit mit Malern und Aktionisten – Otto Mühl, Günter Brus, Hermann Nitsch, Adolf Frohner – auch so manches andere Kellerspektakel, so die »Einmauerung« (Dauer: drei Tage), die schließlich mit der »Ausmauerung« zu Ende ging (1962, im Keller eines Hauses der Perinetgasse im 20. Bezirk), die mit der Zerreißung eines toten Lammes gefeiert wurde und gerahmt war mit der Besichtigung von während der »Einmauerung« geschaffenen Gerümpelplastiken (Frohner).

Es fällt auf, daß die Wiener Aktionen – Mühl: »Materialaktion ist eine Methode, die Wirklichkeit zu erweitern, Wirklichkeiten zu erzeugen und die Dimension des Erlebens auszudehnen« – zu einer Zeit in Blüte standen, als die »Wiener Gruppe« sich bereits in Auflösung befand: Artmann hatte sich als erster anderen dichterischen Tätigkeiten gewidmet, und die verbliebenen Vier waren zuletzt 1958 im Nachtlokal »Chattanooga«

am Graben bei der Aufführung der sogenannten *Kinderoper* aufgetreten, die – in »zwei Nächten hingekotzt« (Rühm) – in einer Sauf- und Freßorgie endete. Es ist bezeichnend, daß das letzte gemeinsame Auftreten der Gruppe, quasi die Abschiedsvorstellung, in der Aufführungsform dem Theatralischen am stärksten angenähert erschien. Und natürlich auch dem Aktionistischen. Wenn hier vom Wiener Aktionismus nicht ausführlicher die Rede sein soll, so ist seine Verbindung zum Spektakelcharakter der »Wiener Gruppe« nicht zu leugnen und natürlich auch zur Aktionsmalerei des belgischen Tachisten Mathieu. Für die Vernetzung der Künste hatte lange Zeit Monsignore Otto Mauer in seiner »Galerie nächst Sankt Stephan« gesorgt.

Insgesamt beweist sich die »Wiener Gruppe« auch in ihren Veranstaltungsformen als pure Avantgarde: angestrebt wird das Gesamtkunstwerk (natürlich nicht wagnerianisch belastet), angestrebt wird die konsequente Trennungsaufhebung. Es gibt keine Sparten, keine Genres. Was geschieht – auf das konkrete »Ereigniskunstwerk« kommen wir noch zu sprechen – ist demonstrativ, aggressiv aktionistisch, ist radikal. Die »Wiener Gruppe« ist in ihren Manifestationen grundsätzlich theatralisch, was Achleitner, Artmann, Bayer, Rühm und Wiener performieren, ist Spektakelkultur: sehr künstlich und körperlich zugleich. Le corps en jeu.

Aktionen mit Happening-Charakter?

Liest man einige theoretische Ansätze bei Oswald Wiener und vor allem Artmanns Acht-Punkte-Proklamation genauer, könnte man zum Schluß kommen, die »Wiener Gruppe« habe das Happening erfunden. Zumindest waren sie nahe dran, entwickeln sich doch auch in Japan und in den USA interdisziplinäre und multimediale darstellerische Ausdrucksformen erst seit Mitte der fünfziger Jahre, die unter dem Oberbegriff Happening subsummiert werden können. Wenn Artmann und Kumpane es schon nicht erfunden haben, so liegen sie zumindest etwa gleichzeitig mit dem Kölner Wolf Vostell, dem Amerikaner Allan Kaprow und den Aktionsmalern (erweiterter Collagebegriff: Aktionscollage) gleichauf.[5] Auch als Anreger neuen experimentellen Theaters ganz allgemein.

Das Happening [ist] wesentlich originär, ist eine integrale Aufführungsform, die die Demarkationslinien zwischen Kunst und Leben, Bühne und Publikum, Abbild und Wirklichkeit durchlässig hält. Ein Happening ist überall möglich, wo akustische, visuelle und haptische Reize die Sinne durch Sprache unvermittelt ansprechen. Happening kennt keine Rollen; Künstler wie Zuschauer sind potentiell darstellerische Elemente (participation).[6]

Engerth zitiert Jean Pierre Wilhelm, der Happening als »grundlose Handlung« sieht, als »eine Summe von Geschehnissen, die, mehr oder weniger vorherbestimmt, einfach zustande kommen.«[7] Damit kommt er den Manifestationen der »Wiener Gruppe« bereits erstaunlich nahe. Sie sind wohl am ehesten eine Mischform von Happening und Demonstration, Aktionen allzumal. Wiener erfindet dazu seine Kunstdefinition: »Das Kunstwerk ist Aufforderung zum Spielen. Entkleidet vom Mythos, reduziert es sich zur schlichten Begebenheit.«[8]

Happening-Charakter konnten bei der »Wiener Gruppe« sogar Lesungen bekommen. Verbürgt ist da eine sogenannte Monsterlesung 1957 im Theater in der Liliengasse, dem späteren Theater im Zentrum, heute Spielort des Theaters der Jugend. Hier war Friedrich Achleitner die treibende Kraft. Hinter seiner Dichtung und seinem Vortrag verbarg sich ein anarchistischer oberösterreichischer Sturschädel, der im »Literarischen Cabaret« 1958 und als Protagonist in der Krachledernen auftrat und einen stinkenden Achleitner Schloßkäse ins Publikum warf. Man konnte sich Achleitner aber ebensogut als tierisch ernsten Sänger subversiver Innviertler Gstanzln vorstellen. Die Monsterlesung bekam alsbald Happeningcharakter, indem sie »in ein Tohuwabohu von Einzel- und Simultanlesungen, Tonbändern, Projektionen und theoretischen Abhandlungen ausartete.«[9] Das Chaos, verstärkt durch plötzlich angezettelte Schlägereien (zufällig oder vorprogrammiert, wer will das wissen), zog sich bis weit nach Mitternacht hin, und man kann sich unschwer die fünf feixenden Dichter hinter der Bühne vorstellen, während Freunde und ein paar Studenten versuchten, die tumultösen Umtriebe zu beruhigen.

Im Zentrum der happeningartigen Aktionen standen aber zweifelsfrei die eben erwähnten sogenannten »Literarischen Cabarets« eins und zwei. In einem Theatersaal in der Windmühlgasse und im großen Vortragssaal des Gewerkschaftshauses in der Treitlstraße (gerne das Porrhaus genannt), das ihnen der Vorsitzende des sozialistischen Jugendreferats Bertl Rauscher vermittelt hatte, war es, wo die Achleitnerkäse ins Publikum flogen und eine kollektive Klavierzertrümmerung (vor John Cage!) einen Aufstand der Musikliebhaber im Publikum provozierte. Provokant waren auch alle anderen Aktionen: Achleitner und Rühm fuhren auf dem Motorroller durchs Publikum, schließlich ließen sich die Veranstalter Bier und Würstel bringen, um alles genußvoll auf der Bühne zu verzehren, was das hungrige Publikum in Rage brachte. Mit dieser Szene läßt sich auch sehr schön belegen, woher spätere Experimentaltheatertruppen wie »The First Vienna Working Group: Motion« so manche Idee bezogen – zum Beispiel die Aktion »Hunger Biafra« im Café Einfalt hinter der Peterskirche. Nicht alle mehr oder weniger geplanten Cabaret-Aktionen konnten auch durchgeführt werden. So mußte in der Windmühlgasse die Nummer *Gummi* leider entfallen, die einem dringenden Bedürfnis abgeholfen hätte, nämlich eine olfaktorisch authentische Pissoir-Atmosphäre zu schaffen, samt den Pissenden selbstverständlich, worauf das Publikum bekanntlich bei den späteren Aktionisten nicht mehr verzichten mußte. In der Treitlstraße wiederum rief die strenge Hausordnung die brave Polizei auf den Plan, deren Eingreifen Geplantes verhinderte und es so erst möglich machte, von der Veranstaltung als einer mit Happening-Charakter zu sprechen. Die Einmischungs- und Vereitelungsversuche der Polizei waren es vor allem, die hier ein Ereigniskunstwerk entstehen ließen, denn Geplantes mußte abgeändert oder umfunktioniert werden. Ein von Markus Prachensky bemalter Ortwin Kirchmayr, der herumhopsend ein Naturgedicht rezitieren sollte, fiel der Polizeigewalt zum Opfer. Konrad Bayer las dann das Gedicht konventionellerweise ins Mikrophon. Wiener: »Die Wirkung war möglicherweise besser so.«[10]

Commedias und Kasperstücke

Die benannten Manifestationen trugen wohl auch ohne polizeiliches Eingreifen den Kern des Happenings in sich. Daß die Polizei, oder zumindest ein kunstsinnig-neugieriger Vertreter dieser Dein-Freund-und-Helfer-Zunft, aber sogar in der Lage sein kann, eine harmlose Freilichtaufführung in ein Happening umzufunktionieren, davon erfahren wir in einer Art Tagebuch des Hans Carl Artmann mit dem barocken Titel *Die Suche nach dem gestrigen Tag oder Der Schnee auf einem heißen Brotwecken*[11]. Da ist von einer spontanen Aufführung unter dem Titel *Souvenir einer Commedia im Freien* die Rede, die offenbar an einem lauen Maiabend des Jahres 1955 vor der Vorstadtkirche in Breitensee erfolgte. Anmerkung zum Spielort: »Die Gaslaternen um die Breitenseerkirche sind noch nicht abgerissen, auch das grüngestrichene Blechschiffodrom steht damals noch zwischen Thujabäumen und Fliedergebüschen.«[12] Das Stück, das an diesem lauschigen Ort in der Regie von Konrad Bayer gespielt wurde, hieß *Aufbruch nach Amsterdam*, war seitdem verschollen, bis Bayer 1964 H. C. Artmann eine Abschrift übermitteln konnte. Bayer spielte selbst die Rolle des Glonnensalz, der Maler Carolus (Tschutschu) Lehner den Azor, seine Schwester Ilsa die Liviana und Ida Szigethy die Negerin Hortensia. Artmann schaute zu, bis ihn Bayer aufforderte, wenigstens den Dichter zu spielen. Die Aufführung war improvisiert, die liebenswerten Dilettanten konnten den Text nicht (zum Lesen war das Licht zu schwach), außerdem störte ein theaterfeindlicher Hund das Unternehmen mit durchdringendem Geheul. Und schließlich wurde der Uraufführung des *Aufbruchs nach Amsterdam* in schon bekannter Weise ein unrühmliches Ende bereitet, und zwar gerade dann, als eine Stimme: »Caspar! Herr Caspar!« rief. Konrad Bayer als Glonnensalz fragte: »Hideputa/Was will dieser verwachsene Turmhahn von meinem Leibkoch?«

Ein Revierinspektor der Wiener Sicherheitswache hatte schon die längste Zeit in einem der vielen Fliederbüsche gehockt und kam an dieser Stelle hervor. Das eine Hosenbein war ihm hochgerutscht, er hinkte von der ungewohnten Spi-

onstellung – »Herrschaften, der Fasching ist längst vorüber, gemma, gemma, da is a Kirchn und da hat keiner was verlorn etc.«[13]

Einmal mehr ist die Polizei Garant für den Happeningcharakter der theatralischen Aktionen der Wiener Gruppe.

Texte für das Theater?

Nimmt man diese Verabredungen für ein »spectacle vivant« einmal aus, stellt sich die Frage, ob es von Artmann, Bayer, Rühm (die Letztgenannten ließen sich einen Stempel anfertigen: Bayer – Rühm / stets Meisterwerke) nunmehr auch literarische Texte gebe, die als Dramen im herkömmlichen Sinn gelten konnten, als Spielvorlage für die szenische Umsetzung. Im traditionellen Sinn wohl nicht, als Spielvorlagen im weiteren Sinn für experimentelles Theater, für radikale Kleinbühnen oder für ausgefallene literarische Cabaret-Abende gewiß. Dabei muß Artmann als der theatralischste gelten. Seine Texte sind samt und sonders in dem Band *die fahrt zur insel nantucket* versammelt. Der Berliner Autor und spätere Dario Fo-Übersetzer Peter O. Chotjewitz hat eine instruktive Einführung in die artmanneske Theaterwelt geschrieben.

Seine Stücke beschreiben oder illustrieren nicht Sachverhalte, Geschehnisse, Philosopheme, die außerhalb ihrer selbst liegen. Diese Stücke sind, was sie sind, und sie beziehen sich (mit einer Einschränkung) auf nichts, das außerhalb dieser Stücke liegt. Die Stücke handeln von Wirklichkeiten, die es nur innerhalb dieser Stücke gibt, oder anders ausgedrückt: Die Dimensionen, von denen die Stücke handeln, sind mit den Dimensionen der Stücke identisch. Das ist nicht üblich.[14]

Was bei dieser artmannesken Welt Pate steht, das sind die Figuren der Commedia dell'arte und deren krude Szenarien, der Jahrmarkt, das wienerische Volkstheater von Kurz-Bernardon bis Raimund, das Kasperltheater, die barocke Bilderwelt und ebenso barocke Sprachspiele, das ist die Grandguignolade, die Räubergeschichte, die Erzählertradition »von denen« Abenteurern, Menschenfressern, Hunnen und Blaubärten und das sind nicht zuletzt die Schmähführer vom Grund, vom Brillantengrund und aus »braadnsee«. Artmann ist der letzte große europäische Conteur, der sich zwischen die Quacksalber und Giullari auf dem Jahrmarkt auf ein Faßl stellt und drauflosschwadroniert, dem Capitano, dem Giangurgolo nicht unähnlich.

Daß man das alles spielen kann und soll, wird selten genug unter Beweis gestellt. Eine Rezeptionsgeschichte wäre dennoch lohnend, sprengt für diese knappe Darstellung aber den Rahmen. Vor allem die von Chotjewitz angesprochene Ausnahme, das infolge des Gedichtbandes *med ana schwoazzn dintn* (Salzburg 1958) und unter dem Eindruck der neuentdeckten französischen »Absurdisten« von Ionesco über Tardieu bis hin zum Belgier Ghelderode entstandene Stück *Kein Pfeffer für Czermak* ist vielfach inszeniert worden, unter anderem auch in der Filialbühne des Theaters in der Josefstadt im Kleinen Theater im Konzerthaus (1970) mit Georg Bucher als Greißler Gwscheiderl und Didi Macher als seinem scheitelknienden Mündel Carolin.

Das Uraufführungstheater der theatralen Texte der »Wiener Gruppe« war allerdings eine Studentenbühne. Sie nannte sich »Die Arche«, befand sich in der Ebendorferstraße 8 hinter der Wiener Universität, war das kulturelle Aushängeschild der Katholischen Hochschulgemeinde des Monsignore Strobl und zählte einen anderen Monsignore zu ihren Stammgästen, den bereits genannten einsamen Intellektuellen der damaligen Kirche Österreichs, Otto Mauer. Aber auch Dorothea Zeemann und Heimito von Doderer liebten die studentischen Realisierungen der Texte von Artmann, Bayer und Rühm. Herbert Wochinz schaute vom Theater am Fleischmarkt herüber, und die Autoren kamen immer wieder vorbei (ohne die Proben zu stören). H. C. Artmann spielte schließlich in *Lasse und Mustikka* den Dracula: in einem rotkarierten Hemd und in Lederhosen, mit einem grünen Filzhut auf dem Kopf. Schauderhaft erklang ein gefährliches »miamiamiamiam« aus seinem schnauzbartbewehrten Mund. Blaubart, Menschenfresser und Vampir in einem war er, und selbst die Theaterkritik schien bei aller Gönnerhaftigkeit vergnügt.

Der erste »Wiener Gruppe«-Abend vereinigte die Uraufführungen von *Kein Pfeffer für Czermak* und der Kasperliade

Die mißglückte Luftreise oder Caspar als Luftschifför. Das Greißlerg'wölb wurde in die Keller-Mensa verlegt, in der Pause wurden die Zuschauer aufgefordert, mit ihren Stühlen in den ersten Stock zu übersiedeln, wo der Studien- und Versammlungsraum der luftreiseadäquatere Spielort schien. Publikum und Akteure dürften mehr Spaß an der Sache gehabt haben als Teile der Kritik. So urteilte Fritz Koselka im *Neuen Österreich* vom 20.1.1960 über die »Greißleriana«:

> *Der surrealistische Spuk erweckte im Zuschauer vor allem die nervenerregende Frage »Spinnt einer hier wirklich oder tut er nur so?«, verfehlte aber nicht seine Gruselwirkung. Daher unsere Kritik: Essig für die Darsteller, Leinöl für den Dichter.*

Der war übrigens nicht anwesend, doch als sich der Regisseur (und heutige Romancier) Friedrich Zauner, der die *Luftreise* inszeniert hatte, am Ende verbeugte, wurden Rufe im Publikum laut: Jöh, der Artmann. Das hatte seinen Grund auch in einer für die »Wiener Gruppe«-Produktionen typischen Improvisation. Als Gottfried Schwarz als Laternenanzünder Salomone plötzlich kein Feuer hatte, kam der Regisseur, durchaus schauspielermäßig, auf die Bühne und half aus. Schwarz, improvisierend: »Jetzt kommen schon die Dichter auf die Bühne.« Kommentar des Kritikers Koselka:

> *Unter der Regie von »hr. zauner« wurde recht nett agiret. Besonders der Hanswurst im Pierrotkleid, Mödlagl, gefiel durch seine jungenhafte Munterkeit. Zucker für H. C. Artmann (hat der gestrenge Herr ihn erkannt?), Zimt für die Spieler!*

»Die Arche« bewährte sich übrigens auch in folgenden Jahren als »Wiener Gruppe«-Spezialist. So wurden unter anderem Bayers *begabte zuschauer* gespielt sowie eine Reihe von Gemeinschaftsarbeiten von Bayer und Rühm unter dem Sammeltitel *kosmologie*. Die Ratlosigkeit bei Publikum und Kritik amüsierte die Beteiligten: was zählte, war – wie bei vielen Arbeiten der Dichtergruppe – die Provokation. Es soll auch vorgekommen sein, daß so manches kleine Stück zum besseren Verständnis wiederholt wurde, sozusagen als Draufgabe mit umgekehrten Vorzeichen.

Konrad Bayers *kasperl am elektrischen stuhl* kam erst 1968 zu Festwochen-Uraufführungsehren. Unter dem Motto »Die Komödianten Europas« wurde es mit der Hanswurstiade von 1922, *Der unsterbliche Kasperl* von Alfred Polgar, kombiniert (Regie: Georg Lhotzky). Da war aber Konrad Bayer, trotz des Rufes seines Freundes Artmann in der *Mißglückten Luftreise*: »der caspar darf nicht sterben«, schon vier Jahre tot und die »Wiener Gruppe« zerfallen ...

ANMERKUNGEN

1 Vgl. Peter Bürger: Theorie der Avantgarde. – Frankfurt a.M. 1974.

2 Vgl. Peter Weibel (Hg.): Die Wiener Gruppe. The Vienna Group. The visual works and the actions, a moment of modernity 1954-1960. Biennale di Venezia. – Wien, New York 1997.

3 Vgl. Albert Soergel: Dichtung und Dichter der Zeit. – Leipzig 1911. Soergel war allerdings in der Folge zum »völkisch argumentierenden Publizisten« geworden. Vgl. Jost Hermand: Geschichte der Germanistik. – Hamburg 1994, S. 103; sowie – in bezug auf Max Mell – den Beitrag von Karl Müller in diesem Band.

4 Rüdiger Engerth: Der Wiener Aktionismus. – In: Protokolle, 1970, H. 1, S. 152ff.

5 Vgl. Johannes Lothar Schröder: Happening. – In: Manfred Brauneck u. Gérard Schneilin (Hg.): Theaterlexikon. Reinbek b. Hamburg 1986, S. 393ff.

6 Ebd., S. 394.

7 Engerth (Anm. 4), S. 152.

8 Ebd., S. 158.

9 Ebd., S. 157.

10 Ebd., S. 159.

11 Als Walter-Druck Nr. 1, betreut von Otto F. Walter, im Herbst 1964 erstmals erschienen. Zit. n. der Neuausgabe bei Luchterhand, Neuwied, Berlin 1971.

12 Ebd., S. 52.

13 Ebd., S. 54f.

14 Peter O. Chotjewitz: In Artmanns Welt. – In: H. C. Artmann: die fahrt zur insel nantucket. Neuwied, Berlin 1969, S. 5f.

PETER ROESSLER

Die Rekonstruktion eines Genres

Theaterpublizistik im »Neuen Österreich«

Von einer »Zeit der Ausgrabungen« schrieb Otto Basil 1948 mit Blick auf die Spielpläne der Wiener Theater, aber, so sein kritisches Urteil, »[d]ie bösen und unbequemen Zeitgenossen: die Bruckner, Brecht, Zuckmayer, Horváth, Csokor, Hochwälder betten wir einstweilen in die kühle Gruft.« Anlaß dieser Diagnose war die öffentliche »Ausgrabung« des Schwanks *Der Feldherrnhügel* von Alexander Roda Roda und Carl Rößler, die Basil als Kritiker der Zeitung *Neues Österreich* besuchen mußte. Er konstatierte dabei eine »Humorigkeit längst vergilbter Jahrgänge des ›Österreichischen Soldatenkalenders‹«, die aber vom Publikum »stürmisch belacht« wurde.[1] Der Besuch einer Aufführung, die der Erzeugung versöhnlichen Lachens über österreichisches Wesen diente (gleichwohl die beiden Autoren dem österreichischen Exil angehörten), war eine ärgerlich registrierte Routineangelegenheit im Alltag des Kritikers Basil, sie provozierte ihn, der seine Tagesnotizen immer ins Allgemeine zu weiten suchte, allerdings zu eben dem Bild von der »kühlen Gruft«, in die man die Bösen zu betten trachtete. Das traf auf die Situation von 1948 zu und nahm Künftiges vorweg. Die von Basil attackierte harmlose »Humorigkeit« war Teil eines auch am Theater wirksamen Österreichbildes, das viele Facetten hatte, dessen Grundfarben aber auf Harmonie gestimmt waren.

»Wozu solche Stücke?« Diese Frage Otto Basils galt auch der Dramaturgie der Ohnmacht und des geschichtslosen Unheils, wie sie über manche der nunmehr entdeckten zeitgenössischen ausländischen Dramen transportiert – oder aus ihnen herausgelesen! – wurde. »Man geht mit keinem sehr erhebenden Gefühl aus dem Theater, das ja noch immer als moralische Anstalt betrachtet werden will«, schrieb er 1947 anläßlich der Premiere von Jean Anouilhs *Romeo und Jeannette.*[2] Das Stück wird von Basil zu Anouilhs »rabenschwarzen« Werken gezählt, in dem nur die Freiheit, »sich selbst auszulöschen« existiere und der »Mythos des modernen Ich« gepflegt werde, das »in eine Zeit und Welt« des »rasenden und sinnlosen Ablaufs« gestellt sei. Basil erteilte dieser Dramaturgie eine Absage: »Todesphilosophie«, »[n]ur Triebe und Instinkte«, »Heidegger und die Folgen!« Auch hier bringt der Kritiker den Bericht ins Allgemeine, gegen das Verharren am Abgrund wird ein an den Expressionismus gemahnender Erlösungsappell gesetzt: »Gerade Krisenzeiten erfordern den Künder und Heiler, den Visionär und Missionär.«

Die Theaterkritik der Nachkriegsjahre hatte ihren spezifischen Anteil an der Konstituierung eines Österreichbildes aus dem Credo der inneren Harmonie und der Chimäre des ewigen Barock. Das fing gleich an, war aber zunächst, in der Erwartung einer kaum näher bestimmten Erneuerung, von relativer Offenheit in den Beurteilungen geprägt. Die Ausgrenzungen setzten massiv erst mit dem Beginn des Kalten Kriegs ein, sie konnten rasch in Kampagnen gegen Personen und Institutionen umschlagen. Der »Kommunismus«-Vorwurf wurde dabei zum ausreichenden Argument, ja es genügte bereits der öffentlich lancierte »Kommunismus«-Verdacht, um, wie im Falle der geplanten Inszenierung von Sean O'Caseys *Preispokal* am Burgtheater, eine Unternehmung zu Fall zu bringen.[3] Die Uniformität auf dem Felde der Ideologie ging in der Theaterkritik durchaus weiterhin mit einer Pluralität von ästhetisch-dramaturgischen Vorstellungen einher. Mit dabei waren – um aus der Fülle der Möglichkeiten vorerst nur zwei Typen zu präparieren – gleichermaßen die Anhänger einer streng tektonischen Dramenform, die sie apodiktisch mit antimodernen Argumenten einklagten, wie die Anhänger einer dramatischen Moderne, deren Notwendigkeit mit dem »Nachholbedarf« begründet wurde. Das Verbindende zwischen diesen beiden Typen, die natürlich in der Praxis so fein geschieden nicht vorkamen, war die bereits angesprochene Dramaturgie der Ohnmacht, die Vorstellung also, daß es letztlich auf menschliches Handeln nicht unbedingt ankomme, da es ohnehin in einer höheren Ordnung aufbewahrt oder aber einem ontologisch gesetzten Chaos ausgesetzt sei.

Die eingangs angeführten Zitate lassen erkennen, wie sich hier ein Kritiker gegen das Milieu von Geraune und Kampagne in der Theaterkritik stemmte. Wie gelang ihm dies, und wie sah die Theaterpublizistik in seiner Zeitung, dem *Neuen Österreich*, Organ der »demokratischen Einigung«, aus? Um zu einigen inhaltlichen Differenzierungen innerhalb der Theaterpublizistik der Nachkriegsjahre zu gelangen, sei einmal nicht von der Regel, sondern von der Ausnahme ausgegangen, einer Ausnahme, die allerdings, was die Wahrnehmung durch die Zeitgenossen anging, durchaus nicht an der Peripherie angesiedelt war. Zugleich läßt sich auch ein Blick auf andere Zeitungen werfen, was sich schon deshalb anbietet, als das *Neue Österreich* für einige relevante Kulturpublizisten der Nachkriegszeit kurzfristiges Arbeitsfeld oder Medium für Nebenveröffentlichungen war. Es kann dabei freilich keineswegs um eine umfassende Darstellung des komplizierten Geflechts von Medienkultur und Theater gehen, sondern um die Erkundung einiger markanter Schreibweisen und Haltungen.

»Kultur, die uns nicht erreichte«. Zur Theaterpublizistik des Exils um 1945 *Ludwig Ullmann*

In den Theaterkritiken des *Neuen Österreich* wird der Theaterabend (zunächst von Oskar Maurus Fontana und Herbert Mühlbauer, ab August von Richard Hoffmann) durchwegs als ein der Geschichte enthobenes Ereignis gesehen, in dem die Schauspieler kraft ihres Talentes das Österreichische wiederherstellen.[4] Der Nationalsozialismus kommt, auch dort, wo sich der Bezug explizit aufdrängt, meist in umschriebener Form vor. Das Wiedererstehen des Theaters wird an sich gefeiert, woher die Akteure kommen, interessiert kaum. Dennoch gibt es Ausnahmen, bei denen aber erkennbar ist, wie das Exil durch die Brille der Inneren Emigration gesehen und bewertet wird.

»Kultur, die uns nicht erreichte«[5] lautet ein Beitrag über Thomas Mann, Hermann Hesse, Franz Werfel und Stefan Zweig, in dem die Termini »Gesittung«, »Geist« und »Mensch« als ausreichende Kennzeichnung der Gegnerschaft zu Hitlerdeutschland fungieren.

Aus erster Hand informiert ein Artikel Ludwig Ullmanns mit dem Titel »Österreicher im Theaterleben Amerikas«; Ullmann wird im redaktionellen Vorspann vage vorgestellt, er sei den Wienern als Theaterkritiker »noch in Erinnerung«, heißt es, und er »lebte nach 1938 vier Jahre in Frankreich, bis er sich 1942 in den Vereinigten Staaten niederließ, wo er gegenwärtig an einer Weltgeschichte des Theaters arbeitet.«[6] Dem Beitrag ist ein eher harmonisches Bild des Schicksals österreichischer Theaterleute und Musiker in den USA zu entnehmen, eine Erfolgsstory jenseits der historischen Bedingungen. Über Max Reinhardt liest man euphemistisch, daß er mit offenen Armen aufgenommen worden sei und seine Arbeit »auch in Amerika wieder Schule gemacht« habe. Der Artikel legt zugleich Zeugnis von der Durchsetzungskraft österreichischer Theaterleute ab, vor allem aber ist er der erste und für lange Zeit einzige Überblick über das Wirken von Ernst Lothar, Heinrich Schnitzler, Franz Molnár, Helene Thimig, Gisela Werbezirk, Ernst Deutsch, Franz Werfel, Hans Jaray und zahlreicher anderer Theaterleute im amerikanischen Exil.

Ludwig Ullmann war in den zwanziger und dreißiger Jahren einer der bedeutendsten Theaterkritiker Wiens, früh hatte er bereits gegen den aufkommenden Nationalsozialismus Stellung bezogen. Im Februar 1934 hatte er seine Plattform, die in sozialdemokratischem Besitz befindliche und nunmehr zwangsweise eingestellte *Wiener Allgemeine Zeitung* verloren. Er blieb zwar bis 1938 in Wien überwiegend im Bereich der Kulturpublizistik tätig, mußte aber die Direktheit und Schärfe seiner Veröffentlichungen aufgeben. 1938 floh er über Ungarn, Jugoslawien, Italien und die Schweiz nach – wie in der zitierten Vorbemerkung des *Neuen Österreich* richtig zu lesen ist – Frankreich, 1942 in die USA.[7] Die im Exil verfaßten Beiträge Ullmanns, er schrieb für die Exilzeitschriften *Aufbau*, *Freiheit für Österreich* beziehungsweise *Austro American Tribune* und

Austro Democratic Review, sind kaum den Bahnen einer herkömmlichen Theaterkritik verhaftet. Gerade deshalb bieten sie sich zum Vergleich mit der Theaterpublizistik im Nachkriegs-Österreich an. Und: Auch Ullmanns Beiträge waren schließlich Nachkriegskritiken, Nachkriegskritiken eines im Exil Gebliebenen. So sei also hier der Scheinwerfer verrückt und damit zurechtgerückt.

Eine Theaterkritik im Exil existierte nur in Ansätzen, galt es doch vor allem Theaterprojekte, die den schwierigsten Bedingungen abgerungen wurden, publizistisch zu unterstützen. Aber dieser Mangel konnte zur Stärke werden, wenn das Schreiben über Theater die Wirklichkeit in sich aufnahm und den besonderen Anlaß zu übergreifenden Fragen nutzte, die mit dem antifaschistischen Kampf verknüpft waren; sich also nicht in der Partikularität und Zufälligkeit verlor, die sonst Merkmal des Genres Kritik ist. Ludwig Ullmann setzte sich in seinen Beiträgen für die *Austro American Tribune* mit der faschistischen Kultur- und Theaterpolitik auseinander, er schrieb über exilierte Autoren und Theaterleute und bemühte sich um eine publizistische Vermittlung zwischen europäischen und amerikanischen Theaterkonzeptionen. Die Vermittlung schloß ein, daß er Berthold Viertels Inszenierung von Brechts *Furcht und Elend des Dritten Reiches* (1945) gegen die New Yorker Kritiker verteidigte, denen er vorwarf, die Aufführung nach der »Broadway-Richtschnur« beurteilt zu haben, wo sie es doch mit »dem prägnanteste[n] Gegenspiel einer ›Show‹« zu tun hätten. Exposition und Peripetie, die Genauigkeit der gestalteten Situationen und die schauspielerischen Leistungen werden als Beleg dafür genommen, daß der »Nazismus […] für Brecht kein dramatisches Leitartikelthema und kein Belehrungsanlaß« sei.[8]

Aus der Ferne des amerikanischen Exils zeichnete Ullmann 1944/45 ein Bild des österreichischen Theaters während des NS-Regimes, das in dieser Schärfe in der österreichischen Nachkriegspublizistik kaum anzutreffen war. Er schrieb über die Theateraktivitäten der NS-Organisation »Kraft durch Freude«, über die Vereinnahmung der Klassiker durch die Nazis und über das Burgtheater-Buch von Heinz Kindermann. Dabei suchte er zugleich österreichische Kulturlegenden zu zerstören, indem er nicht von einem idealisierten österreichischen Geist ausging, sondern nach Entwicklungen innerhalb der österreichischen Theatergeschichte, insbesondere der zwanziger und dreißiger Jahre fragte, an die die Nazis anknüpften. »Warum fiel es denn den Nazis so leicht«, fragt Ullmann in einem seiner Beiträge, »dieses Burgtheater über Nacht gleichzuschalten?« »Weil ihm des revolutionären Geistes kein Hauch innewohnte«, lautet die selbst gegebene Antwort, die in ein Lob des Theaters der Weimarer Republik mündet.[9] Ein Zug des Appellhaften prägt die Artikel Ullmanns immer dort, wo von österreichischer Kultur- und Theatergeschichte die Rede ist, so wenn seine kritische Betrachtung der Geschichte des Burgtheaters mit der Forderung anhebt und wieder in sie mündet, das Burgtheater müsse ein »Theater des Volkes« werden.[10]

In den aufs Programmatische zielenden Beiträgen Ullmanns läßt sich der Rückgriff auf Elemente der bürgerlichen Aufklärung erkennen, insbesondere dort, wo dem Theater die Rolle des Erziehungsinstitutes beigemessen wird. Als Widerpart zur Idylle zieht Ullmann lineare Kontinuitäten des Negativen und gelangt zu pauschalen Verwerfungen: »Keines der großen Theater«, heißt es über das Burgtheater, » ist dem Nazi-Ungeist so bereitwillig entgegengetaumelt. Es durfte dabei auf eine anderthalbhundertjährige Leisetreterei zurückblicken.«[11] Ullmann suchte den negativen Kontinuitäten Traditionen entgegenzuhalten, an die eine befreite österreichische Kultur anzuknüpfen habe. Das »andere Österreich«, das er erhoffte, sollte über die Wiederentdeckung der unter dem Nationalsozialismus verfemten und vertriebenen Kultur entstehen:

Es gab aber ein Österreich, in dem – ohne Ausweichen in epigrammatische Vergangenheit oder in ein sardonisches Ottakring – ein Karl Kraus schrieb, ein Adolf Loos baute, ein Julius Tandler Volkswohlfahrt schuf, in dem Arbeiter auf Barrikaden standen, Gelehrte Nobelpreise häuften, die Klimt und Kokoschka jeweils zukunftsreiches Ärgernis schufen, ein Gustav Mahler Despotie der Kunstreinheit trieb und Arnold Schönberg das Evangelium neuer Musik lehrte. Sie alle waren weder barock, noch gemütlich und die stolze Klarheit ihres Werkes schloß jede »Küß die Hand«-Hinterlist aus. Die

Welt weiß weniger von diesem Österreich (wie von dem der dichterischen Rückzugsgefechte von Grillparzer bis Schnitzler), als von dem Afterbild eines Operettenkosmos, der aus dem A. E. I. O. U. eine hoffnungslose Schwachsinnspointe machte. Dieses »letzte« Österreich hat allerdings und leider Hitler mehr Anschluß-Hilfe geleistet, als das einheimische Straßengeschrei stellungs- und erfolgloser Alpengermanen. Nun ist der Zeitpunkt da, die soziale und politische Summe aus diesen geistigen Komponenten zu ziehen.[12]

Das ging auch an die Adresse einiger Beiträger der *Austro American Tribune*, die Ullmann zwar nicht namentlich nennt, auf deren Preisung des Barocken als vermeintlicher Medizin gegen den Nationalsozialismus er aber wiederholt anspielt. Ernst Lothar und Raoul Auernheimer, ehemals Theaterkritiker der *Neuen Freien Presse* und somit Zunftkollegen Ullmanns, hielten im Exil am regressiven Konstrukt des »österreichischen Menschen« fest. Das damit verknüpfte Lob der inneren Harmonie, die Einfügung ins Ordomodell und die Erklärung des musischen Österreichers zum besseren Deutschen hatte bereits in der Österreich-Ideologie des »Ständestaates« ihren festen Platz gehabt.

Auch in Ullmanns Beiträgen über Kultur und Theater finden sich neben dem aufklärerischen Engagement mitunter Spekulation und Verehrung. »Salzburg, ein Zukunftstraum«, lautet der Titel eines Aufsatzes von 1944, in dem Ullmann schonungslos mit der Verquickung von Geschäft und Kultur bei den Salzburger Festspielen und ihrer Indienstnahme durch die Nazis abrechnet, die alten Festspiele zugleich aber als »ein Ereignis der Gemeinsamkeit der Nationen und der Kulturen«, als »Übersetzung des alten österreichischen Völkerstaats ins Geistige« preist.[13] Dies hängt mit Ullmanns Wertschätzung von Max Reinhardt zusammen, der ihm mit den Jahren des Exils zu einer Symbolfigur des vertriebenen Theatermenschen wurde. Der »Zukunftstraum« ist nicht als eine bloße Rückkehr zum Alten, die die Verbrechen der Nazis vergessen machen möchte, konzipiert, es ist ein »Zukunftstraum«, in dem das Wissen um die Verbrechen der entscheidende Faktor ist. Ein »Zukunftstraum« von der »Völkerverbundenheit im Zeichen der Erschütterung«, in dem Illusion und Wirklichkeit innig verquickt sind. Ludwig Ullmann konnte jedoch wehmütige Illusionen mit einer schallenden Ohrfeige vertreiben. Der Mangel an unmittelbarer szenischer Anschauung wird in seinen Exilbeiträgen durch ein historisches Bewußtsein aufgewogen, das die Manier der voraussetzungslosen Gegenwärtigkeit, auf die die gängige Theaterkritik meist beschränkt bleibt, hinter sich läßt. Die kargen szenischen Bilder der Gegenwart, all die Zeugnisse einer Selbstbehauptung des »ausgewanderte[n] Wiener Theater[s]«[14], sie werden nicht nur gefeiert, sondern ebenfalls in die Anstrengung eines geschichtlichen Verstehens aufgenommen.

Die Tendenz, eine Kritik zum Essay zu weiten, ist – wenngleich von wenigen praktiziert – historisch nichts Neues. So ging etwa Karl Kraus in seinen Beiträgen über das Theater häufig von Aufführungen aus, ohne daß er deshalb als Theaterkritiker fungierte. Das Schreiben über Theater ist nun in der Exilpresse dadurch gekennzeichnet, daß die Schranken zwischen den publizistischen Genres vielfach durchbrochen werden, was als Theaterkritik beginnt, weitet sich zum Essay, der als Essay konzipierte Beitrag transportiert wiederum Elemente der Theaterkritik. Die im Exil entstandenen publizistischen Zeugnisse zum Theater halten in ihrer Gesamtheit das humanistische Schreiben über Theater und Kultur wach. Sie sind demnach die große historische Alternative zur nationalsozialistischen »Kunstbetrachtung«, die an die Stelle der Theaterkritik gesetzt wurde, und die, sei es offen propagandistisch oder ihre Apologetik in referierende Rede kleidend, als wichtige ideologische Stütze des NS-Regimes fungierte.

Die sporadische Kenntnisnahme des Exils wurde in den ersten Nachkriegsjahren durch ein Gedankenschema behindert, das auf der Vorstellung beruhte, es gebe da über das wahre Geschehen nicht ganz informierte Menschen, die von »draußen« kommen. Dieses Urteil konnte in wohlwollender, zunehmend aber in aggressiv-abwehrender Weise formuliert werden. Ludwig Ullmann nahm 1947 in der *Austro American Tribune* enttäuscht zu diesem in den Köpfen verfestigten Schema Stellung:

Niemand verlangt von dem heutigen Literatur-Wien, daß es »Alles verehre«, was »von Draußen kommt«. Unseres Wis-

sens sind die dort vor der diversen »Produktion« der Besatzungsmächte gemachten Bücklinge übrigens tief genug. Die »Exildichtung« kommt nicht von »Draußen«. Sie war tiefer und wahrhafter Österreich, als die im Heimatlande heimlich geballte, aber im Sack gebliebene Faust derer, auf deren »Untergrunddichtung« wir bis heute – mit schmalen Ausnahmen warteten und noch warten.[15]

Allgemeinmenschliches Österreichertum – Ethik der inneren Anständigkeit *Oskar Maurus Fontana*

Die erste Theaterkritik im *Neuen Österreich,* die Besprechung der Wiedereröffnung des Burgtheaters im Ronacher mit Grillparzers *Sappho,* war zugleich die Wiederbegründung eines Genres nach dessen Verbot und Zerstörung durch den Nationalsozialismus. Dies war dem Kritiker Oskar Maurus Fontana sehr wohl bewußt. Aufbruch und Neuanfang zu formulieren, ist denn auch eine der wesentlichen Intentionen dieser Kritik, die zunächst einmal die Rolle der NS-»Kunstbetrachtung« im Dritten Reich thematisiert, um ihr die Aufgaben der neu erstandenen Theaterkritik entgegenzusetzen. Der Autor von NS-»Kunstbetrachtungen« wird als »Zustimmungsmaschine« bezeichnet, der neue Kritiker hingegen sei keine »Maschine«, er könne nicht »gleichgeschaltet werden«, denn er stünde »lebendig mit im Kreislauf des Schöpferischen«.

Der Kritiker ist geisterweckender, zukunftsweisender Mittler zwischen dem Schöpfer und dem Empfangenden, der Kunstbetrachter die Marionette in der Hand der Propaganda. Seine Zeit ist dahin, Theaterkritik übernimmt wieder die Verantwortung des Geistes. Es ist nötig, das zu sagen, um auch an diesem Beispiel den Wandel der Zeit zu erkennen, um zu ermessen, daß wir das Reich der Finsternis hinter uns gelassen haben und wieder beginnen, dem Licht entgegenzugehen.[16]

Oskar Maurus Fontana war bis 1938 Hauptkritiker des *Wiener Tag* gewesen; 1933 einer der Unterzeichner der Resolution von Mitgliedern des österreichischen P.E.N.-Clubs gegen die

Schriftstellerverfolgung in Deutschland, wurde er bereits 1935 von den Nazis auf »die Liste 1 des schädlichen und unerwünschten Schrifttums« gesetzt. 1938 meldete er sich beim »Reichsverband der deutschen Presse« an, wurde zunächst aber mit Schreibverbot belegt, ab 1939 erlangte er eine beschränkte Arbeitserlaubnis, schrieb für den »deutschen Kulturdienst« und war von 1940 bis 1944 Autor von »Kunstbetrachtungen« für die *Kölnische Zeitung*. Auf die Problematik seines Schreibens unter dem NS-Regimes wurde an anderer Stelle ausführlich eingegangen, ebenso auf die damit im Zusammenhang stehende Entlassung als Chefredakteur des *Wiener Kurier* (für den er in dieser Funktion von August bis Dezember 1945 arbeitete) durch die Amerikaner.[17] Für die hier untersuchte Thematik ist von Bedeutung, daß die in den Beiträgen für die *Kölnische Zeitung* als stehender Topos verwendete Berufung auf das Innere des Menschen eine der zentralen Vorstellungen in Fontanas Nachkriegspublizistik bleibt. »Die Regungen und Flutungen des Inneren, die seelischen Schwankungen und Veränderungen zu erspüren und lebendig zu machen«, gilt ihm als die entscheidende Qualität Grillparzers. Die »Verantwortung des Geistes«, von der Fontana in seiner Bestimmung der Aufgaben von Theaterkritik emphatisch sprach, realisiert sich vorwiegend in der Anrufung dieses »Inneren«. Die hergestellten Analogien zwischen dem Gehalt des Stückes und der Gegenwart gründen auf einer Ethik der inneren Anständigkeit:

> *Einer götterlosen, liebearmen Zeit, die schon die seine war, gab er [Grillparzer] mit Sappho die Verklärung der Liebe, den Triumph der Seele, die Verwerfung der Gewalt und mit der Selbstüberwindung auch den Sieg des Humanen über den Feind in uns selbst.*[18]

Der seiner sozialen Bezüge enthobene Mensch ist eine der häufig bemühten Instanzen Fontanas: »Der Mensch wird wieder entdeckt – das ist der Sinn unserer Zeit«, heißt es 1945, zukunftsgewandt, aber mit alter Terminologie. Auch ist die Aufführung, der die neue »Verkündigung der Menschlichkeit« attestiert wird, eine – in vielem improvisierte – Wiederaufnahme der Inszenierung von 1943, was vom Kritiker nicht einmal erwähnt wird. Oskar Maurus Fontanas Theaterkritik ist voll Euphorie und keineswegs um der Verhüllung des Vergangenen wegen geschrieben, aber durch die Verknüpfung der Rede vom »Menschlichen« mit der Anrufung von Österreichs »Geist und seiner Sendung« wird der Blick auf die Vergangenheit blockiert. In Oskar Maurus Fontanas Kritiken lebt die Berufung auf den »österreichischen Menschen« wieder auf, Harmonie und »Wärme des Herzens«[19] sind die ihm angehefteten Attribute. Die Vergangenheit und die unmittelbare Gegenwart gelten Fontana als ein im Tragischen wurzelndes Chaos, dem der Mensch zu erliegen droht, dem er jedoch durch Besinnung auf den österreichischen Geist innerlich entkommen kann. Die österreichische Idee scheint Fontana nicht verwirklichbar, ohne »Kränze niederzulegen an den Gräbern derer, die im Kampf für Österreich, für seinen Sinn und seine Weiterdauer ihr Leben gelassen haben, die den Sieg der österreichischen Idee nicht mehr erlebten.«[20] Fontana unterstreicht seine Verbundenheit mit den Exilanten, möchte sie nicht ausgrenzen, aber er verwendet ihr Werk oder das Bild, das er sich von ihrer Persönlichkeit macht, für die Rekonstruktion der restaurativen Typologie des »österreichischen Menschen«. In diesem Sinne heißt es über Stefan Zweig, Joseph Roth und Robert Musil:

> *Wenn jeder von ihnen auch nur eine Seite des österreichischen Wesens spiegelt, zusammen ergeben sie Österreich. In Stefan Zweig war die Weltoffenheit und Menschenfreundschaft des Österreichers lebendig, in Joseph Roth seine Musikalität und Gestaltenfülle, in Robert Musil sein zum Einzelgängertum neigendes Grüblertum und sein mehr durch Visionen als durch Theorien sich ausdrückendes Denkertum.*[21]

Natürlich wurde, wie erwähnt, ebenso im Exil am Konstrukt des überhistorischen »österreichischen Menschen« gewoben, und die Konstrukte waren keineswegs auf konservative Autoren wie Ernst Lothar oder Raoul Auernheimer beschränkt, was sich an Ernst Fischers Schrift *Der österreichische Volkscharakter* ablesen läßt, von der Teile im *Neuen Österreich* abgedruckt wurden. Was aber an den Artikeln Fontanas auffällt, ist die seinem Schreiben zugrundeliegende Voraussetzung, als könne nun durch innere Besinnung ein »österreichischer Geist« obwalten. Hingegen waren sogar die Österreich-Konstruktionen eines Ernst Lothar im Exil noch mit der Forderung nach praktischer Herstellung eines anderen Zustandes verbunden.

Das Schreiben über den »österreichischen Menschen« oder den »österreichischen Geist« konzentrierte sich in den Theaterkritiken der Nachkriegszeit auf die Institution Burgtheater. An das zerstörte Theater und das Ausweichquartier Ronacher wurde metaphernreich die Erörterung von Zerstörung und Wiederaufbau gebunden. Die Auferstehung eines allegorisierten Österreichischen war bei Fontana eigentlich schon mit der Wiedereröffnung des Burgtheaters im Ronacher erreicht, die Perspektive, die blieb, der Weg, der noch zu gehen war, wurde durch die Sehnsucht nach der Rückkehr ins Haus am Ring beschrieben. Man wird die forcierte Positivität in der Berichterstattung natürlich auch als immer erneute Feierung einer befreiten Kultur lesen müssen. Fontanas Schreiben über Theater im *Neuen Österreich* ist in einem seltsamen Widerspruch angesiedelt, einerseits gibt es in der Diktion und Themenwahl durchaus mitunter einen Zug ins Programmatische und Zukunftsweisende, andererseits sind die konkreten Inhalte, die transportiert werden, von regressiven Ideologien und einer Bejahung des Status quo geprägt.

Als Inbegriff des wiederhergestellten österreichischen Geistes betrachtet Fontana die Burgtheater-Inszenierung des *Jedermann* von Hugo von Hofmannsthal. Das Stück wird nicht nur deswegen gefeiert, weil es nach dem Verbot während der NS-Zeit nun endlich wieder zur Aufführung gebracht wird, sondern ausdrücklich auch wegen dessen Gehalt. Mit dem *Jedermann*, so Fontana, hätten »Volk und Dichtung auf eine erhebende und dabei tiefinnerlich österreichische Art zueinander gefunden.«[22] Es ging dabei keineswegs um eine Abwendung von der Wirklichkeit, aus der Sicht Fontanas wurde beispielsweise mit dem *Jedermann* durchaus auf das Zeitgeschehen reagiert. Das Modell der inneren Einkehr und der ewigen Ordnung der Dinge konnte mit dem leidenschaftlichen Bekenntnis zur Gegenwartsnähe und zum »Lebendige(n)« verknüpft werden, das Fontanas Theaterkritiken leitmotivisch durchzieht.[23]

Fontana arbeitete vielfach mit der Denkfigur, die auf den Dualismus zwischen dem Österreichischen und der Welt hinausläuft. Ihre besondere Problematik erhält diese Konstruktion, wenn sie, durchaus freundlich, auf die Dramatiker des Exils angewendet und mit der – freilich bald enttäuschten – Hoffnung auf eine große Dramatik der im Lande Verbliebenen verknüpft wird, die als vermeintlich wahrhaft authentische Zeiterfahrung aller Literatur »von draußen« vorzuziehen sei. So formulierte es Fontana 1946 in der Sendung *Wiener-Premieren-Echo* für Radio Wien, als er zu Inszenierungen von Brechts *Der gute Mensch von Sezuan* und Werfels *Jacobowsky und der Oberst* sprach:

> *Es fehlte, darf man sagen, in diesem Jahr, seitdem unsere Theater wieder im neuen Österreich spielen, nicht an gutem Willen zu einem […] zeitbewußten Spielplan, aber dafür sehr an Möglichkeiten, das dafür notwendige Material von draußen zu bekommen. Diese Verbindungen sind nun geschaffen, wir sind nicht mehr abgeschnitten, wir haben wieder die Möglichkeit, die wertvolle Dramatik, die sich in der Welt Beachtung verschaffte, selber zu sehen, selber zu diskutieren. Das ist ein großer Fortschritt. Nur eines darf dabei nicht vergessen werden, daß diese Dramen von draußen kommen und daß wir drinnen, in unserem Land, auch Dramatiker haben und daß auch sie Dramen des Zeittheaters verfaßt haben werden. Diese noch nicht aufgespürten neuen österreichischen Dramatiker müssen von unseren Theatern entdeckt und ins Rampenlicht gestellt werden, es ist eine Lebensfrage des Theaters. Die Schaubühne kann nicht von Import allein leben, sie muß sich auf eigene, in dem Lebenskreis der Stadt, des Landes gewachsene und wachsende Dramatiker stützen können, nur das sichert ihr den ständigen Fluß der Bewegung und Erneuerung.*[24]

Oskar Maurus Fontanas Ethik der inneren Anständigkeit konnte sich durchaus als Protest gegen das öffentliche Weiterwirken von Persönlichkeiten äußern, die dem NS-Regime gedient hatten. So kritisierte er im *Wiener Kurier*, daß ausgerechnet Lothar Müthel mit der Inszenierung von Lessings *Nathan* betraut wurde,[25] oder unterzeichnete Resolutionen gegen die Wiedereinsetzung nationalsozialistisch belasteter Wissenschaftler.[26]

Die Rede vom Menschlichen schlechthin schuf während der

ersten Nachkriegsjahre eine Gemeinsamkeit, die die Unterschiede zwischen den Schreibenden unkenntlich machte. Vom Menschlichen schwadronierte Herbert Mühlbauer, er schlug einen forschen Ton des Neuanfangs an, der im unbefragten Vorwärtsschreiten die Vergangenheit vergessen machte.[27] Nebenher auch seine eigene als Autor von »Kunstbetrachtungen« für die *Wiener Neuesten Nachrichten*, die in ihrem Antisemitismus und ihrer Kriegsverherrlichung im Sinne des NS-Regimes geschrieben waren.[28] (Es kennzeichnet Fontanas Vorstellung von Versöhnung, daß er anläßlich einer geplanten USA-Reise Mühlbauers eine Begegnung mit Ludwig Ullmann vermitteln wollte.[29]) Der Rede vom Menschlichen fügte Richard Hoffmann, der 1946 in die Redaktion der *Österreichischen Zeitung* wechselte, phraseologische Huldigungen der russischen und sowjetischen Kultur bei, in diesem Sinne verglich er lobend Aslans Darstellung des Nathan mit dem Lenin-Darsteller eines sowjetischen Propagandafilms. Als Prototyp des österreichischen Menschen galt ihm Hugo von Hofmannsthal, während er die Werke des Deutschen Schiller (in Gleichsetzung seiner Werke mit der Instrumentalisierung durch die Nazis) nicht gespielt wissen mochte.[30] Wie sich das Pathos der Sittlichkeit und Menschlichkeit mit antifaschistischem Engagement und republikanischem Bewußtsein verknüpfen ließ, kann man an der Nachkriegspublizistik Edwin Rolletts ablesen, der neben seiner Tätigkeit für die *Wiener Zeitung* auch Beiträge für das *Neue Österreich* schrieb.[31]

Republikanische Theaterkritik zwischen sozialem Sinn und Pantragismus *Otto Basil*

Die Sparte Theaterkritik im *Neuen Österreich* erlangte ab März 1947 durch Otto Basil eine Qualität, die von den anderen Vertretern dieser Zunft kaum erreicht wurde. Zu einer Zeit, da die österreichische Theaterkritik überwiegend Schablonen aneinanderreiht, vom tragischen Ausgeliefertsein der dramatis personae und von der bewundernswerten Persönlichkeit der Schauspieler, von österreichischer Harmonie und unbefragter Tradition raunt, Schablonen, die sich aber mit Beginn des Kalten Krieges 1947/48 im politischen Bedarfsfalle zu einer Kultur der Hetze formieren können, zu diesem Zeitpunkt also tritt ein Kritiker sein Amt an, dessen Schreiben zahlreichen Beurteilungsmustern einer Theaterkritik der Restauration widerstrebt. Man kann diesen Unterschied zunächst damit begründen, daß Otto Basil, der 1938 von den Nazis mit Schreibverbot belegt worden war, keinen Grund hatte, der Auseinandersetzung mit der NS-Vergangenheit auszuweichen, ja sie vielmehr wiederholt zum Bezugspunkt nimmt. Er behauptet nicht das voraussetzungslose Neue oder absolviert die Traditionssuche mit der Wiedererweckung von Elementen der Österreich-Ideologie, sondern fragt nach den vielfach verschütteten und zerstörten Möglichkeiten von Drama und Theater. Die besondere Stellung von Basils Kritiken im Nachkriegsösterreich wurde wiederholt von aus dem Exil zurückgekehrten Autoren und Autorinnen hervorgehoben.[32]

Nach 1945 wirkte Basil zunächst als freier Mitarbeiter der *Österreichischen Zeitung*, der *Österreichischen Volksstimme* und des *Neuen Österreich*. Neben seiner Tätigkeit als Herausgeber der Zeitschrift *Plan* war Basil literarischer Leiter des Verlags Erwin Müller sowie Dramaturg und Pressereferent am Volkstheater, von dem er sich jedoch bald, teils wegen Überlastung, teils wegen inhaltlicher Differenzen löste. »Der Kurs, den das Theater nimmt, paßte mir nicht«, schrieb er 1946 an Wilhelm Szabo.[33] Basil, der im *Neuen Österreich* 1946 das »Film- und Kunstreferat« übernommen hatte, begann ab 1947 erstmals kontinuierlich als Theaterkritiker zu arbeiten, vor 1938 hatte er Literatur- und Filmkritiken geschrieben. Das war gewiß kein Zufall, denn die Probleme der künstlerischen Avantgarde, die Basil von Jugend an beschäftigten, hatten im Bereich der Literatur und des Films ihren Ort, weit weniger jedoch am Wiener Theater der zwanziger und dreißiger Jahre.

Die Methode, das Drama in die jeweiligen historischen, mehr aber noch in literarhistorische Bezüge zu stellen, trennte Basil gleichermaßen von der Beliebigkeit wie vom leeren Pathos der meisten Kritiker-Kollegen. Dabei wahrte Basil Distanz zur

Universitäts- und Schulgelehrsamkeit, deren Vertreter er bei Gelegenheit als »Literarhistoriker und andere Ohrenschliefer«[34] titulierte. Geringschätzung des Kritikerberufs und hohe Anforderung an das eigene Kritikerhandwerk sind bei Basil seltsam vereint. Die Äußerungen zur Theaterkritik, die er in der Rückschau auf seine Tätigkeit machte, lassen keinen Zweifel, daß es sich hier in erster Linie um Routinearbeit und Broterwerb handelte.[35] Basil sah in der Zeitungsarbeit eine starke Beeinträchtigung seiner literarischen Arbeit, er erwog sogar, sich »aus dem Staube« zu machen und »ein ruhiges Platzerl in der Industrie (Böhler!)« zu suchen.[36] Dennoch hielt er an einem Ethos der Theaterkritik fest, das Engagement und genaue Kenntnis zur unabdingbaren Voraussetzung machte. Als »Idealkritiker« bezeichnete er Alfred Polgar, wobei es ihm weniger um dessen Urteile als um die sprachliche Formung der Kritiken zu »kleine[n] Kunstwerke[n]« ging.[37] Sucht man nach Basils Vorbildern, dann sind diese nicht in der Geschichte der Kritikerzunft im engeren Sinn zu suchen, die beiden Schriftsteller, auf die er sich – beim ersteren gelegentlich, beim zweiten kontinuierlich – bezog, sind Gotthold Ephraim Lessing und Karl Kraus. Der Aufklärer Lessing ist ihm »als Kritiker und Essayist noch immer unerreicht und unerreichbar.«[38] Ein aufklärerischer Gestus eignet allen Kritiken Basils, klärend soll die theatrale Unternehmung das Zusammenleben der Menschen darstellen. Die Berufung auf den Menschen und auf Menschlichkeit, die Basils Kritiken durchzieht, ist durchaus nicht frei von der für die Nachkriegszeit so typischen pathetisch-überhistorischen Tönung. Allerdings setzt sich Basils Schreiben von einem Menschheitspathos des Nachkriegstheaters, dem die sozialen Bezüge fehlen, und das sich idyllisch oder nihilistisch in den Verhältnissen einrichtet, ab. Das bewirkt bereits Basils Tendenz zur ironischen, mitunter ins Satirische übergleitenden Schreibweise, die von einem erkennbaren Willen zur klaren Formulierung geprägt ist. Der Bezug zu Karl Kraus ist dabei evident, und Basil – der übrigens als Verehrer von Kraus 1933 dessen »Schweigen« kritisiert hatte, worauf ihm dieser den Namen »Basilisk«[39] verpaßte – war neben Viktor Matejka einer der ersten, die 1945 auf die Bedeutung von Karl Kraus verwiesen. Bei Basil und im *Plan* war, wie Wendelin Schmidt-Dengler festgehalten hat, von Kraus' Haltung nach dem Februar 1934, wenn überhaupt, so »nur marginal« die Rede.[40] In der *Österreichischen Zeitung* hält Basil anläßlich des 61. Geburtstags von Karl Kraus fest, daß dessen Werk die bloße »Zeitkritik« weit übersteige, spricht überschwenglich vom »Kritiker und Revolutionär« Kraus, dessen »Redekunst« er mit »Cato, Robespierre und Lenin« vergleicht, und träumt davon, daß dessen »Gesamtwerk«, das er allerdings für unübersetzbar hält, von den »Werktätigen aller Länder« gekannt werde.[41]

Mit Bezug auf Karl Kraus setzt Basil in seinen Kritiken wiederholt die Norm eines »Theaters der Dichtung«, als dessen Repräsentanten ihm Berthold Viertel, aber auch Ernst Lothar[42] und natürlich Leon Epp gelten.[43] Als »Theater der Dichtung« bestimmt Basil ein Theater, in dessen Zentrum das dramatische Wort steht. »Theater der Dichtung« wird als Gegenbegriff zu der prunkenden Rhetorik und den überrumpelnden Effekten verwendet, von denen zahlreiche Inszenierungen unter dem NS-Regime geprägt waren, und die auch auf den Bühnen der Nachkriegszeit weiterlebten. Dabei schwankt Basil mitunter zwischen einem Insistieren auf der Substanz des Dramas und der Akklamation einer Praxis, die ihre lärmende Wirkung nicht zuletzt aus der Ausstaffierung eines Übermenschlichen und Magischen bezog. Ein Schwanken, das sich etwa bei der Einschätzung Adolf Rotts zeigt, der bereits während des Nationalsozialismus seine Erfolge gefeiert hatte, denn dessen Inszenierungen werden von Basil einmal ob ihrer Effekte und Gehaltlosigkeit kritisiert, dann wiederum ob ihrer Theaterwirksamkeit und Modernität gelobt. Es ist dies keine Beliebigkeit, keine Zufälligkeit des Tages, da der Kritiker sein Urteil von gestern, wie ja im Genre der Theaterkritik häufig vorkommend, bereits vergessen hat. Hier soll dieses Phänomen vorerst nur festgehalten werden, um es an späterer Stelle erneut aufzugreifen.

Zunächst sei nochmals an das von Basil gezeichnete Bild von der kühlen Gruft, in die die Exilanten im Nachkriegsösterreich gebettet wurden, angeknüpft. Die Differenz Basils zu anderen Kritikern bestand nicht zuletzt darin, daß er sich für die Dramatik und Theaterarbeit der Exilanten einsetzte und eine engagierte Kritik betrieb, die der Pose der Würdigung entgegenstand. Die folgenlose Würdigung war besonders in den ersten Nachkriegsjahren ein verbreiteter Gestus der Kritiker, mit der gönnerhaften Haltung des daheimgebliebenen Hausherrn formuliert, konnte die Würdigung einzelner Exilanten durchaus als Kehrseite der Ausgrenzung funktionieren. Die gewürdigte Person wurde von der Kritik suspendiert, das, was sie zu sagen hat, erreichte Kritiker und Leser nicht. Otto Basil verzichtete dagegen nicht auf eine kritische Auseinandersetzung mit dem Werk Bruckners, Csokors oder Zuckmayers sowie der jeweiligen Inszenierung. Noch vor der Aufführung spricht er beispielsweise in einem Essay »die gefährlichen Abgründe« von Carl Zuckmayers *Des Teufels General* an, warnt vor dem falschen »Glanz der militärischen Führung« und dem Erstehen einer »Dolchstoßlegende«, tritt aber dafür ein, das Drama zu spielen.[44] An Ferdinand Bruckner, dem für ihn bedeutendsten Dramatiker nach Bertolt Brecht, kritisiert er, daß wiederholt der Konstrukteur vor dem Dichter zu spüren sei.[45] Heftige Kritik übt Basil an der Inszenierung von Franz Theodor Csokors *Der verlorene Sohn* durch Adolf Rott, das Burgtheater habe »das wundervolle Werk anscheinend mißverstanden« und »eine Defreggerei, schönherrisch nachgedunkelt, daraus gemacht.« »Dazu ein – auch geistig – so hohles Pathos, daß die Gipsrosetten des Ronacher erzittern und der Kalk in den Adern der Parkettbesucher zu erstarren beginnt. Nein, so geht's nicht!«[46] Die Erdrückung des Dramas durch theatralische Monumentalität, das ist die Essenz der Kritik Basils, der sich von der spezifischen Verbindung von expressionistischer Symbolik, dem Verkündigungspathos und der doch realistischen Handlung im Drama Csokors angetan zeigt.

Basil war einer der wenigen Befürworter des Dramatikers Brecht im Nachkriegsösterreich, und dies zu einem Zeitpunkt, da – 1948 – bei einem großen Teil der Theaterkritik die Kampagne gegen Brecht bereits eingesetzt hatte. Die Aufführung der *Mutter Courage* an der »Scala« diente ihm dazu, den Dramatiker publizistisch vorzustellen. Er beschrieb die Methode Brechts als die eines »Große[n] Nehmer[s]«, der die Stoffe »nimmt, wo er sie findet«, eine Arbeitsweise, die er mit der von Shakespeare und Nestroy verglich, und wies auf die Besonderheiten des Epischen hin. Basil kam es auf Brechts Überwindung der »Lehrstück-Periode […], da er dürre, doktrinäre, gleichsam puristische Schauspiele schrieb,« an, er begrüßte die im Exil entstandenen Stücke, die »wohl noch immer Lehrdramen, aber in blutvoller, komplexerer Gestalt« seien.[47] Diese Einschätzung, gewiß floskelhaft formuliert, beschränkte sich nicht nur auf Brecht: Das Nachdenken über den »Realismus«, mehr unsystematisch und kursorisch behandelt, wurde bei ihm stets von der Ablehnung des Doktrinären und einem Lob des Komplexen bestimmt.

Bereits 1946 hatte Basil einen Beitrag zur Frage der modernen Kunst und des Realismus mit der Frage übertitelt: »Einem neuen Schablonismus entgegen?« Er wandte sich dagegen, »daß uns jetzt gewisse Kreise aus politischen oder sonstwie kunstfernen Gründen als die alleinseligmachende Kunst der Zukunft eine Art ›Gartenlaube‹-Realismus aufschwätzen wollen, der, weil ihn angeblich jeder Dorftrottel versteht, als besonders ›volkstümlich‹ gewertet wird.« Basil wollte hingegen »selbst im surrealistischesten Kunstwerk noch ein[en] gehörige[n] Schuß Realismus« erkennen. Das war in Richtung der kommunistischen Kulturpublizistik gesprochen, denn in der *Österreichischen Zeitung* war gegen einschlägige Beiträge im *Plan* polemisiert, deren Tendenz zum Irrationalen kritisiert und eine formelhafte Forderung nach Volkstümlichkeit und Realismus erhoben worden.[48] Basil nahm nicht nur gegen einen schablonisierten Realismus-Begriff Stellung, sondern nutzte die Gelegenheit, seinen eigenen Begriff von Kunst und Politik zu erörtern:

Wenn ich sage, daß die Kunst ihrer Natur nach unpolitisch ist, so verdamme ich selbstverständlich keineswegs die Politik, wohl aber eine gewisse Verbildung des politischen Sinnes – jene nämlich, die keine anderen Gedanken erlaubt als den politischen Zwecken der Gesellschaft untergeordnete. Ein Künstler, wäre er Materialist im politischen Sinne, ist es nicht mehr in dem Augenblick, wo er an die Kunst rührt. Gewisse Schlagworte, gewisse Formulierungen sind höchstens gut für das Plakat, was nichts gegen dieses besagen will. […] Aber man kann der Kunst keine solchen engen Grenzen ziehen, man kann nicht von dem Kampf abstrahieren, der sich im Menschen abspielt zwischen dem Licht und der Finsternis ... Der Mensch und mit ihm die ganze Menschheit ist der dauernde Schauplatz dieses Kampfes. Aufgabe des Künstlers ist es, diesen Kampf zu verfolgen, zu zeigen, daß er niemals aufhört und der Mensch immer leiden wird, nach Erkenntnis und nach Trost verlangt. Man könnte sich eine Kunst vorstellen, die eine Art moderner anthropologischer Forschung wäre, die uns eindringen ließe in das Geheimnis der menschlichen Totalität und in deren letzte Absichten ...[49]

Als Herausgeber des *Plan* versuchte Otto Basil bekanntlich die Erneuerung der österreichischen Literatur und Kunst durch das Anknüpfen an die Avantgardebewegungen des zwanzigsten Jahrhunderts voranzutreiben und machte die Zeitschrift zum »erste(n) Podium für die österreichische Surrealismus-Debatte der Nachkriegszeit.«[50] Der Gedanke, daß die Verbindung mit surrealistischen Traditionen eine Erneuerung des Theaters bewirken könne, taucht gelegentlich auch in den Theaterkritiken auf, mündet jedoch nicht in die Favorisierung eines surrealistischen Theaters.[51] Beim Schreiben über Theater ließ sich Basil stärker von anderen Überlegungen leiten, dennoch war die Beurteilung von Theaterarbeit nicht von der Frage nach der Modernität des Gebotenen abgekoppelt. Das angeführte Zitat, wenngleich mehr auf bildende Kunst und Lyrik gemünzt, ist auch für den Theaterkritiker Basil relevant: Seine Absage an eine politische Tendenzkunst am Theater war mit einer gewissermaßen anthropologischen Orientierung verbunden, die in erster Linie eine dramatische Explikation menschlicher Verfaßtheiten meinte, dabei die Verknüpfung mit den sozialen Bezügen suchte, diese aber mitunter verlieren konnte. Es verwundert somit nicht, daß Basil die Avantgardismus-Frage am Theater – sofern ihm die Spielpläne Gelegenheit boten – gerne an Henrik Ibsen knüpfte, bei dem das geforderte »Geheimnis der menschlichen Totalität« weit reicher ausgebildet war, als bei weiten Teilen der diesem Autor nachfolgenden dramatischen Moderne. Zugleich aber ordnete Basil, und das ist wesentlich für den Nachkriegskontext, den Dramen Ibsens so etwas wie Gesinnung und Botschaft zu.

> *Es gibt eine Dramatik (und Dramaturgie), die die Zeitprobleme nur vom Wegschauen kennt. Krampfhaft schließt sie die Augen, die, wären sie offen, wahrscheinlich auch nichts sehen. Noch dazu ist sie auf ihre Blindheit stolz: unter Einäugigen dünkt sich, so sieht es aus, der Blinde König.*
> *Dann gibt es eine Dramaturgie, die das Theater zu einem Tummel- und Rummelplatz der Instinkte machen möchte. Hierher gehört alles, was das Gebrauchs- und Amüsiertheater fabriziert, verteidigt und forciert oder ihm den Primat vor dem Theater der Dichtung zuerkennt [...].*
> *Sie alle aber sollten zu dem Grab jenes Giganten pilgern, der – mit Euripides, Shakespeare, Alfieri und Kleist – nicht nur zu den größten Dramatikern der Weltliteratur gehört, die man an den Fingern einer Hand herzählen kann, sondern welcher auch gezeigt hat (und es immer noch zeigt), wie man weltanschaulich flammendes Theater mit dem Instinkt- und Gebrauchstheater zu einer einzigartigen Verbindung bringen kann. Wir sprechen von Henrik Ibsen, dem großen Architektoniker des modernen Dramas [...].*[52]

Das war 1948 keineswegs selbstverständlich, was divergierende Gründe hatte: Einerseits war natürlich zuvorderst die Wirkung der Vereinnahmung Ibsenscher Dramatik durch die Nazis zu überwinden[53], andererseits aber gab es eine Linie der Ibsen-Absage, von der Basil ursprünglich geprägt war, und die in Wien aus dem Nachhall der Theaterpublizistik von Karl Kraus resultierte, der die jüngere moderne Dramatik eines Wedekind dem vorgeblich altmodischen Ibsen entgegengehalten hatte. Otto Weininger war einer der falschen Gewährsleute dieser Ibsen-Absage gewesen, mit der die Gesellschaftsdramen abgelehnt, dagegen einzig der *Peer Gynt* geltengelassen wurde, und Basil bezieht sich noch in seinen Nachkriegskritiken positiv auf Weininger, diesmal aber in Harmonie mit Ibsen.[54] Basils Hymne auf Ibsen, als dem Schöpfer des »klassische[n] Drama[s] der Avantgarde« ging einher mit einem Mißverständnis von dessen Drama *Der Volksfeind*, das durch Günther Haenels Inszenierung am Volkstheater wohl befördert wurde, der Protagonist Stockmann wurde von Basil – linear und unter Absehen von dessen ideologischen Vorstellungen – als »Revolutionär, Idealist, Künder einer neuen Menschlichkeit« gefeiert. Das Mißverständnis ist so neu nicht, dennoch enthält es seine aktuelle Färbung durch einen neoexpressionistischen Jargon, der den dramatischen Helden zum Erlöser aus der Verderbnis deklariert; und bereits eingangs habe ich zu zeigen versucht, wie Basil die Erlösungsmetapher fordernd auf die Arbeit der Dramatiker ausweitet.

War das Pathos der Erlösung mit der Wiedergewinnung einer auf die menschlichen Konflikte konzentrierten Dramaturgie schwer zu vereinen, ohne einer oktroyierten Tendenz zu erliegen, so trat noch eine weitere Problematik hinzu, die sich mit dem Begriff des »Pantragismus« kennzeichnen läßt. Die Vorstellung eines jenseits des menschlichen Handelns waltenden Tragischen reicht in der Geschichte der Dramatik und des Schreibens über Theater weit zurück. In der österreichischen Theaterpublizistik erhielt sie ihre gleichsam moderne Ausformung vielfach seit dem Beginn der dreißiger Jahre in Analogie zur krisenhaften Entwicklung der Gesellschaft. In der pantragistisch gewandeten Heroik des NS-Theaters ward sodann jeglicher noch so verkümmerte humane Impuls zugunsten der Ideologie von der Auflösung des Subjekts in der Volksgemeinschaft getilgt. Die pantragistische Mythologie lebte aber auch bei Schriftstellern fort, die man der Inneren Emigration zurechnet. An der Theaterpublizistik Oskar Maurus Fontanas kann man studieren, wie die Vorstellung von einem allgemein waltenden Tragischen, die dieser während des NS-Regimes sogar mitunter vorsichtig gegen den Nationalsozialismus zu wenden suchte, in der Nachkriegszeit fortwirkte. Mit der Etablierung von Versatzstücken der Philosophie des Existentialismus am Theater und in der Theaterpublizistik erlebte der Pantragismus nach 1945 seine als unerhört neu empfundene Adaptierung. Otto Basil, das hatten bereits die an den Anfang dieses Artikels gestellten Zitate illustriert – »Wozu solche Stücke?«, fragte er bei Anouilh – nahm wiederholt gegen theatrale Unternehmungen Stellung, deren Anfang und Ende von der ewigen Geworfenheit des Subjekts kündeten. Basils Abwehr der *Fliegen* des Jean Paul Sartre ist beispielsweise primär als Kritik an der Manier zu verstehen, mit der die jüngste Vergangenheit in ein geschichtsloses Grauen gestellt wurde. Da interessieren ihn kaum die politischen Unterschiede zwischen Anouilh und Sartre, auch nicht die Gründe, warum Sartres Dramatik im restaurierten Theaterleben nur in der Randlage plaziert war. »Sartre nimmt sich aus dem Atriden-Mythos nur das Grauen, das Entsetzen, die absolute Hoffnungslosigkeit heraus«, schreibt Basil zu den *Fliegen*, der Dramatiker habe »den Glanz der großen, weil ethischen Deklamation, die kathartische Leistung der griechischen Tragödie«[55] unterschlagen.

Nicht immer war Basils Urteil in diesen Fragen von solcher Entschiedenheit, die Kritik an einer Dramaturgie der Hoffnungslosigkeit ließ sich, trotz wiederholter programmatischer Bekundungen, so klar nicht bewerkstelligen. Basil selbst war, das zeigt seine Lyrik, von einem Gefühl der Ohnmacht erfaßt gewesen, das ja von den realen Verhältnissen erzeugt wurde; sein Lyrikband *Apokalyptischer Vers*[56] ist ein literarisches Zeugnis, in dem solches Erleben mit der Vorstellung einer Endzeit verknüpft wurde. Eine nachhaltige philosophische Prägung hatte Basil, wie er selbst berichtet, durch Oswald Spenglers *Der Untergang des Abendlandes* erhalten.[57] Und nun war der Dramaturgie der Hoffnungslosigkeit mit einem Rüstzeug zu begegnen, das einerseits von den Empfindungen geschichtlicher Ohnmacht und den Lektüreerlebnissen eines beschworenen Untergangs der Kultur, andererseits von der Suche nach einem modernen Realismus, einer ethischen Aussage und der Behauptung des Subjekts im dramatischen Dialog affiziert war.

In welch spezifischer Situation Otto Basil schrieb, läßt sich an dem für die unmittelbare Nachkriegszeit so markanten wie komplizierten Beispiel der Erstaufführung von Thornton Wilders *Wir sind noch einmal davongekommen* am Theater in der Josefstadt zeigen. Die deutschsprachige Erstaufführung des Stücks war 1944 von den am Zürcher Schauspielhaus wirkenden exilierten Theaterleuten zuwege gebracht worden. Ein Stück aus den USA also, das vom Exiltheater aufgenommen und nun im Nachkriegs-Wien zum Symbol eines zeitnahen Theaters werden sollte.[58] Basils Besprechung der Aufführung ist der Versuch einer Vereinbarung des Unvereinbaren mit dem Mittel der Ironie.

Wie es Techniker des Fortschritts gibt, so gibt es auch Handwerker des Weltuntergangs. (Waren nicht an unserem ein Spengler, ein Tapezierer und ein Maurer beteiligt?) Thornton Wilder ist, natürlich in gutem Sinne, ein Theaterhandwerker des Weltuntergangs. Er schüttelt spielerisch, wie in einem Kinderkaleidoskop, erdgeschichtliche und kulturgeschichtliche Perioden und Katastrophen zusammen […]. Was ist der Sinn der Welt, der menschlichen Existenz überhaupt, der Sinn der Kultur, der Sinn der Arbeit und des Fortschrittsglaubens, der im Sisyphus-Mythos so ergreifend und verzweifelt symbolisiert ist? Wir gelernten Nihilisten und Untergängler des Abendlandes besinnen uns nicht lange, wir zucken nur die Achseln und flüstern schuldbewußt: Nietzschewo![59]

Die ironische Behandlung des »Weltuntergangtheaters« mündet im zweiten Teil in eine Eloge auf ein »hochinteressantes Stück und ein[en] blendenden Abend«: »Ein Stück sowohl des epischen wie des ethischen Zeittheaters.« Der Abend scheint Basil nicht zuletzt deshalb so gelungen, da es der Regisseur Rudolf Steinboeck offenbar vermochte, »den abstrakten Figuren dieser beinahe scholastischen Paradoxie dramatisches Leben einzuhauchen«[60], und damit eine Art wiedergewonnenen Realismus zu etablieren. Basil empfahl übrigens dem Ehepaar Valerie und Wilhelm Szabo, sich das Stück bei einem Wien-Besuch anzusehen.[61]

Auch hier war Basils Haltung eher singulär innerhalb der Kritiker-Zunft. Denn die dort stattfindende Spaltung, in solche, die mit Wilders Stück das Licht der Moderne zu erblicken glaubten, und solche, die das allzu Moderne erschrocken oder hämisch von sich stießen, folgte anderen Gesetzen, und war letztlich vordergründig. Das große Verbindende nämlich war die Tendenz, die Katastrophe der jüngsten Vergangenheit mit der Naturkatastrophe in eins zu setzen und damit nicht zuletzt die eigene Verantwortlichkeit zu relativieren. »Im Gewand unseres Jahrhunderts«, schrieb Herbert Mühlbauer, »erleben die Menschen die Katastrophe der Eiszeit, der Sintflut und eines großen Krieges; immer der einen [!] Vernichtung drohenden gleichen Katastrophe, der sie gerade noch entkommen […].«[62]

In diesen publizistisch beschworenen Katastrophenbildern fehlt vor allem ein Bildnis von der Verfolgung und Vertreibung, die aktuelle Katastrophe ist äußerstenfalls der Krieg.

Nun aber zurück zu Basils ironischer Schreibweise. Die Ironie ist ein wesentliches Mittel seiner Kritiken, intentional – darauf wurde bereits verwiesen – knüpft er an Karl Kraus an, und wenn er, besonders in den ersten Jahren seiner Kritikertätigkeit, das Wegschauen und Vergessen attackiert, dann haben seine Beiträge nicht selten satirischen Charakter. Öfter aber, mit den Jahren, sind die Kritiken mehr von einer Schreibweise geprägt, die die subjektive Distanz betont, sich dabei aber ironisch ins Unvermeidliche schickt, ohne Opposition zu beziehen. Für Ernst Fischer war dies ein Ärgernis, wie aus einem Schreiben von 1951 hervorgeht, in dem dieser Basil zu einer Unterschrift unter den Friedensaufruf auffordert, obwohl beide, wie Fischer ausdrücklich vermerkt, »seit langer Zeit keinen Kontakt« miteinander hatten: »Ich hoffe, daß Sie in diesem Fall die Ironie Ihres Wesens überwinden und ohne sonstige Zugeständnisse eine vernünftige Sache unterstützen.«[63] Ironie ist freilich kein vorgegebener Wesenszug, der etwaige klare politische Aussagen blockiert, ihre zeitgenössische Problematik, die zu einem Schwinden der Spannung von Ideal und Wirklichkeit führt, hängt eng mit den gesellschaftlichen und kulturellen Verhältnissen der postfaschistischen Periode zusammen. Es scheint dabei aufschlußreich, die von Basil gepflegte Ironie innerhalb des Spektrums der Nachkriegskritik abzugrenzen: Die Ethik der inneren Anständigkeit als ein Erbe der Inneren Emigration hatte ihren spezifischen Ernst, der sich auf das moralische Subjekt und dessen aufbauende Haltung gründete, ihr war die Ironie fremd. Bei Basil, den man natürlich ebenfalls der Inneren Emigration zurechnen kann, wird nicht primär das Einverständnis gesucht, und sei es auch ein Einverständnis, das sich auf ein unangetastetes Menschliches bezieht. Noch stärker ist Basils Ironie freilich vom Schreiben derjenigen Kritiker getrennt, die mit barockem Vokabular den Theaterbetrieb ornamentalisierten, sich des Fundus' der Österreich-Ideologie bedienten, und dabei ihre Positivität aus der Unkultur des Vergessens bezogen. Vielfach bereits während des Nationalsozialismus als »Kunstbetrachter« tätig, konnten sie, so sie überhaupt zunächst von der Ausübung ihres Berufes ferngehalten waren, während des Kalten Krieges erneut journalistisch tätig werden. Der Typus wird etwa von Karl Maria Grimme, Friedrich Schreyvogl und Heinz Kindermann verkörpert, deren theaterkritisches Forum unter anderem die ÖVP-nahe *Wiener Tageszeitung*[64] war. Die Betonung des Individuellen erfolgt – bei Grimme – in antidemokratischer Abgrenzung zur »kollektiven gesichtslosen Masse«[65], das Pathos der Moralität erschöpft sich – bei Schreyvogl – im Habitus des Sittenwächters[66], der die allgemeine Moral durch die Stücke von Tennessee Williams bedroht sieht, schließlich wird die jeweilige Aufführung – bei Kindermann – als Leistungsschau bewertet, deren Virtuosität nach dem Grad der Überrumplung des Zuschauers bemessen scheint. Der dort wortreich geführte Kampf gegen den »Nihilismus« richtet sich pauschal gegen ein Theater, das den gesetzten Normen der Positivität widerstrebt. Diese auf Feierlichkeit gerichtete Kritik ist nicht an Karl Kraus, sondern an Hermann Bahr orientiert, bei dessen Lektüre Kindermann, wie sein Vorwort zur Sammlung der Bahrschen Kritiken zeigt, den Propagandisten der dramatischen Moderne mit dem neobarocken Ordnungshüter zu versöhnen sucht. Kindermann lobt Bahr als »Bejahende[n]«und grenzt ihn von der Position des »Zynikers« ab.[67] Die Abwertung satirischer Kritik, denn darauf zielte wohl die pauschale Verwendung des Etiketts »Zyniker«, hinderte ihn natürlich nicht daran, diejenigen fallweise mit Spott zu bedecken, die sich nicht den Bejahern des »Wiederaufbaus« einfügen ließen.

Wenn von Satire und Ironie in der Theaterpublizistik nach 1945 die Rede ist, dann müssen die Theaterkritiken Hans Weigels unter diesem Aspekt gestreift werden. Dies freilich ohne hier den Anspruch einer auch nur ansatzweise tieferen Untersuchung seiner Publizistik erheben zu können, die vor allem nach den Metamorphosen des einstigen »Linken« Weigel im Nachkriegsösterreich zu fragen hätte. Weigels Beiträge, die er ab 1949 für die vom französischen Informationsdienst herausgegebene *Welt am Montag* schrieb, sind auf Pointen hin formulierte »Kritiken« und »Glossen« über »Dichtung, Film, Theater, Kunst, Musik«, so der Titel, unter dem er jeweils zahllose Kulturereignisse in wenigen Zeilen behandelte. Während seiner kurzen Tätigkeit für das *Neue Österreich* hatte er – als Vorgänger Basils – seinen Theaterkritiken einen objektiveren Duktus verpaßt, der ohne Pointen auskam, in der *Welt am Montag* nun beruft sich Weigel auf die Subjektivität seiner Urteile und bezeichnet sich selbst als Teil des Theaterbetriebs.[68] Die prononcierte Subjektivität ist ein Erbe der satirischen Tradition, die als letzte Instanz einzig die ethische Integrität des Schreibenden kennt, das Kriterium, selbst Teil des Betriebs zu sein, verweist aber bereits auf die Verflachung der Satire, es handelt sich vielfach um eine launige Sammlung persönlicher Ressentiments und kolportierter Gerüchte. Wenn Weigel sich auch von Hermann Bahr absetzt[69] und sichtlich als Kraus-Nachfolger etablieren möchte, so sind seine Kritiken eher der Versuch einer Rückführung Kraus'scher Satireelemente in den journalistischen Betrieb, das Ergebnis ist die ironisch gefärbte Bagatelle. Im Zentrum soll die Sprachsatire stehen, in Fortsetzung von Kraus und den über Kraus rezipierten Nestroy[70], aber durch die Versöhnung mit dem Journalismus wird die Zeitsatire verfehlt. Gelegentlich finden sich bei Weigel allerdings scharfe Angriffe gegen das Weiterwirken ehemals nationalsozialistischer Autoren und Journalisten. Das Credo seiner Kritik, das Weigel einmal formuliert, als er die ihm (offenkundig von Anhängern des Bejahenden) vorgeworfene Negativität verteidigt, ist denn auch ein Bekenntnis zur Auseinandersetzung mit der unmittelbaren Vergangenheit. Wiewohl sehr vorsichtig formuliert und die Unterschiede zwischen den Personengruppen relativierend, ja nivellierend, fließen hier doch auch die Erfahrungen des Exilanten ein:

> *Aus der Perspektive des Soldaten an der Front, des Terrorisierten im Hinterland, des Emigranten und des Kriegsgefangenen muß jede einzelne Leistung und Handlung geprüft und gewogen werden; und dann kann das »Nein« zu dem, was Direktoren aller Art heute leisten und sich leisten, was sie uns bieten und wir uns bieten lassen, gar nicht stark genug sein.*[71]

Wenn Weigels Glossen auf politischen Angriff gerichtet sind, dann geht es allerdings gegen ein »Totalitäres« an sich, in dem Nationalsozialismus und Kommunismus zusammengeschlossen werden und der »Linksblock«[72] als aktuelle Gefahr betrachtet wird. Das politische Ziel seiner ironischen Glossen gilt demnach mehr dem konstruierten Nachweis der kommunistischen Unterwanderung, etwa des P.E.N.-Clubs, oder der unterstellten kommunistischen Gesinnung von Autoren wie Edwin Rollett, Thomas Mann, Franz Theodor Csokor und Berthold Viertel.[73] »Auch in den Anblick einer Theateraufführung versenkt«, formulierte Berthold Viertel, »läßt nämlich Hans Weigel den Kalten Krieg nicht aus den Augen. Er beurteilt die Leistungen eines Künstlers und kontrolliert gleichzeitig seine politische Gesinnung.« Viertel verfaßte um 1950 eine damals unveröffentlicht gebliebene Charakteristik des Kritikers Weigel und dessen Glossen in der *Welt am Montag*, die stellenweise zur Satire geriet. Von einer »gemischten Warenhandlung der öffentlichen Meinung«, von einem »Nestroy oder Greißler, der sich als Staatsmann gebärdet«, ist darin die Rede, und davon, daß derjenige, der »sich durch ihn geschädigt fühlt, [...] noch froh sein [kann], wenn ihn nicht auch noch die Rute des Sprachlehrers trifft.«[74]

Die Indienstnahme des satirischen Schreibens (oder was der Zeitungsleser dafür halten sollte) für die vom Kalten Krieg geprägten Kulturstrategien ist Basils Sache nicht. In seinen Artikeln zeigt sich, wie gesagt, eine eher von Pessimismus getragene ironische Beschreibung des Unvermeidbaren. Man kann dabei, die Beiträge über mehrere Jahre hindurch betrachtet, durchaus einen gewissen Verlust an Radikalität der Kritik konstatieren. Die ironischen Kritiken Basils wirken wie ein Tertium datur zwischen einer die Positivität des Wiederaufbaus stützenden Kritik und einer im Umkreis der Kommunisten betriebenen Kritik, die dem Theater zwar politische Wirkung, nicht selten aber auch stilistische Normen verordnete. Daß sich Otto Basil trotz der starken inhaltlichen Veränderungen, die die Zeitung *Neues Österreich* in den Bereichen Politik und Wirtschaft erfuhr, über die Jahrzehnte behauptete, hat nicht nur mit dem relativen Freiraum von Kulturkritik zu tun, und damit, daß er politisch einer Äquidistanz zwischen den Systemen anhing, sondern hierbei hat auch seine ironische Schreibweise ihren Anteil. Beim Einverständnis mit Inszenierungen wird der Zweifel erkennbar gemacht, ja durch eine Formulierung das gesamte Unternehmen in Frage gestellt, umgekehrt aber kann die Ablehnung durch die ironisch verbrämte Hinnahme des Gegebenen relativiert werden. Verhilft die Ironie also einerseits dazu, den kritischen Standpunkt unbedingt zu bewahren, so bewirkt sie andererseits wiederholt dessen Auflösung in Verbindlichkeit. Auch ermöglicht sie ein Schreiben in Andeutungen, dessen Pointen dann allerdings die Zusammenhänge der Kultur des Wiederaufbaus mit der jüngsten Vergangenheit entlarven. So schreibt Basil 1951 in seiner Besprechung der Inszenierung von Max Mells Nibelungendrama *Kriemhilds Rache* durch Adolf Rott am Burgtheater an keiner Stelle direkt von der ihm wohlbekannten NS-Vergangenheit des Dramatikers.[75] Basil, der als einer der wenigen Kritiker das »Stück, angefüllt mit kostümierten Phantomen« ablehnt, kritisiert die Flucht ins Mythische und bringt den Dramatiker Mell mit einer seiner bevorzugten Figuren in Verbindung:

> *Von einer Zeitbeziehung findet sich nur insofern eine Spur, als der Dichter, der sich gern in der Figur des human-christlichen Dietrich von Bern personifiziert sähe, zuletzt, als schon alles schief geht, noch schnell aufs andere Pferd setzt. Wie sagt er doch? »Die Welt ist vergeßlich. Das Lied ist treu.« Wem sagen sie das?*[76]

Die Auseinandersetzung mit Max Mell hatte Basil – in weit schärferer Weise – bereits 1946 im *Plan* geführt, er hatte Mell unumwunden als einen Schriftsteller bezeichnet, der »vor acht Jahren und später in allen braunen Tinten des ›Anschlusses‹ schillerte« und ihn unter die »Leichengräber der Republik« eingeordnet. Vor allem aber hatte er Mells Rollenwechsel, seine Rückkehr ins Fach des katholischen Österreich-Ideologen, attackiert.[77] Das Durchbrechen des österreich-ideologischen Jargons war ein Ingredienz von Basils Theaterkritiken und hing mit seiner ironischen Schreibweise zusammen. Wenn er Ausnahmen machte, dann wies er diese explizit aus. Er erklärte dann – wie bei Ernst Lothars *König Ottokar*-Inszenierung von 1949 – das Gebotene ohne Umschweife zur patriotischen

Kundgebung, zum »vaterländischen Propagandastück, wie wir es heute dringend brauchen«[78], stellte in seiner Beurteilung, wie Hilde Haider-Pregler konstatiert, »alle literarischen Kriterien hintenan und begründet sein Plädoyer für Lothars Einrichtung und Inszenierung [...] offen und unverschleiert mit den Auswirkungen der politischen Weltlage auf die österreichischen Zukunftsaussichten.«[79] Die Österreich-Projektionen Basils waren mit Rekurs auf die Lage Österreichs zwischen »Ost und West« formuliert,[80] sie mündeten nicht in eine regressive Typologie des Österreichers an sich, sind aber auch von den Österreich-Utopien des Exils entfernt, allenfalls haben sie mit ihnen ein Moment von Aktivität gemeinsam: »Propaganda? Gewiß – denn wir wollen vor aller Welt unser Österreichertum verkünden, wir dürfen uns unser Teil nicht nur denken, wenn wir gehört werden wollen.«[81]

Abseits dieser strategisch begründeten und durchaus nicht ohne Ironie formulierten wenigen »Propaganda«-Kritiken wurde in Basils Schreiben über österreichisches Theater und österreichische Wirklichkeit der Bezug zur österreichischen Satire von Belang. Johann Nestroy galt Basil als der »König des satirischen Theaters«, und er wurde nicht müde, gegen dessen Unterschätzung wie Vereinnahmung am Nachkriegstheater anzuschreiben. In der Tradition von Karl Kraus war für Basil das Werk Nestroys vor allem eine Manifestation von höchstem Sprachbewußtsein, das sich in der Verknüpfung von Hoch- und Volkssprache äußerte, und mit dem der austriakischen Idyllenkonstruktion Paroli geboten werden konnte.[82]

Wie Basil sich bei Nestroy-Aufführungen gegen Modernisierungen verwehrte, die eine Zeitgenossenschaft konstruierten, in der die sozialen Konflikte neutralisiert wurden – das ging gegen Weigels Bearbeitungen –, so wollte er die Stücke auch nicht als »Tendenzdramen« gespielt wissen – und dies bezog sich wiederum auf die politischen Akzentuierungen des Volksstücks an der »Scala«. Die »Partei der Armen, Entrechteten, Verfolgten und Schwachen« wünschte Basil in den Nestroy-Inszenierungen zwar ergriffen, die Abgrenzung gegen Interpretationen, die ihm als Überpolitisierung schienen, jedoch gewahrt zu sehen. Der Umformung in Tendenzdramatik, aber auch den im antinaturalistischen Sinne gesetzten Überhöhungen von Gestik und Sprache, wie sie Karl Paryla an der »Scala« versuchte, setzte Basil das Konstrukt der »werkgetreuen« Aufführung entgegen, er bezeichnete Nestroy – ebenso wie Aristophanes, Shakespeare und Molière – als »integrale[n] Moralist[en]«.[83]

Tendenz und Moral, Partei der Armen und Entrechteten, die Begriffe führen zu der bereits mehrfach angerissenen Problematik zurück, die verallgemeinernd als Frage nach dem Realismus gefaßt werden kann. Für die österreichische Literatur- und Theaterkritik gilt, daß es weder in der sogenannten Zwischenkriegszeit noch im antifaschistischen Exil Diskussionen gab, die an Intensität und Ausmaß ein wirkliches Pendant zum deutschen Streit um den Realismus – bekanntlich vorwiegend als Expressionismus-Debatte geführt – ergeben hätten. In den zahlreichen Artikeln zur österreichischen Literatur, die im Exil verfaßt wurden, finden sich über das primäre Thema, der Frage nach der österreichischen Nation und ihrer Kultur, jedoch sehr wohl Überlegungen, die das Wirklichkeitsverhältnis der Literatur untersuchen. Im Nachkriegsösterreich wurde nicht an diese Schriften angeknüpft, die Frage nach der sozialen Realität schien durch die Dichotomie von innerer Befindlichkeit und mystischem Ganzen obsolet. Zu den Ausnahmen gehörten vor allem die im *Österreichischen Tagebuch* abgedruckten, oftmals bereits im Exil entstandenen, bedeutenden Beiträge über österreichische Kultur.

Otto Basils Theaterkritiken sind, das sollte deutlich werden, geprägt von einer Vorstellung von Theater, die weder – wie er formulierte – zum »politischen Traktat«[84], noch zu den »obskur-nihilistisch[en] ›Friedhofstücke[n]‹«[85] führt; wesentlich war ihm das erkennbare Agieren der dramatis personae, ihre Reduktion auf »Marionetten« lehnte er ab. Das Menschliche, das er dargestellt wissen wollte, war für ihn einerseits sozial bedingt, andererseits jedoch durchaus von einer Überzeitlichkeit gezeichnet, deren Quellen im Trüben liegen konnten. Von hier aus ist vielleicht die Faszination zu erklären, die einige Regiearbeiten Adolf Rotts auf Basil ausübten. In der Besprechung von Rotts Inszenierung der Grillparzerschen *Medea* distanziert sich Basil zwar allgemein einleitend von der Manier, mittels der modern gewandeten Antike am Nachkriegstheater die Unveränderbarkeit menschlicher Existenz nihilistisch zu zelebrieren, danach jedoch bekundet er seine Sympathien für Rotts Verquickung von Archaismus und Moderne. Daß die Schauspieler nicht abtreten, sondern im Halbkreis auf Thronsesseln sitzen bleiben, dann, wenn sie die Szene betreten, feierlich die Stufen zur Spielarena hinabsteigen, um dort ein »Übersteigernwollen in Sprache und szenischem Stil« zu praktizieren, gilt Basil als »ein interessantes, nicht abzulehnendes Beginnen.«[86] Was Basil so faszinierte und ihn von einer »bedeutenden Inszenierung« sprechen ließ, stieß Berthold Viertel zutiefst ab, für ihn war diese Inszenierung »choc-artige Überrumpelung, Brutalisierung des Gehörs, der Nerven«, während Rott eine »›Modernisierung‹ des Werkes mit falschen Mitteln« versuche, bleibe nur »innere Hohlheit der Pathetik«. Als Ergebnis der Archaisierung der Handlung mit Versatzstücken der Theatermoderne sah Viertel eine Monumentalisierung der Figuren, die diese entmenschlichte, während er gerade die Menschlichkeit betont und die Aktualität über das Thema der Emigration hergestellt wissen wollte. Viertel, der nach seiner Rückkehr aus dem Exil soeben die *Glasmenagerie* von Tennessee Williams inszeniert hatte, erkannte Rotts *Medea*-Inszenierung als typisch für den Zustand des Theaters in der postfaschistischen Periode.[87]

Bei Basil läßt sich wiederholt eine Neigung feststellen, die Entfremdungserscheinungen der bürgerlichen Gesellschaft mit der Zivilisation an sich zu identifizieren, und diese durch Rückgriffe auf eine archaische Wesentlichkeit zu zerreißen. Von diesem Standpunkt aus konnte er ein Übersteigern der Figuren ins Übermenschliche schätzen, wollte ein ursprünglich gesetztes Inneres der Figuren expressionistisch nach außen gekehrt sehen, oder stellte »Traumhaftigkeit« und »Irrealität« der »menschliche[n] Ratio [und] der von ihr beherrschte[n] logistische[n] Welt« entgegen.[88] So mochte Basil einen Realismus vertieft wissen, dessen Begriff er doch primär aus dem Handeln individuell gestalteter Menschen in einem sozial konkreten Raum ableitete. Die Frage der Vertiefung des je gegenwärtigen

Geschehens ist freilich ein Problem, das mit der Entwicklung des modernen Dramas eng verknüpft ist, und sich beispielsweise am Umgang mit dem Symbol niederschlägt, dessen hypertrophe Ausweitung die Handlung in irrationalistische Allegorik stürzen konnte. An manchen Kritiken läßt sich erkennen, wie Basil die Versöhnung zwischen sozialer Konkretisierung mit einer Symbolik, die in metaphysische Wesentlichkeit zu münden droht, anstrebt. Da konnte dann auch der vom Aufklärer immer wieder wortreich errichtete Damm zum nihilistischen Katastrophismus brechen.

Eine besondere Rolle spielten diese Probleme bei der Auseinandersetzung mit den Inszenierungen Berthold Viertels, die für Basil zum »Schönsten und Intensivsten«, das er je im Theater erlebt hatte, gehörten.[89] Dabei verteilte er nicht nur Lob, manche praktische Lösung hielt er für mißlungen, und die von Viertel durchgesetzte Dramatik eines Tennessee Williams wollte er, bei aller Anerkennung, nicht überschätzt wissen. Basil war angezogen von den Inszenierungen Viertels, der seinen Realismus nicht nur gegen den Pantragismus und Existentialismus der Nachkriegskritiker behaupten mußte, sondern auch einem dogmatisierten Tendenz-Realismus Paroli bot, der als programmatische Aufforderung wiederholt an ihn herangetragen wurde.[90] Viertel hatte in Basil einen gewichtigen Fürsprecher, der jedoch mitunter das Gesehene in seine spezielle Richtung zu ziehen suchte. Das läßt sich an Basils euphorischer Besprechung von Viertels Inszenierung der *Kronbraut* von August Strindberg ablesen. Für Basil verwirklichte Viertel mit dieser Arbeit erstmals in Wien den »symbolischen Realismus«, einen »das Rationale wie das Irrationale gleichermaßen umfassende[n] Realismus«, der, wie es in der Kritik hieß, sich vom »Propaganda-Realismus politischer Prägung« ebenso unterscheide wie von den »nihilistischen Abgründen des panisch-heidnischen Hamsun.« Die symbolische Überhöhung oder archaisierende Vertiefung des Handlungsgeschehens, die Basil in erster Linie erkennen will, bringt ihn schließlich dazu, die Inszenierung mit den von ihm so geschätzten literarischen Bewegungen des Expressionismus und Surrealismus zusammenzuschließen. Während sich an Viertels Überlegungen zur *Kron-*

braut ablesen läßt, wie es diesem bei aller Symbolik um eine soziale Deutung des Märchens gegangen ist,[91] tendiert Basil zu einer Interpretation des Gesehenen, in der ein Magisches oder Mythisches die sozialen Bezüge aufsaugt.

Meist jedoch brachten die Inszenierungen Berthold Viertels dem Kritiker Basil eher Anlässe zur sozialen Konkretisierung seiner Maßstäbe, da er das Leben der dramatis personae in ihrer Besonderheit wahrnehmen und es mit den sozialen und historischen Voraussetzungen verknüpfen konnte. Basils Kritiken nehmen die Gedanken der Essays auf, die Viertel zu seinen Inszenierungen schrieb, ohne daß sich die Kluft zwischen beider Denken jemals ganz schlösse. Diese wird am ehesten an dem unterschiedlichen Grad erkennbar, mit dem das Geschehen aus der dramatischen Situation gedeutet wird. Berthold Viertel selbst fühlte sich aber von Basil, mit dem er privat und übrigens in Gesellschaft von Günther Anders öfter zusammentraf,[92] verstanden, wie im Bereich der Theaterkritik sonst nur von Alfred Polgar. Viertels Lob des Kritikers Basil ist denn auch mehr als das Dankschreiben eines Regisseurs:

> *Das ist es, was Ihre Art, Kritik zu treiben, auszeichnet: Ihr Verstehen, Ihr liberales Eingehen auf die Intention, auf das Erstrebte, so selten Erreichte des Theaters und der Literatur. Mir haben Sie ungemein geholfen, in dieser Wiener Periode, die ziemlich unerwartet über mich gekommen ist, und von der ich nicht weiß, wie lange sie noch währen wird.*[93]

ANMERKUNGEN

1 Otto Basil (O.B.): »Der Feldherrnhügel«. – In: Neues Österreich (NÖ), 28.2.1948. (Die Aufführung fand an der Renaissance-Bühne statt).

2 O.B.: Anouilhs »Romeo und Jeannette« im Akademietheater. – In: NÖ, 11.10.1947.

3 Vgl. Elisabeth Freundlich: Die fahrenden Jahre. Erinnerungen. – Wien 1992, S. 137f.

4 Vgl. Sigrid Löffler: Zum Beispiel Burg und Oper – zwei kulturimperialistische Großmythen. – In: Inventur 45/55. Österreich im ersten Jahrzehnt der Zweiten Republik. Hg. Wolfgang Kos u. Georg Rigele. Wien 1996, S. 383f.

5 Anonym: Kultur, die uns nicht erreichte. – In: NÖ, 25.4.1945.

6 Ludwig Ullmann (L.U.): Österreicher im Theaterleben Amerikas. – In: NÖ, 30.10.1945.

7 Vgl. Heinz Lunzer: L.U. im amerikanischen Exil. – In: Eine schwierige Heimkehr. Österreichische Literatur im Exil 1918-1945. Hg. Johann Holzner, Sigurd Paul Scheichl u. Wolfgang Wiesmüller. Innsbruck 1991, S. 353-371; Fritz Hausjell: Vertriebene Theaterkritik. L.U.s antinazistischer Kulturjournalismus Anfang der dreißiger Jahre in Wien. – In: Verspielte Zeit. Österreichisches Theater der dreißiger Jahre. Hg. Hilde Haider-Pregler u. Beate Reiterer. Wien 1997, S. 352-370.

8 Vgl. L.U.: Die Brecht-Aufführung. – In: Austro American Tribune (AAT), July 1945, No. 12.

9 Vgl L.U.: Das kommende Burgtheater. (Zit. n. Peter Roessler u. Konstantin Kaiser [Hg.]: Dramaturgie der Demokratie. Theaterkonzeptionen des österreichischen Exils. – Wien 1989, S. 191.) Der Vergleich mit dem Theater der Weimarer Republik bringt Ullmann zu dem Schluß, daß Goebbels auch gegenwärtig – also im Februar 1945! – noch mit den »Schatten von Reinhardts, Piscators und Jessners [!] ringen« müsse.

10 Ebd., S. 194.

11 Ebd., S. 192.

12 L.U.: Das andere Österreich. – In: AAT, May 1945, No. 10.

13 L.U.: Salzburg, ein Zukunftstraum. – In: AAT, July 1944, No. 12.

14 L.U.: Das ausgewanderte Wiener Theater. – In: AAT, November 1944, No. 4.

15 L.U.: Mit oder ohne Emigranten? – In: AAT, January 1947, No. 6.

16 Oskar Maurus Fontana (O.M.F.): Verkündigung der Menschlichkeit. Eröffnung des Burgtheaters. – In: NÖ, 3.5.1945.

17 Vgl. dazu Oliver Rathkolb: Nationalsozialistische »Kunstbetrachtung« contra kulturelle Meinungsfreiheit. Anmerkungen zum Primat des Politischen über das Ästhetische in der »Ostmark« 1938. – In: Oliver Rathkolb, Wolfgang Duchkowitsch u. Fritz Hausjell: Die veruntreute Wahrheit. Hitlers Propagandisten in Österreichs Medien. Salzburg 1988, S. 317ff.; Alexandra Reininghaus: Oskar Maurus Fontana. Das Profil eines österreichischen Journalisten. – Salzburg, Diss. 1983; Fritz Hausjell: Journalisten gegen Demokratie oder Faschismus. Eine kollektiv-biographische Analyse der beruflichen und politischen Herkunft der österreichischen Tageszeitungsjournalisten am Beginn der Zweiten Republik (1945-1947). Teil 2. – Frankfurt a.M. u.a. 1989, S. 532f.; Peter Roessler: Humanismus des Kompromisses? Oskar Maurus Fontanas Theaterpublizistik. – In: Literatur der Inneren Emigration aus Österreich. Hg. (im Auftrag der Theodor Kramer Gesellschaft) Karl Müller u. Johann Holzner (im Erscheinen).

18 O.M.F.: Verkündigung der Menschlichkeit (Anm. 16).

19 O.M.F.: Gestalter österreichischen Geistes. Stefan Zweig. – In: NÖ, 4.5.1945.

20 Ebd.

21 Ebd.

22 O.M.F.: »Jedermann« im Burgtheater erneuert. – In: NÖ, 15.6.1945.

23 O.M.F.: Europäischer Einakterabend. – In: NÖ, 10.6.1945.

24 O.M.F.: Wiener Premieren-Echo, Radio Wien, 14.4.1946. (Zit.n.: Das große Welttheater. Theaterkritiken 1909-1967. Hg. Kollegium Wiener Dramaturgie. Auswahl: Paul Wimmer. – Wien 1976, S. 314f.).

25 Vgl. O.M.F.: »Nathan der Weise« im Burgtheater. – In: Wiener Kurier, 21.12.1945.

26 Vgl. Sebastian Meissl: Der Fall Nadler. – In: Verdrängte Schuld, verfehlte

Sühne. Entnazifizierung in Österreich 1945-1955. Hg. Sebastian Meissl, Klaus-Dieter Mulley u. Oliver Rathkolb. Wien 1986, S. 296.

27 Vgl: Herbert Mühlbauer: Neuer Anfang im Volkstheater. – In: NÖ, 12.5.1945.

28 Vgl. u.a. folgende Beiträge Mühlbauers aus den *Wiener Neuesten Nachrichten:* Sudetendeutsches Theater. Die Not der deutschen Bühnen – Gesundung des Theaters – Unerschütterlicher Kulturwille (24.8.1938); Hetzfilme aus aller Welt (11.9.1938); »Leinen aus Irland«. Beifallstürme bei der Wiener Erstaufführung (28.10.1939); »Man müßte Flieger haben!« »Ziel in den Wolken«. Der neue Liebeneiner Film – Der Flug des ersten deutschen Militärflugzeuges (29.3.1939); Der Unteroffizier. Ein Film von Soldaten und Kameradschaft (18.4.1939). Dabei konnte Mühlbauer in seinen Berichten über Produkte der Wien-Film gelegentlich einen elegisch-altösterreichischen Ton anschlagen. Er überschritt allerdings nicht den Modus des in der faschistischen Presse bei Bedarf ausgemalten allgemeinmenschlichen Wienertums, dem auch das Werk Johann Nestroys zugeordnet wurde, von dem Mühlbauer anläßlich der Reichs-Theaterfestwoche am 10.6.1939 schrieb, daß es »menschliche Komödien sind [...], die sich in ihnen abspielen, und nichts hat sich seit jenen Tagen so wenig geändert wie der Mensch.« (Herbert Mühlbauer: Reichs-Theaterfestwoche – Sechster Abend. »Einen Jux will er sich machen«. Aufführung des Burgtheaters.)

29 Vgl. L.U. an O.M.F., 28.7.1951. Nachlaß O.M.F. in der Wiener Stadt- und Landesbibliothek, I.N. 212.221.

30 Vgl. Richard Hoffmanns Beiträge im NÖ: »Nathan der Weise« im Burgtheater (26.9.1945); »Der Schwierige«. Premiere in der Josefstadt (28.9.1945). Biographische Angaben zu Hoffmann bei Hausjell (Anm. 17), S. 585. Für den Zeitraum zwischen 1938 und 1945 liegen keine Angaben vor.

31 Vgl. Edwin Rollett: Österreichische Gegenwartsliteratur. Aufgabe, Lage, Forderung. (Schriftenreihe »Neues Österreich«, H. 3). – Wien 1946.

32 So von Berthold Viertel, Hugo Huppert und – durchaus nicht friktionsfrei – von Hilde Spiel, wie deren Briefe an O.B. (Österreichische Nationalbibliothek, Handschriftensammlung [NLOB]) belegen.

33 O.B. an Wilhelm Szabo, 17.12.1946. Briefe O.B.s an das Ehepaar Wilhelm Szabo und Valerie Lorenz-Szabo wurden mir von Philip Wimmer zur Verfügung gestellt.

34 O.B.: »Sommernachtstraum« im Ronacher. – In: NÖ, 3.12.1947.

35 Vgl. dazu das Gespräch O.B.s mit Viktor Suchy vom 9.6.1966. Forschungs- und Dokumentationsstelle für neuere österreichische Literatur, Tonband Nr. 19.

36 O.B. an Wilhelm Szabo, 3.3.1951. (Anmerkung in Klammer von O.B., dieser war von 1938-1945 Angestellter der Böhler-Werke).

37 Vgl.: Der Herr Doktor erinnert sich ans zwölfer Jahr. Sechs Kenner i.R. vergleichen Wiens Theaterkritik (und -kritiker) von heute mit der Vergangenheit. Respektvoll eingesammelt von Gotthard Böhm, Franz Endler und Karin Kathrein. – In: Die Presse 23.-26.12.1972 (Sammlung O.B. im Tagblattarchiv der Wiener Arbeiterkammer).

38 Vgl. O.B.: Gotthold Ephraim Lessing: Minna von Barnhelm. Akademietheater. – In: NÖ, 30.3.1954. (Zit. n. O.B.: Lob und Tadel. Theaterkritiken 1947 bis 1966. Hg. Kollegium Wiener Dramaturgie. Auswahl: Paul Wimmer. – Wien u. München 1981, S. 97).

39 Kraus veröffentlichte O.B.s unter dem Pseudonym »Arnold« im Prager *Gegenangriff* erschienene Polemik in der *Fackel* (Jg. 36 [1934], Nr. 889) und leitete die Bezeichnung »Basilisk« von O.B.s Pseudonym »isk« ab. Vgl. Karl Kraus: Warum die Fackel nicht erscheint. – In: Die Fackel, Jg. 36 (1934), Nr. 890-905, S. 306f.

40 Vgl. Wendelin Schmidt-Dengler: Bruchlinien. Vorlesungen zur österreichischen Literatur 1945 bis 1990. – Salzburg u. Wien 1995, S. 27.

41 Der Beitrag (12.6.1945) wurde nochmals im *Plan* abgedruckt. Vgl. Plan. Literatur. Kunst. Kultur, Jg. 1 (Oktober 1945), H.1, S. 69f.

42 Vgl. O.B.: Friedrich Schiller: »Kabale und Liebe«. Salzburger Festspiele im Landestheater. – In: NÖ, 7.8.1955. (Zit. n. Lob und Tadel [Anm. 38], S. 124ff.).

43 Vgl. O.B.: »Das weite Land«. – In: NÖ, 24.11.1948.

44 O.B.: »Des Teufels General«. Das Udet-Drama Carl Zuckmayers. – In: NÖ, 15.6.1947.

45 O.B.: Bruckners »Timon« in der Josefstadt. – In: NÖ, 20.5.1948.

46 O.B.: Csokors »Verlorener Sohn« im Burgtheater. – In: NÖ, 23.9.1947.

47 O.B.: »Mutter Courage und ihre Kinder«. – In: NÖ, 5.12.1948.

48 Vgl. K.R.: Ja, mach nur einen »Plan«. – In: Österreichische Zeitung, 12.7.1946.

49 O.B.: Einem neuen Schablonismus entgegen? – In: Plan, Jg. 1 (März/April 1946), H. 5, S. 413.

50 Vgl. Rüdiger Wischenbart: Zur Auseinandersetzung um die Moderne. – In: Literatur der Nachkriegszeit und der fünfziger Jahre in Österreich. Hg. Friedbert Aspetsberger, Norbert Frei u. Hubert Lengauer. Wien 1984, S. 355.

51 Unter dem Titel »Surrealistischer Grillparzer« schreibt O.B. beispielsweise im Zusammenhang mit der Inszenierung von Gustav Manker am Volkstheater: »Ob diese Traumwelt etwas mit Surrealismus zu tun hat? [...]. Wir erinnern uns noch immer jener komischen Zeit, wo alles so inszeniert wurde, daß man einen Raupach oder die Birch-Pfeiffer für expressionistische Klassiker halten konnte. Man wiederhole solche Mätzchen nicht wieder.« (NÖ, 30.9.1947).

52 O.B.: Klassisches Drama der Avantgarde. – In: NÖ, 1.2.1948.

53 Auch bei der Dramatik Ibsens kann nicht von einem homogenen Bild der Vereinnahmung durch das Theater des NS-Regimes gesprochen werden. Neben der Favorisierung des *Peer Gynt* (in der Bearbeitung des Hitler-Freundes Dietrich Eckart), gab es die von den Kulturinstanzen des Regimes akklamierten Verfilmungen von *Stützen der Gesellschaft* und *Volksfeind* mit Heinrich George. (Vgl. Boguslaw Drewniak: Das Theater im NS-Staat. Szenarium deutscher Zeitgeschichte 1933-1945. – Düsseldorf 1983, S. 268ff.).

54 O.B.: Mensch und Übermensch. – In: NÖ, 12.3.1948.

55 O.B.: »Die Fliegen«. – In: NÖ, 9.5.1948; vgl. auch O.B.: Anouilhs »Romeo und Jeannette« (Anm. 2).

56 O.B.: Apokalyptischer Vers. – Wien 1947.

57 Vgl. Gespräch O.B.s mit Viktor Suchy (Anm. 35).

58 Zum Kontakt zwischen Rudolf Steinboeck und den Exilanten in Zürich, der die erste Kenntnisnahme zahlreicher zeitgenössischer Stücke ermöglichte, vgl. Hilde Haider-Pregler: Das Zürcher Schauspielhaus und das Theater in Österreich. – In: Das verschonte Haus. Das Zürcher Schauspielhaus im Zweiten Weltkrieg. Zürich 1987, S. 56.

59 O.B.: Weltuntergangstheater in der Josefstadt. – In: NÖ, 18.3.1947.
60 Ebd.
61 Vgl. O.B. an Valerie Szabo, 21.3.1947.
62 Herbert Mühlbauer: Wilders Tragödie des Menschen. »Wir sind noch einmal davongekommen« im Josefstädter Theater. – In: Wiener Kurier, 17.3.1947.
63 Ernst Fischer an O.B., 7.3.1951. (OBNL. Nr. 1204/48).
64 Die *Wiener Tageszeitung* erschien erstmals am 22.6.1947, 1950 Umbenennung in *Neue Wiener Tageszeitung*, 1956 in *Österreichische Neue Tageszeitung*.
65 Vgl. z.B.: Karl Maria Grimme: Klassisches in der »Scala«. »Minna von Barnhelm« in problematischer Besetzung. – In: Wiener Tageszeitung, 5.9.1952. Zu Grimme während der NS-Zeit vgl. Rathkolb (Anm. 17), S. 314.
66 Vgl. dazu Hilde Haider-Pregler: »Daß ich in den letzten fünf Jahren für das Wiener Burgtheater lebe und sterbe ...«. Zu Berthold Viertels Tätigkeit am Burgtheater (1949-1953). In: Traum von der Realität. Berthold Viertel. Hg. (im Auftrag der Theodor Kramer Gesellschaft) Siglinde Bolbecher, Konstantin Kaiser u. Peter Roessler. Wien 1997 (im Erscheinen).
67 Vgl. Theater der Jahrhundertwende. Kritiken von Hermann Bahr. Auswahl und Einführung v. Heinz Kindermann zum 100. Geburtstag des Dichters. Hg. Land Oberösterreich u. Stadt Linz. – Wien 1963, S. 11f.
68 Vgl. Hans Weigel (H.W.): Kritische Notizen eines Kritikers über Kritiker und Kritik. – In: Welt am Montag, 16.7.1951. Als Vorbild H.W.s dient auch Alfred Polgar. Vgl. die Glosse vom 12.9.1949.
69 Vgl. H.W.: Glosse. – In: Welt am Montag, 18.6.1951.
70 Vgl. H.W.: Glosse. – In: Welt am Montag, 3.12.1951. (Untertitel: Wie alt ist Johann Nestroy? Zum 7. Dezember 1951).
71 H.W.: Warum so böse, Herr Weigel? – In: Welt am Montag, 24.4.1950.
72 »Ein Sieg des Linksblocks, dem jeder freudig zustimmen kann«, schrieb H.W. anerkennend über die Inszenierung von Strindbergs *Kronbraut* durch Berthold Viertel. Vgl. die Glosse, 31.10.1949.
73 Vgl. z.B. die Glossen vom 12.9.1949 (zu Csokor und dem P.E.N-Club), 10.10.1949 (zu Thomas Mann), 2.5.1950 (zum P.E.N.-Club), 9.10.1950 (zu Rollett, dem Verband demokratischer Schriftsteller und Journalisten und dem P.E.N.-Club), 3.7.1950, 25.9.1950, 9.10.1950 (zu Berthold Viertel). Wiederholt Gegenstand von Untersuchungen waren H.W.s Angriffe gegen die »Scala« (was ihn nicht daran hinderte, gelegentlich Aufführungen zu loben) sowie seine Beteiligung am Boykott des Dramatikers Bertolt Brecht.
74 Berthold Viertel: Notizen über H.W. – In: ders.: Die Überwindung des Übermenschen. Exilschriften. Studienausgabe. Bd. 1. Hg. Konstantin Kaiser u. Peter Roessler in Zusammenarbeit mit Siglinde Bolbecher. Wien 1989, S. 294f.
75 Vgl. den Beitrag von Karl Müller in diesem Band.
76 O.B.: Burgtheater: »Kriemhilds Rache«. – In: NÖ, 9.1.1951.
77 Vgl. O.B.: Was ist österreichisch? – In: Plan, Jg. 1 (November 1946), H. 10, S. 849.
78 O.B.: »König Ottokars Glück und Ende«. – In: NÖ, 8.11.1949.
79 Hilde Haider-Pregler: »König Ottokars Glück und Ende« – Ein »Nationales Festspiel« für Österreichs Nationaltheater? – In: »Stichwort Grillparzer«. (Grillparzer Forum 1). Hg. Hilde Haider-Pregler u. Evelyn Deutsch-Schreiner. Wien, Köln, Weimar 1994, S. 213. Ähnlich lobt O.B. anläßlich

der *Ottokar*-Inszenierung Adolf Rotts 1955, »ohne allerdings Adolf Rott zum kongenialen Mittler zu erklären«. Vgl. ebd., S. 215.

80 »[N]iemandes Herr, aber auch niemandes Knecht«, solle Österreich sein, »Mittler und Dolmetsch«. Vgl. O.B. »König Ottokars Glück und Ende (Anm. 78).

81 Ebd.

82 Vgl. O.B.: »Zu ebener Erde und erster Stock«. – In: NÖ, 15.2.1948. Vgl. auch O.B.s Beitrag im NÖ: Johann Nestroy. Zum 85. Todestag Nestroys am 25. Mai 1947. (Wiederabdruck in Peter Roessler u. Konstantin Kaiser [Anm. 9], S. 119-122).

83 O.B.: »Das Mädel aus der Vorstadt«. – In: NÖ, 26.10.1950. Die Kritik bezieht sich auf Karl Parylas Inszenierung an der »Scala«.

84 O.B.: »Die russische Frage«. – In: NÖ, 10.3.1948.

85 Diesen Ausdruck verwendete O.B. in bezug auf zeitgenössische Dramen und in Abgrenzung zu den Tragödien Shakespeares (vgl. Berthold Viertel inszeniert »Richard II«. – In: NÖ, 19.3.1950).

86 O.B.: »Medea«. – In: NÖ, 1.6.1949.

87 Vgl. Berthold Viertel: Choc-Wirkung im Theater. – In: Die Überwindung des Übermenschen (Anm. 74), S. 273ff.

88 O.B.: »Die Irre von Chaillot«. – In: NÖ, 23.4.1948. Dabei stand O.B. dem Dramatiker Giraudoux kritisch gegenüber, er sprach von einem »Rastelli des Theaters«. (Vgl. O.B.: »Undine« im Akademietheater. – In: NÖ, 30.10.1947).

89 Vgl. O.B.: »Die Möwe«. Akademietheater. – In: NÖ, 16.5.1952 (Zit.n. O.B.: Lob und Tadel [Anm. 38]), S. 76. Zu O.B. und Viertel vgl. Hilde Haider-Pregler (Anm. 66).

90 Vgl. Viertels Auseinandersetzung mit dem Kritiker Max Schroeder, der im Zusammenhang mit Tennessee Williams von »Defätismus« und »borniertem Realismus« sprach. Berthold Viertel: »Bornierte Analyse«. – In: Die Überwindung des Übermenschen (Anm. 74), S. 288 ff.

91 Vgl. dazu das Manuskript zur *Kronbraut*-Inszenierung im Nachlaß Berthold Viertels, Deutsches Literatur Archiv, Marbach a. Neckar.

92 O.B. an Wilhelm Szabo, 3.3. u. 31.12.1951.

93 Berthold Viertel an O.B., 30.6.1950. NLOB, Nr. 1209/21.

SUSANNE KAMPTNER

»*Freiheit, die ›wir‹ meinen*«

Amerikanische Dramatik im Spiegel der Kritik

Die Wiener Theaterlandschaft der Nachkriegsjahre ist gleichermaßen von restaurativer Traditionspflege wie von der Erschließung dramatischen Neulands geprägt. Die Besatzungsmächte hatten an dieser Entwicklung ihren Anteil, da sie die jeweils eigene Kultur gefördert und Unerwünschtes zurückgedrängt wissen wollten. Besonders die US-Kulturinstanzen suchten ihr Land als Hochkulturnation und das eigene Gesellschaftsmodell als einzig richtiges zu propagieren.[1] Die Kulturoffiziere der Theatre & Music Section waren bei der Vermittlung von amerikanischen Theaterstücken auf die Zusammenarbeit mit dem War Department angewiesen, das eigene Vorstellungen davon hatte, welche Werke für das österreichische Publikum geeignet waren – die Stücke mußten zur Prüfung vorgelegt werden, bevor sie zur Aufführung freigegeben wurden. Die Auflagen bewirkten, daß Dramen kritischer Autoren wie Arthur Miller oder John Steinbeck eher ferngehalten wurden. Ab 1950 geriet die Theatre & Music Section zunehmend in den Sog des Kalten Krieges. Obwohl das österreichische Kulturleben bereits weitgehend selbständig existieren konnte, blieb ihre Vermittlungstätigkeit aufrecht, um weiterhin Stücke zu fördern, die das erwünschte USA-Bild vermitteln sollten. Schließlich sah man sich auch gezwungen, einen Gegenpol zu den Aufführungen USA-kritischer bzw. linksorientierter Stücke zu schaffen; gerade das Neue Theater in der Scala war in dieser Hinsicht ein Dorn im Auge der Kulturstrategen. Bei der Verlagerung der politischen Ziele der Reorientation Branch (War Department), die die Stücke begutachtete, auf die verstärkte Beobachtung von »linken« Künstlern und die Verhinderung kommunistischer Stücke, wurde ihr von zahlreichen einflußreichen österreichischen Printmedien große Unterstützung zuteil.

Hans Weigel schrieb dazu, daß »der Kampf gegen den Kommunismus […] eine viel zu ernste Angelegenheit« sei, »als daß man ihn den Amerikanern allein überlassen könnte.«[2] Gerade in den Kulturkritiken aus dieser Zeit ist der »Kampf« allgegenwärtig, sodaß die »Austrifizierung des Kalten Krieges auf der Ebene der Hochkultur in den fünfziger Jahren vollständig geglückt«[3] war.

Wenn den USA auch von zahlreichen österreichischen Medien politische Kompetenz zugebilligt wurde, besonders was den konsequenten Antikommunismus betraf, so war auf kultureller Ebene oft genau das Gegenteil der Fall, denn ein guter Teil der österreichischen Theaterkritiker vermeinte zu wissen, »wie wirkliche Hochkulturprodukte an diesem vermeintlichen Nabel der Kulturwelt beschaffen sein mußten.«[4]

Endstation Sehnsucht von Tennessee Williams Akademietheater 1951

Der Regisseur und Schriftsteller Berthold Viertel hatte *Endstation Sehnsucht* selbst übersetzt, ebenso wie die *Glasmenagerie*, seine erste Inszenierung am Akademietheater (1949). Die Premiere von *Endstation Sehnsucht* fand am 20. April 1951 statt, das Bühnenbild stammte von Ita Maximowna.

Im Programmheft veröffentlichte Berthold Viertel einen Essay zu Stück und Inszenierung, darin heißt es, Tennessee Williams schreibe »episches Theater, eines ohne politische Tendenz, jedoch nicht ohne soziale Strukturen.« Die Betonung der unpolitischen Tendenz eines Stückes war in Zeiten des Kalten Krieges durchaus ein wichtiges Signal für die Rezipienten. Auch ein Hinweis auf die »sexualpathologischen Züge« des Textes findet sich: »Aber nicht sie, sondern die menschliche Tragödie, zu deren Symptomen sie gehören, war das eigentliche Vorhaben des Autors und muß das Ziel einer Aufführung sein.« Hier hatte Viertel vielleicht bereits mit der moralischen Empörung einiger Publikums- und Kritikerkreise gerechnet.

Die Kritiker nahmen diese Erläuterungen allerdings nur zu einem kleinen Teil an, die meisten fühlten sich durch die Darstellung von Gewalt und Sexualität vor den Kopf gestoßen. *Die Presse* zeigte sich entrüstet: »Hier gehen Dinge vor, die bei aller ästhetischen und moralischen Freiheit, auf der Bühne nicht möglich sind. Aufrichtig gesagt: verletzend und scheußlich sind.«[5] Friedrich Schreyvogl machte sich in der *Neuen Wiener Tageszeitung* Sorgen um die Unschuld der jugendlichen Theaterbesucher:

> *Man frage nur einen Nervenarzt, welche Wirkung ein Stück wie die »Endstation Sehnsucht« auf dieses, in seiner Mehrzahl nach Jahren oder Erfahrung junge Publikum machen muß. Es wird oft einen richtigen Schock erleben, es wird an der Herzenskraft des Menschen verzweifeln, gerade in einem Augenblick, in dem es nichts so nötig hat als gerade schöpferische Mächte der Seele.*[6]

Besonders in der Wochenausgabe der *Presse* wird lauthals der Verfall der guten Sitten beklagt:

> *Die Bretter des Burgtheaters (!) sind blankgefegt von Vorurteilen wie Anstand und Geschmack. […] Wenn dies die Wahrheit ist, die wir dem Autor glauben sollen, so können wir freilich mitsamt dem Erbe unseres Abendlandes, mit Sophokles und Paestum, mit Michelangelo und Shakespeare, mit Beethoven und Goethe einpacken und in die Wüste gehen.*[7]

Der Kritiker unterstellt außerdem, daß Tennessee Williams nicht an den dramatischen Konflikten, sondern bloß an der Schockwirkung interessiert gewesen sei. Die abendländische Tradition wird gegen die Neuheiten aus den USA mobilisiert:

> *Tennessee Williams hat geäußert, es sei seine Hauptabsicht, den Bürger »aus seiner Sofaecke aufzuscheuchen«. Welchen Bürger meint er? Wir in Europa jedenfalls fühlen uns so sehr aufgescheucht, daß wir allmählich eher an der Sehnsucht nach einer Sofaecke leiden. Ich zum Beispiel möchte in einer ruhigen Stunde, wie ich sie kaum mehr kenne, Stifter lesen oder Mozart hören.*[8]

Trotz solcher Anwürfe kommen Schauspieler und Regie recht gut weg, die Schuld an dem »Debakel« wird ganz dem amerikanischen Autor angelastet, der für die Verschwendung des künstlerischen Potentials verantwortlich gemacht wird. »Wieder einmal«, kritisiert Richard Hoffmann in der *Österreichischen Zeitung*, *wurden großes Können und große Sorgfalt einem Schauspiel der typischen Verfallsliteratur gewidmet, das nur eine nervliche Wirkung erzielt und nichts anderes ist als eine Flucht aus den wirklichen Problemen der Zeit in Irrgänge des Lasters und in das Gestrüpp seelischer und geistiger Abnormalität.*[9]

Weiters nennt der Kritiker der »Zeitung der Roten Armee« das Stück »einen Einzelfall [...], der keine Verallgemeinerung zuläßt, keinen künstlerischen Vorwurf darstellen kann und nur noch den Psychiater interessiert.«[10] Hoffmann gehört aber zu den wenigen Kritikern, die den Autor Williams nicht prinzipiell als moralisch verwerflich abqualifizieren, er verweist auch auf dessen dichterische Qualitäten, die der Dramatiker in der *Glasmenagerie* gezeigt, in *Endstation Sehnsucht* jedoch vernachlässigt habe, ein Eindruck, der durch ein »peinliches Überwuchern der Regie« noch verstärkt worden sei. Das Organ der Sowjets verzichtet trotz scharfer Kritik an Stück und Autor auf eine globale Polemik gegen die USA.

Bei den Kritiken zu *Endstation Sehnsucht* findet sich auch der Hinweis auf die nach Maßgabe des jeweiligen Kritikers nicht dramengemäße Form des Werks; so meint Edwin Rollett in der amtlichen *Wiener Zeitung*, der Stoff sei »eher für eine Erzählung als für ein Drama geeignet.«[11]

Allgemein wird die heimische Tradition einem pauschal negativen Bild der amerikanischen Kultur gegenübergestellt. Das reicht von der *Volksstimme* bis zur *Presse*. In der *Volksstimme*, dem Zentralorgan der KPÖ, nennt Friedrich Mann das Stück eine »Unterleibshistorie«, für den Broadway sei diese »Sexualrevue« gerade richtig.[12] *Die Presse* wiederum gibt sich erstaunt, daß es in den USA so etwas wie Kultiviertheit gäbe: »Seltsam berührte, daß just ›von drüben‹ eine erschütternde, an die Wurzeln von Ursache und Umständen dringende Elegie vom Untergang kultivierten Bürgertums kam.«[13] Offene Verachtung hingegen spricht wiederum aus den Worten, die Friedrich Schreyvogl in seiner bereits zitierten Kritik findet:

Eins möchte ich auch unseren amerikanischen Freunden zu bedenken geben. Wieviel Mühe nehmen sie sich, um uns von dem hellen, klaren Leben jenseits des Ozeans zu berichten. Aus den Auslagen aller Information-Centres lacht uns ameri-

kanische Jugend mit blitzenden Augen und blinkenden Zähnen an. Aber ihre Filme verherrlichen die Verbrecher und ihre Dichter erinnern uns immer wieder an die Millionen in Irrenhäusern und den Ordinationen der Psychoanalytiker. Was hätte sich erst drüben entwickelt, hätten in hunderten von Bombennächten viele ihrer Frauen und Kinder das Leben verloren? Hätten sie sich nach solchen Schocks willig belehren lassen, daß sie die schwächeren und schlechteren Zeitgenossen seien und sogleich begonnen, eine neue Welt aus dem Nichts zu bauen?[14]

Die spärlichen positiven Äußerungen zu *Endstation Sehnsucht* betonen vor allem die Poesie der Sprache und die plastische, durchdachte Charakterisierung der Figuren. In der *Arbeiter-Zeitung* heißt es:

Die Kunst und die Kraft eines echten Dichters vermag jedoch selbst aus diesem wirren Knäuel blinder, instinktiver Triebhaftigkeit, männlicher Ichsucht und roher Gewalttätigkeit noch so viel an tragischer Größe herausholen, daß das rein Depressive nicht überwiegt. Entscheidend dafür ist, daß uns Blanches Schicksal nicht allein beklemmt und aufwühlt, sondern auch rührt.[15]

Otto Basil weist im *Neuen Österreich* auf die europäischen und amerikanischen Vorbilder von Tennessee Williams hin, ohne die poetische Eigenständigkeit des Autors schmälern zu wollen: »[H]ier werden Schnittpunkte des modernen Welttheaters, des Dramas einer Krisen- und Umbruchzeit, offenbar.«[16] Vor allem die Tatsache, daß weder Autor noch Inszenierung eine Verklärung der Realität betreiben – was andere Kritiker geradezu verlangen –, wird positiv gewertet.

Dreißig Silberlinge von Howard Fast
Neues Theater in der Scala 1952

Howard Fasts *Dreißig Silberlinge* ist ein – auch von manch wohlwollendem Kritiker als zu pamphletartig empfundenes – politisches Stück, dessen Aufführung die Vorurteile der »Scala« und ihrem Ensemble gegenüber sicher bestärkte. Premiere der deutschsprachigen Erstaufführung unter der Regie von Friedrich Lobe war am 22. Februar 1952.

Nach Aussage von Otto Tausig wurde das Stück »Dreißig Silberlinge« von Howard Fast nur deshalb gespielt, weil Fast Kommunist war. »Aber es war ein gutes Stück, ein Stück für den Frieden mit einer starken Aussage.« Fritz Jensen schildert die Aufführung als »... eine großartige mit künstlerischen Mitteln durchgeführte Bühnendarstellung des Entstehens der zwei Amerika. Des einen von der Geheimpolizei beherrschten und des anderen, das umso entschlossener für die Grundsätze der Demokratie eintritt, je gefährlicher es wird.«[17]

In den Kritiken finden sich durchwegs Lob und Anerkennung für die Schauspieler, aber: »Ist es nicht schade, daß die ausgezeichneten Künstler der »Scala« immer wieder in Tendenzstücken auftreten müssen? [...] [W]ir sähen sie gerne einmal unpolitisch!«[18] lautet es im *Wiener Montag*.

Von zahlreichen Kritikern wird das Werk als Propagandastück für die Kommunisten verstanden. In *Weltpresse* und *Welt am Montag* heißt es, Fast solle lieber in Moskau ein antikommunistisches Stück schreiben und warten, was dann passiere.[19] Herbert Mühlbauer im *Wiener Kurier* nennt das Stück »primitiv«, weil es nur eine Seite des Kalten Krieges zeige, wo eine kritische – auch selbstkritische – Darstellung vonnöten wäre.[20] Der Tadel der *Presse* hingegen kommt aus einer anderen Richtung: Die Darstellung der gesellschaftlichen Mißstände wird zwar akzeptiert, jedoch zeigt sich der Rezensent über das Lob Amerikas verwundert, das die Frau des Protagonisten am Schluß verlauten läßt.[21]

Für Otto Basil im *Neuen Österreich* trägt »das Stück die typischen Merkmale der Tendenzliteratur: »glanzlose[r] Stil, dürre Pathetik, aufdringliche Fibelmoral, esoterische[r] Humor usw.« Die dramatische Gestaltung sei über das rein Handwerkliche hinaus überhaupt nicht gediehen und der Inhalt so offensichtlich tendenziös, daß Langeweile die einzig mögliche Reaktion wäre: »Selbst im Umkreis des dramatisierten politischen Traktätchens ist uns etwas Naiveres, Dürftigeres und Undramatischeres kaum begegnet.«[22]

Einige Kritiker ziehen Parallelen zur unmittelbaren Vergangenheit, konkret zu den Verbrechen der Gestapo, so etwa im *Neuen Vorwärts,* Organ der Linkssozialisten Österreichs, und in der *Österreichischen Zeitung*, die das FBI mit der Gestapo gleichsetzt.[23] Die Parallelen zur Gestapo werden besonders in der kommunistischen Presse, bei Peter Loos im *Abend*[24] sowie in der *Volksstimme* hergestellt, deren Kritiker über die Gestalt des Geheimpolizisten Fuller räsoniert: »Aber diesen Fuller haben wir alle doch schon gesehen. Irgendwann einmal trug er schwarze Stiefel und schnarrte in reichsdeutschen Akzenten.«[25] In der *Volksstimme* und im *Abend* ist man auch der Ansicht, das Stück zeige die Wahrheit über die USA: »Der größte lebende amerikanische Dichter führt uns in ein amerikanisches Haus und zeigt uns Amerika, wie es ist, ohne Beschönigung und ohne jede Verzerrung«, heißt es in der *Volksstimme*. Auch der Kritiker der sowjetischen *Österreichischen Zeitung* ortet eine wahrheitsgetreue Schilderung der »faschistischen ›Neuordnung‹ amerikanischer Prägung« und kritisiert die Verlogenheit der Behörden, was die Verwirklichung der Demokratie betrifft:

> *Auch die amerikanischen Faschisten sind bestrebt, die Völker zu verdummen und irrezuführen. Geschieht denn nicht alles, was sie tun – bei sich zu Hause und in den marshallisierten Vasallenländern – im Namen der »Demokratie« und des »Friedens«?*[26]

Die zur Schau gestellte Anständigkeit und das »Heldentum« der Protagonistin werden vom Rezensenten als gleichsam soziologischer Beweis für die zumindest marginale Existenz positiver Kräfte in den USA genommen.

Oskar Friedheim im *Neuen Vorwärts* schließlich nimmt das Stück zum Anlaß, die Propagandamethoden der amerikanischen Besatzer in Österreich zu kritisieren.

> *Die Herolde der amerikanischen Lebensweise vergessen nie, auf das höchste Gut der westlichen Menschen, auf die »persönliche Freiheit« hinzuweisen, mit der Behauptung, daß ausschließlich die Vereinigten Staaten die einzigen und wahren Vertreter der individuellen Freiheit seien.* [27]

Die »Anklage des Dichters gegen die Gestapomethoden« wird

von Friedheim als Widerlegung des vielfach propagierten positiven USA-Bildes begrüßt.

Hexenjagd von Arthur Miller
Burgtheater im Ronacher 1954

Hexenjagd hatte am 3. April 1954 in der Regie von Josef Gielen Premiere, Teo Otto entwarf das Bühnenbild.

Im Programmheft sind Anmerkungen Arthur Millers zum Stück abgedruckt, die der Regisseur vor dem Vorhang vorlas. In ihnen erläutert Miller das Thema des Stücks: Intoleranz, Ordnungshörigkeit und Machtmißbrauch seien ungelöste Probleme der Gegenwart – nicht nur in den USA –, sie fänden sich an einem historischen Beispiel dargestellt.

> *Es ist dem Menschen immer noch unmöglich, sein soziales Leben ohne Druck zu ordnen, und das Gleichgewicht zwischen Ordnung und Freiheit bleibt immer noch herzustellen.*

Durch hysterische Ängste, die von den Machthabern erzeugt und von den Medien kolportiert würden, sei es zu einer Verhetzung der Menschen gekommen.

> *In den Ländern der kommunistischen Ideologie schreibt man jeden Widerstand von einiger Bedeutung dem total bösen kapitalistischen Alb zu, und in Amerika ist jeder Nicht-Reaktionäre der Beschuldigung eines Bündnisses mit der Roten Hölle ausgesetzt.*

Die hier angesprochene Problematik war auch im Österreich des Jahres 1954 aktuell, die Hetze gegen »die Linken« war voll im Gang. Die Botschaft der Inszenierung lautete wohl: Es soll keine Partei ergriffen, keine Propaganda für eine der beiden Seiten betrieben werden, das Ziel sei ein Gleichgewicht der Kräfte.

Obwohl die meisten – auch die negativ urteilenden – Kritiker die Inszenierung Gielens loben, löst der Vortrag der Anmerkungen durch den Regisseur überwiegend Skepsis oder Ablehnung aus. Oskar Maurus Fontana meint in der *Presse*, daß die Anmerkungen

> *von außen hereinkommen. Wenn sie zum Teil in der Aufführung laut werden, wie das in München und jetzt im*

Burgtheater durch den jeweiligen Regisseur geschah, so unterstützt das wohl das Stück in gewisser Hinsicht, aber es zeigt zugleich auch eine Schwäche, daß die zwei Akte einer Deutung, einer Zurechtrückung im Bewußtsein des Zuschauers bedürfen. Haben sie einen solchen Zeigestab wirklich nötig?[28]

Zweifellos lehnen aber einige Kritiker den Vortrag Gielens nicht aus ästhetischen Gründen ab, sondern weil damit eine Interpretation des Stückes angedeutet wird, die ihnen nicht paßt. Heinz Kindermann etwa meint, durch den Vortrag ergebe sich eine »vielfältige, allzu vielschichtige Polemik des Dichters gegen jegliche Übertreibung solch einer Ordnungsmacht, heiße sie nun religiöse Gemeinschaft oder Gericht.«[29]

Da in den Anmerkungen Millers betont wird, daß mit dem Stück beide Konfliktparteien des Kalten Krieges gemeint seien, kommt naturgemäß Kritik von den Angehörigen beider »Lager«. Edmund Th. Kauer, als Repräsentant der KPÖ, empfindet den Vortrag als unangebracht und verwehrt sich entschieden gegen die Aussage, daß die dargestellten Praktiken in »kommunistischen« Ländern angewendet werden.[30] Friedrich Torberg hingegen unterstellt, durch den Vortrag würde Partei gegen die USA und für den Kommunismus ergriffen:

Es ist nichts dagegen einzuwenden, daß der Autor dem Publikum die Entscheidung darüber überläßt, ob sein Stück die Zustände diesseits oder jenseits des Eisernen Vorhanges meint, oder vielleicht beiderseits. Aber dann möge diese Entscheidung auch wirklich vom Stück provoziert und vom Publikum gefällt werden, ohne daß sich der Autor dazwischen und der Regisseur vor den Vorhang schiebt, um diesseits desselben Anmerkungen des Autors vorzulesen. Das ergibt, ob mit Absicht oder nicht, eine Akzentverlagerung, die im Effekt einer Parteinahme gleichkommt. [Miller hätte darauf hinweisen müssen], daß in den Ländern der kommunistischen Ideologie die Hexenjagd auch heute noch zu Todesurteilen führt, in Amerika jedoch schlimmstenfalls – und er selbst hat diesen schlimmsten Fall am eigenen Leib erfahren – zu zeitweiliger Verweigerung eines Reisepasses. Unterläßt er diese Ergänzung, dann stellt er sich zumindest in intellektueller Hin-

sicht das gleiche Armutszeugnis aus wie die kommunistische Presse, die vor lauter Begeisterung über dieses »mutige« Stück, das dem »faschistischen Amerika« einen »erbarmungslosen Spiegel« vorhält, gar nicht bemerkt hat, daß das faschistische Amerika mutig genug ist, sich diesen Spiegel vorhalten zu lassen.[31]

Auch Herbert Mühlbauer im *Wiener Kurier*, Herausgeber ist der US-Information Service, will das Stück ausschließlich gegen den Kommunismus gerichtet wissen, wobei er dem Autor zugesteht, die Frage der Schuldzuweisung offen gelassen zu haben. Diese stehe aber nun unter dem aktuellen Eindruck, den »die schaurigen Schatten der Schauprozesse in den Ländern hinter dem Eisernen Vorhang«[32] hinterlassen haben; trotz vorsichtigerer und kompromißbereiter Formulierung wird auf eine eindeutig antikommunistische Interpretation des Stückes Wert gelegt.

In die gleiche Richtung zielt Felix Hubalek in der *Arbeiter-Zeitung*, der Mißstände in den USA zwar einräumt, sie jedoch – im Unterschied zum »Kommunismus« – nicht durch das System bedingt sieht und damit als vernachlässigbar begreift. Er kritisiert Millers Anmerkungen, denn

wenn Miller weiter sagt: »Die Ergebnisse der Prozesse sind heute nicht anders, als sie von jeher waren«, so vergißt er für die Gegenwart einen entscheidenden Unterschied: der kommunistische Totalitarismus herrscht absolut und das Ausgeliefertsein in seinem Machtbereich ist total. Er ist System und Prinzip an sich. Der McCarthysmus [!] ist nicht das System an sich, sondern ein Auswuchs, ein krankhaftes Gebilde an einem Körper, der seine Daseinskraft aus einem anderen Prinzip schöpft und, dies zeigt sich auch in immer steigendem Maße, deshalb über genügend Abwehrkräfte verfügt, um sich gegen die Krankheit zur Wehr zu setzen.[33]

Diese Haltung korrespondiert mit der Blattlinie der *Arbeiter-Zeitung*, die dem Antikommunismus und dessen Verteidigung verschrieben war.[34]

Auch Hans Weigel meint im *Bild Telegraf*, der Autor hätte zwar ein prokommunistisches Stück geschrieben, für ihn aber habe es eine antikommunistische Wirkung:

Wir aber vollziehen, da uns Terror gezeigt wird, unbewußt

oder bewußt die Wendung um 180 Grad; ohne, ja: gegen die Absicht des Autors ergreift uns sein Drama als Hymnus auf die Freiheit, die wir *meinen.«*[5]

Weigel ist damit wohl derjenige, der die größte argumentative Verrenkung vollführt, um Arthur Miller zwar zu denunzieren, dessen Stück jedoch für seine eigenen Zwecke verwendbar zu machen.

Daß *Hexenjagd* ebenfalls auf die Verhältnisse in den »kommunistischen« Staaten beziehbar sein könne, wird in den Zeitungen der Kommunisten, wie gesagt, vehement bestritten. Kauer schreibt in diesem Sinne in der *Volksstimme*:

> *Wir Kommunisten finden nichts, keine Gestalt, keine Gebärde in diesem Stück, die in einem kommunistischen Lande vorstellbar wäre; nichts von den Vorgängen dieser Hexenjagd, dieses Aufgebotes von Dämonie und Desparation zu Zwecken des Profits wäre in einem anderen als in einem kapitalistischen Land, und nirgends wäre es so möglich wie in Amerika. Daß sie das Stück richtig verstanden haben, bewiesen sie schließlich, als Arthur Miller im März zur Brüsseler Premiere dieses Stückes »Hexenjagd« reisen wollte, sonst hätten sie ihm nicht Paß und Ausreise als »den Interessen der Vereinigten Staaten abträglich« verweigert.*[36]

Der Bezug auf kommunistische Repressionen – durch den Vortrag Gielens unmißverständlich unterstrichen – findet in der *Österreichischen Zeitung* nicht einmal negative Erwähnung, vielmehr wird betont,

> *daß es hier um Ängste, Erpressungen, Bespitzelungen, Verleumdungen und Beschuldigungen geht, die im heutigen Amerika infolge des von McCarthy ausgeübten beispiellosen Terrors gegen alle Menschen an der Tagesordnung ist, die einer auch nur irgendwie fortschrittlichen und humanen Einstellung verdächtig sind.*[37]

Edwin Rollett kommt in der *Wiener Zeitung* ohne Polemiken in die eine oder andere Richtung aus. Er meint, die Thematik des Stückes könne nicht politisch verallgemeinert werden wie Miller dies in seinen Anmerkungen zum Stück tue, vielmehr sei das ganze »zu sehr Einzelfall, vom Autor auch zu sehr und zu primitiv auf das Gegenständliche zugeschnitten, als daß dabei eine allgemein menschliche Gültigkeit sichtbar werden könnte.«[38] Rollett lehnt das Stück deshalb ab und befindet es als nicht geeignet, die Auseinandersetzungen im Rahmen des Kalten Krieges zu kommentieren. Friedrich Heer sieht in der katholischen *Furche* die Problematik allgemeiner und nicht unbedingt auf die aktuellen Auseinandersetzungen zugeschnitten; er betont vor allem die Darstellung der Gefahren, die von allzu autoritären religiösen Systemen ausgehen.[39]

Besondere Vorsicht und das offensichtliche Bedürfnis, sich mit keiner der Parteien anzulegen, spricht aus den Kritiken in *Presse* und *Weltpresse*, wobei Oskar Maurus Fontana in der *Presse* auf die Problematik der Freiheitsbeschränkung und des Terrors nur peripher eingeht.[40] In der *Weltpresse*, dem Organ der britischen Besatzungsmacht, wird die Aktualität des Stückes durchaus angemerkt, wenn auch in sehr allgemeinen Worten:

> *Wenn man daran festhält, daß Gut und Böse absolute Werte sind, sagt Miller mit diesem Stück, dann stellt der Teufel eine Waffe dar, die in jedem, auch in unserem Zeitalter, gegen Menschen verwendet wird, um sie zur Konformität, zu einer einzigen Partei, einer einzigen Weltanschauung, oder zu einem einzigen und wahren Gott zu zwingen.*[41]

Einen Bogen zur unmittelbaren Vergangenheit des Hitler-Regimes schlägt nur der Kritiker des *Wiener Montag*, der aber wiederum nicht auf die aktuellen Bezüge zum Kalten Krieg eingeht: »Wir alle haben diese Hexenjagd erlebt, erlebt, daß Anklage auch schon Schuld bedeutet, der Kläger Recht hat.«[42]

Einige Kritiker betonen statt oder neben der Aktualität des Stückes dessen historische Dimension, wie etwa Rudolf Bayr in den *Salzburger Nachrichten.* Er hält fest, daß, »es [...] nicht möglich [sei], einen historischen Stoff treulicher und tendenzloser zu bearbeiten als dies Miller getan«[43] habe. Deswegen dementiert er auch vehement die Klassifizierung von *Hexenjagd* als kommunistisches Propagandastück und möchte es auch nicht als antikommunistisches Werk eingestuft wissen.

Im *Neuen Österreich* würdigt Otto Basil die historische und aktuelle Bedeutung des Dramas, er nennt es eine »Konfrontation des Gewissens mit altertümlichen Überresten in der Seele des Menschen«, ein »Drama der Massenhysterie schlechthin«. Es zeige wirklichkeitsgetreu

> *Puritanismus, Eiferertum, Bigotterie, Dämonenglaube und unreine Brunst, gemischt mit Habgier, Rachsucht und Machtwahn. Aber alle diese Dinge können stellvertretend stehen für Demagogie, Intoleranz, politische Hysterie, für moderne ideologische Angstneurosen jederlei Art [...].*[44]

Basil verweist auf die unparteiische Haltung des Dramatikers, ist einer der wenigen Kritiker, die den Vortrag der Anmerkungen Millers begrüßen, und meint, das Stück sei zwar auch »als aktuelle politische Parabel zu werten«, aber: »Im Grunde setzt Miller sich mit dem zeitlosen Problem der menschlichen Schuld, mit Gewissen, Angst, Mitläufertum und der Unordnung in den gesellschaftlichen Verhältnissen auseinander.«[45]

Unterschiedlich wird das von den USA über Miller verhängte Ausreiseverbot interpretiert: Die kommunistische[46] und sowjetische Presse [47] nimmt es als Bestätigung ihrer These, daß Miller mit seinem Stück nur gegen den McCarthy-Terror anschreibt. *Presse* und *Wiener Montag* bringen darüber wenige Tage vor der Premiere eine Notiz, wobei sich in der *Presse* nur eine kurze Sachverhaltsdarstellung findet,[48] der *Wiener Montag* hingegen unter dem Titel »Wie verhext!« eine polemische Kritik an der Burgtheater-Direktion anbringt:

> *Wenn uns nun schon das Defizit der Staatstheater in nahezu unangetasteter Höhe erhalten bleibt, könnte man die bescheidenen Mehreinnahmen [aus einer Erhöhung der Theaterpreise] vielleicht dazu verwenden, der gewissenhaften Auswahl der Stücke etwas mehr Augenmerk zuzuwenden. Es entbehrt nämlich nicht der Ironie, wenn zwei Tage vor der Burgtheaterpremiere der »Hexenjagd« von Arthur Miller die Meldung durch die Weltpresse geht, daß dem Autor wegen seiner allzu deutlichen Schwäche für den Kommunismus die Ausreisebewilligung aus den USA verweigert wurde. Solche und noch andere Schwächen kann man sich zur Not als Direktor des Wiener Burgtheaters leisten!*[49]

Picnic von William Inge
Theater in der Josefstadt 1955

Picnic von William Inge hatte am 19. April 1955 in der Regie Wolfgang Liebeneiners[50] Premiere, für die Bühne zeichnete Otto Niedermoser.

Bereits im Programmheft findet sich ein kaum versteckter Hinweis auf den Broadway und seine angebliche Niveaulosigkeit, der von der Kritik dankbar aufgenommen und ausgebaut wird:

> *Wie der Publizist und erfahrene Theaterkenner Paul Ellmar, Paris, berichtet, sei es nach Meinung der maßgebenden Beurteiler dem begabten Autor nicht hoch genug anzurechnen, daß er trotz der vielen guten Tips der Broadway-Manager dennoch ein Stück mit Atmosphäre und Humor zustande gebracht habe.*

Heinz Kindermann ergeht sich in der *Österreichischen Neuen Tageszeitung* über die Anspruchslosigkeit des Stückes, die seiner Meinung nach durch die Broadway-Gepflogenheiten bedingt sei: »Unsere Maßstäbe sind andere als die vom Broadway. Und unsere Vorstellungen vom Leben sehen anders aus als die des Broadway-Publikums.« Jedenfalls ist er überzeugt, »daß in unserer wesentlich differenzierteren Welt bei diesem Stück der Sieg nur mit Hilfe der bedeutendsten Darsteller zu gewinnen war.«[51] Auch die *Union* stimmt in die Klage über den Verfall des dramatischen Niveaus ein:

> *Da sich das ganze Stück im wesentlichen um sexuelle Komplexe dreht, denkt man mit leiser Wehmut an so geistvolle Schriftsteller wie Wedekind zurück, die heute durch solche, den Broadwaybedürfnissen entsprechende, Autoren abgelöst werden. Bestenfalls liefern sie Illustrationen zu dem von Amerika ausgehenden Untergang des Abendlands.*[52]

Selbst die durchwegs positive Kritik von Friedrich Heer in der *Furche* kommt nicht ohne Hinweis auf die europäische Tradition, von der sich die Amerikaner alles »abgeschaut« hätten, aus, er meint, »[a]merikanische Schauspiele dieser Art« seien »Kinder und Enkelkinder des großen europäischen Theaters von 1880 bis 1920.«[53]

Die Anspielungen auf das Broadway-Niveau gehen nahtlos in eine allgemeine Kritik an den USA über, wobei zahlreiche USA-Klischees bemüht werden. Die ÖVP-Tageszeitung *Das kleine Volksblatt* schreibt: »was man hier über Colledges [!], über Hollywood u ä. Institutionen hört, annulliert das alte Wort ›Amerika, du hast es besser‹ und läßt den Europäer hoffen, daß seine Alte Welt noch lange die alte bleiben wird.«[54] Hans Weigel im *Bild Telegraf* hingegen erkennt – wenn auch klischeehaft – den Versuch, hinter die Kulissen des American Way of Life zu blicken. *Picnic* sei »ein ansprechendes inneres Porträt Amerikas [...] ein wenig Angst, ein wenig Unsicherheit, sehr viel Vergeblichkeit, Resignation, Einsamkeit ... die Kehrseite von Riders [!] Digest und Hollywood.«[55]

Was dem Stück angelastet wird – außer, daß es aus den USA kommt –, ist einerseits der als unwürdig erachtete Inhalt, andererseits die Form, die nach Ansicht einiger Rezensenten eindeutig die europäische Norm verletze und deshalb abzulehnen sei. Die *Österreichische Hochschulzeitung* meint, *Picnic* wäre in Europa nie ausgezeichnet worden, »[d]enn ein echtes Problem wird hier mit zum Teil geradezu kitschigen Methoden serviert.«[56] Vor allem aber stoßen sich die Kritiker, etwa Friedrich Torberg, daran, daß Inge sein Stück als Komödie bezeichnet.[57] Auch die *Union* befindet, *Picnic* verdiene die Bezeichnung Komödie nicht: »Im Theater in der Josefstadt sieht man eine angebliche Komödie. Es ist die traurigste Komödie, die ich je gesehen habe [...] – eine Komödie zum Weinen.«[58] Die Schwierigkeiten mit dem Genre der Komödie – wohl auch durch die Inszenierung verschärft – führen dazu, daß manche Kritiker die dargestellten Charaktere für das Ideal des Autors nehmen. In der *Weltpresse* heißt es, das USA-Bild des Schreibers offenbarend: »[Es] fällt auf, daß der Kraftlackel, der Affenmensch – das beginnt langsam ein pathologischer Zug in der amerikanischen Literatur zu werden – das Ideal der Amerikaner zu werden scheint.«[59]

ANMERKUNGEN

1 Vgl. Oliver Rathkolb: Politische Propaganda der amerikanischen Besatzungsmacht in Österreich von 1945 bis 1950. – Wien, Diss. 1981; sowie dessen Beitrag in diesem Band.
2 Zit.n. Reinhold Wagnleitner: Coca-Colonisation und Kalter Krieg. Die Kulturmission der USA in Österreich nach dem Zweiten Weltkrieg. – Wien 1991, S. 220.
3 Rathkolb (Anm. 1), S. 429f.
4 Wagnleitner (Anm. 2), S. 211.
5 Die Presse, 22.4.1951, gez. R.H. (= Rudolf Holzer).
6 Neue Wiener Tageszeitung, 22.4.1951 (Friedrich Schreyvogl).
7 Die Presse (Wochenausgabe), 22.4.1951, gez. -sm-.
8 Ebd.
9 Österreichische Zeitung, 25.4.1951 (Richard Hoffmann).
10 Ebd.
11 Wiener Zeitung, 22.4.1951 (Edwin Rollett).
12 Österreichische Volksstimme, 24.4.1951 (Friedrich Mann).
13 Die Presse (Anm. 7).
14 Neue Wiener Tageszeitung (Anm. 6).
15 Arbeiter-Zeitung, 22.4.1951, gez. Zo (= Alfred Zohner).
16 Neues Österreich, 22.4.1951, gez. O.B. (= Otto Basil).
17 Carmen Renate Köper: Ein unheiliges Experiment. Das Neue Theater in der Scala 1948-56. – Wien 1995, S. 175.
18 Wiener Montag, 3.3.1952.
19 Vgl. Weltpresse, 25.2.1952, gez. G.K.B. (= Gustav Karl Bienek); Welt am Montag, 3.3.1952.
20 Vgl. Wiener Kurier, 25.2.1952 (Herbert Mühlbauer).
21 Vgl. Die Presse, 24.2.1952.
22 Neues Österreich, 24.2.1952, gez. O.B. (= Otto Basil).
23 Vgl. Der neue Vorwärts, 2.3.1952 (Oskar Friedheim); Österreichische Zeitung, 24.2.1952.
24 Vgl. Der Abend, 23.2.1952 (Peter Loos).
25 Österreichische Volksstimme, 24.2.1952, gez. Jen.
26 Österreichische Zeitung (Anm. 23).
27 Der neue Vorwärts (Anm. 23).
28 Die Presse, 6.4.1954 (Oskar Maurus Fontana).
29 Neue Wiener Tageszeitung, 6.4.1954 (Heinz Kindermann).
30 Österreichische Volksstimme, 6.4.1954 (Edmund T. Kauer).
31 Forum, Jg. 1 (1954), H. 5, gez. Tbg. (= Friedrich Torberg).
32 Wiener Kurier, 5.4.1954 (Herbert Mühlbauer).
33 Arbeiter-Zeitung, 6.4.1954 (Felix Hubalek).
34 Vgl. Rathkolb (Anm. 1), S. 106 u. 411.
35 Bild Telegraf, 5.4.1954 (Hans Weigel).
36 Österreichische Volksstimme, 6.4.1954 (Edmund T. Kauer).
37 Österreichische Zeitung, 6.4.1954 (W. Staudacher).
38 Wiener Zeitung, 6.4.1954 (Edwin Rollett).
39 Die Furche, 10.4.1954 (Friedrich Heer).
40 Vgl. Die Presse, 6.4.1954 (Oskar Maurus Fontana).
41 Weltpresse, 5.4.1954, gez. H.R.
42 Wiener Montag, 12.4.1954.

43 Salzburger Nachrichten, 6.2.1954 (Rudolf Bayr).
44 Neues Österreich, 6.4.1954, gez. O.B. (= Otto Basil).
45 Ebd.
46 Vgl. Österreichische Volksstimme (Anm. 36); Der Abend, 5.4.1954.
47 Vgl. Österreichische Zeitung (Anm. 37).
48 Die Presse, 1.4.1954.
49 Wiener Montag, 5.4.1954.
50 Zur Rolle Liebeneiners während des Nationalsozialismus vgl. Oliver Rathkolb: Führertreu und gottbegnadet. Künstlereliten im Dritten Reich. – Wien 1991, S. 234.
51 Österreichische Neue Tageszeitung, o.D., Archiv des Theaters in der Josefstadt.
52 Die Union. Das Wochenblatt der demokratischen Union, 30.4.1955, gez. Z.
53 Die Furche, 30.4.1955 (Friedrich Heer).
54 Das kleine Volksblatt, 21.4.1955, gez. Dr.J. (= Hedwig Jürg).
55 Bild Telegraf, o.D., Archiv des Theaters in der Josefstadt (Hans Weigel).
56 Österreichische Hochschulzeitung, 1.5.1955.
57 Kritik ohne Angaben. Archiv des Theaters in der Josefstadt (Friedrich Torberg).
58 Die Union (Anm. 52).
59 Weltpresse, o.D, gez. H.R. Archiv des Theaters in der Josefstadt.

OTTO TAUSIG IM GESPRÄCH MIT
SUSANNE GFÖLLER

Von Humanismus und Demokratie und was daraus wurde

SUSANNE GFÖLLER: *Sie waren im Exil in Großbritannien. Dort haben Sie wieder mit dem Schauspiel begonnen, nachdem Sie zunächst durch die Emigration daran gehindert wurden.*

OTTO TAUSIG: Ich wollte schon mit 13 zum Theater, das war jedoch zu früh. Als ich dann alt genug war für die Schauspielschule, kam Hitler und ich mußte emigrieren. In England habe ich nur in Laiengruppen gespielt, zunächst im Internierungslager, später habe ich dann in London die Laienspielgruppe des Young Austria[1] geleitet. Damals bin ich auch Kommunist geworden.

Die Kulturarbeit zählte ja zu den wichtigsten Aktivitäten des Exils.

Wir haben österreichische Stücke gespielt für die österreichischen Emigranten, zum Beispiel Raimund, Nestroy. Durch Erich Fried haben wir Jura Soyfer entdeckt: Fried hat mir ein Stück von ihm gegeben, und wir haben ihn als unseren idealen Autor empfunden. Das andere waren englische Revuen. Wir waren ja eigentlich ein Jugendklub und sind in englische Jugendklubs gegangen, um den Engländern zu sagen, daß Österreich nicht ein Teil Deutschlands ist, sondern ein eigenes Land.

Hatten Sie auch Kontakte zu Emigranten aus anderen Ländern?

Bei der Premiere von Jura Soyfers *Vineta* im Mai 1945 war zum Beispiel Jan Masaryk anwesend. Es kamen auch andere, die später in der Politik eine Rolle gespielt haben. Aber wir waren ja alle werktätig und haben den ganzen Tag gearbeitet, nicht wenig, und abends wurde geprobt und Theater gespielt.

Es war dann für Sie auch keine Frage, daß Sie wieder zurück nach Österreich wollten, oder hatten Sie Zweifel?

Nein, keineswegs.

Wann sind Sie zurückgekommen?

Meine damalige Frau und ich waren schon in der zweiten Gruppe. Das war Anfang 1946, da war Europa eigentlich noch ganz zu. Wir sind dank eines Schwindels durch die Schweiz gekommen, weil die Kommunisten ihre Leute möglichst schnell zurück nach Österreich bringen wollten.

Dann sind Sie gleich ans Reinhardt-Seminar gegangen?

Nein, ich kam ja im Jänner 1946 zurück. Zunächst war ich Funktionär bei der Freien Österreichischen Jugend, wollte aber immer schon ans Reinhardt-Seminar. Karl Paryla und Wolfgang Heinz kamen gerade aus der Schweiz zurück. Da ich gehört hatte, daß sie auch Kommunisten waren, habe ich ihnen vorgesprochen, um sie zu fragen, ob sie glauben, daß ich genügend begabt sei, um ans Seminar zu gehen. Paryla war begeistert und wollte mich gleich engagieren für ein neues Theater, das er gründen wollte. Heinz hingegen war entsetzt, daß ich so falsch spiele und wollte Rollen mit mir erarbeiten. Vom Seminar hielten sie beide nicht viel. Ich habe aber trotzdem die Aufnahmsprüfung gemacht und bin zwei Jahre dahin gegangen.

Wie war denn die Stimmung am Seminar damals, war da ein Aufbruch oder war es eher konservativ?

Es ist schwer, das in wenigen Worten zu schildern. Ich war also, wie gesagt, Kommunist und hielt damit nicht hinterm Berg. Als ich sagte, daß ich Kommunist sei, hat mich einer gefragt: »Was, noch immer?« Hier war ja die Stimmung gegen die Russen sehr stark. In England, da waren die Russen noch die Alliierten gewesen. Sonst waren die Schüler am Reinhardt-Seminar nicht sonderlich politisch. Aber Aufbruchstimmung in dem Sinn: »Jetzt können wir endlich Theater spielen!«, das war schon.

Wir haben dann auch ein bißchen Revolution gemacht. Der damalige Direktor, Oscar Deléglise, war ziemlich an Publicity interessiert. Er rief mich einmal und sagte mir, das Reinhardt-Seminar sei immer nur für einen oder maximal zwei im Jahr;

und in diesem Jahr sei ich das, die anderen gehen eh' alle unter den Wagen. Ich sollte ihm Mitteilung machen, was die Schüler so über ihn reden. Das habe ich meinen Mitschülern erzählt. Es gab eine große Protestwelle gegen den Direktor und er wurde auch bald ausgewechselt. Unsere Kandidatin war Helene Thimig, die wollten wir haben. Zu meinem Entsetzen kam mit ihr auch Hans Niederführ wieder, der zwar Assistent bei Max Reinhardt gewesen war, sich aber 1938 als Nazi entpuppt und das Seminar während des Dritten Reichs geleitet hatte.

Die Schüler wollten auch eine neuere Art von Lehrern haben. Es gab den sehr netten Fred Liewehr, aber der hat so auf Burgtheater gemacht. Uns schwebte jemand vor wie Leopold Rudolf, weil der ein moderneres Theater spielte. Alfred Neugebauer war ein ausgezeichneter Konversationsspieler, aber bei ihm hat man nicht viel gelernt. Von Zdenko Kestranek hingegen konnte man viel lernen. Er war ein Sprechlehrer, der ein moderneres Herangehen ans Theater hatte als die alten bewährten Kräfte. Hans Schulbaur war dafür ganz typisch. Der hat uns die Regeln des Theaters beigebracht, nämlich man darf nie, nie Schuhsohlen zeigen auf der Bühne. Man muß immer so sitzen, daß man ein Bein vorgestreckt hat und das andere nach hinten. Ich kann nicht so sitzen. Das Gefürchtetste war, wenn er mit einem eine Szene probiert hat, wo man bei der Tür hinausgehen mußte, denn das war ein Ritual bei ihm. Wenn ein Schüler in die Nähe der Tür kam, begann er mit allen Gliedmaßen zu zucken, denn das konnte sich kein Mensch merken. Also an diese Regeln des Theaters konnten wir nicht mehr glauben. Dann gab es den Hauptmann Zaeckel, der war schon ein bissel verkalkt. Er hat uns das Fechten beigebracht. Mir hat er es nie gut beigebracht, ich habe nur einmal dem Peter Alexander – der hieß damals noch Neumayer – fürchterlich auf die Finger gehaut.

In Theatergeschichte hatten wir Joseph Gregor, der seinerzeit eine Theatergeschichte der Ostmark geschrieben und sie dem Reichsjugendführer Baldur von Schirach gewidmet hat.[2] Joseph Gregor lehrte noch immer Theatergeschichte. Einmal schlug ich vor, ob wir nicht Fragen stellen und diskutieren könnten. Darüber war er etwas erstaunt, denn er kam immer, hielt seinen Vortrag und ging wieder, aber er stimmte zu. Ich kam ja damals vom Marxismus her und dachte mir, es wird wohl die Gesellschaftsordnung gewesen sein, die eine gewisse neue Form von Theater bedingt hat. Das kann wohl kaum im Feudalismus dieselbe Art von Theater wie dann im Kapitalismus gewesen sein. So fragte ich, warum hat die eine Form des Theaters die nächste abgewechselt. Sagt er: Sonst wäre es ja langweilig gewesen. Ich insistierte: Aber es hat doch zu einem bestimmten Zeitpunkt die Form des Theaters gewechselt. Im mittelalterlichen Theater hat man von Jedermann und vom Glauben und den Guten Werken, von Allegorien geredet, dann kam das Individuum, der Faust. Wieso? Da meinte er: Es ist vielleicht besser, wir stellen keine Fragen. Das war das Ende der Demokratie im Theatergeschichtsunterricht.

Ich habe damals auch im Reinhardt-Seminar den *Figaro* von Beaumarchais inszeniert. Da habe ich Szenen frech dazugeschrieben, um den revolutionären Kern des Stückes herauszuschälen. In einem Lied habe ich eine Strophe eingefügt, in der Figaro schildert, wie er den Grafen niederringen wird. Dabei schwenkte er sein rotes Kopftuch. Da eine Kommission des Unterrichtsministeriums die Vorstellungen abnahm, bei der Generalprobe war der Unterrichtsminister selbst anwesend, habe ich das weggelassen. Karl Heinz Füssl und Josef Garai, beide Anton von Webern-Schüler von der Akademie, schrieben die Musik, und es spielten Studenten von der Akademie, aufgeteilt auf zwei Orchester zu beiden Seiten der Bühne. Es war so komponiert, daß aus den Rokoko-Tänzen ein paar Takte Marseillaise wurden und dann die Carmagnole. Dabei färbte sich der Himmel rot, doch das haben wir bei der Generalprobe auch weggelassen. Ich hatte Paryla, den ich ja von meinem Vorsprechen kannte, eingeladen, sich die Vorstellung anzusehen. Er war entsetzt: »Das ist so falsch! Vor der Revolution und da kommt plötzlich die Marseillaise, das ist unmöglich.« Später hat Paryla an der »Scala« den *Figaro* inszeniert, da kam schon im dritten Akt die Marseillaise.

Wurde im Seminar auch darüber gesprochen, daß Lehrer wie Paul Kalbeck[3] *emigrieren mußten oder wie Emil Geyer*[4] *im KZ ermordet wurden?*

Nein, Politik war eigentlich kein Thema. Die Schüler waren keine Nazis. Man war nur froh, daß der Krieg aus war. Ich war dann in einem anderen Kreis von Leuten, die waren vom Studio der Hochschule. Das war der Helmut Qualtinger, der Michael Kehlmann, der Erich Neuberg. Wir trafen uns in meiner Wohnung oder in einer anderen Wohnung und dachten über die Zukunft des Theaters nach. Qualtinger war auch sehr beeindruckt von Jura Soyfer. Ich hatte die Stücke aus England mitgebracht und als Buch herausgegeben. Wir stellten uns ein Theater vor, das ein bißchen in Richtung des Kabaretts geht, also eher ein Ideentheater als ein Personentheater, das auch ein bißchen zu Brecht hinging, von dem man damals aber praktisch nichts wußte. Man wußte, daß er existierte, doch man kannte den Stil nicht. Die Josefstadt spielte damals *Der gute Mensch von Sezuan* mit Paula Wessely und Albin Skoda. Das war wunderbar gespielt, ich war völlig begeistert. Aber es hatte mit dem Stil, den Brecht wollte, so gut wie nichts zu tun. Andererseits, die schauspielerische Leistung von den beiden war hinreißend. Das englische Theater zu meiner Zeit – es hat sich später enorm entwickelt – war ein ziemlich miserables Theater mit einer Ausnahme, nämlich Laurence Olivier und die Seinen, also Old Vic.

Ein Theater wie die Josefstadt hatte damals unter der Direktion von Rudolf Steinboeck ein Ensemble, das war einzigartig. Der elegante Konversationsstil, der dort gespielt wurde, war zwar auch damals nicht so ganz das, was ich mir unter Theater vorstellte, nämlich daß ein Gedanke da sein sollte, aber das ist eine andere Sache.

Wußten Sie damals schon, daß Heinz und Paryla ein Theater gründen wollten?

Paryla hatte mir schon bei meinem Vorsprechen gesagt, daß er ein Theater gründen will und mich dort engagieren möchte. Für mich als Schüler genauso wie für die, die schon mit diesen Ideen aus Zürich kamen, war selbstverständlich, daß es kein beliebiges Theater sein durfte, wo man einen Tag Curt Goetz spielt und den anderen Tag Shakespeare. Es sollte ein Theater sein, das den Horizont der Menschen erweitert, das ein humanistisches Ziel hat. Humanismus und Sozialismus war für uns damals eins. Der Sozialismus war für uns die höhere Form der Demokratie. Daß das alles andere als Demokratie war, hat man damals nicht so realisiert. Als man dann die Chruschtschow-Rede über Stalin hörte, da begann einem langsam übel zu werden. Aber man hat immer noch gehofft.

Also wie gesagt, Sozialismus war für uns selbstverständlich die Alternative, und Theater ein Mittel, um diese humanistisch-demokratisch-sozialen Ideen durchzusetzen. An der »Scala« glaubte man an die Arbeiterklasse, und wir sahen unsere Aufgabe darin, die Arbeiter ins Theater zu kriegen. Das war wirklich wertvolle Kulturarbeit. Ich muß heute sagen, wir haben an der »Scala« so gut und so ernsthaft wir konnten gearbeitet. Einmal im Jahr spielten wir allerdings ein sowjetisches Stück und das war ein Dreck, bis auf ein oder zwei. Aber zu 90 Prozent wurde unglaublich seriös und ernsthaft und mit einem Riesenidealismus gearbeitet. Es wurde wirklich ein Publikum angesprochen, das seither nicht mehr ins Theater geht und vorher nicht ins Theater ging, Leute, die Tränen geweint haben, als die »Scala« zugesperrt wurde.

Die Seriosität der Sache läßt sich am Tagesablauf zeigen: Wir haben um halb neun in der Früh begonnen mit einem Studio. Dort wurden die jungen Leute hauptsächlich in Richtung Stanislawski trainiert, um das kleine Ensemble zu formen. In dieses Theater wollten ja nicht viele Schauspieler gehen, weil sie sich dadurch isoliert haben. Es war verpönt, beim Funk, vor allem bei »Rot-Weiß-Rot«, gab es schwarze Listen. Da war zum Beispiel der Karl Fochler, der einmal bei uns spielte und den wir gerne im Ensemble gehabt hätten. Er lehnte ab: »Schaut's, ich kann mir das nicht leisten. Ich verdiene so und so viel beim Funk und so und so viel würde ich bei euch verdienen.« Es war ein kleines Ensemble mit schlechten Gagen, mit sehr schlechten Gagen. Da gehörte schon eine gewisse Liebe dazu oder eine politische Überzeugung. Allerdings, die wenigsten waren Kommunisten, nicht einmal ein Fünftel. Aber es kamen junge Menschen, die sagten: »Da lerne ich so viel und es ist so gut und interessant.« Heinz war wirklich ein Lehrer. Er hat als Regisseur unter Umständen mit einem Anfänger so intensiv gearbeitet, daß der in der Rolle schlecht wurde, weil er so verkrampft wurde, dafür hat er aber fürs Leben was gelernt. Heinz war so sehr Pädagoge, daß er manchmal seine Regie verpatzt hat. Doch er war wirklich ein Fanatiker, der wahrhaftes Theater machen wollte.

Also um halb neun begann das Studio, um halb zehn begann die Probe und es gab schon manchmal 16 Stunden Proben. Am Abend war Vorstellung, man hat praktisch ununterbrochen gearbeitet. In der Nacht hat man dann die Regiebücher gemacht. Bei Gorki oder bei Shakespeare zum Beispiel haben wir das Original genommen, denn es gibt ja Übersetzungen, wo so vieles nicht stimmt, und dann wurde Wort für Wort, Satz für Satz mit jemand, der die Sprache konnte, noch einmal durchgeackert. Es wurden neue Übersetzungen angefertigt, wirklich in nächtelanger Arbeit, und da kamen plötzlich ganz wichtige Dinge zum Vorschein aus den Stücken selbst. Denn Werktreue war ganz wesentlich an der »Scala«. Allerdings gab es da ein paar Ausnahmen. Paryla hat ganz gerne bearbeitet, manchmal auch ein bißchen grobschlächtig. Er konnte ein wunderbarer Regisseur sein, aber oft ein sehr schlechter Bearbeiter und hat da ziemlich herumgefummelt. Anders war es bei Heinz, der wirklich fragte: »Was steht in dem Stück? Was wurde ausgelassen?« Wir haben Gorkis *Nachtasyl* inszeniert in Doppelregie. Ich mußte als junger Regisseur sagen, wie ich mir das vorstelle, und Heinz wollte immer wissen: »Wieso? Moment! Warum?« Ich mußte alles begründen. Es wurde wirklich ernsthaft gegraben, um die Intentionen des Autors zu finden.

Er war also auch Dramaturg in Personalunion?

Die Dramaturgie hatte in der »Scala« eigentlich nur die Aufgabe, Vorschläge zu machen, aber die Regisseure haben bestimmt, was auf den Spielplan kommt. Die Dramaturgie hatte also nicht so eine große Bedeutung. Jedoch das dramaturgische Denken, das war sehr wichtig. Heute ist das selbstverständlich. Jedes Theater macht das seit Brecht, aber damals war das ein Charakteristikum für die »Scala«, wobei das vor allem Heinz ein Anliegen war. Das war dann eben wunderbar, wenn der Heinz und der Paryla zusammen ein Stück wie *Kleinbürger* inszenierten, das war eine Jahrhundertaufführung. Warum? Heinz hat unter Umständen die Story gar nicht erzählt, aus lauter psychologischem Denken heraus, das stimmte zwar alles, aber es war vielleicht nicht so wirksam. Und Paryla mit seinem Temperament hat es dann belebt. Wenn die beiden gemeinsam ein Stück gemacht haben, konnte schon etwas sehr Besonderes herauskommen. Das Theater als Ganzes hat wirklich Persönlichkeiten gehabt. Andere Theater sind schon etwas legerer umgegangen mit den Stücken.

Wie haben Sie an der »Scala« dieses Wissen an das Publikum weitergegeben?

Die »Scala« hatte eine Publikumsorganisation, »Die Theaterfreunde«. Wir versuchten, die Arbeiter anzusprechen, und gingen deshalb auch in die Betriebe. Die USIA-Betriebe – das waren die russischen –, die uns ja gewogen waren, hatten nichts dagegen. Es stellte sich aber bald heraus, daß es auf diese Weise überhaupt keinen Sinn hatte, weil wir erst nach Betriebsschluß hinkamen. Die Arbeiter wollten aber nicht in der Fabrik bleiben, sondern nach Hause gehen. Daher fragten wir uns: »Wo können wir den Arbeiter nach Betriebsschluß treffen?« Fernsehen gab es damals ja noch nicht, also war er im Wirtshaus und trank sein Bier. Daher gingen wir in die Wirtshäuser. Zuerst machten wir ein Programm, das quasi ein bunter Abend war, zusammengestellt aus Theaterstücken: ein Nestroy-Couplet, eine Szene von Raimund, eine Szene von Gogol, zum Beispiel aus dem *Revisor*. Die Mischung sollte die Leute neugierig machen: »Das war nett, da kommen wir wieder hin.« Daraus bildete sich ein Kreis von theaterbegeisterten Leuten, meistens waren es Kommunisten, es gab aber auch andere. Der Präsident der »Theaterfreunde« etwa war nicht in der Partei, der war nur begeistert von dem, was da geschah. Diese Leute organisierten dann weitere Abende in Wirtshäusern. Das nächste Mal kamen wir zum Beispiel mit einem Gogol-Abend und sagten: »Freunde, schaut's, hier kommen wir ohne Kostüm und spielen das nicht, sondern lesen nur. (Wir haben vielleicht auch kleine Szenen gespielt.) Aber kommt's ins Theater, das ist doch viel besser.« Wir hatten ein sehr leicht zu kündigendes Abonnement, sodaß die Leute quasi hineingerutscht sind ins Theater. Als der Interessentenkreis größer wurde, gab es dann einmal im Jahr richtige Theaterschulen, wo man erklärte, wie ein Schauspieler arbeitet – nach Stanislawski, wie ein Regisseur arbeitet, was die Aussage eines Stückes ist und wie man sie herausholt. Wir haben versucht, den Gedanken, daß man die Stücke für unsere Zeit spielt, an das Publikum weiterzugeben, und mit einigem Erfolg ist es uns auch gelungen.

War das Theater gut besucht?

Nein, wir haben eröffnet mit *Höllenangst* von Nestroy. Da sang der Paryla in der ersten Aufführung: »Wenn das Theater nur geht mit der Zeit, dann wird es schon gehen mit der Zeit.« Und es ging überhaupt nicht. Das Theater war miserabelst besucht. Da waren manchmal 15 Leute in einem Haus mit 1300 Plätzen. Zuerst hat man ja geschaut, daß man eine Knackwurst kriegt, und ist nicht ins Theater gegangen. Die unpopulären oder auch die parteipolitischen Stücke waren natürlich schlechter besucht, ein sowjetisches Stück zum Beispiel ist nicht so gut gegangen wie der *Hamlet*. Die Arbeiter wollten die bürgerliche Kultur, die man ihnen vorenthalten hatte. *Hamlet* war ein Stück, von dem sie gehört hatten, daher war es besser besucht als andere Shakespeare-Stücke. Wir haben also versucht, Stücke zu spielen, von denen man bei den Arbeitern gehört hatte, und da sind sie gekommen. Klassiker sind sehr gut gegangen, Nestroy sowieso. Und am Schluß war das Haus voll.

Bei den Amerikanern war es Teil ihrer Kulturpolitik, daß zeitgenössische amerikanische Stücke gespielt werden sollten. Haben die Russen oder hat die KPÖ Einfluß genommen auf den Spielplan?

Nein, die haben nie Einfluß genommen. Es war nie so, daß der Russe oder der KPler gesagt hat: Spielt das! Das haben wir wenn überhaupt, aus eigener Liebedienerei gemacht. Wir haben aber auch amerikanische Stücke gespielt. *Golden Boy* ist ein amerikanisches Stück, das wir gut fanden, das außerdem eine politische Aussage hatte. Das ist ein Stück von Clifford Odets, der ein Linker war. Oder von Howard Fast *Dreißig Silberlinge*, das ist ein amerikanischer Kommunist. Wenn uns ein amerikanisches Stück gut erschien, haben wir es gespielt. Der Sündenfall war nur, daß wir uns irgendwie verpflichtet gefühlt haben gegenüber den Russen. Ich habe mich wirklich bemüht, die schlechten russischen Stücke aus dem Spielplan zu verbannen, aber es hing auch mit unserer Finanzlage zusammen. Eigentlich kam das erst am Schluß heraus: Die Russen haben der KP das Geld gegeben, und die KP hat uns eine für heutige Begriffe lächerlich geringe Subvention gegeben, weil wir nicht den »Kulturgroschen« erhielten. Die anderen Theater bekamen den Kulturgroschen, wir haben nicht einmal das bekommen, sondern mußten Lustbarkeitssteuer zahlen. Also hat uns die KP eine Subvention gegeben, doch es hat uns nie jemand gesagt, was wir spielen sollen. Also, ganz so darf ich das nicht sagen. Es gab einen russischen Kulturoffizier, der lieferte uns dauernd russische Stücke: »Das ist neu in Moskau.« Das eine oder das andere wurde dann auch gespielt, weil wir ja auf seiten der Russen waren. Man hat alle Stücke, wenn Sie wollen, als politische Propaganda aufgefaßt.

Also auch Nestroy?

Aber natürlich! Auch heute, wenn ich Nestroy spiele, werde ich in den Zusatzstrophen etwas über die heutige politische Lage sagen. Es ist nicht mehr eine KP-Ideologie, aber Kritik an unserer Gesellschaft. Ich werde überhaupt keinen Nestroy spielen ohne den Versuch, das in die Zusatzstrophen einzubringen. Im Burgtheater habe ich unter der Regie Lindtbergs, der alles andere als ein Kommunist war, mit seinem Einverständnis eine Strophe über den Dr. Gross geschrieben und gesungen, der heute noch Gerichtssachverständiger ist und im Krieg Kreuzerl gemacht hat, welche Kinder umgebracht werden sollen. Es war unsere Absicht – wobei man das jetzt nicht so stalinistisch auffassen darf – humanistisch-demokratisch-sozialistische Ideen dem Publikum nahe zu bringen. Das haben wir in jedem Stück versucht. In *Was ihr wollt* zum Beispiel hatte ich als Narr ein Lied zu singen, wo es heißt: »O Kunst, geknebelt von der Obrigkeit«. Der Weigel hat dann geschrieben: »Diese grauenhaften Kommunisten, die müssen sogar in Shakespeare ihre Propagandag'stanzeln anbringen.« Das ist das 66. Sonett von Shakespeare! Das kommt zwar nicht vor in *Was ihr wollt*, aber es ist Shakespeare. Natürlich haben wir das hineingetan, weil es uns in den Kram gepaßt hat und so haben wir es immer gemacht.

Ich habe nichts gegen Propaganda. *Die Mutter* von Brecht ist Propaganda, *Galilei* nicht so eindeutig, aber auch. In dem Sinn haben wir Propagandastücke gespielt. Natürlich kann man die *Kleinbürger* von Gorki auch als Familiendrama spielen; wir haben den wirklichen politischen Gehalt der *Kleinbürger* gespielt. Auch *Kabale und Liebe* ist für mich kein Familiendrama, sondern ein politisches Stück, und das haben wir natürlich versucht herauszuarbeiten. An den sowjetischen Stücken hat mich gestört, daß es schlechte Stücke waren und unter Umständen verlogene Propaganda. Oder nehmen wir das Stück von Ernst Fischer, *Der große Verrat,* über Tito. Der hat begonnen als Partisanenheld, ist eisern gestanden und hat keinen verraten. Aber Fischer schrieb nicht ein Stück über dieses hochinteressante Thema: Wie wird ein solcher Kämpfer, der sein Leben gibt für die Idee, dann ein Popanz? Nein, es begann, als er bereits ein Popanz war. Die eigentliche Frage hat er ausgespart: Wie wurde Tito ein Verräter und ein Popanz, der mit den Amerikanern gearbeitet hat? Das ist verlogene und schlechte Propaganda. Gegen Ende, als ich dann Dramaturg war, habe ich um jeden Preis versucht, so etwas zu vermeiden, wobei es dann hie und da trotzdem ein sowjetisches Stück gab. Ich habe eben versucht eines zu finden, das möglichst nicht verlogen war.

Wie kam es an der »Scala« zum Bruch des Brecht-Boykotts?

Brecht hat bei uns inszeniert. Wir haben Brecht nicht nur gespielt, weil er Kommunist war. Im ersten Jahr der »Scala« gab es den Brecht-Boykott noch gar nicht. Da kam aus Zürich die Inszenierung der *Mutter Courage* von Lindtberg, der, wie gesagt, keineswegs auf der kommunistischen Seite stand. Übrigens war auch Weigel zuerst sehr links in Zürich, absolut. Der ist dann hier vollkommen umgeschwenkt. Über den Brecht-Boykott ist nicht viel zu sagen. Es war das Selbstverständlichste, daß wir nicht einen Boykott mitmachen, denn das war doch auf der gleichen Basis wie wir boykottiert wurden.

Sie sind von Anfang an von einem Teil der Presse heftig angegriffen worden als das Kommunistentheater und am schlimmsten von der sozialistischen Presse. War das eine Fortsetzung der Feindschaft zwischen Sozialisten und Kommunisten, die man schon aus dem »Ständestaat« ins Exil mitgenommen hatte?

Oscar Pollak, der nachmalige Chefredakteur der *Arbeiter-Zeitung*, und Karl Czernetz haben sich in der englischen Emigration nicht für ein eigenständiges Österreich eingesetzt, sondern für ein fortschrittliches sozialistisches Großdeutschland. Die Sozialisten haben also nicht für Österreich als eigenen Staat plädiert, sondern es waren die Kommunisten, die für ein eigenständiges Österreich gekämpft haben. Also insofern gab es schon auch in der Emigration, noch von früher kommend, Meinungsverschiedenheiten. In Österreich standen die Sozialisten und die Kommunisten dann in Konkurrenz bei den Arbeitern.

Die sozialistische Presse hat die »Scala« richtig totgeschwiegen. Es wurden keine Spielpläne veröffentlicht, die Rezensionen waren immer totale Verrisse. Was gab es noch?

Da gab es auch fürchterliche Artikel: »Ich bin in die ›Scala‹ gekommen und da war niemand. Aber plötzlich hatte ich das Gefühl, daß hinter mir jemand sitzt, der aufpaßt.« Es war so richtig gruselig, daß niemand in dieses Theater gehen wollte. Die Presse war vollkommen unobjektiv. Manche Leute waren auch erstaunt, daß deutsch gespielt wurde, denn vorher war die »Scala« ein Kino, wo russische Filme mit deutschen Untertiteln gezeigt wurden.

Spielte da auch ein ideologischer Konkurrenzkampf mit?

Es entwickelte sich der Kalte Krieg. Wir waren russenfreundlich und die Sozialisten waren russenfeindlich. Wir haben an den Kommunismus geglaubt bis zur Chruschtschow-Rede über Stalin. Dann hat sich das sehr geändert. Da begannen die Schauspieler zur Unlust der Partei sehr kritisch zu werden. Wir waren noch immer überzeugte Kommunisten, aber wir wollten einen anderen Kommunismus, keinen Stalinismus. Daß das auch nichts wurde, ist mir erst vor gar nicht so langer Zeit klargeworden. Die »Scala« wurde letztlich nicht nur von den Sozialisten abgewürgt, sondern auch von der KP. Denn die wollten diese unsicheren Kantonisten von Schauspielern nicht mehr haben. Von der KP wurde eine geschäftliche Leiterin eingesetzt, die den Betrieb liquidierte. Wir durften das Haus nicht mehr betreten, das war eine der schrecklichsten Maßnahmen. Die Stücke, die wir Wort für Wort neu übersetzt hatten, also wirklich literarische Werke, die wurden als Altpapier verkauft.

Das war völlig barbarisch. Die Kartei der Publikumsorganisation hat einer, der in der Publikumsorganisation tätig war, gestohlen, weil wir sollten sie nicht mehr in die Hand kriegen. Er ist beim Fenster hinein und hat die Kartei entführt, denn er wollte diese Arbeit ohne die KP weiterführen.

Es gab aber auch interne Meinungsverschiedenheiten. Warum haben Sie als Betriebsrat mit Ihren Kollegen gegen einige Punkte protestiert, zum Beispiel gegen die Praxis der Rollenverteilung?

Das war ziemlich früh. Die »Scala« wurde zunächst durch eine Sozietät geleitet, das heißt, da war der Paryla, da war der Stöhr, der Heinz, der Haenel und der Neubauer. Neubauer war ein alter Mann, quasi ein alter Kollege vom Paryla, der hieß Häsle, ein lieber alter Mann, der in der Sozietät war, aber nichts gesagt hat. Diese Sozietäre waren der Meinung, und nicht einmal der falschen Meinung, daß sie sehr gute Schauspieler und Regisseure seien. Sie haben das Theater nicht nur aus ideologischen Gründen geführt, sondern auch für sich als Bühne. Schauspieler sind Schauspieler, und warum sollen sie das nicht? Das waren wirklich wunderbare Schauspieler, die ersten Schauspieler dieses Theaters, und die haben sich auch Stücke nach ihren Rollenwünschen ausgesucht. Manchmal paßte das aber nicht. Da hieß es zum Beispiel in einer Sitzung: »Paryla spielt Hamlet.« Paryla war ein wunderbarer Nestroy-Schauspieler, Hamlet war er nicht. Es gab eine Abstimmung und alle haben gesagt: ja, sehr gut, ich sagte nein. Wir haben Noten verteilt, alle sagten: Paryla Hamlet eins, eins, eins, ich sagte dann vier, worauf ein Sturm losbrach. Natürlich waren solche Eitelkeiten alle mit drin. Man kann ein Theater nicht in dem Sinn demokratisch führen, daß jeder einmal die Hauptrolle kriegt. So geht das nicht.

Zunächst einmal, das war ganz am Anfang, haben die Betriebsräte protestiert gegen eine, wie uns schien, allzu große Ungleichheit der Gagen und ein Untereinander-Ausschnapsen, wer was spielt. Wir fanden, daß die Form der Sozietät überhaupt kein gutes System sei, daß nicht fünf Leute ein Theater führen sollen, sondern einer soll es führen. Das war aber eine viel prinzipiellere Sache. Das Rollen-Untereinander-Ausschnapsen war ein Aspekt dieser Sozietät. Es ging aber auch viel mehr um die Praktikabilität, wie man ein Theater führt. Es ist immer so kompliziert, wenn fünf Leute über jede Kleinigkeit befragt werden müssen. Der eine ist mit seiner Rolle beschäftigt, der andere ist das, daher waren wir gegen die Sozietät. Es kam ein kurzes Zwischenspiel mit einem Direktor namens Martin Rathsprecher. Er war aber kein Theatermann, und das hat uns allen nicht behagt, weil er mit dem Schauspiel eigentlich nicht umgehen konnte. Schließlich übernahm Heinz die Leitung, zu unser aller Freude. Politische Auseinandersetzungen gab es intern nur in dem Sinn, daß wir meinten, an so einem Theater müßten die Gagen gleicher sein. Als ich anfing, hatte ich 200 Schilling im Monat und eine amerikanische Zigarette kostete 7 Schilling. Man hatte keine Fensterscheiben, weil Glas konnte man sich nicht leisten, aber Pappe in den Fenstern. Daher fanden wir, daß der Unterschied zur Höchstgage von 2100 Schilling, was ja immerhin das Zehnfache war, zu groß sei. Von 200 konnte man wirklich sehr schlecht leben.

Später wurde die Sozietät aufgelöst. Erst einmal meinten die Betriebsräte, das System wäre nicht gut, und die Kommunisten wollten lieber eine Person als Direktor. Haenel, der ja Sozietär war, war auch gegen die Sozietät und hat dann die »Scala« verlassen. Es gab aber ebenso viele private Gründe. In der DDR konnte man damals gelegentlich einen Film machen, und die Gagen waren unvergleichlich größer. Da begann bei manchen das Interesse an der Sozietät abzunehmen. Paryla ist, wenn er einen Film hatte, nach Deutschland gefahren und hat die »Scala« für ein paar Monate lang »Scala« sein lassen. Heinz ist zwar auch manchmal gegangen, aber bei dem war das für mein Gefühl alles etwas seriöser. Er sorgte für Ersatz, wenn er weg war. Aber politische, wirklich große Auseinandersetzungen gab es innerhalb der »Scala« nicht, nicht einmal mit den meisten Nicht-Kommunisten. Vier Fünftel waren ja keine Kommunisten. Das war eigentlich kaum ein Problem.

Hat es eigentlich eine Rolle gespielt, daß viele Emigranten dort waren? Sie kamen dadurch nicht in die Lage, mit ehemaligen Nazis auf der Bühne stehen zu müssen wie in anderen Theatern.

Doch! Da gab es einen, Dirmoser hieß er, das war ein Kommunist, ein Genosse. Die Partei sagte: »Wollt Ihr den nicht engagieren, der ist ein Genosse?« Und er wurde engagiert. Dann hat man aber erfahren, daß er ein ziemlicher Nazi war. Von der Nebengarderobe konnte man hören, wie er einen Vortrag hielt über die Schönheit einer Waffe, was uns gar nicht sehr behagt hat. Einige haben gefragt: »Kann man den nicht loswerden?« Oder es war jemand, den wir alle nicht sehr mochten, der Arnolt Bronnen. Er war früher Kommunist und nachher Kommunist und dazwischen war er ein Freund von Goebbels. Das war uns auch allen etwas komisch, obwohl der Bronnen anerkannt war, doch man hatte kein sehr gutes Gefühl. Insofern gab es schon eine gewisse Einflußnahme der KP, die wollte, daß jemand wie Arnolt Bronnen in der »Scala« arbeiten sollte.

Kritisch wurde es erst, als es zu Ende ging mit der »Scala«. Der sozialistische Stadtrat Mandl gab uns keine Konzession mehr. Daraufhin gingen die kommunistischen Betriebsräte zu ihm und machten ihm folgenden Vorschlag: »Wir wollen kein kommunistisches Theater sein, wir wollen keine Propagandastücke machen gegen Euch. Geben Sie uns die Konzession, geben Sie uns den ›Kulturgroschen‹, setzen Sie uns einen Direktor in das Theater, damit Sie eine Garantie haben. Er kann bei jedem Stück, wo er das Gefühl hat, das ist kommunistische Propaganda, sagen: Das kommt nicht! Er darf uns kein Stück anbefehlen, er darf uns keinen Schauspieler oder sonst jemanden vorschreiben, aber er kann Veto einlegen bei jedem Stück, das er als kommunistisch einschätzt.« Mandl hatte nämlich wörtlich gesagt, daß wir hervorragende volksbildnerische Arbeit leisten. Bevor wir bei Mandl waren, hatten wir ein internes KP-Gespräch mit Friedl Fürnberg, dem Generalsekretär der KP. Er hat uns empfohlen, vor dem Büro des Stadtrats einen Hungerstreik zu machen. Das schien uns keine gute Lösung: »Dann kriegen wir die Konzession nie. Das ist doch eine Prestigesache.« Als er aber darauf bestand, kamen uns Zweifel: »Wir haben das Gefühl, Ihr wollt uns gar nicht mehr. Ihr wollt, daß das Theater zugesperrt wird, denn Eure Ratschläge sind nicht gut. Wahrscheinlich habt Ihr das Geld gar nicht mehr.« Das war ja bereits nach dem Staatsvertrag, und die Russen waren weg. Er beteuerte aber: »Nein, nein, am Geld liegt es nicht. Das ist eine politische Frage.« Wir haben trotzdem keinen Hungerstreik gemacht, und wir haben die Konzession bekommen, einen Tag lang. Allerdings wurde dann eine baupolizeiliche Maßnahme verfügt. Das Theater hätte renoviert werden müssen, die ganze Elektrizitätsanlage. Das hätte eine Million Schilling gekostet. Das war für uns unerschwinglich, und wir hätten Geld von der KP gebraucht. Doch die haben abgelehnt, nachdem man uns wirklich geschworen hatte, am Geld liege es nicht. Man hat uns buchstäblich in eine Wahlpropagandageschichte hineinhetzen wollen. Daraufhin war der Bruch mit der KP bei den Parteimitgliedern im Ensemble vollkommen.

Dazu kam noch das Problem mit den Engagements. Da wir die Konzession erst im letzten Moment erhielten, gingen wir als Betriebsräte vorher zu den Kollegen, um sie zu bitten: »Wir können Euch gar nichts garantieren. Es kann sein, daß die ›Scala‹ nächstes Jahr nicht mehr existiert, im Moment sieht es so aus. Wir müssen darum kämpfen, daß sie existiert, aber ob wir gewinnen, das wissen wir überhaupt nicht. Aber wenn Ihr jetzt auseinanderlauft und andere Engagements annehmt, dann können wir nicht weitermachen. Wir sind ein kleines Ensemble, viele Leute wollen nicht bei uns spielen. Nehmt bitte keine anderen Engagements an, damit wir beisammenbleiben können.« Dann haben wir der KP gesagt: »Wenn wir die Konzession bekommen und wir müssen dann trotzdem zusperren, weil Ihr uns kein Geld mehr gebt, sieht es so aus, als ob wir die Kollegen an der Nase herumgeführt hätten. Das können wir doch nicht tun.« Überdies kam Wolfgang Langhoff, um die Kommunisten nach Ost-Berlin zu engagieren. Es gab einen Schauspieler, der ein Engagement nach Salzburg gekriegt hätte. Er hat es nicht genommen, daraufhin war er ohne Engagement, als die »Scala« aufhörte, und ich war schuld daran. Langhoff wollte auch mich engagieren, aber ich habe abgelehnt, denn wie hätte das ausgesehen gegenüber den Kollegen. Und dann standen wir alle auf der Straße.

Was war dann die tatsächliche Ursache für das Ende der »Scala«?

Die SP wollte die »Scala« abwürgen aus den genannten

Gründen. Die KP wollte auch ganz gern, weil sie erstens einmal kein Geld mehr zahlen wollte und noch dazu an diese unsicheren Kantonisten. Intellektuelle sind bei der KP immer etwas verdächtig gewesen. Ich war zum Beispiel mit dem Leiter der Publikumsorganisation, der Fritz Wilder hieß, befreundet. Da hat mich einer von der KP-Organisation vom 4. Bezirk gefragt: »Du bist mit dem so befreundet? Das ist ein Trotzkist!« Sagte ich: »Ja, was ist ein Trotzkist genau? Was tun denn die?« Daraufhin habe ich von der KP die trotzkistischen Zeitungen bekommen, damit ich überhaupt einmal draufkomme. Das hat man nicht gelesen damals. Ich habe Trotzki erst viel später gelesen. Er war ja der Teufel, und die KP wollte nicht, daß man sich mit seinen Schriften beschäftigt, denn da tauchten Fragen und Zweifel auf.

Ich habe bei KP-Veranstaltungen oft ein Gedicht von Brecht, *Das Lied vom Lernen*, vorgetragen, nach der Chruschtschow-Rede allerdings mit einer anderen Betonung. Diese andere Deutung desselben Gedichts hat denen von der KP nicht mehr so gepaßt. Brecht hat es zweifellos mit einem anderen Blickwinkel geschrieben, doch es stimmte einfach: Man muß lernen, man muß selber denken, man muß den Finger auf jeden Posten legen. Es ist eine Wahrheit in diesem Gedicht, in den meisten Gedichten von Brecht, die einfach auch stimmt, wenn man sie andersherum deutet.

Waren die als Kulturoffiziere der Amerikaner zurückgekehrten Emigranten Lothar und Haeusserman Garanten, daß das Theater in Wien nach 1945 so weiterging wie vor dem Krieg?

Die gute Gesellschaft war beisammen und hat sich gegenseitig engagiert. Bei Haeusserman war es überhaupt so, daß man an den jeweiligen Stammtisch ging und einen Mokka trank und dann ins Gespräch kam und dann vielleicht engagiert wurde, vielleicht auch nicht. Das war so ein Klüngel, wo man drin war oder nicht drin war. Klüngel, wie es sie immer noch in verschiedenster Weise gibt. Ich war doch sieben Jahre in der Emigration und dann ist die »Scala« aufgelöst worden. Also bin ich in Wien stempeln gegangen, in der Hoffnung, daß mich vielleicht irgendjemand engagiert. Es war vollkommen ausgeschlossen. Dabei war ich schon sehr in Opposition bei der KP, das hat man allerdings niemandem gesagt. Es ging dann aber 14 Jahre so, daß ich in Wien kein Engagement bekam. 1957 bin ich mit meiner Frau nach Ost-Berlin gegangen, nach drei Jahren sind wir mit Riesenkrach und politischer Auseinandersetzung wieder weggegangen. Da kam ein Agent zu mir und bot mir einen Vertrag an der Josefstadt. Direktor Stoß sagte mir: »Sie kriegen sofort einen Vertrag. Mit der linken Hand unterschreiben Sie den Vertrag, mit der rechten die Reueerklärung, daß Sie dem Kommunismus abschwören.« Das lehnte ich ab, obwohl ich damals schon zum Kommunismus in kritischer Distanz war. Ich wollte mir nicht auf diese Weise Engagements erkaufen, wie das alle getan haben, die dann in Wien gespielt haben. Paryla tat das zwar nicht persönlich, aber sein Sohn sagte in einem Interview: »Der Vater würde sich nie mehr vor diesen Karren spannen lassen.« 14 Jahre lang konnte ich kein Engagement kriegen!

Wurde die Entnazifizierung auch in der Kunst sehr locker gehandhabt?

Ich glaube nicht, daß es das Hauptproblem war. Haeusserman war ja ganz gewiß kein Nazi, und Lothar doch auch nicht. Paryla war einer, der versucht hat, die Nazis hinauszukriegen. Aber wenn Sie mich fragen: Hätte man die Wessely nicht spielen lassen sollen? Hätte man den Krauß nicht spielen lassen sollen? Ich bin gar nicht der Meinung. Beide sind Schauspieler und die sind eigentlich politisch nicht ernst zu nehmen. Der Krauß war doch ein Dummkopf. Sie haben auch niemand umgebracht, sie haben niemanden denunziert, das ist eine zweite Sache. Sicher, die Wessely hat in diesem antipolnischen Film gespielt. Schön ist es nicht. Aber gerade die Wessely hat dann auch irgendwie Reue gezeigt. Ich bin schließlich zurückgekommen nach Wien – und ich habe, weiß Gott, genügend erlebt, zum Kotzen. Wenn ich herausfinde, daß jemand ein Mörder ist, daß er den Tod von Menschen auf sich hat, dann muß ich gegen ihn sein. Gegen einen Mörder oder einen Helfer von Mördern muß man alles tun, einen Priebke kann man nicht freisprechen. Aber warum wurden die Leute Nazis seinerzeit? Da war die Arbeitslosigkeit, der Dollfuß war auch ein Diktator, dann ist Hitler gekommen und hat Arbeit versprochen und hat Arbeit gegeben – um das zu durchschauen, da mußte man schon ziemlich einen politischen Kopf haben –, also wurden die Leute Mitläufer. Ich hätte sagen können: »Die haben meinen Vater um 3 Uhr früh geholt, vis à vis an die Wand gestellt, den Revolver herausgezogen und ihn fotografiert als feigen Juden. Also in dieses Land kann ich nicht mehr gehen.« Wir hatten zum Teil eine besonders üble Art des Nazismus hier, aber ich bin nicht der Meinung, daß die Deutschen schlecht sind und die Österreicher schlecht sind oder die Serben oder die Kroaten. Es gibt Nazis in Amerika, die gibt es überall. Der Nazismus ist etwas, dem die Leute unter gewissen Umständen verfallen und dagegen muß man kämpfen. Ich hätte nicht dafür plädiert, daß der Krauß nie wieder Theater spielen kann. Ich bin schon dagegen, daß er den Jud Süß gespielt hat, und das muß man solchen Leuten auch sagen. Aber darum bin ich ja so sauer, daß man von mir als Kommunisten eine Reueerklärung verlangt hat. Ich würde nicht einmal vom Krauß Reueerklärungen verlangen, da wäre doch so viel Verlogenheit drinnen. Er war immer Antisemit. Wenn allerdings einer als Theaterdirektor eine gewisse Linie hineinbringen würde, da würde ich schon sagen, das ist etwas anderes, oder wenn man merkt, daß ein Regisseur nazistisches Gedankengut in seine Inszenierungen einfließen läßt, da würde ich mit Feuer und Flamme dagegen sein. Bei den Schauspielern ist leider das Politische nicht ganz so ernst zu nehmen, das sind solche Kasperln. Sie kriegen Schauspieler sehr leicht dazu, Feuer und Flamme zu sein für eine Sache, auch für eine gute Sache. Wir hatten zum Beispiel eine Amnesty-Gruppe am Burgtheater organisiert mit 120 Schauspielern. Aber wie ich weg bin vom Burgtheater, ist die Gruppe vollkommen zerfallen. Es gibt natürlich schon welche, die konsequent sind.

Ich war zufällig in Berlin bei der Premiere von *John Gabriel Borkmann*, wo der Krauß gespielt hat mit der Helene Thimig zusammen. Es gab eine Demonstration am Kurfürstendamm gegen Krauß. Die Demonstranten wollten die Regenanlage im Theater einschalten, daß plötzlich das Wasser herunterkommt während der Vorstellung. Borkmann geht doch am Anfang des Stücks oben auf und ab und unten wäre die Thimig gewesen. Also dieses Bild mir vorzustellen, daß die Helene Thimig beregnet worden wäre, weil der Werner Krauß ein Nazi war! Es ist dann nicht gelungen, sie haben die Regenanlage nicht einschalten können.

Wenn Sie nun Bilanz ziehen über diese relativ kurze Zeit der »Scala«, meinen Sie, daß Ihnen das meiste gelungen ist, was Sie dort verwirklichen wollten?

Das ist schwer zu sagen. Für mich war es die einzige befriedigende Zeit, die ich jemals an einem Theater erlebt habe. Man hat Menschen, die mit Kultur nichts zu tun hatten, ins Theater gebracht und hat sie zum Denken angeregt. Nicht immer, es ist ja nicht alles perfekt. Aber am Schluß war dieses Haus voll. Das hat es seither nie wieder gegeben, daß Menschen geweint haben, daß es zu Ende ist. Wir hatten einen Kurs, eine Theaterschule. Plötzlich rennt ein älterer Mann weinend hinaus. Einer fragt ihn: »Was ist los?« Darauf sagt er: »Jetzt bin ich 55 Jahre, und habe die ganze Zeit versäumt, mich mit Kultur zu beschäftigen.« Das hat mir nie wieder ein Theater gegeben. Wenn ich jetzt überlege, ich war doch damals für ein kommunistisches Österreich und ich bin sehr froh, daß wir keines gekriegt haben, weil was wäre das gewesen. Deswegen kann ich nicht sagen, daß ich, von meinem damaligen Wissenstand gesehen, bereue. Ich bin damals mit der *Volksstimme* von Tür zu Tür gegangen, und viele haben mir die Tür vor der Nase zugeschlagen. Das war wirklich eine Opferbereitschaft, das zu tun. Aber ich bereue es nicht im Vergleich zu anderen Schauspielerkollegen, die halt nur für ihre Karriere und nur für die Gage und nur für die Eitelkeit, da draußen zu stehen, gearbeitet haben. Ich finde es immer noch besser Kommunist gewesen zu sein als ein Konsument.

ANMERKUNGEN

1 Young Austria war die 1939 gegründete Jugendorganisation des Austrian Centre, das – als Club geführt – die Sammlung aller exilierten Österreicher zum Ziel hatte, und in dem Kommunisten eine führende Rolle spielten. Die »Austrian Youth Players«, so der Name der Theatergruppe des Young Austria, traten erstmals im Dezember 1941 auf.

2 Joseph Gregor: Das Theater des Volkes in der Ostmark. – Wien 1943. Joseph Gregor veröffentlichte sein Werk, mit einigen Retuschen versehen,

1948 nochmals unter dem Titel »Die Geschichte des österreichischen Theaters«.

3 Paul (Johannes) Kalbeck, geb. 1884 in Obernigk (Schlesien), ab 1905 diverse Engagements als Schauspieler, 1916-1918 mit Helene Thimig verheiratet, 1917-1923 Regisseur an den Münchner Kammerspielen, 1923-1938 Regisseur am Theater in der Josefstadt, ab 1929 Lehrer am Reinhardt-Seminar. 1939 Exil in Basel, zunächst arbeitslos, ab 1942 Oberspielleiter am Stadttheater Bern. 1948 und 1949 Gastregisseur am Theater in der Josefstadt, starb 1949 in Bern.

4 Emil Geyer (recte Goldmann), geb. 1872 in Swoikowitz (Mähren), ab 1901 Schauspieler, ab 1906 Regisseur u.a. in Düsseldorf und Berlin. 1912-1922/23 Direktor der »Neuen Wiener Bühne« in der Wasagasse, ging 1923 nach Berlin, wo er u.a. an den Robert-Bühnen als Oberspielleiter wirkte, 1926 von Max Reinhardt mit der Führung der Direktionsgeschäfte des Theaters in der Josefstadt betraut. 1933 Rücktritt, Spielleiter am Deutschen Volkstheater (1935/36), von 1929 bis zur Annexion Österreichs Lehrer am Reinhardt-Seminar. 1942 beim Versuch, über die ungarische Grenze zu flüchten, verhaftet, Gestapo-Haft, Deportation ins KZ Mauthausen, dort am 12. Oktober 1942 erschossen.

Die Autorinnen und Autoren

Ulf Birbaumer, Univ.-Prof. Dr., Professor für Theaterwissenschaft in Wien. Gastprofessur an der Sorbonne, Paris; Theaterkritiker, Fernseh- und Kulturjournalist. Gründungsmitglied des Fo-Theaters. Zahlreiche Publikationen, u.a. zu Volkstheater, Österreichisches Theater des 20. Jahrhunderts, Medientheorie, Film und Fernsehwelt.

Evelyn Deutsch-Schreiner, Dr., Studium der Theaterwissenschaft und Zeitgeschichte in Wien. Arbeitete als Dramaturgin am Landestheater Linz und am Volkstheater Wien. Seit 1991 Univ.-Ass. am Institut für Theaterwissenschaft der Universität Wien. Publikationen u.a. zum Theater in der NS-Zeit und in den fünfziger Jahren.

Angela Eder, Mag., Studium in Wien, Croydon, Berlin, Oxford. Forschungsaufträge und Studienassistenz am Institut für Theaterwissenschaft in Wien, Ausstellungsmitarbeiten, Aufarbeitung der Nachlässe von Josef Roth und Leon Epp, journalistische Arbeiten, Studie zur Geschichte des Theaters in der Josefstadt.

Wolfgang Greisenegger, Univ.-Prof. Dr., Professor für Theaterwissenschaft in Wien. 1989-94 Dekan der grund- und integrativwissenschaftlichen Fakultät, 1994-96 Prorektor, seit 1996 Praerektor der Universität Wien. Zahlreiche Veröffentlichungen zur Theatergeschichte.

Susanne Gföller, Mag. Nach Arbeit in der Privatwirtschaft Studium der Theaterwissenschaft und Publizistik, daneben diverse Tätigkeiten im Theater-, Medien- und Kunsthochschulbereich. Veröffentlichungen in Fachzeitschriften, Diplomarbeit über den Bühnen- und Fernsehautor Edmund Wolf, der seit 1937 im Londoner Exil lebt.

Hilde Haider-Pregler, Univ.-Prof. Dr., Professorin und Vorstand des Instituts für Theaterwissenschaft in Wien. Gastvorlesungen an zahlreichen Universitäten in Europa und Übersee. Theaterkritikerin. Zahlreiche Publikationen, gab u.a. im Picus-Verlag den Band »Verspielte Zeit. Österreichisches Theater der dreißiger Jahre« heraus.

Regina Maria Jonach, Mag., Studium der Theaterwissenschaft und Germanistik in Wien. Vertragsassistentin am Institut für Theaterwissenschaft. Forschungsauftrag für eine Österreichische Theatertopographie der Ersten Republik.

Susanne Kamptner, Studium der Theaterwissenschaft, Germanistik und Finno-Ugristik, 1989–1991 kulturjournalistische Tätigkeit. Arbeitet an einer Diplomarbeit über ideologische und kulturpolitische Tendenzen in Österreich 1945 bis 1955 am Beispiel von Theaterkritiken.

Gert Kerschbaumer, Dr., lebt als Kulturpublizist in Salzburg. Zahlreiche Publikationen zu Literatur, Kunst und Musik im 20. Jahrhundert: u.a. zu Salzburger Festspielen, Kulturpolitik des Nationalsozialismus, Kultur nach 1945, Museumswesen in der NS-Zeit.

Carmen Renate Köper, Schauspielerin u.a. am Frankfurter Schauspielhaus, Regiearbeit fürs Theater, Drehbuchautorin und Regisseurin für das Fernsehen, Features zur Zeitgeschichte, zahlreiche Hörspiele und Hörfolgen für den WDR und den Deutschlandfunk. Film über Karl Paryla und Buch über das Neue Theater in der Scala.

Felix Kreissler, em. Univ.-Prof. Dr., wurde 1917 in Wien geboren. Ab 1934 führend in der antifaschistischen Mittelschülerbewegung, 1936 mehrmonatige Inhaftierung, gefolgt vom Schulausschluß. 1937 Emigration nach Frankreich. Studium, ferner Engagement in der Résistance; Verhaftungen durch die Polizei des Vichy-Regimes; Flucht aus der Internierung und Wiedereintritt in die Résistance. 1944 Verhaftung durch die Gestapo, Folterung, Deportation nach Buchenwald. Nach Kriegsende Übersetzer, Journalist, Hochschullehrer. Gründer des »Centre d'Études et de Recherches Autrichiennes« an der Universität Rouen sowie der Zeitschrift »Austriaca«. Zahlreiche Publikationen.

Nicole Metzger, Mag., Studium der Theaterwissenschaft in Wien. Dramaturgin im Theater »Spielraum«, schrieb über die Aufführungsgeschichte von Franz Grillparzers »Die Jüdin von Toledo«, arbeitet an einer Dissertation über Leopold Lindtberg.

Karl Müller, Univ.-Doz. Dr., Univ.-Dozent für Neuere deutsche Literatur am Institut für Germanistik in Salzburg. Vorsitzender der Theodor Kramer Gesellschaft. Publikationen zur österreichischen Literatur um 1900 und des 20. Jahrhunderts, zur Geschichte der Literaturwissenschaft und Literaturpolitik.

Birgit Peter, Mag., Studium der Theaterwissenschaft und Philosophie in Wien. Gemeinsam mit Werner Hanak Konzeption der Ausstellung »Stella Kadmon. Die Theatermacherin«. Diplomarbeit über Stella Kadmon. Publikationen u.a. zum österreichischen Kabarett der dreißiger Jahre.

Oliver Rathkolb, Univ.-Doz. DDr., Univ.-Dozent für Neuere Geschichte am Institut für Zeitgeschichte der Universität Wien, wissenschaftlicher Leiter der Stiftung Bruno-Kreisky-Archiv. Zahlreiche Forschungsaufträge und Publikationen zur österreichischen Geschichte 1938–1945 und nach 1945. (Medien, internationale Beziehungen, Kultur).

Peter Roessler, Dr., Studium der Theaterwissenschaft, Germanistik und Philosophie in Wien und Berlin. Assistent an der Hochschule für Musik und darstellende Kunst in Wien. Publikationen u.a. zu Dramaturgie, Exil- und Nachkriegstheater, Gegenwartsdramatik, Schauspielkunst, Geschichte der Theaterpublizistik.

Johannes Sachslehner, Dr., Studium der Germanistik und Geschichte in Wien, 1982-85 Gastlektor für deutsche Literatur an der Jagellonen-Universität in Krakau, Lehrbeauftragter an der Universität Wien, Verlagslektor. Lehr- und Publikationstätigkeit zur österreichischen Literatur des 19. und 20. Jahrhunderts.

Maria Steiner, Mag., Studium der Theaterwissenschaft, Geschichte und Publizistik in Wien. Wissenschaftliche Mitarbeiterin der Stiftung Bruno-Kreisky-Archiv, Dokumentarin. 1997 Auszeichnung ihres Buches »Paula Wessely. Die verdrängten Jahre« mit dem Preis für Film- und Fernsehforschung der österreichischen Gesellschaft für Filmwissenschaft, Kommunikation und Medienforschung.

Otto Tausig, 1922 geboren, 1939 mit einem Kindertransport ins Exil nach Großbritannien (die Eltern emigrieren nach Shanghai, wo der Vater 1943 stirbt, die Mutter kehrt 1947 nach Wien zurück). Studium in England, 1940–1942 interniert, nach der Freilassung Leitung der Theatergruppe von Young Austria. 1946 Rückkehr nach Wien, Herausgabe der ersten Jura Soyfer-Ausgabe. 1946–1948 Studium am Max-Reinhardt-Seminar, 1948–1956 Schauspieler, Regisseur und Dramaturg am Neuen Theater in der Scala, 1957–1960 Engagement an der Volksbühne in Ost-Berlin, anschließend Wanderjahre als freier Schauspieler und Regisseur. 1971–1981 Lehrtätigkeit am Max-Reinhardt-Seminar, 1971–1983 Burgtheater, danach freier Schauspieler und Regisseur, Gründungsmitglied des Dario-Fo-Gemeindehoftheaters.

Personenregister

Hilde Haider-Pregler · Beate Reiterer (Hg.)

Verspielte Zeit

Österreichisches Theater der dreißiger Jahre

Hilde Spiel charakterisierte in ihren Erinnerungen die Spätphase der Ersten Republik als eine »verschwommene, verschmierte Zeit«. Die politischen Spannungsverhältnisse – von der Ablöse der parlamentarischen Demokratie durch den austrofaschistischen Ständestaat bis hin zum »Anschluß« an NS-Deutschland – prägen in jenen Jahren auch das heterogene und widersprüchliche Bild des österreichischen Theaters.
Ab 1933 flüchteten viele Künstler aus Hitler-Deutschland nach Österreich; sie kamen in ein innenpolitisch zerrüttetes Land, in dem sich, auch im Theatersektor, die Arbeitslosigkeit stark bemerkbar machte. Trotzdem florierte das literarisch-politische Kabarett im Widerstand gegen den Nationalsozialismus und gegen das autoritäre Regime im eigenen Land. Dank der geschickten Auslegung des Theatergesetzes entstanden Kleinbühnen, die – solange sie für nicht mehr als 49 Zuschauer spielten – keine Konzession benötigten.
Der vorliegende Band liefert Analysen über die Entwicklung der Staatstheater, der großen Privatbühnen, der Kabarett-, Kleinkunst- und Kleinbühnenszene sowie der reichen, 1938 unwiederbringlich vernichteten jüdischen Theaterkultur.
Darüber hinaus werden kulturjournalistische Positionen beleuchtet und die Haltung des Ständestaates zu den Strömungen der Dramatik ebenso thematisiert wie Österreichs zwiespältige Rolle als Exilland für deutsche Theaterleute.

384 Seiten, Leinen mit Schutzumschlag
öS 350,-/DM 48,-

Picus Verlag Wien